Elogios ao livro *A Conexão da Consciência*

"Larry Dossey é um pioneiro que não para de descobrir novas fronteiras. Em *A Conexão da Consciência*, a fusão que ele promove entre ciência e sabedoria tradicional forma um círculo completo ao defender antigos ensinamentos espirituais acerca do uno e do múltiplo. Fico feliz ao reconhecer em Larry um espírito com quem tenho tanta afinidade."
– **Deepak Chopra**, autor de *Criando Sucesso e Dinheiro*, Editora Pensamento.

"Emocionante e inspiradora, *A Conexão da Consciência* é uma obra-prima que também satisfaz às exigências da investigação científica rigorosa. Além de médico e pensador crítico, Larry Dossey é um exímio contador de histórias. E eu adoro este livro."
– **Dra. Christiane Northrup**, autora de *Women's Bodies, Women's Wisdom*.

"Com este excelente livro, o dr. Larry Dossey lança as bases para o futuro despertar global da consciência, contribuindo para mapear o caminho que a ele conduz. E, com eloquência, mostra que essa consciência é, de fato, a Consciência Una. A sua ciência é a de hoje e a do futuro."
– **Dr. Eben Alexander**, autor de *Proof of Heaven: A Neurosurgeon's Journey into the Afterlife*.

"Vivi exatamente isso de que fala o dr. Larry Dossey. Sei que a consciência é não local e posso provar isso. Uso o conhecimento não local para chegar a diagnósticos e orientar-me nas decisões terapêuticas para meus pacientes. Aprendi a viver conforme minha experiência, e não com base em crenças limitadas."
– **Dr. Bernie Siegel**, autor de *Fé, Esperança e Cura* e de *A Arte de Curar*, publicados pela Editora Cultrix.

"*A Conexão da Consciência* é um livro irresistível, arrebatador e totalmente convincente sobre a natureza da Mente e da Consciência, bem como sobre o importante papel que elas desempenham em nossa vida e nosso mundo. Faça um favor a si mesmo e comece a lê-lo já!"
– **Ken Wilber**, autor de *A Visão Integral*, Editora Cultrix.

"Nesta obra-prima magistralmente elaborada, um dos mais estimados cientistas do espírito de nossa época faz uma defesa eloquente e irrefutável da consciência humana como uma entidade singular ligada a uma mente coletiva. O simples peso das provas surpreendentes e das histórias arrebatadoras, que se estendem desde a experiência de quase morte e a reencarnação até a criatividade, a percepção extrassensorial e a inteligência das multidões, joga por terra a atual teoria da ciência moderna segundo a qual 'mente é igual a cérebro' e expande nossa percepção a respeito de como o mundo funciona. *A Conexão da Consciência*, a obra mais arrojada e grandiosa do dr. Larry Dossey até agora, traz uma mensagem poderosa e persistente: a natureza nos planejou para que continuemos conectados para sempre."
– **Lynne McTaggart**, autora de *The Field*, *The Intention Experiment* e *The Bond*.

"Larry Dossey não argumenta simplesmente em favor da existência de fenômenos paranormais, para os quais há agora farta comprovação, mas também da existência de um vínculo mais profundo que todos nós partilhamos com *A Conexão da Consciência*, subjacente à nossa mente individual aparentemente separada. Este livro alia uma tese instigante a relatos vívidos e notáveis de experiências pessoais. E isso, só Larry Dossey conseguiria fazer."
– **Rupert Sheldrake**, Ph.D., autor de *Uma Nova Ciência da Vida* e de *Ciência sem Dogmas*, entre outros livros publicados pela Editora Cultrix.

"Não há ideia mais poderosa que a de conhecer e sentir nossa unicidade para inspirar a cooperação de que precisamos com tanta urgência para criar sustentabilidade e humanidade em nosso mundo."
– **Ervin Laszlo**, teórico de sistemas e autor de *Cosmos* e de *O Ponto do Caos*, entre outros livros publicados pela Editora Cultrix.

"Não comece a ler este livro a menos que esteja interessado em uma aventura da mente que provavelmente o levará a mudanças duradouras. Só o faça se estiver disposto a essa incursão em uma nova visão daquilo que você é como ser humano. Mas se for esse o seu caso, abra novas asas e acompanhe Dossey em um voo emocionante."
– **Lawrence LeShan**, Ph.D., autor de *Landscapes of the Mind*.

"Em *A Conexão da Consciência*, seu novo livro rico em informações e claro, o dr. Larry Dossey apresenta provas convincentes do compartilhamento de consciência coerente por seres humanos e animais: experiências físicas e mentais compartilhadas por amigos, amantes e gêmeos idênticos separados por centenas ou milhares de quilômetros. Uma leitura irresistível."
– **Russell Targ**, Ph.D., autor de *Mente sem Limites* e de *A Realidade da Percepção Extrassensorial*, publicados pela Editora Cultrix.

"Há trinta anos, Larry Dossey vem nos mostrando uma visão mais ampla e mais generosa da medicina e da cura. Em *A Conexão da Consciência*, ele nos convida, com gentileza e sagacidade, mas também com autoridade, a vivenciar e abraçar uma mente que transcende nossa consciência separada, uma mente que nos liga a todos os vivos e aos mortos. Inspirador, reconfortante e profundamente útil."
– **Dr. James S. Gordon**, fundador e diretor do The Center for Mind-Body Medicine e autor de *Unstuck: Your Guide to the Seven-Stage Journey Out of Depression*.

"Os leitores da obra de Larry Dossey, assim como os que a estão conhecendo agora, serão arrebatados e inspirados com esta obra-prima, que representa o auge de sua longa história de obras provocativas e informativas. Sua capacidade para descobrir os padrões interativos que se estendem desde as partículas subatômicas até o topo da cadeia da vida constitui o argumento mais arrebatador de *A Conexão da Consciência* e a demonstração do quanto tudo isso é importante para o conturbado mundo de hoje."
– **Sally Rhine Feather**, Ph.D., diretora-executiva emérita do Rhine Research Center.

"Este livro é valioso para os leigos porque pode libertar seus pensamentos das fronteiras de uma visão de mundo materialista, e é valioso para os cientistas porque, em algum lugar de suas páginas, está um fato que, nas mãos certas, mudará para sempre nossa visão da realidade."
– **Nick Herbert**, Ph.D., autor de *Quantum Reality* e *Elemental Mind*.

"Mais uma vez, o brilhante Larry Dossey dá voz a algo que nossa cultura precisa urgentemente compreender: nós pertencemos de fato a uma 'mente una'. Essa convincente e cativante mescla de dados científicos e histórias pessoais é sua obra mais apaixonante até agora. Uma leitura indispensável!"
– **Dr. Frank Lipman**, autor de *Revive*.

"Em *A Conexão da Consciência*, Larry Dossey nos chama a atenção [...] para uma verdade universal: existe apenas uma Mente, a Mente Una, e nós somos essa Mente. Mas a ilusão da separatividade é persistente, de modo que continuamos nos esquecendo disso. Lembre-nos novamente, Larry, lembre-nos sempre, pois estamos correndo um grande perigo por negligenciar essa verdade."
– **Dean Radin**, Ph.D., cientista-chefe do Instituto de Ciências Noéticas e autor de *The Conscious Universe* e *Mentes Interligadas*.

"Num momento em que muitos de nós buscamos ansiosamente algo que nos alimente a cabeça, o coração e a alma, Larry Dossey nos oferece um grande banquete. Os ingredientes essenciais dessa suntuosa refeição incluem a sabedoria vinda das tradições espirituais do mundo e a percepção aguçada e iluminadora decorrente de novas e emocionantes descobertas na ciência de vanguarda. As ideias e suas implicações são por ele cuidadosamente preparadas para dar esperança às nossas vidas agitadas em deliciosos bocados de histórias bem contadas. Saboreei cada um desses bocados. Você também o fará. *Bon appétit*."
– **Marilyn Schlitz**, Ph.D., embaixadora de projetos criativos e assuntos globais do Instituto de Ciências Noéticas.

"Neste livro magnífico, o visionário autor Larry Dossey apresenta, de modo claro e convincente, toda uma riqueza de fenômenos empíricos a fim de mostrar que a separatividade entre a mente dos indivíduos é, fundamentalmente, uma ilusão. Para o autor, com efeito, existe apenas a Mente Una. Como grande mestre que é, Dossey também explica como essa percepção primordial tem o poder de mudar positivamente nossa vida e nos ajudar a solucionar as crises globais que nosso mundo agora enfrenta."
– **Mario Beauregard**, Ph.D., neurocientista da Universidade de Montreal e autor de *The Spiritual Brain* e *Brain Wars*.

"Neste livro maravilhoso e importante, Larry Dossey explica em detalhes por que, em muitas áreas da ciência atual (materialista), a ignorância e o preconceito deliberados criam um grave obstáculo à nossa compreensão dos aspectos não locais da consciência. Porém,

após a leitura deste livro, é impossível evitar a adoção sincera do conceito da Mente Una e de suas consequências. Isso é importante não só para a ciência, mas também para o futuro de nossa sociedade, pois certamente precisamos de uma revolução global na esfera da consciência humana para encontrar uma solução para a sobrevivência neste planeta."
– **Dr. Pim van Lommel**, autor de *Consciousness Beyond Life*.

"Este é um livro perigoso. Lê-lo foi uma experiência que me prendeu a tal ponto a atenção que arruinou a semana que eu havia planejado tão cuidadosamente. Dossey defende de maneira arrebatadora o entrelaçamento íntimo de tudo com tudo. A pedra angular do judaísmo é o Shemá, a insistência em que Deus é Um. Inspirado nisso, Jesus observou que 'Eu e o Pai somos um'. Na Índia, a iluminação é a percepção de que Brahman é Atman. Dossey faz a crônica de muitos dos corolários desses princípios ancestrais. O resultado é uma leitura vital e urgente para todos os que se interessam pelo que significa ser um ser humano, um camundongo ou uma molécula."
– **Charles Foster**, membro da administração do Green Templeton College, Universidade de Oxford, e autor de *In the Hot Unconscious* e *The Selfless Gene*.

"Neste livro, fruto de uma pesquisa impecável, vemo-nos diante de uma avaliação poderosa e persuasiva sobre o tema desafiador da consciência coletiva. Com suas notórias e admiráveis habilidades para a reportagem precisa e a narrativa estimulante, Larry Dossey explora esse assunto desconcertante. Compartilhando conosco suas próprias convicções e experiências pessoais, ele elucida a oportuna necessidade de compreendermos e reverenciarmos a profunda visão da Mente Una que tudo cria e tudo possibilita."
– **Robert G. Jahn** e **Brenda J. Dunne**, do Laboratório de Pesquisa de Anomalias em Engenharia de Princeton, autores de *Consciousness and the Source of Reality*.

"A ciência contemporânea há muito reconhece que os átomos que compõem o corpo humano são os mesmos de que se constituíram um dia as galáxias. Porém as implicações dessa constatação nunca foram evidenciadas com tanta elegância e clareza quanto agora em *A Conexão da Consciência*. Larry Dossey contribui para que seus leitores se encham não apenas de esperança, mas também de determinação no cumprimento de seu papel, que é o de remendar o já gasto tecido da vida do nosso planeta Terra."
– **Stanley Krippner**, Ph.D., professor de psicologia da Universidade Saybrook e coautor de *Personal Mythology*.

"Com a abrangência, a profundidade e a clareza que o caracterizam, Larry Dossey explora, explica e ilustra com exemplos concretos as abundantes provas científicas da hipótese panteísta de que nossas mentes individuais fazem parte de uma só Mente Una, da qual somos meras expressões. Um livro cuja leitura nos enche de alegria, *A Conexão da Consciência* é extremamente recomendável tanto para especialistas como para leigos."
– **Neal Grossman**, Ph.D., professor emérito de filosofia da Universidade de Illinois em Chicago e autor de *Healing the Mind: The Philosophy of Spinoza Adapted for a New Age*.

"Por ser uma síntese brilhante da obra imensamente significativa que Larry Dossey vem empreendendo nos últimos trinta anos, este livro é um marco. Ele cria um arcabouço teórico global que dá sentido a uma enorme variedade de experiências. Isso é importante não apenas para a ciência, mas também para o futuro do planeta, à medida que evoluímos rumo a uma cultura mais empática, percebendo que estamos todos profundamente interconectados num todo maior."
– **David Lorimer**, mestre em artes e humanidades, teologia e ciências sociais, pós-graduado em educação, membro da Royal Society of Arts, diretor da The Scientific and Medical Network, editor da *Network Review* e autor de *Whole in One*.

"*A Conexão da Consciência* é a obra-prima de Larry Dossey, sua melhor e mais duradoura contribuição desde *Reencontro com a Alma*. Enciclopédico, visionário e simplesmente fascinante, este livro espetacular é leitura indispensável para todos os que se interessam pela ciência da consciência humana."
– **Jeff Levin**, Ph.D., mestre em saúde pública, professor de epidemiologia e saúde populacional na Universidade Baylor.

"Em seu livro mais recente, Larry Dossey nos leva a um território novo onde nos unimos nas dimensões mais profundas da condição humana compartilhada. Ele afirma uma consciência global que une todos os corações e mentes no Amor Cósmico. Sem dúvida, é sua melhor obra até hoje."
– **Jean Watson**, Ph.D., enfermeira credenciada com títulos de enfermeira holística avançada e membro da American Academy of Nursing, professora honorária de enfermagem, ocupante da cátedra Murchinson-Scoville de ciências do cuidado e da assistência do Denver College of Nursing da Universidade da Colorado e fundadora do Watson Caring Science Institute.

"Existe alguma esperança para o futuro? O dr. Larry Dossey delineia um rumo, cheio de amor e possibilidade, que nos leva diretamente para lá AGORA. Em meio à cacofonia dos profetas da desgraça, *A Conexão da Consciência* é nosso convite pessoal à descoberta de uma nova maneira de pensar sobre experiências espirituais comuns. Este livro é uma ferramenta de valor inestimável, que reafirma nosso saber e demonstra, mais uma vez, que nenhum de nós está só!"
– **Reverendo Canon Ted Karpf**, professor adjunto de religião, saúde pública e desenvolvimento internacional da Escola de Teologia da Universidade de Boston.

"Há mais de três décadas, Larry Dossey vem nos brindando com comentários profundos e iluminadores sobre a natureza do nosso ser, quem somos e como nos encaixamos no universo. Escrito em prosa notavelmente elegante, *A Conexão da Consciência* não é exceção. Se você quiser conhecer melhor a natureza da consciência, Dossey deve figurar em sua lista de autores indispensáveis."
– **Stephan A. Schwartz**, membro decano do Samueli Institute e autor de *Opening to the Infinite*.

A CONEXÃO DA CONSCIÊNCIA

Larry Dossey

A CONEXÃO DA CONSCIÊNCIA

Evidências científicas comprovam que fazemos parte de uma mente universal

Tradução
MARTA ROSAS

Editora
Cultrix
SÃO PAULO

Título do original: *One Mind*.
Copyright © 2013 Larry Dossey.
Copyright da edição brasileira © 2018 Editora Pensamento-Cultrix Ltda.
Texto de acordo com as novas regras ortográficas da língua portuguesa.
1ª edição 2018.
Todos os direitos reservados. Nenhuma parte desta obra pode ser reproduzida ou usada de qualquer forma ou por qualquer meio, eletrônico ou mecânico, inclusive fotocópias, gravações ou sistema de armazenamento em banco de dados, sem permissão por escrito, exceto nos casos de trechos curtos citados em resenhas críticas ou artigos de revistas.

A Editora Cultrix não se responsabiliza por eventuais mudanças ocorridas nos endereços convencionais ou eletrônicos citados neste livro.

O autor deste livro não dá conselhos médicos nem prescreve o uso de nenhuma técnica como forma de tratamento para problemas físicos, emocionais ou médicos sem a intervenção direta ou indireta de um médico. O objetivo do autor é apenas oferecer informações de natureza geral para ajudá-lo na busca de bem-estar emocional e espiritual. Caso use para si qualquer das informações constantes neste livro, algo que é um direito que lhe confere, o autor e a editora eximem-se de qualquer responsabilidade pelos atos que você vier a praticar.

The Universal Spectrum of Love © 2012 Larry Dossey. "What's love got to do with it?" *Alternative Therapies in Health and Medicine*. 1996; 2(3): 8-15.

Reproduzido com permissão do tradutor para a língua inglesa: "Come, come, whoever you are" ["Vem, vem, sejas tu quem fores], de Jalal al-Din Rumi, *Rumi: The Big Red Book*, trad. de Coleman Barks, Nova York: HarperCollins © 2010 por Coleman Barks, e "The minute I heard my first love story", de Jalal al-Din Rumi, *Rumi: The Book of Love*, trad. de Coleman Barks, Nova York: HarperCollins © 2003 por Coleman Barks.

Editor: Adilson Silva Ramachandra
Editora de texto: Denise de Carvalho Rocha
Gerente editorial: Roseli de S. Ferraz
Preparação de originais: Newton Roberval Eichemberg
Produção editorial: Indiara Faria Kayo
Editoração eletrônica: Join Bureau
Revisão: Vivian Miwa Matsushita

Dados Internacionais de Catalogação na Publicação (CIP)
(Câmara Brasileira do Livro, SP, Brasil)

Dossey, Larry
   A conexão da consciência: evidências científicas comprovam que fazemos parte de uma mente universal/Larry Dossey; tradução Marta Rosas. – São Paulo: Cultrix, 2018.

   Título original: One Mind.
   Bibliografia.
   ISBN 978-85-316-1458-3

   1. Consciência – Aspectos religiosos 2. Mente e corpo 3. Parapsicologia I. Título.

18-14893
CDD-299.93

Índices para catálogo sistemático:
1. Consciência : Religiões de natureza universal   299.93
Iolanda Rodrigues Biode – Bibliotecária – CRB-8/10014

Direitos de tradução para o Brasil adquiridos com exclusividade pela
EDITORA PENSAMENTO-CULTRIX LTDA., que se reserva a
propriedade literária desta tradução.
Rua Dr. Mário Vicente, 368 — 04270-000 — São Paulo, SP
Fone: (11) 2066-9000 — Fax: (11) 2066-9008
http://www.editoracultrix.com.br
E-mail: atendimento@editoracultrix.com.br
Foi feito o depósito legal.

Como sempre, para Barbara

Sumário

Agradecimentos 15

Nota do autor 19

Introdução 23

Parte Um: Vislumbres da Mente Una

Capítulo 1: Salvando outras pessoas 47

Capítulo 2: O Santo Padroeiro da Mente Una 55

Capítulo 3: Experiências da Mente Una 63

Capítulo 4: A Mente Una não é uma bolha infinita 71

Capítulo 5: A sensação de estar sendo observado 85

Capítulo 6: Eles moviam-se como se fossem uma única pessoa 89

Capítulo 7: A Mente Una de animais e seres humanos 102

Capítulo 8: Átomos e ratos 122

Parte Dois: Trabalhando com a Mente Una

Capítulo 9: A mente além do cérebro 131

Capítulo 10: A imortalidade e as experiências de quase morte......... 139

Capítulo 11: Reencarnação 164

Capítulo 12: Comunicação com os mortos.. 175

Capítulo 13: A unicidade da mente em sociedades tradicionais....... 182

Capítulo 14: Gênios *savants*... 187

Capítulo 15: Gêmeos.. 194

Capítulo 16: Eventos telessomáticos.. 206

Capítulo 17: Absolutamente convencido... 218

Capítulo 18: Aviões derrubados e navios afundados 224

Capítulo 19: A harpa roubada e o anjo da biblioteca 233

Capítulo 20: A cura e a Mente Una.. 239

Capítulo 21: O lado escuro.. 246

Parte Três: Acessando a Mente Una

Capítulo 22: A sopa cósmica 253

Capítulo 23: O eu 262

Capítulo 24: Será que a Mente Una é Deus? 275

Capítulo 25: A Desobstrução do Buraco da Fechadura 284

Capítulo 26: Caminhos oníricos 291

Capítulo 27: O amor é a última palavra... 301

Parte Quatro: O Caminho à Frente

Capítulo 28: A expansão da ciência 315

Capítulo 29: Transcendência 320

Notas 331

Referências bibliográficas 345

Agradecimentos

Durante as fases finais da preparação deste livro, aconteceram várias coisas que definiram com clareza a quem devo agradecer.

Barbara, minha mulher, e eu moramos ao pé das Montanhas Sangre de Cristo, no norte do estado do Novo México. Enquanto eu escrevia, alguns coiotes começaram a nos visitar. Isso era especialmente interessante, pois quase sempre ocorria quando eu estava trabalhando na parte sobre as conexões entre a mente dos seres humanos e a mente dos animais. Bastava eu desviar os olhos da tela do computador para ver um, dois ou três coiotes olhando-me com atenção pelas janelas do estúdio. Enquanto eles me perscrutavam com seus olhos atentos, eu tinha a sensação de que estavam curiosos em relação ao manuscrito e queriam ter certeza de que eu o estava escrevendo da maneira correta. Depois de me encararem por alguns momentos, eles se afastavam lentamente. Mas continuam voltando de vez em quando, como se estivessem checando as coisas. Isso é novidade. Por aqui, eles normalmente são criaturas tímidas. Nos vinte anos em que moramos neste lugar, nunca se comportaram dessa maneira.

E também teve o lince, lindíssimo, que apareceu em um dia frio, coberto de neve, diante da minha janela enquanto eu escrevia. Ele saltou, limpou-se e, durante quase uma hora, observou as coisas – outra ocorrência inédita. E também há os pássaros e os veados locais, que sempre parecem ter a certeza de que são os donos daqui.

Creio que essas criaturas vieram como embaixadoras da grande teia da vida. Elas vieram para lembrar-me de que também fazem parte da Mente Una e não querem ser excluídas deste relato. Tenho a sensação de que estão enviando-me sinais para que eu reconheça e agradeça a *todas* as criaturas sencientes.

E assim o faço.

Sou especialmente grato a James Levine, meu agente literário há muitos anos, pelo apoio generoso, pela amizade e pelo aconselhamento. Agradeço encarecidamente a Patricia Gift, da Hay House, que deu um lar para este livro, e ao editor Peter Guzzardi, imbatível na arte de organizar o caos. O trabalho com Patricia e Peter deu vida ao título do livro, pois parecia que éramos de fato uma só mente, uma mente una. Agradeço também a meus colegas na *Explore: The Journal of Science and Healing*, pelo apoio, e à editora Elsevier e seu editor Chris Baumlee, por disponibilizarem uma tribuna para minhas extravagâncias editoriais sobre qualquer tema que eu considere importante. Estendo minha gratidão aos Js, pelo *feedback* e pelas discussões regadas a champanhe das primeiras versões do manuscrito, e a Rupert Sheldrake, pelos valiosíssimos conselhos. Quaisquer erros subsequentes são meus, não deles. Meus mais sinceros agradecimentos também aos leitores, que continuam a enviar-me seus relatos de eventos não locais, de experiências fora do corpo, que ocorreram em suas vidas, muitos dos quais dizem jamais ter contado antes essas experiências a ninguém.

Porém, cada vez que considero as pessoas a quem deveria agradecer, de quem recebi informações e inspiração, simplesmente fico perplexo. Seu número é grande demais para que eu consiga citá-las nome por nome. E se meu tema da Mente Una de fato for legítimo, os agradecimentos apresentam um problema ainda mais profundo: se todas as mentes individuais se reúnem em um domínio coletivo de inteligência, como saber a quem agradecer? Como podemos rastrear a origem de uma ideia, contribuição ou realização? Na Mente Una, será que a palavra "origem" sequer faz algum sentido?

O eminente físico e filósofo alemão Barão Carl Friedrich von Weizsäcker compreendeu o problema das origens. Ele disse: "[Em toda grande descoberta,] encontramos a experiência muitas vezes perturbadora e feliz: 'Não fui eu; eu não fiz isso'. Mesmo assim, de certo modo, sou eu; no entanto, não é o ego [...], e sim um eu mais abrangente".[1] E, como afirmou o grande inventor Thomas Edison: "Dizem que eu criei coisas. Eu nunca criei nada. Recebo impressões de todo o Universo e as desenvolvo, mas sou apenas uma folha em branco ou um aparelho receptor, como preferiram. Os pensamentos são na verdade impressões que recebemos do exterior".[2]

Foi isso que vivenciei. Ao escrever sobre a Mente Una, sinto que sou parte dela. Muitas vezes tive a impressão de que meus pensamentos não são meus; que eles fluem de um grupo invisível de informantes, apoiadores, amigos e ancestrais. Aqui, o estereótipo do escritor solitário em luta com seu material não se aplica. Eu conto com ajuda.

Portanto, a cada um e a todos na Grande Conexão: obrigado.

Este livro jamais teria sido escrito sem a inspiração de meu irmão Garry e minha irmã Bet, e, principalmente, de Barbara, minha mulher e minha estrela fixa. Meu amor e minha gratidão a ela estão escritos com tinta invisível em todas as páginas.

Nota do autor

Sobre *Mente* e *Consciência*

No fim da década de 1980, tive a oportunidade de dar uma palestra a médicos em Nova Délhi sobre evidências recém-surgidas de que a mente e a consciência podem constituir fatores de muita influência na saúde e na doença. Na discussão que se seguiu, um médico indiano já idoso levantou-se e pediu-me, com muita gentileza: "Dr. Dossey, o senhor poderia ser mais específico sobre o que entende por mente e consciência? Na minha tradição, elas não são a mesma coisa. Temos muitos níveis de consciência e muitos estados mentais. Diga-nos a qual está se referindo". Perdi o rebolado e gaguejei uma patética pseudorresposta.

T. S. Eliot disse certa vez, a respeito dos filósofos indianos: "Suas sutilezas fazem quase todos os grandes filósofos europeus parecerem meros alunos".[1] Neste livro, assumo deliberadamente o risco de parecer um desses alunos, na esperança de que essa confissão antecipada me sirva de desculpa por passar por cima de distinções que, por certo, deixariam horrorizado qualquer um que esteja familiarizado com as sofisticadas visões da consciência que se desenvolveram no Oriente. Porém acredito que, para a maioria dos leitores ocidentais, essas análises demasiadamente minuciosas da consciência muitas vezes são desmotivantes. Quando ouvem que, no budismo, o Kamaloka, o plano empírico/mundano da consciência, tem 54 estados e que o Lokuttara, o plano transcendental, tem 40 estados, os olhos dos ocidentais ficam completamente confusos.[2] Se eu tiver feito minha parte direito, você saberá o que quero dizer pelo contexto em que uso *mente* e *consciência*. Do contrário, merecerei sua censura.

Talvez seja um erro forçar certos conceitos a seguir por uma trajetória obstruída por causa de uma definição estreita. Talvez seja melhor deixar que alguns termos vaguem livremente, flutuando em deliberada ambiguidade, se quisermos expressá-los de maneira adequada. Isso é desculpa para o desleixo ou é sabedoria? Decida você mesmo, caro leitor.

Para os leitores que, mesmo assim, quiserem levar consigo uma imagem da consciência nas páginas que se seguem, proponho as seguintes ideias de K. Ramakrishna Rao, um dos eminentes filósofos e pesquisadores da consciência contemporâneos da Índia. Como veremos, muitos cientistas e filósofos ocidentais compartilham dos pontos de vista do professor Rao:[3]

> Na tradição hindu, a consciência é mais que uma experiência de percepção. Ela é um princípio fundamental subjacente a todo conhecimento e a todo ser. Diversas formas de percepção manifesta são imagens da consciência reveladas à pessoa como reflexos em sua mente. A estrutura cognitiva não gera consciência; ela simplesmente a reflete e, nesse processo, a limita e a embeleza. Em um sentido fundamental, a consciência é a fonte de nossa percepção. Em outras palavras, a consciência não é apenas a percepção nas diferentes formas em que ela se manifesta; ela é também aquilo que torna a percepção possível. No *Kena Upanishad*, afirma-se que a consciência é o ouvido do ouvido, o pensamento do pensamento, a fala da fala, o alento do alento e o olho do olho. [...] A consciência é a luz que ilumina as coisas sobre as quais brilha.

Tentar compreender a consciência com a mente é um empreendimento vão. Como disse o estudioso budista Alan Watts, esse esforço é como tentar ver o olho *com* o próprio olho ou morder o dente *com* o próprio dente, ou seja, é usar a ferramenta errada para o trabalho.

Esse "problema da ferramenta" já foi identificado há muito tempo. Como disse Lao-Tzu, sábio chinês do século VI a.C., a respeito do Tao, ou Caminho da Natureza, "O Tao que pode ser expresso não é o Tao eterno; o nome que pode ser definido não é o nome imutável".[4] Assim como acontece com o Tao, acontece com a Mente Una.[5]

Na primavera de 1933, os físicos Werner Heisenberg, Carl Friedrich von Weizsäcker e Niels Bohr reuniram-se com alguns amigos em uma tosca cabana nas montanhas da Baviera para passar um feriado esquiando. Naquela época, Heisenberg e Bohr já eram famosos no cenário mundial da física. Como descreve em seu livro *Physics and Beyond*, o próprio Heisenberg foi quem arquitetou o encontro visando apenas a "mais uma alegre reunião de feriado com velhos amigos". Distribuíram-se tarefas. Heisenberg ficou como cozinheiro do grupo, e Bohr foi encarregado de lavar a louça. Heisenberg relata que certa noite, enquanto lavava a louça após o jantar, Bohr começou a discutir as deficiências da linguagem na descrição dos resultados de experimentos atômicos.

"Nossa lavagem da louça é igualzinha à nossa linguagem", disse Bohr. "A água é suja e os panos de prato também, mas, apesar disso, conseguimos limpar os pratos e os copos. Na linguagem, também, temos de trabalhar com conceitos pouco claros e com uma forma de lógica cujo âmbito está restrito a um caminho desconhecido. Mas, apesar disso, nós a usamos para levar algum esclarecimento à nossa compreensão da natureza."[6] O problema enfrentado por Bohr, Heisenberg e os arquitetos da teoria quântica era o de não haver nada na experiência humana que se comparasse às suas descobertas experimentais e, por isso, o de não existir uma linguagem que as descrevesse adequadamente.

Da mesma maneira, o objetivo deste livro, que é o de descrever a unificação das mentes individuais em uma Mente Una coletiva e unitária, também não pode ser atingido de modo satisfatório com a ferramenta da linguagem do autor. Estamos tentando limpar os pratos e os copos com água suja e panos de prato sujos. Apesar de tudo, Bohr acreditava que os físicos conseguiam deixar seus "pratos" razoavelmente limpos. Só que há uma diferença entre limpo e brilhante.

É por isso que precisamos de mais do que palavras à medida que prosseguimos, e é por isso que recorri tantas vezes às experiências das pessoas ao longo deste livro. Os céticos que sofrem de "aleatoriomania" ou de "estatisticalite" costumam subestimar as experiências das pessoas, alegando que, para elas, tais experiências são "meras anedotas". No entanto, são "anedotas" essenciais para aprendermos a complementaridade entre as mentes individuais e a Mente Una. Se uma imagem vale mil palavras, a experiência de um indivíduo pode valer mil imagens. Não podemos jamais eliminar o elemento pessoal, subjetivo, de nossas tentativas de conhecer o mundo, nem mesmo de nossas tentativas científicas. Como disse Max Planck, o principal fundador da física quântica: "A ciência não pode solucionar o supremo mistério da natureza. E isso porque, em última análise, nós mesmos somos parte da natureza e, portanto, parte do mistério que tentamos solucionar".[7]

E, assim, prosseguimos, com panos de prato sujos e tudo.

Introdução

> Não creiam na força das tradições,
> mesmo que sejam prestigiadas há muitas
> gerações e em muitos lugares;
> não creiam em nada porque muita gente fala a respeito;
> não creiam na força dos sábios da antiguidade,
> não creiam naquilo que vocês imaginaram,
> supondo que um deus os inspirou.
> Não creiam em nada que dependa apenas da
> autoridade de seus mestres e sacerdotes.
> Depois de investigar, creiam naquilo que vocês
> mesmos testaram e consideraram razoável, e
> que é para o seu bem e para o bem das outras pessoas.
>
> O Buda, *Kalama Sutra*

Este livro versa sobre o conceito da Mente Una, que, conforme sugerem as evidências, é um domínio coletivo, unitário, de inteligência, do qual fazem parte todas as mentes individuais. A Mente Una é uma dimensão na qual você e eu podemos nos encontrar, como estamos fazendo agora mesmo.

No século XX, fomos apresentados a várias subdivisões da mente, como o consciente, o pré-consciente, o subconsciente, o inconsciente, o consciente coletivo e o inconsciente coletivo. A Mente Una é uma perspectiva a mais de nossa paisagem mental. A diferença é que a Mente Una não é uma subdivisão: ela é a dimensão de abrangência global, totalmente inclusiva, à qual pertencem todos os componentes mentais de todas as mentes individuais. Escrevo Mente Una (*One Mind*) com maiúsculas para distingui-la da mente única (*one mind*) que pertence a cada indivíduo.

Por que a Mente Una É Importante

Escrevi este livro porque acredito que a Mente Una é uma saída possível do estado de divisão, amargura, egoísmo, ganância e destruição que ameaça engolir o nosso mundo, perigo do qual, se ultrapassarmos um certo ponto, talvez não possamos mais escapar. Identificar-nos com as mais elevadas expressões da consciência humana pode clarear a nossa visão, evitar o endurecimento de nossas artérias morais e éticas, e nos inspirar para a ação. Esta não é uma época comum. É necessário termos ousadia, ousadia inclusive em nosso modo de pensar sobre quem somos, nossas origens e nosso destino, e sobre aquilo de que somos capazes. Não considero a Mente Una como um brinquedo filosófico. Ela não é um conceito luxuoso para ser contemplado a nosso bel-prazer. A urgência com que precisamos dela já está nos conclamando.

Nós, seres humanos, temos meios engenhosos de ignorar o óbvio e de enganar a nós mesmos, mesmo quando estamos diante de uma tragédia iminente. Um de meus pacientes mais queridos era um homem de trinta e poucos anos, músico clássico brilhante que tocava em uma sinfônica municipal. Ele me procurou porque não conseguia dormir. Esse homem tão inteligente era um verdadeiro compêndio de patologia ambulante: ansioso e compulsivo, obeso, diabético e fumante inveterado. Desdenhava qualquer tipo de exercício. Quando lhe perguntei o que fazia para relaxar, ele me perguntou: "O que você quer dizer com isso?" Seu histórico familiar estava repleto de doenças coronárias e diabetes. A maioria dos homens, inclusive o pai, havia morrido de infarto no início da meia-idade.

Depois de concluir um minucioso diagnóstico, descrevi-lhe o que, com toda a probabilidade, acabaria por acontecer a ele, ou seja: estatisticamente, ele caminhava na direção de um desastre, a menos que fizesse grandes mudanças. Mas ele não queria saber de nada disso. "Minha mãe viveu mais de noventa anos", protestou. "Talvez eu tenha herdado os genes dela." E não alterou em nada a sua rotina. Um ano depois, teve um infarto agudo, mas sobreviveu. Aquilo funcionou para meu paciente como um alerta. Ele mudou completamente seu estilo de vida. Perdeu peso, livrou-se do diabetes e parou de fumar. Começou a fazer meditação e tornou-se fã de atividades físicas. "Da noite para o dia, aquele infarto me fez ver as coisas de uma maneira diferente", disse. "É uma pena que tenha precisado quase morrer para aprender a viver."

Nós, seres humanos, somos muito parecidos com esse meu paciente. Temos o olhar fixo e atento voltado para vários problemas iminentes, mas insistimos em negar sua realidade. Será que precisamos sofrer a versão planetária de um infarto para recobrar a razão? Aparentemente, nem fatos nem estatísticas nos bastam para fazer-nos tomar rumos mais sensatos. Mas há outra saída. Uma mudança existencial nos possibilitaria ver o mundo de uma nova maneira, de uma maneira que redefina nossa relação uns com os outros e com a própria Terra. Essa mudança pode transformar radicalmente o modo como decidimos viver. É disso que trata a perspectiva da Mente Una. Não estou dizendo que despertar para a Mente Una seja a *única* saída para os dilemas que temos diante de nós, mas é *uma* saída, e um caminho muito poderoso que se abre para todos nós, e que está disponível a todos.

Como este Livro Funciona

Elaborei este livro como uma série de pequenos exemplos independentes a respeito da Mente Una, criando, como disse um leitor, uma "leitura de metrô." Eles obedecem a um fluxo e a um padrão, mas cada seção também funciona, por si só, como um portal, ou ponto de entrada, para o conceito da Mente Una. Cada um lida com uma maneira particular como a Mente Una deixa suas pistas nos assuntos humanos. E cada um deles poderia ser tema de todo um livro, e, em muitos casos, realmente foi.

Minha estratégia é observar uma grande variedade de fenômenos para que o conceito da Mente Una não cresça nem caia com base em nenhum deles isoladamente, mas ganhe força por causa do todo. Como disse o filósofo F. C. S. Schiller: "Uma síntese que abarque tamanha multidão de fatos não repousa exclusivamente em qualquer conjunto deles e, em um certo sentido, cresce independentemente de todos eles".[1] Como diz o provérbio: "Uma flecha pode se quebrar facilmente, mas não um feixe com dez flechas".

Escrevi este livro para o leitor em geral, e não para cientistas e filósofos, nem para meus pares e colegas envolvidos nas pesquisas sobre a consciência. Ele se destina a qualquer leigo que preserve a capacidade de maravilhar-se, de extasiar-se como fazíamos todos quando éramos crianças antes de aprender que existe uma maneira "certa" de pensar. Entretanto, algumas seções são mais complexas do que outras. Portanto, se algumas delas não forem do seu agrado, salte-as. O que conta é o conjunto.

À medida que for assimilando esses pontos de vista diversos, é possível que você comece a observar em sua própria vida padrões que parecem mais compreensíveis e coerentes a partir da perspectiva da Mente Una. Caso isso aconteça, adorarei ter notícias suas.[2]

Encontrando a Mente Una

Há várias maneiras de vivenciar a Mente Una. Imagine que ela seja uma fonte no deserto à qual nos dirigimos para beber. Podemos chegar à fonte sozinhos e ter uma experiência solitária. Ou podemos encontrar lá outra pessoa, um grupo de pessoas ou talvez uma multidão. De modo que, quando "bebemos" da Mente Una, essa experiência pode nos afetar de maneira exclusiva e individual, manifestando-se como um momento transcendente, uma epifania ou um avanço desbravador e criativo. Ou podemos adquirir informações de uma maneira inexplicável, como se ela se manifestasse por meio de uma revelação, ou podemos ter uma premonição que se comprove verdadeira. Alternativamente, as experiências da Mente Una podem envolver duas ou mais pessoas, como acontece quando casais, irmãos, gêmeos, amantes ou grupos de pessoas compartilham emoções, pensamentos ou sentimentos a distância. Veremos que elas também podem verificar-se entre indivíduos de espécies diferentes. Embora infindavelmente variados, os eventos associados à Mente Una têm isto em comum: eles envolvem uma percepção ilimitada e de grande amplitude e extensão.

Mas como confiar na existência da Mente Una? Não há instrumento que possa medi-la, não há dispositivo nenhum capaz de calibrá-la. Esse é o mesmo problema que ocorre com muitas coisas que acreditamos serem reais, embora não possamos medi-las diretamente, como amor, cuidado, compaixão, patriotismo ou a preferência por sanduíche de geleia com manteiga de amendoim, para citar apenas algumas. Em situações assim, informalmente definimos critérios para provar a nós mesmos que alguma coisa existe. Por exemplo, calculamos que se alguém for amoroso, se comportará de tal ou qual maneira. Então, se essa pessoa se comportar da maneira que calculamos, nós presumimos que ela de fato é capaz de amar. Na ausência de medidas, podemos adotar a mesma abordagem com relação à Mente Una.

Que critérios deveríamos definir para mostrar que a Mente Una existe? Como se manifestariam no dia a dia mentes interconectadas ou sobrepostas? Se as mentes individuais estão ligadas a todas as demais mentes por meio da Mente Una, que tipo de experiências teriam as pessoas? Como poderiam saber que são parte de uma mente maior?

Se a Mente Una existisse, poderíamos esperar que:

- Uma pessoa pudesse compartilhar pensamentos e emoções (e até mesmo sensações físicas) com um indivíduo distante com quem ela não está em contato sensorial.
- Uma pessoa pudesse demonstrar um conhecimento detalhado que estivesse de posse de outra que já tivesse morrido, e que não poderia ter sido adquirido por meios normais.
- Pudesse ocorrer comunicação a distância entre seres humanos e criaturas não humanas sencientes, como animais de estimação.

- Grandes grupos de animais, como manadas, bandos e cardumes, pudessem comportar-se de maneira tão estreitamente coordenada que se sugeriu para esse fenômeno a existência de mentes compartilhadas, superpostas.
- Uma pessoa prestes a morrer ou mesmo saudável pudesse entrar em contato direto com um domínio transcendente no qual lhe fosse revelado que ela é parte de uma mente maior, infinita no espaço e no tempo.
- Uma pessoa pudesse encontrar objetos escondidos ou perdidos por meios exclusivamente mentais, ou perceber em detalhes, sem contato sensorial, cenas distantes conhecidas por outra.

Acontece que nenhuma dessas possibilidades é hipotética; como veremos em seguida, todas elas são reais. E, pelo fato de elas existirem, nós podemos inferir, com justificativas sólidas, que a Mente Una também é real. E também podemos obter alguma certeza pelo número de gênios criadores em campos de pesquisa ou produção artística tão variados quanto a física teórica, a filosofia e a música, e que, ao longo dos séculos, manifestaram sua crença na Mente Una.

A Mente Não Local

Entretanto, o supremo argumento em favor da Mente Una é a *não localidade* da consciência. Vamos explorar o significado dessa expressão nas próximas páginas, mas, em resumo, é o seguinte: as mentes individuais não são apenas individuais. Elas não estão confinadas ou localizadas em pontos específicos do espaço, como cérebros ou corpos, nem em pontos específicos do tempo, como o presente. Em vez disso, as mentes são *não locais* em termos espaciais e temporais. Isso significa que a separação entre elas é uma ilusão, pois as mentes individuais não podem ser encerradas em uma caixa (ou cérebro) e isoladas umas das outras. Em certo sentido, todas as mentes se reúnem para formar uma única mente. Ao longo de toda a história, muitas pessoas, inclusive cientistas eminentes, vislumbraram esse fato. Entre eles, incluem-se Erwin Schrödinger, físico ganhador do prêmio Nobel, que proclamou: "Existe apenas uma mente", e o ilustre físico David Bohm, que afirmou: "No fundo, a consciência da humanidade é uma só".

Cunhei a expressão "mente não local" em 1989, no livro *Reencontro com a Alma: Uma Investigação Científica e Espiritual*, para expressar aquilo que acredito ser um aspecto espacial e temporalmente infinito de nossa consciência.[3] Como veremos, a mente não local é semelhante ao antiquíssimo conceito da alma.

Sobrevivência

Atualmente, não sentimos passar uma semana sem que algum inflamado congressista ou jornalista alarmado nos advirta de que nossa nação está perdendo o valor. Diversas razões são citadas, mas uma das principais, dizem-nos eles, é o nosso sistema educacional. Estamos ficando para trás nas ciências exatas, e isso nos põe em risco em um mundo cada vez mais competitivo. Somos severamente advertidos de que precisamos nos concentrar, antes que seja tarde demais, em nossas escolas e universidades, nas áreas que formam o TRONCO (ou a BASE) desse sistema: a ciência, a tecnologia, a engenharia e a matemática.

Ninguém dava mais valor a área de exatas que o médico e pesquisador Lewis Thomas. Ele foi, durante muitos anos, diretor de pesquisa do Memorial Sloan-Kettering Cancer Center [Centro de Câncer Memorial Sloan-Kettering], mas também se interessava pelas nascentes de sabedoria situadas a montante da ciência. Ele percebeu que a ciência não é um lugar de parada para a compreensão humana. E, por isso, era um demolidor incansável dos muros que separam o conhecimento nos domínios das exatas e humanas. Nos brilhantes e abrangentes ensaios que publicava no *New England Journal of Medicine*, ele abordava qualquer coisa que lhe interessasse. Dois de seus temas favoritos eram Montaigne e Mahler. Nada era descartado; ele até mesmo conjecturava que a consciência poderia ser reciclada após a morte em um "sistema nervoso biosférico" porque, segundo afirmava, era uma entidade valiosa demais para ser desperdiçada pela natureza. Essa ideia provocou exclamações de descrença e suspeitas, por parte de alguns cientistas empertigados, de que a cabeça de Thomas estava entupida de fantasias, mas ele sabia o que estava fazendo.

Ele sentia que estávamos nos perdendo, "saindo dos trilhos", e não tinha medo de dizê-lo. Acreditava que as limitações de nossa mente constituem uma espécie de emergência planetária. Como ele próprio disse: "Precisamos saber mais [...]. Agora sabemos que não podemos mais fazer isso procurando em nossa mente, pois não há nela muito o que buscar [...]. Precisamos de ciência, de mais e melhor ciência, não por sua tecnologia, não pelo lazer, nem mesmo pela saúde ou longevidade, mas pela *esperança de sabedoria* que nosso tipo de cultura precisa adquirir *para sua sobrevivência* [os itálicos são meus]".[4]

Evitar a extinção. Esse é um conceito ameaçador que nossa sociedade não quer enfrentar. Tendo passado com dificuldade pela Guerra Fria sem um confronto nuclear, muitos pensaram que dali em diante seria fácil navegar, mas agora sabemos que não é bem assim. Os problemas que enfrentamos são sistêmicos e metastáticos. Embora possam não ser tão dramáticos quanto o horror nuclear, são igualmente fatais. Eles envolvem a gradual degradação e deterioração do nosso mundo em decorrência do comportamento que escolhemos, incentivados pela ganância ininterrupta, pela paralisia da vontade, pela visão turva e pela ignorância deliberada do tipo rigoroso de ciência que Thomas prezava. Como povo, parece que estamos gravemente debilitados. É como se toda a nossa cultura tivesse sofrido um derrame, o qual danificou os centros superiores que controlam nossa capacidade para raciocinar e agir de modo racional.

O que nos levará a ver o que realmente está acontecendo? Cada vez mais, dizem que precisamos de uma *engenharia* que nos permita encontrar uma saída para os problemas decorrentes da mudança climática global, da destruição ambiental, da poluição, da pobreza, da fome, da superpopulação, da desertificação, da escassez de água, do desaparecimento das espécies e assim por diante. Talvez. Mas, como sugeriu Thomas, é necessário algo que vá além da ciência atual: "a esperança de sabedoria".

Que tipo de sabedoria? Sem dúvida, essa sabedoria requer a percepção de que somos parte inseparável da vida na Terra porque, sem ela, não teremos nenhuma garantia de poder reunir a vontade necessária para fazer as escolhas certas, que nos permitirão sobreviver. Sabemos intelectualmente que não podemos separar-nos da natureza. Isso dificilmente pode ser considerado uma novidade, pois, há um século, é a mensagem básica da ciência ambiental. No entanto, a importância colossal dessa visão é amplamente negada. É claro que, além do conhecimento factual, precisamos de algo que nos ferva o sangue e nos ligue a alguma coisa além de nossos próprios eus autocentrados. Precisamos reconhecer que nossa própria vida está em jogo.

É por isso que a Mente Una tem importância vital. Se todas as mentes individuais estão unidas por meio da Mente Una – e há evidências impressionantes disso –, segue-se que, em algum nível, estamos intimamente conectados uns com os outros e com toda a vida sensível. Essa constatação possibilita um reajuste da Regra de Ouro autocentrada, passando de "faça aos outros o que gostaria que fizessem a você" a "seja bom com os outros porque, de algum modo, eles *são* você". Ao longo da história, a tarefa das grandes tradições de sabedoria tem sido a de transformar essa percepção, fazendo com que ela deixe de ser um conceito intelectual para se tornar uma certeza sentida tão real que faça diferença na maneira como conduzimos nossa vida.

A realização da Mente Una nos leva para além do isolamento e da frustração da luta individual separada contra probabilidades impossíveis. A vida se torna mais que uma jornada cansativa e enfadonha do berço ao crematório. O sentimento de união com todas as outras mentes nos transmite significado renovado, propósito e possibilidade, além de um sentido da sacralidade de todas as coisas.

Estamos quase lá. A "esperança de sabedoria" que Thomas tanto valorizava está ao nosso alcance, e grande parte da sua exigência de "mais e melhor ciência" já existe. Ela aflorou sob a forma de evidências em favor de uma forma unificadora, não local e universal de consciência, como tentarei mostrar. E, como veremos, muitos cientistas – *grandes* cientistas – abraçaram esse conceito.

O Colaboratório

Os desafios que enfrentamos são tão imensos, tão globais, que às vezes é difícil ver como nossos esforços individuais podem fazer alguma diferença. Pense em questões ambientais como poluição e mudança climática global. Barbara, minha mulher, e eu cultivamos um jardim orgânico e há vinte anos temos uma parede solar passiva em todo o lado sul da nossa casa. Embora nos façam sentir melhor e representem nosso compromisso com a responsabilidade ambiental, essas medidas são neutralizadas por uma recorrente sensação de futilidade diante do esquema maior das coisas. É como aquela Prece do Pescador Bretão – "Ó Deus, vosso mar é tão grande e meu barco é tão pequeno" – que o presidente John F. Kennedy mantinha em uma placa em sua mesa. Se Barbara e eu multiplicássemos nossos esforços ambientais por mil, eles ainda seriam ínfimos.

A ambientalista Carolyn Raffensperger escreveu: "Tenho uma hipótese para explicar a falta de apoio público à ação ambiental. Suspeito que muitas pessoas sofrem com a sensação de fracasso moral diante das questões ambientais. Elas sabem que nós estamos em grandes apuros, que seus atos contribuem para isso, mas é tão pouco o que elas ou qualquer um pode fazer individualmente".[5] Como a jornalista Anne Karpf, autora de *The Human Voice*, escreveu no *The Guardian*: "Agora eu reciclo tudo o que posso, dirijo um carro híbrido e desligo o aquecimento. Porém, lá no fundo, sei que isso é apenas uma tentativa vã de me desculpar: 'Governo, a culpa não foi minha'".[6]

Karpf prossegue:

> Com efeito, quando ouço advertências apocalípticas em relação ao aquecimento global, após alguns momentos de medo, eu me "desligo." Na verdade, acho que sou uma coisa ainda pior do que um cético da mudança climática: eu a ignoro.
>
> O fusível que desliga todo o circuito é uma sensação de impotência. Por mais bem-intencionados que sejam meus breves arroubos de zelo, tudo que eu faço para contrabalançar o aquecimento global acaba invariavelmente me dando a sensação de ser pouco demais e de ocorrer tarde demais. O

descompasso entre a situação extremamente grave em que a Terra se encontra e meus frágeis esforços é ridiculamente grande.

Karpf descobriu que não está sozinha. Ela perguntou a dois colegas qual era a atitude deles diante do aquecimento global. Um desses colegas, um homem de 48 anos, disse que pensava muito a respeito e ficava irritado ao reconhecer quanto os grandes negócios tinham sua parcela de culpa. Porém, quanto ao efeito de suas próprias intervenções, ele respondeu: "Tenho a impressão de que, na verdade, é como urinar contra o vento. Não sei por que me incomodo". O outro colega, um homem politicamente engajado de 57 anos, admitiu que raramente pensava sobre a mudança climática simplesmente porque isso não lhe interessava. Entretanto, quando pressionado, revelou que fazia reciclagem, assinava petições para preservar edifícios antigos e não dirigia automóvel, mas logo percebeu que não poderia sustentar seu ponto de vista segundo o qual eu "não prejudico o meio ambiente".

Reconhecer um problema e agir para resolvê-lo sabendo que seus atos são inadequados traz uma sensação de impotência. Essa sensação não é de apatia, mas de lesão moral, uma ferida na alma, um profundo sentido de inadequação que sufoca os melhores e mais verdadeiros esforços para fazer alguma diferença. Ela provém da constatação de que não podemos evitar que o problema aumente ainda mais. Quando morrermos e quando se fizer o cômputo da nossa vida, quase todos nós seremos julgados culpados de ter contribuído para esgotar os recursos do planeta. Essa constatação constitui aquilo que Raffensperger descreveu como "uma erosão corrosiva e constante, uma implacável tristeza em câmera lenta". Podemos trocar as lâmpadas que usamos e baixar o termostato quanto quisermos, mas o fato de termos nascido e todos esses anos de ignorância ambiental não podem ser apagados.

Atos individuais isolados nunca serão suficientes. Precisamos agir coletivamente, em conjunto, contornando a tristeza inexorável que podemos experimentar em ações privadas.

Entre na Mente Una. Seu poder se revela quando percebemos que nossa ação combinada não é apenas cumulativa, mas também exponencial.

Na Mente Una, um mais um não são apenas dois, mas também são muitos. Essa constatação diminui a "implacável tristeza em câmera lenta" das atividades individuais. Foi essa compreensão que levou Margaret Mead a observar: "Jamais duvide de que um pequeno grupo de pessoas motivadas por um pensamento atento e cuidadoso e pelo compromisso possa mudar o mundo. Na verdade, até hoje isso foi a única coisa que já conseguiu fazer tal mudança".[7]

Como membros da Mente Una, continuamos a agir individualmente. Porém, à medida que nos conscientizamos mais de nossos eus comunais, entra em ação um processo alquímico sob a forma de imaginação e criatividade intensificadas. Ingressamos em um campo de saber que é maior que o de qualquer membro do grupo e maior que a soma dos de todos os membros. O resultado é aquilo que Marc Barasch, fundador e diretor-executivo da Green World Campaign, chama de um "colaboratório".[8] Vêm à tona soluções que não prevíamos para os problemas. Ficamos mais imaginativos, inventivos, inspirados, produtivos, desenvoltos, habilidosos e inovadores. Como veremos, na Mente Una, neurônios combinando comunalmente seus recursos superam em desempenho os cérebros individuais.

Estamos aprendendo a recuperar nossa cidadania esquecida na Mente Una. Como afirma Jeremy Rifkin em *The Empathic Civilization*: "Está surgindo uma nova ciência cujos pressupostos e princípios operacionais são mais compatíveis com modos de pensamento em rede. A velha ciência olha para a natureza e vê objetos; a nova ciência vê relações. A velha ciência caracteriza-se por distanciamento, expropriação, dissecação e redução; a nova, por compromisso, reabastecimento, integração e holismo. A velha ciência empenha-se em tornar a natureza produtiva; a nova, em torná-la sustentável. A velha ciência almeja o poder sobre a natureza; a nova, a parceria com a natureza. A velha ciência privilegia a autonomia em relação à natureza; a nova, a reparticipação com a natureza".[9]

O poder da Mente Una está no fato de ela não precisar ser criada. A Mente Una coletiva não precisa do Twitter nem do Facebook para existir. Ela já *é* uma dimensão da consciência que tudo abrange e da qual nós *já* somos parte. Nós simplesmente nos esquecemos de nosso pertencimento a ela, trocando nossa unicidade pela ilusão da individualidade isolada, essa crença insidiosa e errônea segundo a qual a identidade pessoal é *tudo* o que somos. Quando pararmos de acreditar que somos uma moeda que tem apenas um lado, nos perguntaremos como pudemos nos enganar tão completamente durante tanto tempo. E poderemos então começar a agir em conformidade com esse reconhecimento.

Esses Meteoritos Constrangedores

Paradoxalmente, um de nossos maiores desafios são os próprios cientistas.

Eles costumam condenar o analfabetismo científico das crianças em idade escolar e do público, mas, por ironia, vigora entre eles uma forma paralela de analfabetismo científico. Ela resulta, em grande medida, da obstinação deles em ignorar as evidências empíricas de um aspecto unificado, não local, da mente. Brian Josephson, da Universidade de Cambridge, ganhador de um Prêmio Nobel de Física, chama essa forma de analfabetismo de "descrença patológica".[10]

A descrença patológica levou instruídos cientistas do século XVIII a declarar, com absoluta certeza e a despeito de provas concretas, que os meteoritos não existiam porque "pedras não podem cair do céu", como garantiu Antoine Lavoisier, descobridor do oxigênio, dirigindo-se aos seus colegas da Academia Francesa.[11] Por causa desse preconceito, alguns cientistas tinham vergonha de lidar com o assunto. Não querendo ser considerados antiquados e supersticiosos, eles descartaram coleções inteiras de meteoritos, como a Coleção Imperial de História Natural de Viena. Hoje, é praticamente impossível encontrar um espécime anterior a 1790. Uma exceção é o meteorito de 127 quilos que caiu na Alsácia em 1492, agora guardado na prefeitura de Ensisheim, no nordeste da França. Essa pedra caída do céu simplesmente era pesada demais para que os descrentes patológicos conseguissem erguê-la... e descartá-la.[12]

Pontos de vista igualmente dogmáticos persistem. Atualmente, muitos cientistas insistem em afirmar que a consciência, nosso atual equivalente do meteorito, não pode manifestar-se fora dos confins do cérebro e do corpo, apesar de centenas de estudos sugerirem o contrário. A descrença patológica agressiva e arrogante se tornou uma espécie de esporte sanguinário de muitos materialistas da comunidade científica que igualam a mente ao cérebro. Esses indivíduos parecem brigar entre si para ver quem consegue inventar a crítica mais satírica e ferina ao tipo de informação que vamos examinar, apesar de as probabilidades contrárias a uma explicação puramente aleatória para muitas dessas descobertas serem astronômicas. Isso não é apenas uma vergonha para a tradição científica; é também um jogo perigoso porque diminui a "esperança de sabedoria" que precisamos para sobreviver.

Se a sabedoria de que precisamos consiste em crescer e fazer uma diferença, os cientistas precisam passar das palavras à ação. Isso significa seguir as descobertas empíricas aonde quer que elas levem. Portanto, não são apenas os leigos que precisam fazer sua parte se nós quisermos sobreviver e florescer. Os cientistas precisam fazer o mesmo, deixando de sacrificar descobertas empíricas para proteger suas ideias preferidas acerca de como a consciência *deve* se comportar. Exemplos ilustres não faltam, como veremos. Schrödinger, Arthur Eddington, James Jeans, Kurt Gödel, Gregory Bateson, Bohm e outros que defenderam uma visão universal, unificada, da consciência já nos mostraram o caminho.

Einstein viu claramente que a nossa própria sobrevivência depende de uma transição do sentido do eu isolado para um nível expandido de percepção que inclua todos os seres sencientes. Ele afirmou: "O ser humano é parte do todo a que chamamos de 'universo', uma parte limitada no tempo e no espaço. Ele vivencia seus pensamentos e sentimentos como algo separado do restante – uma espécie de ilusão de óptica de sua consciência. Essa ilusão é como uma prisão para nós, restringindo-nos às nossas decisões pessoais e ao afeto pelas poucas pessoas que estão mais próximas de nós. Nossa tarefa precisa ser a de nos libertarmos dessa prisão, ampliando nosso círculo de compaixão de modo que ele passe a abarcar todas as criaturas vivas e toda a natureza em sua beleza".[13] Se fracassarmos em conseguir isso, ficamos sujeitos ao risco da devastação global. Em carta ao presidente Truman em 1950, Einstein afirmou: "Não sei quais as armas com que será travada a Terceira Guerra Mundial, mas a Quarta Guerra Mundial será combatida com paus e pedras".[14]

Em épocas mais simples, o comportamento de cada indivíduo isolado não era significativamente importante para a saúde global do planeta nem para o futuro da humanidade. O mundo natural continha amortecedores poderosos, capazes de absorver e de neutralizar até mesmo a estupidez humana maciça. Esse tempo acabou. O espaço de que ainda dispomos para cometer erros está diminuindo. Muitos cientistas acreditam que pontos a partir do quais as mudanças serão irreversíveis estão se aproximando cada vez mais de nós. Ao contrário das gerações anteriores, podemos vislumbrar um fim.

O conceito da Mente Una é científico, filosófico e espiritual, mas também é imensamente prático. Ele trata da sobrevivência, a forma de uso mais elevada que ela comporta, o uso real. Ele trata da conjuração dos melhores anjos da nossa natureza. Com ele, podemos salvar a nossa pele e também a das futuras gerações.

Emerson e Eu

Enquanto escrevia este livro, muitas vezes pensei em como passei a acreditar que a consciência é una. Nada em minha educação nem em minha subsequente formação universitária e no meu treinamento como médico apontava nessa direção. Como a maioria dos norte-americanos, cresci acreditando no valor e na realização *individuais*. No entanto, a ênfase da nossa cultura na individualidade nunca pareceu se encaixar muito bem. Algo vital, algo não dito, estava faltando.

A mais profunda influência que, gentilmente, me empurrava em direção ao conceito da Mente Una estava crescendo em mim como um gêmeo idêntico. Desde nossa primeira infância até hoje, meu irmão e eu nos sentimos ligados em consciência em algum nível fundamental. Isso não é exclusividade nossa; muitos gêmeos idênticos têm sentimentos semelhantes.

Quando eu tinha 16 anos, ocorreu um fato essencial que permanece gravado em minha memória. Topei, praticamente por acaso, com um exemplar dos ensaios de Ralph Waldo Emerson. A descoberta ocorreu certa noite no Evans Corner Drug, ponto de encontro dos adolescentes da pequena Groesbeck, no Texas, a cidade mais próxima de nossa fazenda. A grande atração para os jovens da época era a máquina de refrigerante. O livro de Emerson estava em um desses *racks* metálicos giratórios. Embora deslocado entre os livros baratos de mistério e faroeste, Emerson de algum modo me atraiu. Abri o livro mecanicamente na página um e fiquei estupefato com estas palavras: "Há uma mente comum a todos os homens individualmente. Todo homem é uma entrada que conduz ao mesmo e a tudo o que faz parte do mesmo. Aquele que tiver direito à razão torna-se um homem livre de toda a propriedade. O que Platão pensou, ele pode pensar; o que um santo sentiu, ele pode sentir; o que em qualquer momento tiver atingido qualquer homem, ele pode entender. Quem tem acesso a essa mente universal é um participante de tudo o que é feito ou que pode ser feito, pois esse é o agente único e soberano".[15]

Este foi apenas um aquecimento. O ensaio "The Over-soul" [A Superalma] também me nocauteou. A Superalma, afirma Emerson, é "aquela Unidade [...], na qual o ser particular de cada homem está contido e se faz uno com todos os outros [...]". Ele explicou: "Vivemos em sucessão, em divisão, em partes, em partículas. Enquanto isso, dentro do homem está a alma do todo, o silêncio sábio, a beleza universal, aos quais cada parte e cada partícula estão igualmente relacionadas, o eterno UM. E esse profundo poder no qual existimos e cuja beatitude nos é inteiramente acessível não apenas é autossuficiente e perfeito em todas as horas, mas também o ato de ver e a coisa vista, o vidente e o espetáculo, o sujeito e o objeto, são um. Vemos o mundo pedaço por pedaço, como o sol, a lua, o animal, a árvore; mas o todo, do qual tudo isso são partes resplandecentes, é a alma".[16]

Aquilo era muita coisa para um adolescente do Texas, mas comprei na hora o pequeno exemplar de dinamite literária. Ele se tornou meu tesouro privado até que o perdi em algum lugar, em uma das muitas mudanças que fiz nos anos seguintes.

E também acabei perdendo contato com Emerson durante o período de universidade, residência médica e pós-graduação. Ele foi afogado pela visão de mundo materialista para dentro da qual fui empurrado, como todos os jovens da minha geração que seguiam carreira em medicina. Nenhuma outra abordagem era tolerada em minha formação fortemente científica. Um certo sentimento de superioridade complacente pairava no ar. Quem precisava de Emerson e de Superalmas, quando estavam à mão Teorias de Tudo baseadas na física? Embora, durante vários anos, eu tenha me entregado de coração a essas visões baseadas na física, continuei guardando Emerson em algum lugar bem fundo. Em retrospectiva, acredito que minha precoce exposição a ele ajudou a imunizar-me contra a capitulação completa a pseudoexplicações materialistas da mente e da consciência. E essa imunidade se revelaria vitalícia. Não que Emerson tenha sido o único responsável por meus pontos de vista em evolução, mas apenas que ele foi a causa original da irritação na ostra em torno da qual algo cresceu.

A Mente Una: Antiga *e* Moderna

O conceito da Mente Una é antigo e continua sendo uma crença respeitada em muitas tradições de sabedoria. O lado esotérico de todas as principais religiões reconhece que nossa consciência individual é envolvida e alimentada por uma fonte infinita, absoluta, divina ou cósmica, sendo, em última análise, uma com ela.[17] O Samkhya, um dos mais antigos sistemas filosóficos da Índia, promoveu o conceito dos registros akáshicos, um compêndio de informações e conhecimento codificado em um plano não físico da existência, que intérpretes posteriormente compararam à Mente de Deus.[18] Os Upanishads, escrituras sagradas da Índia que remontam a meados do primeiro milênio antes de Cristo, proclamam *tat tvam asi*, "tu és isto": o humano e o divino são um só. Do mesmo modo, na tradição cristã, as palavras de Jesus: "O reino de Deus está dentro de vós"[19] e "Acaso não está escrito em sua lei: 'Eu disse, sois deuses?'".[20] E, como disse o sábio epônimo Hermes Trismegisto séculos antes: "Não há nada mais divino que a mente, nada mais potente em sua operação, nada mais capaz de unir homens a deuses e deuses a homens".[21]

Embora tenha raízes antigas, a ideia da Mente Una está se tornando igualmente cada vez mais moderna. Há mais de um século estamos testemunhando uma constante enxurrada de livros que, de uma forma ou de outra, afirmam o reconhecimento de que a consciência é maior que nossa mente individual. Entre os exemplos, incluem-se obras pioneiras como *Cosmic Consciousness*, de R. M. Bucke, os ensaios de Emerson sobre a Superalma e o transcendentalismo, *As Variedades da Experiência Religiosa*,* de William James, *The Great Chain of Being*, de Arthur Lovejoy, *The Archetypes and the Collective Unconscious*, de C. G. Jung, e *My View of the World, O Que é Vida? Seguido de Mente e Matéria e Fragmentos Autobiográficos*, de Erwin Schrödinger. Entre as contribuições mais recentes incluem-se *O Espectro da Consciência*,** de Ken Wilber, *O Despertar da Terra: O Cérebro Global*,*** de Peter Russell, *Whole in One*, de David Lorimer, *Elemental Mind*, de Nick Herbert, *Beyond the Post-Modern Mind*, de Huston Smith, *A Totalidade e a Ordem Implicada*,† de David Bohm, *Soul Search*, de David Darling, *Consciousness and the Source of Reality*, de Robert G. Jahn e Brenda J. Dunne, *Uma Nova Ciência da Vida*,†† de Rupert Sheldrake, *O Campo*, de Lynne McTaggart, *The Akashic Experience* e *A Ciência e o Campo Akáshico*,††† de Ervin Laszlo, *Consciência e Cosmos*, de Menas Kafatos e Robert Nadeau, *The Conscious Universe* e *Mentes Interligadas*, de Dean Radin, *Opening to the Infinite*, de Stephan A. Schwartz, *O Fim do Materialismo*,※ de Charles T. Tart, *Mente Sem Limites*,※※ e *A Realidade da Percepção Extrassensorial*,※※※ de Russell Targ, *Irreducible Mind*, de Edward F. Kelly e seus colegas, e muitos e muitos outros.

    Se há tantos livros sobre a Mente Una, por que precisaríamos de mais um? O que uma voz a mais poderia acrescentar a esse coro? A única coisa que posso dizer é que minha abordagem é a de um médico, algo que influenciou profundamente minha perspectiva sobre as maneiras como a

---

* Publicado pela Editora Cultrix, São Paulo, 2ª edição, 2017.
** Publicado pela Editora Cultrix, São Paulo, 1990. (Fora de catálogo.)
*** Publicado pela Editora Cultrix, São Paulo, 1991. (Fora de catálogo.)
† Publicado pela Editora Cultrix, São Paulo, 1992. (Fora de catálogo.)
†† Publicado pela Editora Cultrix, São Paulo, 2014.
††† Publicado pela Editora Cultrix, São Paulo, 2008. (Fora de catálogo.)
※ Publicado pela Editora Cultrix, São Paulo, 2012.
※※ Publicado pela Editora Cultrix, São Paulo, 2010.
※※※ Publicado pela Editora Cultrix, São Paulo, 2014.

Mente Una se manifesta na vida das pessoas. Passei boa parte de minha vida lidando com pessoas que estavam morrendo em hospitais e em campos de batalha. Por décadas, escutei suas alegrias, preocupações, medos e sofrimentos. Muitas delas revelaram-me experiências que abalaram profundamente o que me haviam ensinado sobre o comportamento da mente. Muitas dessas experiências simplesmente não aparecem nos manuais de medicina, biologia, física ou psicologia.

Além disso, há alguma coisa na relação médico-paciente que estimula as pessoas a falarem de suas experiências e pensamentos mais íntimos. Isso com frequência transcende o que elas estão dispostas a contar a seu físico, biólogo, filósofo ou matemático preferido, caso tenham um. Portanto, creio-me encorajado a pensar que poderia acrescentar ao coro algumas notas que podem ter faltado ou ainda não ter sido cantadas a plenos pulmões.

Sem dúvida, a Mente Una unitária e não local tem sido um tema recorrente entre filósofos e poetas em todas as eras. Como Platão (427-347 a.C.) faz Aristófanes dizer em *O Banquete*: "Esse tornar-se um, em vez de dois, era a própria expressão da antiga necessidade [da humanidade]. E a razão é que a natureza humana era originalmente uma e nós éramos um todo, e o desejo que busca o todo é chamado amor."[22] William Butler Yeats (1865-1939) escreveu: "As fronteiras de nossa mente mudam incessantemente, e [...] muitas mentes podem fluir umas para dentro das outras [...] e criar ou revelar uma só mente, uma só energia".[23] E, como vislumbrou o romancista e poeta beat Jack Kerouac (1922-1969), autor de *On The Road – Pé na Estrada* e *Os Vagabundos Iluminados*: "Destituída de espaço/É a mente da graça".[24]

Neuromitologia

A visão dominante na ciência é a de que o cérebro, de algum modo, produz a consciência assim como o fígado produz bile.[25] Mas essa é uma suposição não comprovada, que nunca foi explicada, dificilmente pode ser imaginada e jamais foi diretamente observada. O *status* dessa crença é a neuromitologia, não é a ciência. Apesar disso, ela persiste, assim como muitas mitologias persistiram durante longos períodos na história da ciência, como a crença no éter, no flogístico e no caráter absoluto da matéria, da energia, do espaço e do tempo. Nossa atual neuromitologia insiste na necessidade de um cérebro para a existência da consciência e na crença segundo a qual a consciência não pode existir fora do cérebro. Como os cérebros obviamente são individuais, as mentes também precisam ser individuais, uma por pessoa. Para que exista uma Mente Una, teria de haver um Cérebro Uno, o que sem dúvida é um absurdo.

Porém, a natureza da consciência continua sendo um mistério. Como afirma o cientista cognitivo Donald D. Hoffman, da Universidade da Califórnia, em Irvine: "O estudo científico da consciência está na embaraçosa posição de não existir nenhuma teoria científica da consciência".[26] Quanto à maneira como a consciência poderia surgir de um sistema físico como o cérebro – se é que de fato ela provém de um sistema físico –, o psicólogo experimental Steven Pinker, da Universidade de Harvard, confessa: "Não tenho a mínima ideia. Tenho alguns preconceitos, mas nem imagino como começar a procurar uma resposta defensável. E ninguém mais tampouco tem nenhuma ideia a respeito".[27] É importante reconhecermos nossa ignorância sobre as origens da consciência, pois isso abre a porta a possibilidades como a da Mente Una, que um ponto de vista estritamente materialista proíbe.

Não há como fugir ao mistério que envolve o tema. Portanto, espero que você esteja disposto a suspender o julgamento e mergulhar comigo no desconhecido enquanto prosseguirmos. Estaremos em boa companhia. Como disse o romancista e filósofo Aldous Huxley: "Sou inteiramente a favor do mistério. Quero dizer, todas as tentativas de negar o mistério são ridículas [...]. Acredito no *profundo e insondável mistério da vida* [...], que tem em si uma qualidade [...] divina".[28]

Lewis Thomas também reconheceu a importância de admitirmos nossa ignorância, prima próxima do mistério. Perto do fim do século XX, ele escreveu: "A única verdade científica sólida em que tenho total confiança é a de que somos profundamente ignorantes a respeito da natureza [...]".[29] E prosseguiu: "Há apenas dois séculos, podíamos explicar tudo sobre tudo, com a mais pura razão, e agora a maior parte dessa estrutura elaborada e harmoniosa desmoronou diante de nossos olhos. Somos uns *burros*".[30]

Em seu brilhante livro *Science Set Free*, o biólogo britânico Rupert Sheldrake examinou de que maneiras os "burros" de Thomas se manifestam no mundo da ciência. Ele explorou áreas nas quais a ciência está sendo restringida por suposições que, enrijecidas em dogmas, além de limitar a ciência, são perigosas para o futuro da humanidade.[31]

Que Diabo Está Acontecendo Aqui?

Entretanto, em muitas áreas da ciência, a arrogância eclipsou a admissão da ignorância. E a arrogância – isto é, a certeza de sabermos mais do que realmente sabemos – criou um sério obstáculo à nossa compreensão da consciência. Ela impediu que se desse ouvidos de maneira justa a um imenso corpo de pesquisas que apontam para um aspecto da mente que é não local e se estende além do corpo, por insistir em afirmar com arrogância que tais fenômenos simplesmente não podem ocorrer, assim como fez quando afirmava que rochas não podiam cair do céu. E, como não podem ocorrer, esses fenômenos não ocorrem. E ponto final, danem-se as provas e caso encerrado. Este livro reabre o caso examinando provas que desafiam a atual suposição segundo a qual a consciência é inteiramente local – isto é, ela é produzida pelo cérebro e a ele está confinada.

Para corrigir a arrogância epidêmica em muitas áreas da ciência, poderíamos levar a sério a divertida sugestão de Wes Nisker, professor de meditação budista: "Imagine só como seria bom se nós todos nos encontrássemos de vez em quando em grandes reuniões públicas e admitíssemos que não sabemos por que estamos vivos, que ninguém sabe com certeza se há um ser supremo que nos tenha criado e que ninguém tampouco sabe que diabos está acontecendo aqui".[32]

Ignorância e Oportunidade

Em ciência, geralmente sabemos *que* algo funciona antes de ter uma pista sobre *como* funciona. E isso é particularmente verdadeiro no caso da medicina, meu campo. Os exemplos são numerosos, inclusive o da aspirina para a inflamação e a dor, o da penicilina para a infecção, o do quinino para a malária, o da colquicina para a gota, o dos anestésicos em geral, e por aí vai. As explicações costumam vir depois. Enquanto esperamos por elas, não ignoramos a eficácia dessas intervenções só porque exigimos obstinadamente uma explicação do mecanismo envolvido. Jamais vi um paciente que precisasse de uma grande cirurgia recusar anestesia geral só porque o anestesista não sabia explicar precisamente como a substância funcionava.

Com o mesmo espírito, creio que a hipótese da Mente Una precisa ser levada a sério. O conceito da Mente Una funciona não porque conhecemos o seu mecanismo, mas porque ela modela certas observações tão bem quanto – ou até melhor – do que outras hipóteses sobre o comportamento da mente.

As futuras gerações poderão um dia explicar as operações da Mente Una. Ou talvez não, pois os problemas são formidáveis. No momento, não conseguimos sequer explicar a mente individual, quanto mais a Mente Una. Mas, como já dissemos, nossa ignorância é também uma oportunidade. Por sabermos tão pouco sobre a consciência, podemos ser audaciosos ao explorar a possibilidade de um domínio universal da mente.

Para alguns, a Mente Una é como uma tia maluca escondida no sótão da família: esquisitona demais para ser respeitável, controvertida demais para ser mencionada, estranha demais para ser vista em público. Porém, diante das evidências que vamos examinar, ela está prestes a descer as escadas e fazer uma aparição que deixará os convidados em estado de choque.

Parte Um

VISLUMBRES DA MENTE UNA

1

Salvando outras pessoas

Em 2 de janeiro de 2007, Wesley Autrey, afro-americano de 50 anos de idade, operário da construção civil e veterano da Marinha, esperava o metrô em Manhattan com suas duas filhas pequenas por volta das 12h45. Enquanto aguardava lá, Autrey não sabia que estava prestes a envolver-se em uma sequência de eventos que mudaria sua vida e que revelaria profundas verdades sobre a natureza da mente humana. Ele percebeu que Cameron Hollopeter, um jovem de 20 anos, estava tendo uma convulsão e, embora tivesse conseguido pôr-se de pé, caíra da plataforma no espaço entre os dois trilhos. Autrey viu as luzes de um trem que se aproximava e tomou uma decisão instantânea: saltou sobre os trilhos, achando que teria tempo de arrastar Hollopeter para fora. Ao constatar que isso seria impossível, ele cobriu o corpo de Hollopeter com seu próprio corpo e o empurrou para a pequena vala de escoamento de cerca de 30 centímetros de profundidade que havia entre os trilhos. O operador do trem tentou parar e os freios guincharam, mas quando finalmente a composição parou, cinco vagões haviam passado sobre os dois homens. Foi por um triz; os vagões passaram tão perto de Autrey que sujaram de graxa seu gorro de tricô azul. Autrey ouviu gritos das testemunhas que presenciaram a cena. "Estamos bem", gritou ele, "mas minhas duas filhas estão aí em cima. Digam-lhes que o pai delas está bem." Depois disso, ele ouviu gritos de admiração e palmas dos assombrados presentes.

Hollopeter, aluno da New York Film Academy [Academia de Cinema de Nova York], foi levado ao hospital, mas tinha apenas hematomas e arranhões. Autrey recusou atendimento médico porque, segundo garantiu, não havia nada de errado com ele.

Por que Autrey agiu assim? Segundo declarou ao *New York Times*: "Não acho que tenha feito nada de espetacular; só vi alguém que precisava de ajuda. Fiz o que achei que era certo".[1] Ele também disse que, como operário da construção civil, estava habituado a trabalhar em espaços restritos e que, nesse caso, seu golpe de vista fora "bem certo".

Autrey foi extraordinariamente modesto, mas isso não impediu a adulação do público. E se transformou imediatamente em uma celebridade, aparecendo em vários noticiários matutinos e programas de entrevistas de fim de noite do país. Choveram presentes: bolsas de estudos e computadores para as filhas, um jipe Patriot zero-quilômetro, ingressos para a temporada do New Jersey Nets, um passe de estacionamento grátis por um ano em qualquer lugar da cidade de Nova York e um ano de viagens gratuitas de metrô, entre outras coisas. A revista *Time* o incluiu entre as 100 pessoas mais influentes do mundo em 2007.[2] Autrey foi considerado CNN Hero, título conferido pela emissora a quem faz uma diferença no mundo. Convidado para assistir ao Discurso sobre o Estado da União ao Congresso dos Estados Unidos em 2007, foi ovacionado de pé.

Por que Arriscar Tudo?

Por que alguém arriscaria ou sacrificaria deliberadamente a própria vida por outra pessoa? A resposta pode parecer óbvia: simplesmente porque se importa com a pessoa necessitada e por ela sente empatia ou amor. Mas essa resposta não é suficiente para os biólogos evolucionistas, que querem saber qual é o *propósito* a que esse cuidado, essa empatia e esse amor está servindo. O que o indivíduo ganha agindo com base nesses sentimentos?

Segundo os princípios da biologia evolutiva, somos geneticamente programados para agir de uma maneira que garanta nossa sobrevivência e reprodução. Portanto, nossos atos de empatia podem estender-se às pessoas mais próximas de nós, que compartilham nossos genes – irmãos, filhos, grupo familiar –, porque ajudá-los nos ajudaria geneticamente no longo prazo. Ou talvez estendêssemos a empatia à nossa tribo ou unidade social porque poderíamos precisar que elas um dia retribuíssem. Sob essa luz, atos como o de Wesley Autrey constituem uma heresia biológica. Ele não tinha nem de longe uma relação com Cameron Hollopeter, fosse ela racial, social, ocupacional ou cultural. Seus genes não teriam se beneficiado se ele tivesse morrido ao salvar o jovem branco. Portanto, segundo a biologia evolutiva, Wesley Autrey deveria ter permanecido na plataforma do metrô e deixado Cameron Hollopeter se virar sozinho.

Alguns poderiam argumentar que Autrey beneficiou-se *sim* por ter salvo Hollopeter. Ele ganhou fama e suas filhas ganharam computadores e verba para pagar a universidade, para não falar nos prêmios em dinheiro e outros benefícios tangíveis. Uma vez que aquele ato mudou sua situação e tornou sua vida e a de suas filhas menos difícil, talvez houvesse um retorno genético naquilo que ele fez. Mas ele não sabia de antemão que essas coisas aconteceriam. E, seja como for, será que valia a pena arriscar-se a enfrentar o que parecia ser a morte certa? Com certeza, não. Nessa situação perigosa, a preservação genética deveria ter mantido Autrey na plataforma com as filhas, ao lado de todos os presentes para os quais agir como ele agiu teria sido suicídio.

Tornar-se Outra Pessoa

Joseph Campbell, o grande mitólogo, interessava-se em saber por que as pessoas agem com desprendimento. Influenciado pelas ideias do filósofo alemão Arthur Schopenhauer, Campbell observou: "Schopenhauer fez uma pergunta maravilhosa: 'Como é que um indivíduo consegue participar do risco e do sofrimento de outro a ponto de, esquecendo-se da sua própria autoproteção, lançar-se espontaneamente em resgate do outro, e até mesmo à custa da própria vida?'." Schopenhauer acreditava que o autossacrifício, a abnegação pelo outro ocorre porque o salvador percebe que ele e a pessoa necessitada são um só. No momento decisivo, a sensação de separação é totalmente superada. O perigo que ameaça o necessitado torna-se o perigo que ameaça quem o salva. A anterior sensação (e o sentido) de separação que experimentamos é simplesmente uma função do modo como vivenciamos as coisas no espaço e no tempo: podemos *parecer* separados e frequentemente *nos sentir* separados, mas a separação não é fundamental. Como nos sentimos um só com o necessitado, quando arriscamos a vida para salvá-lo, estamos essencialmente salvando a nós mesmos.

Campbell elaborou mais detalhadamente a situação: "Agora, a meu ver, essa compaixão espontânea salta os limites da cultura. Se você visse alguém de um mundo totalmente estranho – mesmo uma pessoa, raça ou nação pela qual não sentisse nenhuma simpatia, nenhuma solidariedade –, o reconhecimento de uma identidade humana comum deflagraria uma reação. E a referência suprema da mitologia é a essa entidade única, que é a do ser humano como humano".[3]

Nunca ouvi falar de um salvador que perguntasse ao necessitado se este era democrata ou republicano, contra ou a favor do aborto, qual era a sua posição diante da mudança climática global nem se preferia medicina alopática ou homeopatia. Diante de outro ser humano em necessidade, passamos por cima dessas questões em favor de uma reação humana mais profunda. Schopenhauer percebeu isso. Como escreveu em 1840 no seu livro *Sobre o Fundamento da Moral*, "a compaixão universal é a única garantia da moral".[4] E explicou: "Na verdade, meu eu mais íntimo e verdadeiro existe em todas as criaturas vivas tão verdadeira e imediatamente como minha consciência sabe disso apenas em mim mesmo. Essa constatação, cuja fórmula-padrão em sânscrito é *tat tvam asi*, é o fundamento da compaixão, sobre o qual repousa toda virtude verdadeira, ou seja, toda virtude altruísta, e cuja expressão está presente em toda boa ação".[5]

Estou disposto a apostar que Wesley Autrey nunca leu sequer uma linha de Campbell ou Schopenhauer. Ele não precisava. E essa é a questão. Quando protegeu Cameron Hollopeter do trem que se aproximava, estava desafiando todos os instintos de perpetuar seus genes. Estava imerso no abraço da Mente Una que nos liga a todos, na unidade tão claramente vislumbrada por luminares como Campbell e Schopenhauer. No momento decisivo, da perspectiva da consciência vista pela Mente Una, Wesley Autrey *era* Cameron Hollopeter.

O Helicóptero Abatido

Há muito tempo sou fascinado pela razão que leva pessoas como Wesley Autrey a fazer o que fazem. E não se trata apenas de curiosidade filosófica.

Fui cirurgião de um batalhão em áreas remotas do Vietnã em 1968 e 1969, em uma realidade que supera em muito qualquer coisa tão fantasiosa quanto as unidades MASH popularizadas na famosa série de TV. Meu mundo consistia em uma primitiva estação de socorro protegida por sacos de areia e arame farpado, com o mínimo de equipamento, e em missões de helicóptero para socorrer as tropas feridas. Acabei envolvido em vários momentos dignos de Autrey, em que tive de tomar uma decisão imediata de pôr minha vida em risco para ajudar jovens soldados feridos.

Certo dia de outubro de 1969, um helicóptero caiu não muito longe da estação de socorro do meu batalhão avançado. Corri até o local da queda. Quando cheguei, o helicóptero, de cabeça para baixo, estava cercado por um grupo de soldados que mantinham uma distância segura por causa do perigo de explosão. O piloto, ainda consciente, estava preso entre as ferragens, gemendo de dor. Sem pensar, comecei a liberar a porta do helicóptero virado, entrei e cortei os cintos do piloto. Um dos membros da equipe médica juntou-se a mim, e conseguimos tirá-lo dos destroços e carregá-lo até um local seguro. Até hoje, tenho uma lembrança vívida do cheiro do combustível que escorria dos tanques destruídos, mas, felizmente, o helicóptero não explodiu. Dei ao piloto uma injeção intravenosa de morfina para a dor e o coloquei em outro helicóptero, que o levou a outro local, onde poderia receber melhor atendimento médico. E esse foi apenas um dos vários incidentes semelhantes que marcaram minha participação na guerra.[6]

Ao voltar para os Estados Unidos, ficava perplexo quando me lembrava dessas coisas. Antes de ir para o Vietnã, jurei que nunca correria riscos, em respeito à minha família e aos que se importavam comigo. Mas toda vez que acontecia alguma coisa como esse episódio do helicóptero abatido, minha resolução se evaporava como a neblina matinal na selva. Era como se nunca tivesse existido. Não havia nenhuma deliberação cuidadosa durante esses momentos decisivos, nenhuma avaliação das consequências: só havia ação.

Eu me perguntava por que agia dessa maneira. Nunca me considerei alguém que empreendesse ações arriscadas. Como médico, sempre me ensinaram a manter o controle na medida do possível, a não deixar nada ao acaso, a empregar o raciocínio crítico em todas as situações. O que havia acontecido?

Lembro-me do dia, cerca de um ano depois da minha volta do Vietnã, em que topei com a descrição de Schopenhauer em minhas leituras aleatórias: como, no momento crucial, a consciência do salvador se funde com a do necessitado, como a separação se desvanece e a individualidade é deixada de lado, como a divisão é superada e a unidade se torna real. Soube naquele mesmo instante que era essa a explicação para meu comportamento irracional e arriscado na zona de guerra. Era como se um véu tivesse sido levantado. Era uma revelação de clareza absoluta, uma epifania sobre um período conturbado de minha vida que eu não conseguia compreender. Para mim, no Vietnã a Mente Una se fizera na carne. Era uma dádiva de valor inestimável, e por ela ainda chego a tremer de gratidão.

No seu livro *O Fim da Evolução*,* Joseph Chilton Pearce ressalta que a palavra *sacrifício*, assim como a palavra *sacramento*, significa "tornar inteiro", "tornar uma totalidade". Porém, o sacrifício assumiu conotações negativas, como o abatimento de um animal. Entretanto, o significado original da palavra como totalidade, plenitude, é preservado na experiência de dar-se a outro. "Para tornar-se um todo, todas as partes precisam ser deixadas para trás", observa Pearce, "pois um todo não é a soma de suas partes, mas um estado completamente diferente. Mestre Eckhart diz que 'todos os objetos que têm nome' são deixados para trás quando

---

* Publicado pela Editora Cultrix, São Paulo, 2002.

entramos no desconhecido. Precisamos ir além da fragmentação das partes e deixar o mundo da diversidade para descobrir a única unidade de onde provêm todas as coisas".[7]

Mas como? Shankara, filósofo hindu do século IX, escreveu: "A doença não se cura pronunciando o nome do remédio, mas tomando o remédio. Não se atinge a libertação repetindo a palavra 'Brahman', e sim vivenciando Brahman diretamente [...]".[8] O mesmo ocorre com o princípio da unidade. Podemos ler cada palavra de Schopenhauer, Campbell e mil outros filósofos que expuseram essa ideia, mas, sem a experiência, ela não se tornará real. É aí que entram eventos como o de Wesley Autrey. Esses momentos de vida ou morte em que unimos completamente nossa existência à de outra pessoa tornam real o princípio que liga todas as coisas na unidade. Essas experiências são mais convincentes que qualquer palavra falada ou escrita. Depois desse tipo de episódio, podemos descartar livros, sermões e ensinamentos, pois agora nós *sabemos*.

Se decidir viver perigosamente de propósito, com a expressa intenção de despertar para essa percepção, esqueça: é provável que não consiga despertar e, além disso, poderá morrer. A lição de humildade está no fato de a percepção da unidade quase sempre nos pegar de surpresa, não em situações perigosas, mas nas mais prosaicas: ouvindo música, contemplando o pôr do sol, ouvindo o riso de um bebê, preparando uma refeição ou simplesmente não fazendo nada. A variedade de experiências que disparam em nós a percepção da unidade é espetacular, e certamente deixará decepcionados os que buscam uma fórmula que garanta o sucesso dessa experiência. Este é o domínio em que reinam o paradoxo e a Lei do Efeito Reverso. Daí a observação budista:

> Só quando você a busca, você a perde;
> Você não pode tê-la, mas tampouco pode livrar-se dela,
> E, embora você não possa fazer nenhuma das coisas, ela segue
> seu próprio caminho.
> Se você permanece em silêncio, ela fala; se você fala, ela se cala [...][9]

Quando nos identificamos com alguém tão completamente que as distinções entre o eu e o outro são superadas, entramos no domínio da Mente Una. Isso nos prepara para realizar atos que, em nosso arcabouço mental cotidiano e autocentrado, nem sequer imaginaríamos ser capazes. Nosso futuro depende de nossa boa vontade para adotar essa visão mais ampla. Hoje, não são apenas pessoas caídas em trilhos de metrô ou pilotos de helicópteros abatidos que precisam de nossa ajuda, mas o nosso mundo todo e tudo o que nele existe. Entrar na Mente Una torna essa tarefa concebível. E possível.

O Santo Padroeiro da Mente Una

O físico austríaco Erwin Schrödinger foi uma das mais brilhantes mentes científicas do século XX. Em 1933, ganhou o prêmio Nobel pela descoberta da mecânica ondulatória, que ocupa o cerne da física quântica.

Schrödinger acreditava na Mente Una. Como se expressou: "A mente é, pela própria natureza, uma *singulare tantum*. Eu diria: o número total de mentes é apenas um".[1] Como Schrödinger chegou a essa visão da Mente Una? É difícil identificar precisamente todos os vetores que participam na formação da filosofia pessoal de quem quer que seja, mas sem dúvida os últimos meses da Primeira Guerra Mundial e suas repercussões imediatas foram essenciais para Schrödinger, como declarou Walter Moore, seu competente biógrafo.[2]

Faminto, Doente e Brilhante

Em janeiro de 1918, quando a Grande Guerra chegou ao seu sangrento fim com 16 milhões de mortos, o exército austríaco estava faminto e em frangalhos. A situação em Viena, onde vivia a família de Schrödinger, era austera. A empresa familiar fora destruída, e pela primeira vez os

Schrödinger enfrentavam graves dificuldades financeiras. A avó materna de Schrödinger se envolvera tanto no movimento pela paz que fora presa e condenada por traição. A mãe se recuperava da delicada cirurgia para retirada de um câncer de mama a que se submetera no ano anterior e, ainda convalescente, sentia muitas dores. Schrödinger, com 31 anos e solteiro na época, tinha seus próprios problemas de saúde. Em agosto de 1918 foi-lhe diagnosticada uma inflamação no ápice de um dos pulmões. Era quase certo que se tratava de tuberculose, pois essa doença era epidêmica entre as populações urbanas debilitadas e malnutridas. (Na década de 1920, Schrödinger se internaria várias vezes em um sanatório de Arosa, na Suíça, onde descobriu a função de onda pela qual recebeu o prêmio Nobel. E viria a morrer de tuberculose em Viena, aos 73 anos.) A comida era tão escassa que a família muitas vezes precisava alimentar-se da sopa distribuída em um refeitório comunitário.

No inverno de 1918-1919, com o fim da guerra, as coisas pioraram. Os suprimentos que vinham da Hungria foram cortados, e a importação de carvão da Tchecoslováquia foi interrompida. Milhares de vienenses passavam fome e frio. Em toda parte havia mendigos e ex-soldados mutilados, vestidos em farrapos de onde pendiam suas condecorações. Mulheres se dirigiam à zona rural para mendigar comida e pilhar madeira nos bosques de Viena, acabando com as árvores e arbustos de colinas inteiras. Milhares de pessoas passavam a noite em filas para receber rações de alimentos, invadindo os pontos de distribuição para agarrar as mercadorias, de modo que as mulheres no fim da fila acabavam ficando sem nada. Certa ocasião, quando um cavalo caiu na rua, a multidão o cortou em pedaços e fugiu com a carne em minutos.

Durante esses distúrbios, Schrödinger de algum modo conseguiu continuar sua intensiva pesquisa de física teórica no Instituto de Física da Universidade de Viena, só que com um interesse a mais. Como ele mesmo afirmou: "Nesse momento, eu estava muito entusiasmado por ter conhecido Schopenhauer e, por meio dele, a doutrina da unidade ensinada pelos Upanishads". Schrödinger enchia cadernos e mais cadernos de comentários baseados em sua leitura de filósofos europeus e orientais. "Foi naqueles últimos dias do Império do Danúbio que ele formou as bases de sua filosofia, a qual permaneceria excepcionalmente constante durante toda a sua vida", afirma Moore.[3]

Arthur Schopenhauer, com quem já nos encontramos em nossa discussão sobre salvar outras pessoas, era conhecido como um filósofo do pessimismo, mas suas ideias podem ter servido de consolo a Schrödinger em meio ao sofrimento e ao tumulto de quatro anos de guerra e destruição sem sentido. O impacto da filosofia de Schopenhauer foi imenso. Esse "gigante solitário" da filosofia ocidental, como o chamou o romancista Arthur Koestler, influenciou pessoas tão diversas quanto Nietzsche, Freud, Mann e Wagner.[4] Schopenhauer tinha muito respeito pela sabedoria do Oriente, principalmente a contribuição hinduísta do vedanta e dos Upanishads. Ele batizou seu fiel cão como "Atman", termo hindu para o princípio espiritual do universo que é intrínseco a todos os indivíduos. E, na cabeceira de sua cama, mantinha escrituras hinduístas e uma estátua folheada a ouro do Buda vestido como mendigo.[5]

Entre as ideias de Schopenhauer que podem ter confortado Schrödinger em meio à sua Viena devastada pela guerra estava sua compreensão da harmonia da vida. Entre outras coisas, ele afirmava que todos os eventos da existência de uma pessoa se encaixavam não apenas na própria trajetória de vida dessa pessoa, mas também, simultaneamente, eles se mesclavam com os cursos da vida de todos os outros indivíduos, mesmo que essa pessoa desconhecesse o drama da vida dos demais. Quando vistas em conjunto, muitas vidas se encaixam como um quebra-cabeça cujo padrão global é tão complexo que está além da compreensão de qualquer determinada pessoa. Disse Schopenhauer: "Tudo está inter-relacionado e mutuamente sintonizado".[6] Ele via ordem na desordem e na aparente aleatoriedade, dando sentido ao mundo virado de ponta-cabeça em que Schrödinger estava vivendo.

Uma Única Mente

Schrödinger refletiu profundamente sobre os ensinamentos essenciais que lia. Reformulou-os em suas próprias palavras e transformou-os nos pilares que o sustentaram pelo restante de sua vida.[7] Em livros como *My*

View of the World, O Que é Vida? Seguido de Mente e Matéria e Fragmentos Autobiográficos, ele meticulosamente construiu um conceito de uma mente única, na qual a consciência é transpessoal, universal, coletiva e infinita no espaço e no tempo e, por isso, imortal e eterna. Ao adotar uma visão unitária da consciência humana, Schrödinger reconheceu aquilo que ele chamou de "paradoxo aritmético" – embora haja bilhões de mentes aparentemente separadas, a visão que os seres humanos têm do mundo é, em grande medida, coerente. Só há uma explicação adequada para isso, "a saber, a unificação de mentes ou consciência. Sua multiplicidade é apenas aparente; na verdade, existe uma única mente", escreveu ele.[8]

Schrödinger acreditava que estamos sofrendo de um transe consensual, de uma ilusão coletiva sobre a natureza da consciência. Como ele próprio disse: "Nós nos habituamos completamente a pensar na personalidade do ser humano [...] como se ela estivesse localizada no interior do corpo. Saber que, na verdade, ela não pode se encontrar lá é tão impressionante que reagimos com dúvida e hesitação; detestamos admitir isso. Estamos acostumados a localizar a personalidade consciente na cabeça das pessoas – eu diria, entre 2,5 e 5 centímetros atrás do ponto médio entre os olhos [...]. Para nós é muito difícil ponderar a respeito do fato de que a localização da personalidade, da mente consciente, no interior do corpo é apenas simbólica, é só uma ferramenta para uso prático".[9]

A imortalidade da mente era uma característica fundamental da visão de Schrödinger. Em suas palavras: "Aventuro-me a chamá-la [a mente] de indestrutível, uma vez que ela tem um cronograma peculiar, a saber, a mente é sempre *agora*. Na verdade, para a mente não há antes nem depois. Só existe o agora, que inclui recordações e expectativas [...].[10] Podemos afirmar, ou assim creio eu, que a teoria física em seu presente estágio sugere com muito vigor a indestrutibilidade da Mente pelo Tempo".[11]

Para muitos ocidentais, a dimensão do holismo de Schrödinger é chocante. Embora reconhecesse isso, ele não recuou, afirmando: "[Por mais] inconcebível que pareça à razão comum, você – e todos os demais seres conscientes, como tais – são tudo em tudo. Por isso, esta vida que você está vivendo não é apenas um pedaço da existência inteira, mas, de certo modo, é o *todo*; só que esse todo não é constituído de maneira a poder ser perscrutado com um só olhar. Isso, como sabemos, é o que os brâmanes exprimem nesta fórmula sagrada, mística: *tat tvam asi*, isto é você. Ou em palavras como 'Estou no leste e no oeste, estou abaixo e acima, *sou todo este mundo*'".[12]

Para Schrödinger, essa visão não era uma esquisitice filosófica irrealista; era totalmente prática. Fazendo eco a Schopenhauer, ele declarou que a unidade de cada um de nós com os outros "é subjacente a toda atividade moralmente válida",[13] inclusive o altruísmo e o heroísmo. No abraço de nossa unicidade com os outros, as pessoas arriscam a própria vida por um fim que creem ser bom, dão a vida para salvar a de outra pessoa e se despojam para aliviar o sofrimento de um estranho, mesmo que isso possa aumentar o seu.

A unicidade com o Todo permeava o trabalho diário de Schrödinger como cientista. Realizado de maneira adequada, o trabalho científico era semelhante a uma sondagem da mente de Deus. Ele escreveu: "A ciência é um jogo [...]. A incerteza é a de não se saber quantas das regras o próprio Deus decretou permanentemente e quantas aparentemente decorrem da sua própria inércia mental [...]. Essa talvez seja a coisa mais emocionante do jogo, pois aqui você luta contra a fronteira imaginária entre você e a Divindade – fronteira que talvez não exista".[14]

Schrödinger não via conflito, mas sim harmonia entre sua interpretação da física quântica e o vedanta. Como explica Moore, seu biógrafo: "Em 1925, a visão de mundo da física era um modelo do universo como uma grande máquina composta de partículas materiais interagentes e separáveis. Durante os poucos anos seguintes, Schrödinger, Heisenberg e seus seguidores criaram um universo baseado nas inseparáveis ondas de probabilidade superpostas, probabilidades essas associadas às amplitudes dessas ondas. Essa visão seria inteiramente compatível com o conceito vedanta do Tudo em Um, da Totalidade na Unidade".[15]

Mas não só com o vedanta. Schrödinger citou com aprovação o magnífico tratado *A Filosofia Perene*,* de Aldous Huxley, uma antologia de

---

* Publicado pela Editora Cultrix, São Paulo, 1991. (Fora de catálogo.)

escritos místicos vindos do lado esotérico das principais religiões do mundo.[16] Em princípio, isso sugere que Schrödinger concordava com a visão segundo a qual "todos os místicos falam a mesma linguagem, pois todos vêm do mesmo país".[17] Se o vedanta não existisse, ele teria encontrado a afirmação de sua visão em outras tradições. As estrelas não se levantam; é a Terra que se inclina e gira, fazendo as estrelas entrarem em nosso campo de visão. O mesmo acontece com as grandes verdades. Embora estejam sempre presentes, elas aguardam *nosso* movimento para poderem ser vistas.

O Santo Padroeiro da Mente Una

Apesar de toda a sua aguçada percepção, profunda e iluminadora, da filosofia oriental, Schrödinger não se parecia em nada com a ideia que temos de um "físico espiritual". Ele não tinha a menor pretensão de parecer santo. Seus defeitos pessoais transpareciam em suas relações, geralmente tumultuadas, com as pessoas. Como diz Moore (com muita delicadeza), "ele não conseguiu uma verdadeira integração de suas crenças com seus atos". E prossegue: "O *Bhagavad-Gītā* ensina que há três caminhos para a salvação: o caminho da devoção, o caminho da ação e o caminho do conhecimento. Por seu temperamento nato e sua criação, Erwin estava destinado a seguir o terceiro caminho. Seu intelecto lhe mostrou esse caminho, e durante toda a sua vida ele expressou em elegantes ensaios sua crença no vedanta, mas continuou sendo o que os indianos chamam de *Mahavit*, uma pessoa que conhece a teoria, mas não consegue realizá-la na prática de sua própria vida. Do *Chandogya Upanishad*: 'Sou um Mahavit, um conhecedor da palavra, e não um Atmavit, um conhecedor do Atman'".[18]

Bem, está certo. Schrödinger sem dúvida concordaria que ele não era *o* caminho, pois simplesmente *apontava* o caminho. E, apesar de todas as suas imperfeições, o mundo bem que precisa de mais cientistas como ele.

Se houvesse entre os físicos um santo padroeiro da Mente Una, ele seria Erwin Schrödinger.

O Professor Kothari e minha Dívida com a Índia

Uma observação pessoal: eu também tenho uma dívida para com a Índia.

Em 1988, fui convidado a proferir a palestra anual do Mahatma Gandhi Memorial na Gandhi Peace Foundation [Memorial Mahatma Gandhi na Fundação Gandhi da Paz], em Nova Délhi. O convite foi mediado pelo professor D. S. Kothari, que eu não conhecia pessoalmente. Kothari, um dos mais conhecidos físicos indianos do século XX, ganhou reputação internacional graças às suas pesquisas sobre termodinâmica estatística e à sua teoria das estrelas conhecidas como anãs brancas. O convite incluía a oportunidade de também proferir uma palestra em Gujarat Vidyapith, universidade fundada em 1920 por Mahatma Gandhi em Ahmedabad, além de passar algum tempo em Nova Délhi com o professor Kothari.

Antes de fazer minha viagem à Índia, o professor Kothari enviou-me uma cópia de seu artigo "Atom and Self" [Átomo e Eu],[19] um divisor de águas, que me foi extremamente útil nas minhas tentativas de dissecar as relações entre espiritualidade, física e consciência. Suas ideias pareciam fluir de uma fusão sem emendas entre intelecto, intuição e experiência. Sem dúvida, tratava-se de uma voz que falava a partir de uma profunda compreensão pessoal. Sua humanidade e seu humor transpareceram quando lhe perguntei certa vez: "Professor Kothari, o senhor medita?" Já com mais de 80 anos na época, ele respondeu: "Ah, não... Mas pretendo!"

O professor Kothari contou-me que havia lido meu livro de 1981, *Espaço, Tempo e Medicina*,[20*] no qual exploro as conexões entre mente e corpo, consciência e cura, e como esses fenômenos poderiam estar ligados às novas áreas do conhecimento que estavam surgindo nas ciências físicas. Mas que interesse poderia ter tudo isso para a Gandhi Peace Foundation? Kothari explicou-me que a crença de Gandhi em *ahimsa*, a doutrina da não violência diante de todas as coisas vivas, era compatível com minha premissa segundo a qual a consciência era um fator poderoso na saúde e na longevidade. A consciência, disse ele, poderia ser conside-

---

* Publicado pela Editora Cultrix, São Paulo, 1998.

rada a suprema abordagem não violenta da saúde, quando comparada com os efeitos relativamente violentos dos modernos medicamentos e procedimentos cirúrgicos. E aí estava o "gancho" com a perspectiva gandhiana.

Na época, eu estava trabalhando em outro livro, *Reencontro com a Alma*,* no qual eu afirmava que a "mente não local"[21] é *infinita* no espaço e no tempo, e portanto, imortal, sendo, por isso, semelhante ao antiquíssimo conceito de alma. Eu hesitava em usar esses conceitos porque, até onde eu pude determinar, ninguém na medicina havia aplicado o conceito da não localidade à mente. O professor Kothari garantiu-me que eu estava pisando em terreno firme e que também partilhava da visão de que a consciência é não local e infinita, e, portanto, imortal, eterna e una. Passamos muitas horas explorando essas ideias, e ele me inspirou confiança para que eu prosseguisse em minhas explorações. Tenho para com ele uma dívida que jamais poderei saldar.

Em 1993, o professor Kothari morreu serenamente em sua casa, tendo sob o travesseiro uma cópia do *Bhagavad-Gītā*.

---

* Publicado pela Editora Cultrix, São Paulo, 1992. (Fora de catálogo.)

Experiências da Mente Una

A Mente Una é semelhante a uma plataforma de computação em nuvem: invisível, não física, dotada de uma capacidade de armazenamento infinita e gratuitamente disponível a qualquer usuário. Não há necessidade de conexão, pois todas as mentes *já* estão conectadas não localmente como uma totalidade unitária. Distância e lugar não se aplicam a ela. There is no there there [*Não há nenhum ali, ali*], como disse certa vez Gertrude Stein referindo-se ao desaparecido lar onde passara sua infância, em Oakland, Califórnia.[1]

Porém, quando vivenciamos a Mente Una, tendemos a descrever esses eventos com a linguagem do ver-tocar-sentir que usamos na vida tridimensional comum. Isso não é nada surpreendente, pois o cérebro humano não está bem adaptado à compreensão de fenômenos transcendentes, não físicos, e filtra boa parte das experiências que não têm relação com a sobrevivência biológica. Assim, quando mergulhamos na Mente Una e estabelecemos contato pessoal com alguém aparentemente distante, tendemos a rotular a experiência como telepatia, geralmente imaginando algum tipo de vibração serpenteante transmitida por uma espécie de Pony Express cósmico, que transporta a correspondência de um lugar para o outro fechando a lacuna que as separa. Quando obtemos informações sobre uma situação distante, temos o costume de considerar o fato como visão remota, ou clarividência, que é mediada por *alguma coisa*. Se inserirmos informações no ambiente por meio de um ato de intenção e essas informações aparecerem como efeito a distância – digamos, como cura remota –, dizemos a nós mesmos que devemos ter enviado algo que provocou o evento distante "lá fora". Só que lá fora não existe nenhum lá fora.

A essas diversas ocorrências dou o nome de eventos além do cérebro e do corpo. Durante a turnê nacional do lançamento de *The Power of Premonitions*, em 2009, recebi uma avalanche de relatos dessas experiências envolvendo a Mente Una. Descobri que quase todo mundo tem uma história para contar. Depois que eu falava em um evento promovido por alguma livraria, um grupinho de pessoas sempre ia ficando, até que a multidão se dispersava e essas pessoas então se aproximavam e me perguntavam: "Será que você se incomoda de ouvir uma experiência que tive?". Em seguida, geralmente diziam: "Nunca comentei isso com ninguém". É porque quase sempre se atribui um estigma a histórias assim, e isso faz com que muita gente hesite em contá-las por medo de ser considerada esquisita. Eis algumas das histórias que ouvi.

Uma Sequência de Números

Uma senhora de meia-idade, residente na costa leste dos Estados Unidos, de repente teve uma forte impressão de que o filho, que morava no outro lado do país, a milhares de quilômetros de distância, estava correndo um sério perigo. Embora tenha tentado ignorá-la, a impressão tornou-se mais forte. De repente, veio-lhe à mente uma sequência de números cujo sentido desconhecia. Ela então sentiu uma vontade premente de discar aqueles números no telefone. Quando fez isso, viu-se conectada com o Pronto-Socorro de um grande hospital da cidade em que o filho morava.

– Em que posso ajudá-la? –, perguntou-lhe uma enfermeira.

– Não tenho ideia. Eu só estou preocupada com meu filho –, gaguejou a mulher.

– Quem é seu filho? – Ela então deu o nome à enfermeira.

– Ah, ele deu entrada aqui no Pronto-Socorro há algumas horas, sim. O dr. Smith acaba de vê-lo. Aguarde um instante; ele poderá dar-lhe mais notícias.

Pouco depois, o dr. Smith estava na linha, explicando à mãe atônita e ansiosa:

– Seu filho sofreu um acidente de carro. Embora tenha sido gravemente ferido, fico feliz em poder dizer-lhe que ele vai ficar bom.

Ouvi outra história, praticamente idêntica, em outra cidade. Nesta, a mãe ficou subitamente preocupada com a jovem filha sem nenhuma razão aparente. Ela também viu uma mistura de números, resolveu discá-los e falou com o Pronto-Socorro do hospital em que a filha estava sendo atendida após um acidente de carro.

O Amigo Insistente

Um jovem engenheiro viajou para a América do Sul em um jatinho particular pilotado por um conhecido. Seu objetivo era visitar um amigo que ele não via desde os tempos de faculdade. Dias depois, quando chegou a hora de pegar o voo de volta para os Estados Unidos, esse amigo o procurou no hotel e disse-lhe que não deveria voltar naquele jatinho, pois na noite anterior havia sonhado que ele cairia e que todos os que estavam a bordo morreriam. O engenheiro disse ao amigo que a premonição era bobagem. Seguiu-se uma discussão em que ambos se atracaram fisicamente até que o amigo conseguiu prendê-lo e só o soltou depois de passada a hora marcada para o voo. O engenheiro ficou furioso, pois agora teria de pagar uma passagem em um voo comercial para voltar para casa. E então veio a notícia: o jatinho particular de fato havia caído, matando todos os que estavam a bordo.

Durante a turnê do meu livro, em 1º de junho de 2009, o voo 447 da Air France caiu no Oceano Atlântico provocando a morte de 216 passageiros e 12 tripulantes.[*] Logo após o acidente, Stefan van Oss, um homem de

---

[*] Foi um acidente muito comentado no Brasil, pois o voo ia do Rio de Janeiro a Paris e causou a morte de 59 brasileiros. (N.do R.)

meia-idade, residente nas proximidades de Amsterdã, foi entrevistado pela TV holandesa. Van Oss tinha uma reserva no voo fatídico. Um amigo íntimo teve a premonição de que algo muito ruim aconteceria e que se entrasse no avião, Van Oss jamais voltaria vivo para casa. Van Oss confiou na premonição do amigo, cancelou a reserva e viveu para contar essa história.[2]

O Câncer Está Bem Aqui

Uma mulher sonhou que tinha câncer de mama. Preocupadíssima, procurou seu médico na manhã seguinte. E apontou com o dedo um ponto específico na parte posterior da mama esquerda, onde vira o câncer no sonho.

– É bem aqui –, disse ela.

Entretanto, nem o médico nem ela mesma conseguiram apalpar nenhum nódulo. Fez-se então uma mamografia, cujo resultado foi normal. Quando o médico lhe garantiu que não havia nada de errado e que deveriam aguardar, fazendo exames frequentes, ela não ficou satisfeita.

– Foi o sonho mais vívido que já tive! –, protestou. – Tenho certeza de que tenho um câncer de mama nesse ponto exato.

Por sua insistência, o médico, contrariando o que lhe parecia lógico, pressionou um cirurgião para que fizesse uma biópsia.

– Mas onde? Lá não tem nada –, objetou o cirurgião.

– Não discuta; faça uma biópsia do local que ela apontar –, replicou o médico.

Dias depois, o patologista ligou para o médico da paciente com o laudo.

– Esse é o câncer de mama mais microscópico que já vi –, disse. – Você não conseguiria encontrá-lo apalpando. Não haveria nenhum sinal nem sintoma. Como conseguiu detectá-lo?

– Não fui eu –, respondeu o médico. – Foi ela. Em um sonho.

Um Mau Pressentimento

Em dezembro de 1972, um empresário norte-americano fez uma visita à Nicarágua. Estava na capital, Manágua, havia uma semana e pretendia permanecer lá por mais uma. Mas, de repente, sentiu uma necessidade premente de sair da cidade. Isso não fazia o menor sentido, pois antecipar a partida provavelmente implicaria o colapso do negócio que estava fechando. Mas a compulsão tornou-se tão intensa que ele decidiu ir embora o mais depressa possível. Então, fez as malas, correu para o aeroporto e saiu do país no primeiro voo que encontrou. E ficou se sentindo um tolo por ter feito isso até saber o que tinha acontecido duas horas após sua partida. No dia 23 de dezembro, às 0h29, o centro da cidade de Manágua foi atingido por um terremoto de magnitude 6.2 e por dois outros fortes tremores nos 60 minutos subsequentes. Cinco mil pessoas morreram, 20 mil ficaram feridas e 250 mil ficaram desabrigadas. O hotel em que esse empresário se hospedara havia desmoronado.

O Colapso da Ponte

No dia 1º de agosto de 2007, uma mulher de meia-idade voltava do trabalho para casa, em Minneapolis, Minnesota, na hora do *rush*. Segundo disse, essa viagem era para ela tão rotineira que poderia fazer o percurso dirigindo de olhos vendados. Dessa vez, no entanto, a monotonia foi interrompida por uma inexplicável compulsão de fazer outro caminho para casa. Mas, como sabia que qualquer outra rota representaria um atraso considerável, ela resistiu. Entretanto, a sensação atingiu tal intensidade que ela se viu pegando outra estrada que não a de sempre. Antes de chegar em casa, ela ouviu no rádio do carro que a ponte I-35W sobre o Mississippi, que ela costumava cruzar duas vezes por dia, desmoronara, matando 13 pessoas e ferindo outras 145. Ficou tão abalada que teve de parar o carro para recuperar o controle sobre o que estava sentindo e continuar dirigindo.

A Secretária Sabe

Uma jovem que trabalhava como secretária em uma ala movimentada de um grande hospital municipal começou a notar que conseguia saber de antemão quais pacientes apresentariam emergências médicas, como paradas cardíacas, durante seu turno. Entretanto, ela não tinha nenhum treinamento em medicina nem contato direto com os pacientes e sabia que, se falasse sobre suas premonições, seria ridicularizada e talvez até mesmo demitida. Quando descobriu que uma determinada enfermeira que trabalhava no mesmo turno seu se interessava por esse tipo de assunto, fez amizade com ela e acabou se abrindo a respeito. No começo de cada turno, ela indicava discretamente à colega quais os pacientes que exigiam atenção especial. E quase nunca errava. As duas mantiveram sua comunicação em segredo durante anos. Ambas têm certeza de que a vida de muitos pacientes foi salva como resultado disso.

A Onda Perigosa

No início de 1991, Marilyn Winkler, de Dandridge, Tennessee, e o marido, David, resolveram tirar uma folga para passar uns dias na ilha de Santa Lucia, no Caribe.[3] A mãe de David ficou tomando conta de Kate, a filhinha de 15 meses do casal.

Depois de se instalarem em um hotel na Baía de Marigot, em Santa Lucia, os Winkler tomaram um táxi aquático, um barco a motor de 6,7 metros, para ir até a cidade litorânea de Soufrière, onde pretendiam almoçar. O percurso era de 50 minutos, o tempo estava bom e não havia previsão de tempestades. Estranhamente, enquanto navegavam, Marilyn começou a examinar o convés do barco para catar pequenos entulhos, como um prego enferrujado, e jogá-los no mar. O comportamento acabou ficando obsessivo, pois ela visualizava esses objetos como projéteis caso o barco se acidentasse. Não havia nenhuma razão aparente para essa preocupação: era boa nadadora, ficava à vontade em barcos e o tempo estava perfeito.

Além disso, Marilyn se pegou olhando continuamente para o leste, perscrutando o horizonte. Procurava outros barcos, mas não viu nenhum. Quando se aproximaram de Soufrière, Gregory, o piloto do táxi aquático, e seu ajudante Stan, também natural da ilha, decidiram entrar na Baía de Soufrière passando por uma fenda em um recife, em vez de dar uma volta em torno dele e entrar na baía por mar aberto. Winkler sabia instintivamente que não deveriam entrar por aquela fenda e começou a gritar para que o marido tomasse o leme de Gregory e pilotasse o barco para fora da fenda. Rindo dela, os homens começaram a fazer comentários chauvinistas. Ela se controlou para não agarrar o leme, e passou a enfiar seus pertences em sacolas à prova d'água, como se estivesse se preparando para uma emergência. E, novamente olhando em torno, não viu nenhum outro barco nas vizinhanças.

Quando atravessavam a fenda, uma onda gigantesca surgiu do nada. E, em sua crista de 6 metros de altura, levantou o barco, girou-o 360 graus e o jogou com força para baixo, transformando-o em um monte de "palitos de dentes", nas palavras de Winkler. Winkler e Stan viram-se a mais de 9 metros abaixo da superfície do oceano. Então, lembra Marilyn, parecia que o tempo havia parado. Ao ver os belos raios de sol brilhando através da água, sentiu-se completamente em paz. De repente, seus pensamentos voltaram-se para Kate, a quem ela ouviu claramente gritar "mamãe". Então, sentindo duas mãos a levantarem pelo tórax e empurrarem-na para a superfície, começou a nadar. Quando chegou à superfície, ela olhou em direção à praia para se orientar. E viu que todos os três homens também estavam flutuando. Mais uma vez, procurou outros barcos sem ver nenhum. Foi então que, do nada, surgiu a poucos metros de distância um velho pescador de barba grisalha. Calmamente, ele convidou os náufragos a subir em seu barco, ajudando-os um por um, e os transportou até Soufrière, onde foram cercados por habitantes que os levaram a uma clínica. A caminhada deve ter sido difícil, pois tinham de parar frequentemente para cuspir água dos pulmões. Gregory, o piloto, tinha quebrado o nariz, e David tinha um corte na cabeça que exigiu 20 pontos.

Abalados e gratos por estarem vivos, os dois pegaram um voo de volta para casa no dia seguinte, chegando ao Tennessee tarde da noite. Ao começarem a contar o que havia acontecido, a mãe de David interrompeu-os dizendo que, enquanto dava o almoço à neta na véspera, Kate de repente dissera: "Mamãe e papai estão se afogando!" e "Tem sangue na cabeça do papai". E dissera também que havia um tubarão na água. Embora não se tenha visto nenhum tubarão, isso seria concebível, considerando todo o sangue que havia na água. Marilyn afirma que a filha mal podia falar nessa fase da vida, passara todos os seus 15 meses nas

Montanhas Fumegantes, nunca vira o mar de perto e talvez nem soubesse o que era um tubarão. Mas Marilyn não tem dúvida de que realmente ouviu Kate chamar "mamãe" enquanto estava na água.

A premonição que Marilyn teve do desastre é especialmente digna de nota por vários motivos. Foi tão profunda que a mencionou aos outros antes que acontecesse e até começou a preparar-se para ela. Sua filha, a mais de 3.200 quilômetros de distância, parecia saber o que estava acontecendo aos pais e aparentemente falou com Marilyn enquanto ela estava quase se afogando. Mas o que dizer das mãos que, segundo ela, a levantaram? E do velho pescador que surgiu do nada para resgatá-los? Por que o barco do pescador não naufragou como o deles?

Anedotas ou Relatos de Casos?

A vida das pessoas não se desdobra como uma série de experimentos de laboratório controlados. No decorrer da vida normalmente ocorrem eventos extraordinários, e é tolice descartá-los só pelo fato de que eles *são* extraordinários e únicos. O ceticismo diante das histórias das pessoas às vezes é exagerado. Como diz o filósofo e pesquisador da consciência John Beloff, da Universidade de Edimburgo: "O ceticismo não é necessariamente um emblema de realismo e bom senso prático; pode ser igualmente um sinal de covardia intelectual".[4]

Na medicina, há um velho ditado sobre as histórias que as pessoas contam: "Se você não gosta da história, você a chama de anedota. Se gosta, você a chama de relato de caso".

Anedotas ou relatos de casos? Você decide.

4

A Mente Una não é uma bolha infinita

Se todas as mentes individuais são parte de uma mente maior, o que impede toda a atividade mental de se fundir em uma confusão indistinta na Mente Una? O que responde pela especificidade e pela individualidade que vemos nas experiências além do corpo associadas à Mente Una? Como uma mãe preocupada que sente que o filho está em sérias dificuldades em uma cidade distante sabe que se trata de *seu* filho, e não do filho de outra mãe qualquer em algum outro lugar do mundo?

A Extremamente Meticulosa e Precisa Mente Una

O psicólogo Joseph Chilton Pearce, a quem cito muito neste livro, refletiu profundamente sobre a questão da especificidade. Ele se opõe veementemente às ideias superficiais que o movimento Nova Era oferece como explicação: "[...] Presumir que 'todos os nossos pensamentos na verdade são um só, que nossa separação na verdade é só ilusão' é insensato", ele escreveu. "Há níveis nos quais os pensamentos podem, em condições muito especiais, intercambiar-se, e há níveis em que não o podem". É bom que seja assim, pois isso evita que fiquemos submersos por uma inundação contínua de pensamentos vindos de nossos 7 bilhões de companheiros de planeta. Traçando um paralelo com a descoberta dos estados entrelaçados entre partículas subatômicas que uma vez estiveram em contato – graças a esse entrelaçamento, uma mudança imprimida em uma das partículas se correlaciona com uma mudança igual e instantânea na partícula longínqua que esteve em contato com a primeira, independentemente de quão distantes elas estejam uma da outra –, Pearce observou que há regras governando essas conexões, caso contrário, o mundo seria um caos: "Nem todas as partículas estão ligadas; isso seria um caos tão grande quanto o que ocorreria se nenhuma partícula estivesse ligada.[1] [...] Assim, a nossa intuição de uma totalidade subjacente não deveria implicar a fusão em uma massa homogênea".[2] Como nossa mente não se dissolve na monotonia da uniformidade, são preservados na Mente Una os eventos específicos e individualizados. A Mente Una é extremamente meticulosa e diferenciadora. A mãe preocupada pode estabelecer contato com *seu* filho, mas não com todos os filhos que existem. A mente pode afetar dispositivos eletrônicos *específicos*, mas não todos os sistemas eletrônicos. Os videntes remotos podem estabelecer contato com cenas *específicas*, mas não com toda a paisagem planetária.

Não importa o nome que usamos para nos referir à Mente Una (a Fonte, a Totalidade, o Todo, o Absoluto, o Universo, o Puro Ser, Deus, Alá, o domínio das frequências, o inconsciente coletivo, o reino holográfico, os Registros Akáshicos ou outra coisa), ela não é uma bolha indistinta, infinita. Ela se manifesta em nossa vida por vias singulares. Mas como?

Uma imagem que eu considero útil vem da semelhança entre a Mente Una e as células-tronco. As células-tronco são pluripotentes, o que significa que podem transformar-se em qualquer tipo de célula especializada do corpo. No entanto, elas não se diferenciam por si sós, transformando-se aleatoriamente em todo e qualquer tipo de célula. Elas ficam de prontidão. Quando convocadas, essas células neutras, "não comprometidas", indiferenciadas, transformam-se em um tipo *específico* de célula, dependendo da necessidade do corpo: cardíaca, epidérmica, intestinal, sanguínea e assim por diante.

Assim como as células-tronco, a Mente Una, a Fonte, fica de prontidão aguardando instruções. É por isso que as informações dela provenientes podem ser altamente individualizadas, e não aleatórias. Padrão, especificidade e individualidade tipificam, portanto, a maneira como a Mente Una se manifesta em nossa vida. Ela responde às necessidades, anseios, desejos e intenções de indivíduos e situações. A Mente Una pode desenrolar, prolongando até minuciosos detalhes, os pensamentos e o conhecimento de um gênio *savant*, um Leonardo da Vinci ou um Einstein. Ela pôde conceder a todos nós a descoberta do fogo ou a invenção da roda. Ela pôde revelar a composição da *Mona Lisa*, a tabela periódica dos elementos ou o segredo do voo mais pesado que o ar. Suas possibilidades geradoras são ilimitadas.

Como vimos, a Mente Una tem também uma função de advertência. Ela pode revelar-se como sonho precognitivo de uma catástrofe natural ou uma doença iminente. Essas revelações baseadas na necessidade são muito comuns, e surgem como se emergissem de um arcabouço de conhecimento mais amplo.

O autor David Grann relatou um exemplo em seu cativante livro *The Lost City of Z*, que detalha as aventuras do lendário explorador britânico Percy Fawcett nas selvas amazônicas no início do século XX. Apesar de haver muitas maneiras de perder a vida nesse ambiente, como infecções letais, uma grande variedade de predadores, inanição, acidentes, loucura, assassinato por tribos hostis, Fawcett tinha uma capacidade espantosa de evitar quase todas elas. Sua habilidade em se esquivar de predadores era impressionante. Certa ocasião, depois de saltar sobre uma víbora, ele escreveu em seu diário: "Mais que qualquer outra coisa, o que me impressionou foi o alerta da minha mente subconsciente e a reação muscular instantânea [...]. Eu só a vi depois que ela passou como um relâmpago entre minhas pernas, mas o 'homem interior' – se é que posso chamá-lo assim – não só a viu a tempo como também calculou exatamente sua incrível altura e a distância que a separava dele e enviou ao corpo os comandos necessários!".[3] Esse tipo de conhecimento muitas vezes é rotulado de "sexto sentido" ou "segunda visão", mas rotular alguma coisa não é explicá-la. A mente não local, ou percepção não local, ou ilimitada, que leva à premissa da Mente Una, é outro ponto de vista.

É tolice tentar separar do corpo as células-tronco. O comportamento e o destino das células-tronco estão a tal ponto intimamente integrados ao corpo que elas *são* o corpo. Do mesmo modo, é insensato separar a consciência humana da fonte de informações que é a Mente Una. Não há uma fonte separada. Nós somos essa fonte, e ela é nós. Juntos, nós ocupamos um domínio fora do tempo e fora do espaço.

Na Mente Una, todas as possibilidades, todas as configurações de informações, parecem existir *in potentia*, todas elas superpostas umas às outras, aguardando algum sinal para se transformar em uma realidade em nosso mundo da experiência. Essa é uma imagem que os físicos reconheceriam de imediato porque é a mesma que empregam na física quântica. A maioria dos físicos acredita que, antes de se fazer uma medição no nível quântico, a partícula existe em todos os seus estados teoricamente possíveis. Nesse estágio não existem entidades reais, apenas um conjunto de potenciais que coexistem em uma "superposição" na qual todos eles estão simultaneamente presentes. Quando ocorre uma medição ou observação, esses potenciais sofrem um "colapso da função de onda" que os representa. Esse colapso é uma descrição matemática do processo e se traduz na manifestação de apenas uma de muitas configurações possíveis, como acontece com o famoso gato do experimento imaginário de Schrödinger. É a medição ou observação que torna real um dos potenciais fantasmagóricos.

(Existem outras interpretações na física, uma das quais é a assim chamada interpretação dos muitos mundos, ou dos universos paralelos, da teoria da medição quântica: alguns físicos acreditam que, em consequência de uma observação feita no nível quântico, *todas* as possibilidades se realizam, mas nós percebemos apenas uma delas.)

Porém, na Mente Una não é a *medição* que produz a transformação do potencial em real, mas sim a *necessidade*.

Entrelaçamento e Não Localidade

Outra imagem promissora que surgiu para explicar nossas estreitas conexões mútuas é o entrelaçamento, conceito também proveniente do mundo da física quântica.[4] Diz-se que um objeto está entrelaçado quando não pode ser inteiramente descrito sem se considerar um ou mais objetos adicionais; é como se as entidades separadas, mutuamente distantes, compreendessem na verdade um único sistema. O entrelaçamento foi verificado experimentalmente muitas vezes nas três últimas décadas e é aceito pela maioria dos físicos como uma característica fundamental da natureza.[5]

A não localidade é considerada o mecanismo responsável pelos efeitos do entrelaçamento. Segundo o físico Nick Herbert, "uma conexão não local liga um lugar a outro sem cruzar o espaço que os separa, sem que haja diminuição de intensidade e sem que haja retardo". Isso levou Herbert a afirmar que essas conexões têm três características distintivas: elas são *não mediadas* (não há nenhum sinal de conexão envolvido), *não atenuadas* (a intensidade das correlações não enfraquece com o aumento da distância) e *imediatas* (elas são instantâneas).[6]

As implicações do entrelaçamento e da não localidade são estonteantes – tão assombrosas que alguns físicos tiveram imensa dificuldade em acreditar nelas. Entre eles está Einstein, que ridicularizou as conexões não locais como "ação fantasmagórica a distância".[7] Porém, ele estava errado em suas objeções, e foi o inacreditável que se confirmou verdadeiro. Como afirmam o físico Menas Kafatos e o historiador da ciência Robert Nadeau em seu livro *Consciência e Cosmos*: "Em um nível básico, o universo poderia ser uma imensa teia de partículas que permanecem em contato umas com as outras ao longo de qualquer distância, independentemente do tempo e na ausência de transferência de energia ou de informação".[8]

Para demonstrar conexões não locais e entrelaçamentos, partículas distantes precisam ter estado previamente em contato. De acordo com a teoria do Big Bang, toda a matéria do universo estava originalmente em contato, concentrada em um "ponto muito quente" de matéria-energia, que explodiu há cerca de 14,5 bilhões de anos, provocando o surgimento do universo que vemos.[9] Portanto, se a teoria do Big Bang for válida, uma exigência para as conexões não locais, que é o contato original, foi satisfeita logo de início.

Até há relativamente pouco tempo, os cientistas acreditavam que o entrelaçamento estava limitado ao microcosmo dos átomos e das partículas subatômicas. Hoje, porém, comprovou-se que o entrelaçamento é uma característica da biologia das criaturas vivas e, aparentemente, isso nos inclui, como veremos mais adiante nesta primeira seção.[10]

Será que o entrelaçamento poderia responder pelo estado de conexão que reconhecemos na Mente Una? O pesquisador da consciência Dean Radin acredita que sim. Em seu livro esclarecedor *Mentes Interligadas*, ele mostra como o entrelaçamento pode aplicar-se ao nível mental, explicando os diversos tipos de experiências da Mente Una, além do cérebro, que examinamos neste livro.

Hologramas

O holograma é outra metáfora que ajuda a ilustrar a relação entre as mentes individuais e a Mente Una. Na década de 1980, o eminente físico David Bohm, professor de física teórica do Birkbeck College, Londres, apresentou seu conceito de "ordem implicada" no clássico *A Totalidade e a Ordem Implicada*, Bohm propôs a ordem implicada como uma explicação para a totalidade universal. Suas características essenciais são a de que todo o universo está, de alguma maneira, contido [ou dobrado] [*enfolded*] em cada parte, e cada uma delas está contida [ou dobrada] no todo. Bohm propôs o holograma como "um instrumento que pode ajudar a oferecer um certo acesso perceptivo imediato àquilo que se pode entender por totalidade indivisa [...]".[11] A palavra *holograma* deriva de palavras gregas que significam "escrever o todo". Cada parte de um holograma contém informação suficiente para reconstituí-lo na íntegra, ou seja, para "escrever o todo".

O holograma é notavelmente semelhante à metáfora da rede de Indra, desenvolvida no século III pela escola de budismo mahayana. Quando fez o mundo, Indra o criou como uma teia ou rede. Em cada nodo dessa rede há uma joia brilhante. A rede é infinita em dimensão;

portanto, as joias são infinitas em número. Na superfície brilhante de cada joia reflete-se a imagem de todas as outras joias da rede, em um processo de espelhamento infinito que simboliza a interpenetração, a interconexão e a simultânea identidade mútua de todos os fenômenos do universo.[12]

Dobramento

Além do holograma, Bohm usa um exemplo mais simples para ilustrar o dobramento [*enfoldment*] entre partes e totalidades, processo no qual a parte e o todo se envolvem (ou se contêm) mutuamente. Imagine um recipiente cilíndrico transparente, cheio de um fluido muito viscoso, equipado com um rotor mecânico que pode "agitar" o fluido muito lentamente. Se uma gotícula de tinta preta insolúvel for depositada sobre o fluido e o mecanismo de rotação for ativado, a tinta será lentamente transformada em um fio que se estenderá ao longo de todo o fluido, dando por fim a impressão de estar distribuída aleatoriamente pelo fluido como um tom de cinza. Mas se o mecanismo de rotação for revertido, girando no sentido oposto, a transformação se reverterá, e a gotícula de tinta preta subitamente reaparecerá, reconstituída. A gotícula preservou sua individualidade, apesar de dar a impressão de ter-se dispersado aleatoriamente.[13] Da mesma maneira, as mentes individuais preservam sua individualidade, muito embora estejam dobradas dentro da Mente Una.

David Bohm foi um dos mais ilustres físicos do século XX. Conhecido por desafiar destemidamente a ortodoxia científica, seus interesses abrangiam muitas áreas, como filosofia, psicologia, religião, biologia e aquela em se estuda a natureza da consciência. Bohm chegou às suas ideias sobre consciência unitária por meio do rigoroso caminho da física moderna, bem como graças às suas experiências pessoais. Seus diálogos com o mestre espiritual Jiddu Krishnamurti, que já inspiraram milhares de pessoas, ainda estão disponíveis.[14*] Nós chegamos a nos conhecer um pouco, tro-

---

* A Editora Cultrix traduziu alguns desses diálogos: *A Eliminação do Tempo Psicológico*, Editora Cultrix, São Paulo, 1989 e *O Futuro da Humanidade: Dois Diálogos entre Krishnamurti e David Bohm*, Editora Cultrix, São Paulo, 1989. (Ambos fora de catálogo.)

cando ideias sobre o papel que a mente e o significado desempenham na cura. Certa ocasião, numa conversa de corredor em uma pequena reunião íntima, perguntei-lhe qual a sua opinião sobre o futuro da humanidade. "Você acha que conseguiremos chegar lá?" Ele parou, pensou um pouco e respondeu: "Sim. Mas será por um triz".

Caos e Fractais

Quanto mais alternativas existirem, mais incerto será o desfecho. Quanto maior for a incerteza, maior será o potencial para a transmissão de informações.

– Roy Lachman et al.[15]

Um modelo capaz de nos dar pistas a respeito de como as mentes individuais poderiam reunir-se na Mente Una provém de uma fonte surpreendente, uma área da matemática chamada teoria do caos, que lida com os fractais.

Em 1975, o matemático Benoît Mandelbrot cunhou o termo *fractal* de um termo latino que significa *quebrado*, do qual deriva a palavra *fratura*. Em uma estrutura fractal, padrões semelhantes recorrem em escalas progressivamente menores. Os fractais têm sido usados para descrever fenômenos parcialmente aleatórios ou caóticos, como o crescimento dos cristais, a turbulência dos fluidos e a formação das galáxias. Encontraram-se padrões fractais em todos os níveis da natureza: nuvens, linhas litorâneas, flocos de neve, cristais, redes de vasos sanguíneos, ondas oceânicas, DNA, ritmos cardíacos, diversas hortaliças, entre as quais a couve-flor e o brócolis, cadeias de montanhas, redes fluviais e falhas geológicas. A arte fractal é hoje um lugar-comum, com a geração computadorizada de padrões de beleza deslumbrante por matemáticos e artistas fractais.

O matemático Ralph Abraham, da Universidade da Califórnia em Santa Cruz, é um especialista em teoria do caos, que lida com sistemas dinâmicos que são extremamente sensíveis às condições iniciais. Isso quer dizer que geralmente é impossível fazer previsões no longo prazo sobre o comportamento desses sistemas. De acordo com o exemplo mais conhecido, o "efeito borboleta" da meteorologia, o bater das asas de uma borboleta na China poderia desencadear um tornado em algum lugar dos Estados Unidos.

Os fractais constituem "uma zona ampla e espumosa" na qual se reúnem coisas improváveis, diz Abraham.[16] Ele usa o exemplo de uma praia para ilustrar como os fractais se manifestam na natureza. Em um mapa, uma linha litorânea parece acentuadamente bem recortada. Mas quando vemos de perto os limites entre terra e água, as distinções nítidas desaparecem. Na praia, há água na areia e areia na água. "A transição da terra para o mar é um fractal", diz Abraham. "Ela é espacialmente caótica. Ela é Natural. A Via Láctea é uma praia de areia no céu. Ela também é Natural. A natureza nos ensina a geometria fractal e a teoria do caos."

Abraham acredita que há "fractais na mente" e "fractais na alma do mundo". Ele sugere que, em uma psique normal, as fronteiras entre os componentes da mente, como a percepção da vigília e o inconsciente, são "fractais espessos, que permitem uma espécie de porosidade entre esses componentes da psique e, portanto, integração", algo que ele chama de "modelo da praia de areia" da função psicológica saudável. Na mente insalubre, "as fronteiras podem ser como muros de concreto ou cortinas de ferro". Quando isso acontece, os componentes isolados da mente não podem comunicar-se entre si. O resultado pode ser um distúrbio de personalidades múltiplas, no qual os domínios mentais são cindidos e isolados. O termo de Abraham para essa situação é *discaos de personalidades múltiplas*, uma síndrome de deficiência de caos.

A deficiência de caos – ou discaos – também pode ocorrer em nível social e global, sugere Abraham. Ela pode causar distúrbios no "consciente e no inconsciente coletivos de nossa sociedade [...]. Por isso, fronteiras firmes demais (cortinas de ferro) podem estar envolvidas em problemas mundiais".

Abraham afirma que as fronteiras fractais espessas e espumosas são um "pré-requisito para a estabilidade e a longevidade de uma cultura e para a saúde de um indivíduo". Elas são necessárias à interconexão, à comunicação e à integração tanto *dentro* da mente dos indivíduos como *entre* os 7 bilhões de mentes individuais existentes na Terra. Caso contrário, teremos fronteiras rígidas que impedirão a comunicação fluida, a tolerância e a compreensão, com a resultante desintegração tanto das personalidades individuais como da sociedade global.

Infelizmente, parece que já estamos envolvidos no processo de desfractalizar nossa sociedade ao estabelecer fronteiras cada vez mais impermeáveis. Como observa Abraham: "Nossa cultura dedicou atenção excessiva à fortaleza murada [...], muralhas de concreto em torno da cidade, trancas nas portas e nas casas, detectores eletrônicos de movimento, câmeras de vídeo nos caixas dos bancos e assim por diante". Condomínios fechados separam-nos em nome da segurança. Nos Estados Unidos, o número de armas (*guns*, palavra derivada de um termo escandinavo para *guerra*) é quase igual ao de cidadãos. Os ativistas do movimento Occupy Wall Street – cujo *slogan* é: "Somos os 99% governados por 1%" – sentem-se cada vez mais distantes desse 1%. A cortesia praticamente desapareceu dos salões do Congresso. As fronteiras impermeáveis, não porosas, nunca pareceram tão predominantes.

No entanto, há outros que, como Abraham, veem meios pelos quais podemos ligar-nos uns aos outros na Grande Conexão. Frederick Turner, professor de artes e humanidades na Universidade do Texas em Dallas, vê na ciência fractal um caminho por cujo intermédio as mentes individuais poderão unir-se na Mente Una universal. Em seu livro *Natural Religion*, ele sugere que uma experiência visual que nos preenche momentaneamente com uma sensação de maravilhamento e perplexidade reverente, como uma obra de arte de grande impacto ou um pôr do sol de tirar o fôlego, "atordoa a mente até que ela perca o foco". Em um momento assim, diz Turner, pode ocorrer no cérebro uma "delicada sintonia ou calibração" na qual o "atrator estranho da mente divina" influencia a mente individual para que ela se torne "uma miniatura fractal da própria mente universal".[17]

Há inúmeras maneiras de "atordoar a mente." Mais adiante, veremos como pessoas extremamente criativas superaram os efeitos discaóticos, desfractalizantes e anestesiantes de hábitos, rotinas e comportamentos repetitivos que impedem nosso despertar para a Mente Una transcendente.

Batom em Bergen-Belsen

Quando libertaram o campo de concentração de Bergen-Belsen na Alemanha, em 15 de abril de 1945, as tropas britânicas encontraram 40 mil prisioneiros em 200 tendas. E também encontraram 10 mil cadáveres. A grande maioria havia morrido de tifo ou de inanição. Temendo infecções, os guardas alemães haviam se recusado a enterrá-los. E, como os esqueléticos prisioneiros remanescentes não tinham forças para fazer isso, os cadáveres eram empilhados por todo o campo e abandonados à putrefação.

Os soldados britânicos ficaram totalmente chocados. Começaram a vomitar antes mesmo de entrar em Bergen-Belsen, vencidos pelo pestilento odor da morte. E então esses mesmos soldados, calejados pelas agruras da guerra, que haviam lutado contra os nazistas por toda a Europa, choraram como bebês. Mas puseram mãos à obra, transportando os cadáveres para uma grande vala comum. Em algum lugar entre eles estava o da jovem Anne Frank, que já em 1942 havia registrado em seu diário, em Amsterdã, que os judeus estavam sendo levados à força e mortos em câmaras de gás.

Por volta de 28 de abril, todos haviam sido enterrados. Embora cerca de 500 prisioneiros continuassem a morrer a cada dia, pelo menos não havia mais cadáveres empilhados, o que teve o efeito de levantar o moral de todos. Havia comida e quase todos os prisioneiros já haviam tomado banho, inclusive de DDT em pó para livrar-se dos piolhos. Suas roupas haviam sido fumigadas e as tendas infectadas foram incineradas com lança-chamas.

Nicholas Best, que fornece a descrição acima em seu livro *Five Days That Shocked the World*, descreve o que aconteceu em seguida:

> Algum gênio tivera a ideia de introduzir batons no acampamento. Um grande carregamento havia acabado de chegar, suficiente para que todas as mulheres que estavam em Belsen pintassem os lábios se o quisessem. Um número enorme delas o fez, lembrando com alegria que já tinham sido femininas e poderiam voltar a sê-lo algum dia. O batom revelou-se uma

verdadeira injeção de ânimo, representando para algumas das mulheres do campo toda a diferença entre a vida e a morte.[18]

O tenente-coronel britânico Mervin W. Gonin, responsável pela unidade que socorria feridos nos campos de batalha, conhecida como 11th Light Field Ambulance, Royal Army Medical Corps [Corpo Médico do Exército Real], estava entre os primeiros soldados britânicos a libertar Bergen-Belsen em 1945. Em seu diário, ele forneceu uma descrição mais gráfica do efeito do batom:

> Embora possa não haver nenhuma ligação entre os fatos, logo após a chegada da Cruz Vermelha britânica chegou também uma enorme quantidade de batons. Mas não era nada disso que nós, os homens, queríamos; estávamos solicitando com urgência centenas e milhares de outras coisas, e eu não sei quem pediu batons. Mas gostaria muito de descobrir quem fez isso. Foi um ato de genialidade, de absoluto brilhantismo. Acredito que nada fez mais por aquelas internas que o batom. As mulheres ficavam deitadas nas camas, sem lençóis nem camisolas, mas com lábios de cor vermelha escarlate. Você as via vagueando a esmo sem nada, a não ser um cobertor sobre os ombros, mas com os lábios de cor vermelha escarlate. Vi uma mulher na mesa de autópsia, e sua mão agarrava um batom. Finalmente alguém tinha feito alguma coisa para torná-las pessoas de novo, elas eram alguém, já não eram mais apenas o número que levavam tatuado no braço. Finalmente podiam interessar-se pela própria aparência. Aquele batom começara a restituir-lhes sua humanidade.[19]

Como alguém poderia saber que o batom restabeleceria a resolução de viver e, assim, salvaria vidas? Algum indivíduo anônimo conseguiu identificar-se de maneira tão íntima com a mente das prisioneiras quase mortas pela inanição e pelo sofrimento que pôde ver além do óbvio. Sugiro que, no âmbito da Mente Una, esse fenômeno do batom seja considerado um evento de primeira grandeza.

O horror de Bergen-Belsen aconteceu porque as ligações entre os seres humanos foram rompidas e "o outro" passou a ser considerado menos que humano. O evento do batom é o tipo de avanço desbravador que pode ocorrer quando mentes se unem na Grande Conexão. Esses eventos polares são um espelho que mostra tanto o pior como o melhor de que nós, seres humanos, somos capazes – o bestial e o angelical. Eles revelam o fato de que a unidade, a integração em torno de atributos ou propósitos comuns e a consciência da Mente Una não são sutilezas filosóficas, mas necessidades básicas que impedem a nossa queda na degradação. São espelhos que jamais deveriam ser tirados da parede.

Quem Está no Comando?

Quem ou o que controla a Mente Una? Quem abre e fecha a torneira da informação? Para os cristãos, é Deus quem cria ordem e forma a partir do vazio indiferenciado. Para os hinduístas, é a interação entre Shakti e Shiva que desencadeia o processo criativo do universo. Para o físico Bohm, são as ordens "implicada" e "superimplicada" invisíveis, inacessíveis visualmente, que se desdobram na ordem "explicada" visível, que conseguimos ver, tocar, ouvir e sentir.[20] Em nossa era embalada pelo encantamento quântico, é a interação entre funções de onda e observadores que dá origem ao mundo visível das coisas.

Além das Palavras

Em nosso moderno mercado de ideias, há muitos modelos à escolha para descrição das operações da consciência. Cada pessoa parece apregoar seu favorito. No entanto, em algum determinado ponto, tudo o que se diz sobre mecanismos – emergência, entrelaçamento, não localidade, hologramas, ordens implicadas ou qualquer outro processo – torna-se irrelevante. Os sábios que representam o lado esotérico das grandes tradições de sabedoria afirmam com unanimidade que, à medida que cresce a compreensão, todas as descrições do Absoluto serão por fim transcendidas. Nome e forma, que são a tônica de nossa existência cotidiana, se tornam obstrutivos e perdem toda a importância. Por isso, Mestre Eckhart, grande místico cristão da Alemanha, proclamou no século XIV: "Nada se assemelha mais a Deus que o silêncio".[21]

O reverendo Thomas Keating reafirma Eckhart: "O silêncio é a primeira língua de Deus; tudo o mais é má tradução".[22] Na tradição hinduísta, diz Swami Vivekananda: "O silêncio daquele que busca é a forma mais eloquente de oração".[23] E, do zen-budismo, vem o provérbio: "Aquele que fala não sabe, e aquele que sabe não fala". Mas o silêncio é mais que simplesmente ficar mudo; uma pedra pode fazer isso. O silêncio significa que foi criado um lugar no qual uma forma superior de saber pode ingressar. Os místicos consideram que essa passagem ao silêncio é um pré-requisito para a União Divina – a completa absorção na Mente Una, no Todo, no Absoluto, na Fonte. Nesse estágio, a linguagem simplesmente é superada e substituída pelo ser. Quando o neurocirurgião Eben Alexander ingressou nesse estado durante uma experiência de quase morte provocada por uma meningite quase letal, ele disse simplesmente: "É indescritível".[24] As maravilhas que presenciou, a sabedoria que lhe foi conferida, foram transmitidas sem palavras; a linguagem comum era desnecessária. Ou, como disse Mestre Eckhart, "É da natureza de Deus não ter natureza".[25] Nenhuma descrição é possível. Nenhuma descrição é necessária.

5

A sensação de estar sendo observado

Certa vez, Winston Churchill fez um comentário a respeito de um de seus adversários políticos: "De vez em quando, ele tropeçava por acaso na verdade, mas logo se recompunha e apressava-se em continuar como se nada tivesse acontecido".[1] Nossos encontros com fenômenos da Mente Una costumam ser assim. Embora sejam reais e devam nos propiciar uma pausa, geralmente não lhes damos atenção.

Adivinhe Quem Está Olhando para Você

Um exemplo está na sensação de estar sendo observado. A maioria das pessoas já teve essa experiência de, ao virar a cabeça em um golpe de vista, encontrar o olhar de outra pessoa. O biólogo britânico Rupert Sheldrake, que estudou amplamente o fenômeno, relata que entre 70% e 97% de adultos e crianças na Europa e na América do Norte já tiveram esse tipo de experiência.[2] Aparentemente, o fenômeno também funciona ao contrário, ou seja, as pessoas relatam que já fizeram alguém virar-se e olhar para elas enquanto o observavam. Essas experiências acontecem com mais frequência em locais públicos: diante de um sinal vermelho, nas ruas, em bares e restaurantes, e assim por diante.

Sheldrake designa a capacidade de detectar o olhar remoto de uma pessoa distante com a expressão "sétimo sentido". E sugere que o sétimo sentido também inclui a telepatia e as premonições. Por que "sétimo"? A razão, segundo Sheldrake, está no fato de essas capacidades se inserirem em uma categoria diferente das dos cinco sentidos normais. Além disso, elas diferem dos assim chamados sextos sentidos, como a capacidade que os animais têm de detectar estímulos elétricos, magnéticos e térmicos.[3]

Muitos experimentos mostram que as pessoas conseguem detectar o olhar de alguém distante mesmo que essa pessoa as observe por meio de um sistema de circuito fechado de televisão. A sensação muitas vezes está correlacionada com uma alteração na condutividade elétrica da pele do indivíduo que está sendo observado. Parece haver uma conexão direta de mente para mente entre as duas pessoas – uma sobreposição de consciências ou vinculação entre mentes distantes, como se nesse mesmo instante as duas mentes se tornassem uma só.

O Valor da Sobrevivência, mais uma Vez

Esse fenômeno é especialmente comum na guerra. Servindo como cirurgião no Vietnã, eu mantinha estreito contato com combatentes da infantaria, inclusive das Forças Especiais. Muitos desses soldados atribuíam sua sobrevivência a uma aguda percepção que os alertava quando estavam sendo observados por soldados inimigos.

Rupert Sheldrake relata a experiência de William Carter, que liderou uma brigada de gurkhas em uma operação antiterrorista na Malásia em 1951.[4] A brigada de Carter encontrou um acampamento recém-abandonado. Enquanto os gurkhas examinavam o local, Carter teve uma estranha sensação de estar sendo observado. A ela se associava outra, muito intensa, de perigo iminente, como se algo o estivesse agarrando pela nuca. Ele se virou e se deparou com um soldado inimigo a cerca de 18 metros de distância, levantando o rifle para matá-lo. Carter soube imediatamente que um dos dois morreria. E atirou nele primeiro. Ele não duvida da existência de um sentido que alerta a pessoa quando ela está sendo observada: "Se não fosse por ele, eu não estaria vivo hoje".[5]

A ocorrência frequente da sensação de estar sendo observado em situações de vida ou morte presentes em combates sugere que uma das funções dessa capacidade é a sobrevivência. Isso faz sentido. Qualquer organismo dotado da capacidade de pressentir o perigo teria maior probabilidade de sobreviver e produzir descendentes, nosso imperativo biológico.

Em uma série de entrevistas com profissionais que ganham a vida observando outras pessoas, e que trabalham, por exemplo, como vigilantes e policiais, Sheldrake descobriu que a maioria deles está convencida de que esse sentido é real. Segundo relataram, algumas pessoas pareciam saber que estavam sendo observadas, mesmo quando os observadores estavam bem escondidos. Os suspeitos muitas vezes se viravam e encaravam o veículo em que os policiais estavam. No treinamento, os detetives às vezes são instruídos para não olhar com demasiada frequência ou com muita atenção as costas das pessoas que estão seguindo para não as fazer virar-se para trás. Essas precauções costumam ser seguidas mesmo a distância, como nos casos em que os suspeitos estão sendo observados por meio de binóculos.

Um fuzileiro da Marinha dos Estados Unidos contou a Sheldrake sobre suas experiências como atirador de elite na Bósnia em 1995. Quando enquadrava terroristas conhecidos na mira telescópica de seu rifle, eles pareciam saber que estavam sendo observados: "Menos de um segundo antes da conclusão, o alvo, de alguma maneira, parecia estabelecer contato visual comigo. Estou convencido de que essas pessoas, de alguma maneira, sentiam minha presença, mesmo a distâncias superiores a 1,5 quilômetro. E o faziam com uma precisão espantosa; na verdade, chegavam a fitar minha mira telescópica".[6]

Os fotógrafos de celebridades relatam experiências parecidas, diz Sheldrake. Apesar de serem fotografadas secretamente, a distâncias de até 800 metros, as celebridades costumam virar-se e olhar para a lente da câmera. Caçadores e fotógrafos de animais silvestres relatam fatos semelhantes: o animal, por razões desconhecidas, se volta para a mira telescópica ou para a câmera, como se lesse a mente de quem o espreita.[7]

Durante os meses de verão aqui no norte do Novo México, penduro um alimentador para beija-flores do lado de fora de meu escritório. Deixo o binóculo à mão e, quando um se aproxima do bebedouro, eu apanho depressa o instrumento para ver o pássaro em *close-up*. Quase sempre o beija-flor vai embora em poucos segundos. Mas se eu o espiar rapidamente sem o binóculo e sem deixar que meu olhar pouse diretamente sobre ele, o pássaro parece demorar muito mais junto ao alimentador. A observação não é científica, eu sei, mas a repeti muitas vezes ao longo de vários anos.

Algumas pessoas que criam animais de estimação relataram a Rupert Sheldrake que acreditam poder despertar seus gatos e cães se os fitarem.[8] Muitas acreditam que os bichinhos conseguem sentir o seu olhar, mesmo quando eles não conseguem ver os olhos de seus donos.[9]

Será que esses relatos são "apenas histórias"? Eles *são* histórias, mas histórias amparadas por dezenas de experimentos e estudos de laboratório os quais mostram que as pessoas conseguem detectar o olhar de um indivíduo distante. Considerados em sua totalidade, esses estudos fornecem vigorosas evidências de conjunção, interação e ligação de mentes distantes. Desafiando o pressuposto comumente aceito de que as mentes individuais estão presas no interior do cérebro, essas pesquisas dão apoio ao conceito de uma mente expandida, uma mente que é não local no espaço nem no tempo.

O fato de esses fenômenos ocorrerem tanto em animais como em seres humanos é importante. Quando uma capacidade se distribui em toda a natureza em diferentes espécies, isso aumenta em grande medida a "credibilidade científica" das observações, como se aquilo que se estivesse observando fosse um princípio generalizado no mundo natural, e não um fenômeno isolado.

Como nos afastamos progressivamente da natureza, temos hoje uma dificuldade cada vez maior em reconhecer quanto esses fenômenos estão difundidos. Hoje, é muito mais provável que as crianças assistam ao canal Animal Planet na TV em vez de aventurar-se na natureza para um contato real com o mundo silvestre. Confronte isso com a experiência de nossos ancestrais, que viviam em contato íntimo com a natureza e suas criaturas em todos os momentos. Elas tinham certeza de que a consciência compartilhada com todas as criaturas, grandes e pequenas, era real, uma consciência que não conhecia limitações espaciais nem temporais: a Mente Una, da qual participam todas as coisas vivas.

6

Eles moviam-se como se fossem uma única pessoa

A cada primavera e a cada outono eles estavam em movimento, enormes manadas que se espalhavam até onde a vista alcançava. Ninguém tinha a mínima ideia de quantos havia, pois eram inúmeros e incontáveis. As estimativas variavam entre 50 milhões e 150 milhões. Sua corrida em disparada provocava na terra um débil tremor e um estrondo surdo que anunciavam sua aproximação a todas as coisas vivas que estivessem em seu caminho. Eles paravam periodicamente para descansar e alimentar-se e, à noite, para dormir. Ao raiar do sol, retomavam sua jornada em direção ao horizonte e aos destinos que durante milênios os haviam atraído. Eram eles os *Bison bison*, os búfalos, os magníficos bisões-americanos.

Nas manhãs frias, seu alento formava uma gigantesca nuvem cuja aparência lembrava geada pairando como um halo sobre a enorme manada, sinal que todo caçador cobiçava. Os animais moviam-se como um organismo único e com uma vontade unificada que causava a morte de muitos, pois não podia haver uma avaliação cuidadosa do perigo nem dos riscos por um indivíduo isolado quando a mente grupal assumia o comando. Quando se aproximavam de um rio, os líderes entravam hesitantes na água, sondando a presença de areia movediça e de buracos fundos não percebidos. Mas a manada que os seguia continuava a chegar, empurrando os líderes e forçando-os a entrar em locais onde se afogavam ou morriam atolados. Por isso, milhares deles podiam morrer, em um sacrifício à determinação inabalável da manada colossal. Os nativos norte-americanos sabiam ler a mente dos bisões. Eles compreendiam os instintos que moldavam as massas desses animais em um só organismo e usavam esse conhecimento para conduzi-los a precipícios como os dos rochedos de Chugwater, no estado de Wyoming, e dos penhascos de Palisades, em Montana.[1]

O simples fato de avistá-los em seu número infindável deixava as pessoas sem fala. Em maio de 1871, o coronel R. I. Dodge conduzia um carroção do forte Zarah ao forte Larned, às margens do rio Arkansas, a sudoeste do Kansas, quando topou com uma das maiores reuniões de grandes animais da Terra: a numerosa manada de bisões sulinos, em sua migração do Texas para o norte em busca dos pastos onde se alimentavam durante o verão. Quarenta dos 55 quilômetros que separavam os dois fortes estavam cobertos por "um imenso cobertor escuro de bisões", conforme escreve a autora Mari Sandoz em seu clássico *The Buffalo Hunters*. Do alto do morro conhecido como Pawnee Rock, Dodge podia ver uma massa sólida de animais em movimento que se estendia até 16 quilômetros em quase todas as direções. Outros que avistaram essa manada afirmaram que ela tinha 40 quilômetros de largura e, provavelmente, 80 quilômetros de comprimento e que sua passagem por qualquer determinado ponto demorava cinco dias. As estimativas variavam de 4 a 12 milhões de animais só nessa manada em particular.[2]

Nessa ocasião, a manada caminhava a passos lentos. Porém, dois meses antes, o encontro do coronel Dodge com os bisões havia sido muito diferente e quase lhe custara a vida. O tempo estava frio e tempestuoso. A comitiva de Dodge acampou na curva de um córrego, colocando barracas e carroções bem próximos uns dos outros. Quando as fogueiras se apagaram e todos, com exceção da sentinela, haviam adormecido, Dodge ouviu um rumor, mas profundo, semelhante a um estrondo surdo. E logo percebeu qual seria a sua origem: uma gigantesca manada de bisões avançando rapidamente em direção ao acampamento. Ele sabia que a manada precisava ser dividida, caso contrário acabaria passando por cima do acampamento e todos morreriam pisoteados. Então convocou a sentinela e mais três homens, os quais se posicionaram entre os bisões que se aproximavam e o acampamento. Quando os animais já estavam a cerca de 27 metros, eles começaram a gritar e a disparar os rifles o mais depressa que podiam. Um animal caiu morto, mas os outros continuaram se aproximando. Os homens sentiam a terra tremer sob seus pés. Mais animais foram atingidos. Quando parecia não haver mais esperança, a massa estrepitosa apartou-se ligeiramente, depois um pouco mais e, por fim, desviou-se para evitar os homens. Os animais passaram a pouco mais de 9 metros de um dos flancos do acampamento e a pouco mais de 23 metros do outro. Os homens que dormiam despertaram com o trovejar dos animais desembestados e com o barulho dos tiros. Paralisados de medo, davam a morte por certa.

Os nativos norte-americanos consideravam essas manadas de bisões desembestados um dos verdadeiros perigos das planícies. E sempre mantinham patrulheiros a certa distância de suas aldeias, acampados ou em movimento. Colando o ouvido ao chão, eles conseguiam determinar a distância e a direção de uma manada que se movimentava com passos pesados.

Quando as ferrovias começaram a expandir-se em direção ao oeste, os ferroviários aprenderam a duras penas sobre a existência desses perigos e como deviam lidar com eles. As manadas devastadoras se lançavam contra qualquer coisa que estivesse em seu caminho, inclusive locomotivas e vagões. Os líderes atiravam-se de cabeça contra eles, empurrados pelos animais que vinham atrás e, embora muitos morressem, o trem também sofria. Quando bisões enfurecidos descarrilaram dois trens em uma semana, os maquinistas aprenderam que se devia parar a uma distância segura para deixar os animais passarem.[3]

Sem dúvida, o comportamento das manadas de bisões não é um padrão isolado. Sabe-se que ocorrem movimentos extremamente bem coordenados nas famosas migrações de gnus – espécie de antílopes – africanos, assim como nas de outros quadrúpedes. Mas esses padrões não se limitam a grandes mamíferos.

Os primeiros colonizadores brancos da América do Norte relataram comportamento grupal extremamente bem organizado entre os pombos-passageiros (*Ectopistes migratorius*). O nome da ave deriva do francês *passager*, que significa "de passagem". Na época da chegada de Colombo, estimava-se que uma em cada quatro aves, das 3 a 5 bilhões que havia nas terras que viriam a ser os Estados Unidos, fosse um pombo-passageiro. Bandos de milhões lançavam tantos excrementos ao voar sobre os assentamentos que as pessoas eram obrigadas a ficar em ambientes cobertos. Como relata Charles C. Mann em seu livro *1491*, as aves alimentavam-se de bolotas e nozes selvagens. Mas também adoravam grãos como trigo, aveia e milho, e destruíam as lavouras com tanta frequência que o bispo de Quebec excomungou formalmente a espécie em 1703. Os pombos aparentemente não tomaram conhecimento, e a sanção não teve nenhuma repercussão.

Durante a primeira parte do século XIX, havia tantos pombos-passageiros que pouca gente imaginava que eles *pudessem* ser exterminados. Porém, por volta de 1850, seu número já era sensivelmente menor. Alguns conservacionistas viram a iminência de uma tragédia, mas suas tentativas de impedi-la não surtiram efeito. O último pombo-passageiro de que se tem conhecimento, Martha, batizada em homenagem a Martha Washington, morreu em 1º de setembro de 1914, no zoológico de Cincinnati. Seu corpo foi congelado em um bloco de gelo e enviado ao Instituto Smithsoniano, onde foi empalhado. Mantida nos arquivos do museu, Martha não está exposta ao público.

O centenário da extinção do pombo-passageiro foi em 2014. Certas organizações, como a Project Passenger Pigeon, mobilizaram-se para comemorar o evento "com uma grande variedade de programas locais e internacionais, exposições, cursos e outras atividades de lazer para todas as idades".[4] O principal objetivo do grupo foi despertar as pessoas para o fato de que catástrofes como a dos pombos-passageiro poderão ser evitadas no futuro.

Um dos pássaros mais experientes em comportamento grupal é o estorninho, cujos movimentos acrobáticos, realizados em imensos bandos, constituem uma espécie de balé aéreo. Na Inglaterra, durante os meses de inverno, milhares de estorninhos retornam ao anoitecer a Otmoor, área úmida e pantanosa coberta de gramíneas, que ocupa uma área de cerca de 1.618.800 metros quadrados no sudeste da Inglaterra. Pequenos bandos fundem-se em bandos maiores chamados "murmurações" quando então passam a voar em movimentos giratórios e curvas fechadas criando formações que se incluem entre as mais elegantes já observadas na natureza.[5]

Enormes cardumes de peixes como o arenque também demonstram comportamento grupal semelhante, girando e fazendo curvas juntos em uma sincronia de nos tirar o fôlego, em especial quando perseguidos por predadores.

Quando demonstram comportamento grupal, essas criaturas estarão agindo de maneira irrefletida e cega ou será que há alguma coisa mais envolvida?

Quando um elefante morre, a manada costuma reunir-se em torno dele, podendo permanecer lá durante dias, comportando-se como se sentisse genuína tristeza e estivesse de luto. Algumas manadas comprovadamente enterram o animal morto antes de prosseguir em sua jornada, podendo posteriormente revisitar o local da morte e revirar os ossos. Observaram-se também entre cães, cavalos e gorilas comportamentos que impressionam os etologistas por parecerem autênticas experiências de luto, descritas por David Alderton em seu livro *Animal Grief: How Animals Mourn*.

No relato do "funeral de uma pega", um bando de cerca de 40 dessas aves reuniu-se em torno de uma companheira que havia sido morta em uma estrada. Quando o automóvel responsável pelo atropelamento retornou, as pegas revoaram em enxame à sua volta e quase o obrigaram sair da estrada.[6]

Em um exemplo semelhante, um homem matou um corvo que estivera roubando ovos em sua propriedade. Em seguida, sua casa foi sitiada por cerca de 30 corvos, que a sobrevoaram em círculos durante dias. O homem decidiu nunca mais caçar.[7]

A Inteligência dos Enxames

Como é que grandes massas de animais, aves e peixes conseguem agir de modo coordenado, em conjunto, como se o grupo fosse uma só entidade? A ideia mais conhecida é a da "inteligência dos enxames", ou "teoria dos enxames", proposta na década de 1980 por pesquisadores das áreas de robótica e inteligência artificial. Segundo esse conceito, as unidades individuais de um grupo interagem localmente umas com as outras e com seu meio ambiente. Embora não haja nenhuma influência controladora centralizada que dite como os indivíduos devam comportar-se, as interações locais e muitas vezes aleatórias entre os indivíduos de algum modo levam à emergência de comportamento grupal inteligente. Em outras palavras, o indivíduo não é particularmente inteligente, mas o grupo, sim. A teoria dos enxames foi aplicada a fenômenos que ocorrem naturalmente, como o agrupamento de animais em manadas, de aves em bandos, de peixes em cardumes, de formigas e cupins em colônias, de abelhas em colmeias e também do crescimento de bactérias em colônias.[8] A teoria dos enxames tem aplicações práticas. Ela foi usada para determinar a melhor maneira de receber e embarcar passageiros em aviões comerciais, de associar chegadas de aviões a portões em aeroportos e de traçar rotas para caminhões da maneira mais eficiente possível. Os cientistas desenvolveram *softwares* para grupos ou "enxames" de robôs baseando-se em regras simples que imitam o comportamento dos enxames de insetos. A meta é usar robôs para executar de maneira inteligente operações perigosas, como varredura de minas ou missões de busca e resgate, que poriam em risco os agentes humanos. Os cientistas preveem que, algum dia, enxames robóticos poderão explorar a superfície de Marte.[9]

Como agem os animais quando se agrupam em manadas, bandos, cardumes e enxames? Se nenhum dos arenques do cardume tem a visão do conjunto, como é que eles conseguem mudar de direção numa fração de segundos, como se fossem uma só entidade? Segundo os teóricos dos enxames, uma pista está no fato de que nenhum deles está no comando. Não há nenhum "general" dando ordens que exigiriam tempo para se disseminar por toda a manada, bando, cardume ou enxame. Em vez de obedecer a ordens vindas de cima, o comportamento complexo é coordenado por regras relativamente simples.

Em 1986, Craig Reynolds, pesquisador de computação gráfica, criou um programa simples, que chamou de "boids", para investigar quais poderiam ser essas regras. Em sua simulação, cada um dos *boids* – objetos genéricos semelhantes a pássaros – recebia três instruções: (1) não se aglomerar nas vizinhanças de outros *boids*, (2) voar na direção média dos *boids* próximos e (3) ficar perto de *boids* próximos. Quando rodou o programa em uma tela de computador, verificou que era impressionante a proximidade entre a simulação dos movimentos imprevisíveis e semelhantes aos de criaturas vivas e os movimentos realmente verificados nos bandos.[10]

Mas por que as criaturas seguem essas regras e, principalmente, por que formam imensas manadas, bandos, cardumes e enxames? A biologia sempre dá a isso uma resposta-padrão: há nesse comportamento uma vantagem para a sobrevivência. Um grande grupo de animais, aves ou peixes tem mais olhos com que detectar os predadores. Quando atacados, eles podem confundir um predador com movimentos coletivos coordenados. Uma massa de indivíduos tem vantagem para localizar parceiros e alimentos ou para seguir uma rota de migração. Como membro de um grupo, cada indivíduo tem mais probabilidade de permanecer vivo e reproduzir-se do que se ficar isolado e só.

Ah, mas nem tudo é simples assim. Mesmo para os cientistas que estudam a inteligência dos enxames, esses eventos ainda "parecem miraculosos até mesmo para os biólogos que os conhecem melhor", diz Peter Miller, da revista *National Geographic*. Muitas vezes, biólogos que por longos períodos se embrenham na natureza para observar bem de perto os animais são atormentados pela incômoda suspeita de que as formulações muito claras e bem definidas da teoria dos enxames deixam de fora alguma coisa.

Em 2003, durante cinco meses, os biólogos da vida silvestre Karsten Heuer e sua mulher, Leanne Allison, seguiram uma manada de 123 mil caribus em migração ao longo de mais de 1.500 quilômetros, do território de Yukon, no norte do Canadá, onde passam o inverno, para o National Wildlife Refuge [Refúgio Nacional da Vida Selvagem], no Alasca, local eleito por eles para dar à luz sua prole.[11] "É difícil descrever em palavras, mas, quando estava em movimento, a manada era muito parecida com a sombra de uma nuvem passando sobre a paisagem ou uma imensa quantidade de dominós sendo derrubada ao mesmo tempo e mudando de direção", disse Heuer. Um dominó atingindo o seguinte na linha, uma sucessão de dominós caindo um após o outro: causa e efeito clássicos? Não exatamente. Heuer explica melhor: "Era como se cada animal soubesse o que seu vizinho iria fazer, e este o que faria o vizinho dele, e assim por diante. Não havia nenhuma expectativa nem reação. Nenhuma causa nem efeito. Simplesmente sabiam".[12]

Esse tipo de conversa deixa os biólogos loucos. Na biologia clássica, não há lugar para um "simplesmente sabiam" que passe por cima da causa e efeito. O mais perto que os biólogos conseguem chegar dessa ideia do "simplesmente sabiam" está no conceito de instintos, as inclinações para um determinado comportamento inerentes a um organismo vivo. Esses padrões fixos de ação não se baseiam em aprendizagem, mas, são herdados. A maioria dos teóricos acredita que as informações que orientam o comportamento instintivo estejam gravadas no sistema nervoso do indivíduo: armazenadas no DNA dos pais, seriam transmitidas de pais para filhos. O DNA é a causa; o comportamento instintivo, o efeito.

A inteligência dos enxames e os instintos fazem sentido até você começar a examinar as pequenas exceções renitentes que não se encaixam nunca, como as observações sem "nenhuma causa nem efeito" de etologistas como Heuer e Allison. Estou sugerindo a possibilidade de inteligência coletiva, de uma proto Mente Una, que não dependa de informações sensoriais e que opere em manadas de animais, bandos de aves e cardumes de peixes.

Mente Grupal?

Como vimos, os biólogos tentaram explicar o comportamento grupal de manadas, bandos e cardumes como informações sensoriais captadas por um animal de seu vizinho imediato, em um processo que se estende a todo o grupo. Esse tipo de explicação elimina a necessidade de qualquer tipo de inteligência grupal, por assim dizer. Porém há problemas com modelos computadorizados como o dos *boids* de Reynolds. Como afirma o biólogo britânico Rupert Sheldrake, o que acontece na tela plana de um computador tem pouca relação com o comportamento de bandos de aves reais, tridimensionais. Para Sheldrake, os modelos bidimensionais são "biologicamente ingênuos".[13]

Em 1984, o biólogo Wayne Potts, da Universidade de Utah, filmou os movimentos de inclinação durante o voo de grandes bandos de narcejas-comuns, pequenas aves pernaltas que vadeiam em águas litorâneas, sobre o Estreito de Puget, em Washington.[14] Quando as filmagens dos rápidos movimentos das aves foram analisadas em câmera lenta, ele descobriu que as alterações no comportamento transmitidas de vizinho para vizinho podiam ocorrer em 15 milésimos de segundo. Essas alterações, que poderiam ter origem tanto em aves isoladas como em pequenos grupos em qualquer lugar do bando, espalhavam-se pelo bando todo na forma de uma onda quase simultânea. Potts então submeteu as narcejas a testes em laboratório para saber qual a sua velocidade de resposta a estímulos. E descobriu que, em média, eram necessários 38 milésimos de segundo para que uma ave iniciasse uma reação de susto diante de um lampejo. Isso indicava que elas não poderiam se basear em pistas visuais dos vizinhos para mudar de direção em pleno voo muito mais depressa do que em seu tempo de reação experimentalmente comprovado. Não obstante, Potts concluiu que cada ave de fato estava reagindo visualmente, só que não aos vizinhos, mas sim ao que chamou de "onda de manobra", que percorria o bando como um todo. Como explicou, "essas velocidades de propagação parecem ser atingidas praticamente do mesmo modo que ocorre nos espetáculos de coristas: as pessoas observam a onda de manobra que se aproxima e programam sua própria execução para que ela coincida com a chegada da onda". Pouco provável, diz Sheldrake. Os membros de uma linha de coristas veem coisas que estão à frente deles ou ao seu lado, e não o que está ocorrendo atrás deles. Para que o modelo do espetáculo de coristas funcionasse em um bando de aves, estas precisariam manter uma atenção visual quase constante de 360 graus, algo que elas não possuem. Como poderiam reagir quase instantaneamente a ondas que se aproximam delas por trás? Precisariam ter olhos na parte posterior da cabeça. Nenhuma ave, diz Sheldrake, tem visão de 360 graus, quer tenham olhos na frente da cabeça, como as corujas, ou na lateral, como os gansos, patos, narcejas e estorninhos.

Então, o que mais poderia estar acontecendo? "Como as mudanças de direção dos bandos em voo são tão rápidas, muitos naturalistas especularam, durante décadas, que essas mudanças dependiam de 'pensamento coletivo' ou telepatia", diz Sheldrake. "Minha própria hipótese é a de que os bandos de aves são de fato organizados telepaticamente por meio de campos gerados pelo bando, os campos mórficos dos bandos."[15] Sheldrake discute a natureza dos campos mórficos em três livros desbravadores: *Uma Nova Ciência da Vida*, *A Presença do Passado* e *A Sensação de Estar Sendo Observado e Outros Aspectos da Mente Expandida*.* Conforme sua hipótese, os campos mórficos são extensos campos de influência que moldam o comportamento e o pensamento de um determinado grupo. Eles atuam não localmente, sem ser impedidos pelo espaço ou pelo tempo. Modelados durante o longo curso da evolução e da seleção natural, os campos mórficos não excluem a importância da visão ou de qualquer outro sentido físico na reunião de aves em bandos nem no comportamento grupal de quaisquer outras criaturas; trata-se apenas de reconhecer que nem a visão nem qualquer outro sentido físico tomados isoladamente podem explicar a coordenação dos movimentos do bando.

Desenvolveram-se modelos computadorizados bidimensionais semelhantes aos dos *boids* para explicar os movimentos coordenados de cardumes de peixes, que, a distância, parecem um só organismo. Seu comportamento mais espetacular é a chamada *flash expansion*, ou expansão repentina, na qual o cardume "explode" centrifugamente quando atacado por um predador, com cada um dos peixes fugindo em disparada do centro para fora. Sheldrake ressalta que a expansão completa pode ocorrer em apenas 20 milissegundos. Mais uma vez, não há nenhuma explicação sensorial simples para isso, pois sua ocorrência é

---

* Publicado pela Editora Cultrix, São Paulo, 2004. (Fora de catálogo.)

muito rápida para que os impulsos nervosos passem dos olhos ao cérebro e, daí, aos músculos dos peixes.

Além disso, o fenômeno também ocorre à noite, de modo que a visão não pode ser essencial. Mesmo quando temporariamente vendados por lentes de contato opacas colocadas em experimentos de laboratório, os peixes são capazes de juntar-se ao cardume e de manter sua posição nele. Os modelos computadorizados também empregaram alterações de pressão na água. Essas variações são detectadas por órgãos sensíveis à pressão, conhecidos como linhas laterais, que se estendem ao longo do corpo do peixe. Mesmo quando as linhas laterais são cortadas no nível das guelras, os peixes continuam a se comportar normalmente no cardume.

Sheldrake encontra evidências que sugerem a necessidade de inteligência grupal, não sensorial, semelhante a um campo, para explicar os comportamentos organizados não só de bandos de aves e de cardumes de peixes, mas também de insetos sociais como cupins, vespas e abelhas, manadas fugindo de perigos, lobos em expedições de caça e multidões humanas, times de futebol e grupos familiares. Ele sugere que, ao longo das eras, os campos mórficos evoluíram como uma maneira pela qual os membros do grupo se comunicam além e acima dos sentidos comuns.

"É nos campos mórficos dos grupos sociais que encontramos a base evolutiva da telepatia", observa Sheldrake. A telepatia pode provocar risinhos de desdém nos materialistas ferrenhos, mas, na visão de Sheldrake, não há nada de fantasmagórico nela. Na verdade, a telepatia pode até mesmo ser previsível. A comunicação não sensorial é uma capacidade que qualquer criatura poderia desenvolver em um mundo hostil, e isso muito simplesmente porque tem valor de sobrevivência. Como ajuda a sobrevivência e, por conseguinte, a procriação, ela poderia ser incorporada à estrutura genética do indivíduo de modo que, com o tempo, passasse a atuar sobre toda a espécie. Uma capacidade como essa quase certamente evoluiria em um nível inconsciente porque a análise consciente e a tomada de decisão exigem um tempo valioso, que poderia ser vital para fugir de predadores. Isso sugere que hoje a telepatia ou a percepção não local poderia estar presente, em certo grau e inconscientemente, em quase todos os seres humanos. Inclusive nos céticos.

Os campos mórficos de Sheldrake conferem estrutura e especificidade à Mente Una. Eles podem ser específicos a cada espécie por terem evoluído graças a pressões evolutivas para atender às necessidades de alguns animais, mas não de outros. Por isso, os campos mórficos dos bandos de estorninhos seriam diferentes dos de cardumes de peixes. Os insetos sociais, como os cupins, teriam seus próprios campos mórficos. Eles sabem construir ninhos elaborados de até 3 metros de altura, com galerias, câmaras e dutos de ventilação de enorme complexidade. Embora a planta global da estrutura dificilmente possa ser apreendida por qualquer cupim isoladamente, a colônia como um todo a conhece. Os enxames de vespas e abelhas constroem estruturas que também são complexas, só que de maneiras diferentes, talvez guiados não só por um campo mórfico generalizado de "inseto", mas sim por um campo mórfico mais específico de "vespa" ou de "abelha".

Mas a Mente Una não é inteiramente específica de cada espécie; as informações podem, por assim dizer, "saltar entre as espécies". As superposições são comuns. Assim, vemos não apenas o intercâmbio não local de pensamentos e intenções não só entre pais e filhos, gêmeos, amantes, terapeutas e clientes, mas também entre criaturas extremamente diferentes: é o caso, por exemplo, de animais perdidos que voltam para seus donos humanos, mesmo que venham a ser separados por enormes distâncias, que exigem deles atravessar territórios não familiares e superar obstáculos incríveis, algo inexplicável pela memória ou por pistas sensoriais.

Empatia, compaixão, cuidado e amor costumam ser os lubrificantes da comunicação a distância nos seres humanos (e talvez também em outras criaturas). Como diz Sheldrake: "A telepatia é um aspecto do sétimo sentido que permite a membros de um grupo reagir não apenas aos movimentos e às atividades dos demais, mas também às suas emoções, necessidades e intenções. Entre os sentimentos comunicados telepaticamente incluem-se medo, alarme, excitação, pedidos de ajuda, apelos para que se vá a um determinado lugar, pressentimentos de chegadas ou partidas, aflição e morte".[16]

Sheldrake cita a Rainha Elizabeth, reconhecidamente uma amante dos animais, como exemplo de evidente comunicação a distância entre espécies. Treinar seus cães de caça, que ela mantém em Sandringham, propriedade que possui em Norfolk, é um de seus passatempos favoritos. Em Sandringham, a criadagem afirma não precisar ser avisada quando a rainha está para chegar porque os cães fazem isso. "Todos os cães começam a latir nos canis assim que ela chega ao portão, e o portão fica a cerca de 800 metros de distância", disse Bill Meldrum, o encarregado. "Não sabemos como os cães conseguem isso; eles não agem assim com mais ninguém."[17]

Isso nos leva a explorar diretamente a conexão do sétimo sentido entre animais e seres humanos.

A Mente Una de animais e seres humanos

Será que as mentes de seres humanos e animais podem se unir na Mente Una?

Lyall Watson, biólogo, etologista e aventureiro sul-africano cujos livros me nutriram e deleitaram durante anos, afirma:

> Creio que bem pode haver um fluxo de padrões ou instruções que atravesse as fronteiras entre espécies e permita que até mesmo organismos radicalmente diferentes tomem emprestadas ideias uns aos outros [...]. Como biólogo, às vezes percebo que há uma espécie de consciência atemporal, ilimitada pelo espaço ou pelos confins da minha própria identidade, principalmente quando está associada a algum ciclo natural. Nessa condição, tenho uma percepção muito clara das coisas e consigo adquirir informações quase que por meio de um processo de osmose. Vejo-me, nessas ocasiões, com um conhecimento que provém diretamente de minha participação em algo muito maior, uma espécie de ecologia global da mente. E a experiência disso é realmente maravilhosa.[1]

Evidências consideráveis mostram que Watson está correto: em matéria de consciência, as fronteiras entre as espécies não são fundamentais.

Bobbie, o *Collie*

Na década de 1920, um cão de 2 anos chamado Bobbie, mistura de *collie* com pastor inglês, tornou-se uma sensação nacional nos Estados Unidos. Seus donos, o sr. e a sra. Frank Brazier, proprietários de um restaurante em Silverton, no Oregon, passavam férias em Indiana quando Bobbie se perdeu. Apesar de todos os esforços para localizá-lo, o casal perdeu as esperanças de reencontrar o cão. Muito tristes, retomaram sua viagem rumo ao oeste, certos de que nunca mais o veriam. Seis meses depois, Bobbie apareceu, muito magro, no restaurante da família no Oregon. Subiu para o segundo andar, onde o casal residia, e saltou na cama, despertando Frank Brazier com lambidas em seu rosto.

Ninguém conseguiu acreditar. Quando foi publicada no *Silverton Appeal*, a história rapidamente ganhou as manchetes de outros jornais do país. A Oregon Humane Society [Sociedade Humana do Óregon] iniciou uma investigação das alegações dos Brazier. Entrevistando pessoas, a sociedade reconstruiu o caminho feito por Bobbie para voltar para casa, estimado em cerca de 4.500 quilômetros, boa parte do qual percorrido em pleno inverno. Bobbie não seguiu o trajeto dos donos para voltar para o Oregon, mas fez um caminho indireto por terrenos que jamais havia visto nem poderia conhecer. E não se tratava de um cão semelhante; os donos conseguiram comprovar sua identidade por meio de várias marcas e cicatrizes características.

Bobbie tornou-se uma celebridade. Ganhou medalhas, uma coleira de ouro e presentes enviados da Inglaterra, França, Austrália e Estados Unidos. Recebeu a chave da cidade de Vancouver, na Colúmbia Britânica. A Associação de Corretores de Portland deu-lhe de presente um minibangalô inteiramente equipado para lhe servir de casa. O escritor Charles Alexander escreveu um livro a seu respeito, *Bobbie: A Great Collie*, publicado pela Dodd, Mead, and Company em 1926.[2] Bobbie interpretou a si mesmo em um filme mudo, *The Call of the West*, que tem um rolo guardado nos arquivos da Oregon Historical Society Research Library [Biblioteca de Pesquisa da Sociedade Histórica do Óregon]. Quando morreu, em 1927, Bobbie foi enterrado com todas as honras na Oregon

Humane Society. O prefeito de Portland fez o discurso fúnebre. Uma semana depois, Rin Tin Tin, o pastor alemão que estrelou 23 filmes de Hollywood, depositou uma coroa de flores em sua sepultura, de cão para cão.[3]

Tive oportunidade de discutir o conhecimento a distância, não local, com muitas plateias ao longo dos anos e costumo usar animais perdidos que voltam para casa como exemplo. Descobri que a explicação mais frequente dos críticos para casos como o de Bobbie é a de um olfato extremamente desenvolvido. Isso aconteceu em uma palestra que proferi no Instituto Smithsonian, em Washington, D.C., quando fui interrompido pelo comentário de um homem que estava na plateia. "Feromônios!", anunciou, cheio de segurança. "O cão captou os feromônios emitidos pelos donos no Oregon. Os ventos sopram normalmente do oeste para o leste. O cão apenas seguiu esse sinal químico até o Oregon." Os feromônios são substâncias químicas secretadas por mamíferos e insetos. Liberados no ambiente em concentrações diminutas, eles desempenham um papel na atração sexual entre membros da mesma espécie.

"A quase 5 mil quilômetros de distância?", perguntei. "E entre membros de espécies diferentes? Eles se diluiriam quase totalmente em 5 mil quilômetros, não acha?" Outra pessoa na plateia fez um aparte para propor outra explicação: "Foi puro acaso!", disse ele, não sem uma pitada de ironia. "O cão encontrou sua casa no Oregon por sorte." "Há muitas casas a oeste de Indiana", sugeri. "A probabilidade de ele não encontrar por acaso a casa correta é muito grande." Ambos os homens tinham absoluta confiança nas próprias sugestões e não se deixaram abalar por meus comentários. Para mim, funcionou como um lembrete de que muita gente prefere *qualquer* explicação a admitir a comunicação de mente a mente, por mais implausíveis ou estatisticamente improváveis que possam ser suas explicações alternativas.

Como Bobbie *conseguiu* encontrar sua casa percorrendo 4.500 quilômetros em um terreno que não conhecia? A hipótese da Mente Una sugere que a mente do animal e a dos donos faziam parte de uma mente maior que permitiu o compartilhamento de informações entre eles. Se o dono de Bobbie conhecia o caminho até sua casa, esse conhecimento também estaria disponível para Bobbie. Não havia duas mentes separadas comunicando-se uma com a outra. Em essência, havia uma única mente. Esse compartilhamento de conhecimento, seja entre seres humanos ou entre animais e seres humanos, está quase sempre associado com amor, cuidado e compaixão. Esse processo permitiu que Bobbie "retornasse à base" da mesma forma que um avião de passageiros segue um sinal de rádio até um aeroporto distante, com a diferença de não haver presença de sinal eletrônico no caso de Bobbie nem exigência de mediação emocional no caso do avião e do aeroporto.

O caso de Bobbie não é o único. São inúmeros os exemplos que sugerem a existência de um vínculo entre seres humanos e animais, um vínculo que atua ao longo do tempo e do espaço. É uma conexão difícil de romper, mesmo quando as pessoas tentam. Diz-se que Minosch, um gato alemão, viajou cerca de 2.400 quilômetros em 61 dias até voltar à casa da família com a qual vivia, depois que esta voltou de uma viagem de férias.[4] Existem milhares de relatos de casos semelhantes. Sem dúvida, alguns podem ser descartados por envolverem "sósias", e não os animais originais. Mas nem todos; muitas vezes, o animal ainda portava a coleira com seu nome, e sua identidade pôde ser comprovada por marcas características.

Particularmente fascinantes são os casos em que o animal que volta parece estar respondendo às necessidades físicas e emocionais de alguém distante. Um exemplo é o de um soldado irlandês na Primeira Guerra Mundial, cuja mulher se mudou com seu cãozinho, Prince, para Hammersmith, em Londres, quando ele foi enviado em 1914 em um dos primeiros contingentes para os campos de batalha da França. Depois de um período em serviço, ele recebeu permissão para visitar a família. Só que, quando a licença acabou, Prince ficou inconsolável e não quis mais comer até que, por fim, desapareceu. Desesperada, durante dez dias a mulher do soldado tentou em vão encontrá-lo. Finalmente, decidiu escrever uma carta ao marido para dar-lhe a má notícia.

Qual não foi o seu espanto ao saber do soldado que o cão havia se juntado a ele nas trincheiras de Armentières, em meio a pesados bombardeios. De algum modo, Prince havia seguido pelas ruas de Londres, e depois, por mais de 113 quilômetros pelo interior da Inglaterra, pegou uma carona para atravessar o Canal da Mancha, viajando mais de 70 quilômetros em território francês até "sentir o cheiro do dono em meio a 500 mil ingleses, e isso apesar de ter percorrido o último quilômetro e meio em uma região coberta pela fumaça de inúmeras explosões, muitas delas de bombas de gás lacrimogêneo".[5]

Além da Coincidência

O estudo clássico de casos semelhantes ao de Bobbie foi conduzido pelos doutores J. B. Rhine e Sally Rhine Feather, então pesquisadores da Universidade de Duke.[6] Eles descreveram cinco categorias de comportamento animal que sugerem algum tipo de conhecimento a distância, não local:

1. Reação a perigo iminente que afete a si mesmo ou ao dono
2. Reação à morte do dono a distância
3. Pressentimento da volta do dono
4. Retorno ao lar
5. Rastreamento (localização do dono em um terreno não familiar e, às vezes, até um local previamente desconhecido)

Dessas categorias, talvez a mais impressionante seja o rastreamento. Para documentar sua ocorrência, foram usados quatro critérios principais:

1. Confiabilidade das testemunhas
2. Identificação inequívoca do animal, por exemplo, por meio de uma deformidade, cicatriz ou etiqueta com seu nome
3. Credibilidade e coerência dos detalhes do caso
4. Evidências corroborativas, como as de outras testemunhas

Rhine e Feather encontraram 54 casos de cães, gatos e aves que satisfaziam a esses critérios.

O fato de algumas das proezas dos animais serem tão espantosas é quase uma garantia de que elas serão ignoradas pelos céticos que negam as formas de consciência além do cérebro. Considere-se o que ocorreu durante uma competição de pombos na Europa em junho de 1995. Uma pomba pertencente a David Dougal, de Northumberland, na Inglaterra, deveria ter voado de Veau Vois, na França, até a casa onde seu dono morava. Em vez disso, ela seguiu para sudoeste, até a costa norte da África, e pousou em um pombal no Marrocos que pertencia a Essoli Mohamed. Em outubro, um segundo pombo, sobrinho da primeira ave, saiu da casa de Dougal e voou os quase 2.600 quilômetros que a separavam do pombal de Marrocos para reunir-se à tia. "Não consegui acreditar quando recebi outra carta de Essoli", disse Dougal. "Quando a primeira ave desapareceu, na verdade não ficamos muito surpresos, pois o tempo estava péssimo no dia da competição, e isso afeta o instinto que o animal tem de voltar para casa. Mas não há uma explicação que possamos encontrar para o sobrinho. Ele tinha apenas algumas semanas de idade e mal acabara de aprender a voar." Dougal ficou tão perplexo pelo fato de o pombo ter conseguido distinguir o lar adotivo da tia entre todos os demais pombais do mundo que deixou os dois permanecerem em Marrocos.[7]

O lendário J. B. Rhine observou que esse tipo de coisa exige poderes extrassensoriais bem maiores que os já demonstrados até hoje por seres humanos.[8] E esse é também o tipo de coisa que faz os céticos se agarrarem apressadamente à explicação da "coincidência" com o desespero de afogados à procura da tábua de salvação.

Donos que Retornam ao Lar

Às vezes, é o dono que retorna ao lar, não o animal. Sheldrake demonstrou de maneira convincente que os animais de estimação parecem saber quando seus donos estão voltando para casa. Ele passou cinco anos conduzindo meticulosos experimentos que documentam algo em que muitos donos de animais acreditam: que existe um vínculo entre eles que opera à distância tanto no tempo como no espaço, mas sua existência está "localizada" fora deles, não localmente. Mesmo quando o experimentador tentou confundi-los variando o horário da volta do dono ou o meio de transporte (táxi, por exemplo), os cães continuaram comportando-se como se soubessem: ficavam em alerta e dirigiam-se para uma porta ou janela minutos antes de o dono aparecer. Isso acontece mesmo quando ninguém em casa sabe a hora da volta do dono do animal. Sheldrake transformou suas conclusões no tema de seu provocativo livro *Cães Sabem Quando seus Donos Estão Chegando*.[9]

É possível que os cães também saibam quando os donos *não* estão voltando para casa. Em seu livro *The Haunting of the Presidents*, Joel Martin e William J. Birnes relatam que, pouco antes do assassinato do presidente Abraham Lincoln no Teatro Ford, em Washington, D.C., na noite de 14 de abril de 1865, seu cão ficou muito agitado "mais ou menos na mesma hora em que as cortinas se abriam no teatro [...]. O animal, que costumava ser dócil e tranquilo, inexplicavelmente começou a latir descontroladamente, como se tomado por um medo repentino pela própria vida, e a correr freneticamente em torno dos aposentos da família, à procura do seu dono, o presidente". Nada o fazia parar; ninguém da equipe da Casa Branca conseguiu acalmar o animal. O cão continuou correndo pelos corredores até que parou, jogou a cabeça para trás e começou a uivar. Na mente de todos, passou a ideia de que algo terrível havia acontecido e que o presidente estava em perigo.

Validade Ecológica

Os animais costumam ser estudados em laboratórios, mas esse não é seu *habitat* natural. Portanto, não é de surpreender que os laboratórios possam inibir ou extinguir as manifestações da Mente Una em animais. Como afirma Susan J. Armstrong, professora de filosofia e de estudos sobre a mulher, da Universidade Estadual de Humboldt, na Califórnia, que escreveu extensamente sobre os poderes extrassensoriais dos animais: "De fato, a percepção extrassensorial pode se reprimir em ambientes estritamente controlados, estéreis, analíticos".[10] *Validade ecológica* é uma expressão frequentemente usada para descrever o reconhecimento expresso na observação de Armstrong. Significa conduzir a pesquisa de uma maneira que não distorça o modo como o fenômeno investigado ocorre na vida real.

Armstrong reconhece o valor não apenas de experimentos formais, mas também o de simples observações e de relatos de casos. "Evidências experimentais e não experimentais podem apoiar-se mutuamente", escreveu ela. "A própria abundância de relatos desse tipo é impressionante. Essa abundância pode ser tomada como compensação das deficiências dos relatos individuais."[11]

Armstrong descreveu um exemplo pessoal de como os vínculos emocionais entre seres humanos e outras espécies podem operar à distância. No fim da década de 1970, ela tinha um *cocker spaniel* e dois periquitos. E costumava deixar os periquitos voarem livremente pela sala, pois não havia nenhuma evidência de que o cão poderia feri-los. Porém, certa tarde, quando cuidava do jardim, sentiu de repente uma emoção tremendamente violenta, impossível de traduzir em palavras. Correu para dentro de casa e descobriu que seu cão acabara de matar um dos periquitos e arrancava-lhe as penas, preparando-se para devorá-lo.[12]

Pensamentos Compartilhados?

Donos de cães e gatos costumam relatar que seus animais de estimação conseguem detectar seus estados de ânimo. Muitos vão além e alegam que seus animais às vezes também detectam seus pensamentos e intenções. Um levantamento realizado por Rupert Sheldrake com donos de animais no noroeste da Inglaterra mostrou que 53% dos donos de cães e 33% dos donos de gatos pensavam que eles reagiam a seus pensamentos ou comandos silenciosos, e porcentagens semelhantes de pessoas acreditavam que seus animais de estimação às vezes manifestavam relações de telepatia com eles.[13] Um exemplo é o da documentarista holandesa Renée Scheltema. Em seu premiado documentário "Something Unknown Is Doing We Don't Know What" [Algo Desconhecido Está Fazendo Não se Sabe o Quê], ela descreve como seu gato fugia para esconder-se toda manhã em que programava uma visita ao veterinário, mesmo que não houvesse nenhuma pista que pudesse provocar esse comportamento no gato.[14]

Implicações para as Pesquisas

Essas observações têm sérias implicações para as pesquisas envolvendo animais. Se a Mente Una envolve seres humanos e outras espécies, será que o animal poderia detectar o estado de ânimo do experimentador e alterar seu comportamento em conformidade com isso? Os experimentos de Sheldrake com cães que sabem quando os donos estão voltando para casa constituem um bom exemplo. Sheldrake está aberto à ideia de uma percepção expandida nos animais de estimação e à capacidade de seres humanos e de animais para se comunicarem não localmente, a distância. Seus cuidadosos experimentos para testar essa possibilidade produziram sistematicamente resultados positivos. Certo detrator dessas descobertas, o qual, aliás, é cético de carteirinha, alega que não conseguiu replicá-las.[15] A hipótese da Mente Una torna esse fato compreensível. Se eu fosse um cão, eu também não cooperaria com ele. Esse é o tipo de coisa em que o presidente Woodrow Wilson estava pensando quando comentou: "Se um cão não vier até você depois de tê-lo olhado nos olhos, vá para casa e faça um exame de consciência".[16]

Questões de Vida e Morte

Há milhares de relatos de casos em que "pessoas resgatam cães" e "cães resgatam pessoas". Nós nos importamos muito com nossos cães, e eles nos retribuem esse carinho e cuidado. Muitos desses casos têm consequências fatais: o salvador, seja ele o cão ou o ser humano, nem sempre sobrevive. Anteriormente indagamos por que um ser humano arriscaria sua vida para salvar a de outra pessoa em extremo perigo, às vezes sacrificando a própria vida no processo. Como vimos, o mitólogo Joseph Campbell e o filósofo Arthur Schopenhauer sugeriram que, no momento crítico, a mente das duas pessoas se funde em uma única mente; os dois indivíduos separados se tornam um só. Isso implica que, da perspectiva da consciência, o salvador não está salvando outra pessoa; está salvando a si mesmo. A frequência de casos em que animais resgatam seres humanos e vice-versa sugere que o mesmo processo possa estar em ação.

A Mente Una não une apenas seres humanos uns aos outros, mas também os une a seus animaizinhos queridos.

Às vezes, as íntimas conexões entre a mente dos animais de estimação e a de seus donos parecem literais, como na experiência de *Sir* Henry Rider Haggard, romancista britânico que escreveu *As Minas do Rei Salomão*. O caso de Haggard envolvia Bob, seu labrador preto.

Logo depois da meia-noite do dia 10 de julho de 1904, Rider Haggard gritou ao sonhar, engasgando-se e sentindo dificuldade para respirar. Ele gemia e emitia sons inarticulados como um animal ferido quando sua mulher o despertou de um pesadelo. Haggard então lhe contou que o sonho começara com uma sensação de depressão que evoluíra para a de estar lutando pela própria vida. O sonho foi se tornando mais vívido até que ele sentiu que estava preso no corpo de seu amado cão Bob. "Vi meu bom e velho Bob deitado de lado em um matagal à beira d'água. Minha própria personalidade parecia se erguer, de alguma maneira misteriosa, do corpo do cão, que levantou a cabeça e a encostou em um ângulo pouco natural contra meu rosto. Bob estava tentando falar comigo. E, não tendo conseguido fazer-se entender por meio de sons, transmitiu à minha mente, de um modo indefinido, o conhecimento de que estava morrendo", disse Haggard.

Rider Haggard descreveu para a mulher uma área pantanosa próxima da casa em que viviam. Quatro dias depois, encontrou o corpo de Bob a cerca de 1,5 quilômetro da casa, boiando no rio Waverly. O cão havia sofrido uma horrível fratura no crânio e quebrado as duas patas dianteiras. Um veterinário estimou que Bob estaria na água havia mais de três dias, provavelmente desde a noite de 9 de julho. Dois ferroviários sugeriram que o cão provavelmente fora atropelado por um trem. E calcularam que o acidente teria ocorrido na ponte mais ou menos na hora em que Rider Haggard tivera o pesadelo.[17]

Há uma vasta literatura sobre o fenômeno oposto: animais que lamentam a morte dos donos. Um dos casos mais famosos é o de "Bobby dos Franciscanos", um *skye terrier* que se tornou símbolo de lealdade na Grã-Bretanha. Quando seu dono, John Gray, policial e guarda-noturno, morreu de tuberculose em 1858, foi enterrado sem lápide no Cemitério dos Franciscanos, na parte antiga da cidade de Edimburgo. Conforme os registros, Bobby passou os catorze anos seguintes guardando a sepultura, de onde só saía para se alimentar. De acordo com um dos relatos, o vigia do cemitério tornou-se seu amigo e dava-lhe comida; outros afirmam que ele era alimentado em um restaurante das proximidades por fãs que o adoravam. Quando morreu, em 1872, Bobby não podia ser enterrado no próprio cemitério pelo fato de este ser um terreno consagrado. Por isso, enterraram-no logo depois do portão da entrada sul do Cemitério dos Franciscanos, perto da sepultura de John Gray. Bobby ficou famoso. Em 1873, logo depois de sua morte, uma aristocrata, a baronesa Angela Burdett-Coutts, mandou fazer uma estátua de Bobby em tamanho real, juntamente com uma fonte, e as colocou na extremidade sul da Ponte George IV, em Edimburgo. Originalmente, a fonte tinha duas partes: a superior, da qual bebiam as pessoas, e a inferior, para cães.

Os "três Bobs" – Bobbie, o *collie*, o Bob de Rider Haggard e o Bobby dos Franciscanos – ilustram de diferentes maneiras o fato de que a mente dos seres humanos e a dos animais podem se unir na Mente Una. Essa unicidade se manifesta de diferentes maneiras. No caso de Bobbie, o conhecimento que seu dono tinha do caminho de volta para casa, apesar da enorme distância, aparentemente foi compartilhado e compreendido pelo animal. Henry Rider Haggard parecia *ser* Bob, seu labrador, quando este foi atropelado e morto. O Bobby dos Franciscanos parecia estar indissoluvelmente conectado com seu falecido dono, lamentando sua ausência ao pé da sepultura durante catorze anos. "Sabemos que ficamos arrasados quando um animal de estimação que amamos morre, e parece que os animais de estimação sentem o mesmo quando morre alguém que eles amam", diz a canadense Naomi Kane, jornalista e criadora de cães. Em dogsincanada.com, um site dedicado a "cães e seus canadenses", ela afirma que "[o] vínculo entre o ser humano e o animal é uma via de mão dupla: nossos cães não se comportam de um modo que interpretamos como afeição simplesmente porque somos seres humanos carentes; eles realmente retribuem o nosso amor e sentem as alegrias e as tristezas da verdadeira amizade".[18]

A Vantagem de Jim Harrison

Jim Harrison, aclamado escritor e poeta, tem muito jeito com cães. Certa vez, quando estava em Nova York a trabalho, ligou para a mulher, na casa em que vivem no Michigan. Ela estava chateada porque os cães de um vizinho estavam desaparecidos desde o início do dia, em meio a uma forte nevasca que atingira o Centro-Oeste. Harrison já havia caçado com essas "gloriosas criaturas", como chama os cães da raça *setter* inglês, e ficou muito preocupado com eles. Os cães não estavam acostumados a passar a noite ao relento em temperaturas abaixo de zero, e seu amigo Nick, o dono deles, temia por suas vidas. Naquela noite em Nova York, Harrison teve um sonho extraordinariamente nítido sobre o rumo que os três cães haviam tomado. O caminho passava pela sepultura de um amigo, cruzava um pântano e um córrego congelado e ia até um denso bosque às margens do lago Michigan.

Na manhã seguinte, Harrison descartou o sonho como bobagem, exemplo típico da mente desejando saber aonde os cães tinham ido. Ele pegou um voo no Aeroporto de LaGuardia e chegou em casa no meio da tarde. Ao perguntar pelos cães, soube que ainda estavam perdidos. Então, vestiu roupas bem quentes e dirigiu 13 quilômetros, até o cemitério que vira no sonho. E ficou espantado ao ver três conjuntos de rastros cruzando a sepultura do amigo falecido. Em seguida, dirigiu mais 3,2 quilômetros até chegar ao local com que havia sonhado. E não viu nada. Mas quando tocou a buzina do carro, os três cães pularam de trás de um grande monte de neve onde, sem dúvida, haviam se enterrado na tentativa de manter-se aquecidos. "Eles gostaram de me ver, mas entraram no carro sem fazer nenhum comentário", disse Harrison.[19]

Harrison admite que "esse tipo de experiência é aquilo que os cientistas chamam de 'anedótico' e, por isso, pouco confiável e plausível. Mas, aí, tenho uma vantagem porque não me importo se for isso mesmo. Prefiro acreditar no maravilhoso poeta Simon Ortiz, da tribo acoma, que disse: 'Não existem verdades, só histórias'".[20]

Bons Samaritanos de Todas as Espécies

Se a Mente Una abrange não apenas os seres humanos, mas todas as criaturas, prognosticaríamos que os atos abnegados de resgate envolveriam todas as combinações de seres sencientes, e não apenas cães. E é exatamente isso o que acontece. Esses resgates interespécies são tão comuns que sugerem que o comportamento compassivo salta não apenas por sobre as culturas, como disse o mitólogo Joseph Campbell, mas também por sobre as espécies.

Animais que Salvam Animais

Em março de 2008, dois cachalotes, mãe e filhote, encalharam na praia de Mahia, no leste da ilha do Norte, na Nova Zelândia. Durante uma hora e meia, as equipes de resgate tentaram em vão devolvê-los à água. Desorientadas, as baleias encalharam mais quatro vezes em um banco de areia. Todos já estavam exaustos, e o pessoal das equipes já cogitava a possibilidade de eutanásia para evitar que as baleias sofressem com uma morte lenta. Foi então que Moko, uma fêmea de golfinho-nariz-de-garrafa muito conhecida entre os banhistas da área, apareceu. Ela se aproximou das baleias e as conduziu ao longo de cerca de 180 metros de águas rasas até um canal que dava para o mar aberto. Depois de salvá-las, Moko voltou à praia para brincar com os banhistas.

"Não falo a língua das baleias nem a dos golfinhos", disse o agente preservacionista Malcolm Smith, "mas é óbvio que alguma coisa aconteceu porque as duas baleias mudaram de atitude: antes, estavam aflitas, mas depois, de bom grado, seguiram o golfinho pela praia diretamente para o mar. Moko fez o que nós não tínhamos conseguido: resolveu o problema em uma questão de minutos". E acrescentou: "Eu sei que não deveria fazer essas coisas, mas acabei entrando na água com o golfinho para dar-lhe um tapinha nas costas. Afinal, ela realmente salvou o nosso dia".[21]

Na ilha de Marco, na Flórida, em março de 2011, um *doberman* chamado Turbo caiu do alto de um muro de concreto em um canal. O cão não tinha condições de subir no muro sozinho. Depois de lutar durante quinze horas, Turbo estava exausto e hipotérmico. Foi então que os golfinhos chegaram. E fizeram tanto barulho que acabaram chamando a atenção de um casal, Sam e Audrey D'Alessandro, que estava por perto, carregando suprimentos para seu barco. Sam pulou na água e colocou o animal em uma boia. "Eles realmente criaram uma balbúrdia; no fim, quase encalharam naquele banco de areia ali", disse ele. "Se não fosse pelos golfinhos, eu jamais teria visto o cão." O casal ligou para o serviço de emergência. Os bombeiros chegaram e ajudaram a tirar o pesado animal da água fria, que depois foi devolvido ao dono.[22]

Animais que Salvam Seres Humanos

Desde a Grécia antiga, há relatos de pessoas salvas por golfinhos. E eles mantêm o costume até hoje.

Em 28 de agosto de 2007, o surfista Todd Endris, de 24 anos, foi atacado por um tubarão-branco de comprimento estimado entre 3,5 metros e 5,5 metros, perto da praia de Marina State, nas proximidades de Monterey, na Califórnia. Sem aviso prévio, o tubarão o atingiu três vezes, mordendo sua perna direita e rasgando-lhe as costas. De repente, um cardume de golfinhos-nariz-de-garrafa apareceu e formou um anel de proteção em torno de Endris, mantendo o tubarão a distância e dando ao surfista tempo de chegar à praia. Socorrido inicialmente por um amigo, Endris foi levado em seguida de helicóptero até um hospital, onde um cirurgião suturou a carne rasgada. Seis semanas depois, embora ainda em recuperação, Endris estava de volta à água. E deu aos golfinhos o crédito por terem salvado sua vida.[23]

Há relatos semelhantes no mundo inteiro, como na praia Ocean, perto de Whangerei, na Nova Zelândia. Em outubro de 2004, o salva-vidas veterano Rob Howes, de 47 anos, e três salva-vidas do sexo feminino treinavam natação a 100 metros da praia quando um cardume de sete golfinhos-nariz-de-garrafa aproximou-se rapidamente e começou a nadar em torno deles, fazendo-os reunir-se. Os golfinhos começaram a agir de uma maneira "muito estranha", disse Howes, "fazendo círculos muito fechados à nossa volta e batendo na água com suas caudas". Quando se afastou do grupo, Howes avistou um tubarão-branco de 3 metros de comprimento a pouca distância.

Quando o tubarão começou a nadar em direção a duas das jovens, uma das quais era Niccy, de 15 anos, filha de Howes, os golfinhos formaram um escudo de proteção em torno dos quatro salva-vidas, girando por mais 40 minutos e criando uma espécie de cortina de confusão em torno deles ou, nas palavras de Howes, "apenas uma massa de barbatanas, dorsos e cabeças humanas". Aquela atividade frenética chamou a atenção de um barco de resgate. Enquanto o barco se aproximava dos salva-vidas, o tubarão foi embora. "Os golfinhos são conhecidos por ajudar os desamparados", afirma a dra. Rochelle Constantine, da Escola de Ciências Biológicas da Universidade de Auckland. "Trata-se de uma reação altruísta, e os golfinhos-nariz-de-garrafa, em especial, são famosos por essa característica."[24]

Um incidente semelhante, ocorrido durante uma competição de mergulho livre em julho de 2009 em um parque temático de ambiente polar em Harbin, no nordeste da China, chamou a atenção do mundo. A competição consistia em prender o fôlego o maior tempo possível em uma piscina de seis metros de profundidade onde havia algumas baleias-brancas. A água havia sido resfriada para atingir temperaturas árticas. A mergulhadora Yang Yun, de 26 anos, se saiu perfeitamente bem em seu mergulho. Porém, quando tentou voltar à superfície, sentiu cãibras nas pernas pela longa exposição ao frio glacial e ficou paralisada. Começou a afundar e estava prestes a afogar-se: "Comecei a asfixiar e afundei ainda mais. Pensei que havia chegado ao fim, que estava morta. Até que senti uma força incrível me levar para a superfície".[25] Uma baleia-branca chamada Mila foi em seu socorro. A baleia, muito familiarizada com seres humanos, pegou a perna de Yun com a boca e nadou para a superfície, salvando-lhe a vida.

Mas esses incidentes não se limitam a criaturas marinhas. Em agosto de 2007, Fiona Boyd, de 40 anos, fazendeira de Chapmanton, na Escócia, tentava conduzir um bezerro a um curral quando a mãe, ouvindo-o berrar, atacou a fazendeira. "Quando vi, já estava jogada no chão. Pensei que ia morrer", relatou Boyd. "Toda vez que tentava me arrastar para longe, a vaca simplesmente me derrubava de novo. Estava sozinha ali, não havia ninguém que pudesse me ajudar. Fiquei aterrorizada, pensando que as outras vacas poderiam juntar-se à mãe do bezerro, o que às vezes acontece." Certa de que seria pisoteada até a morte, Boyd enrolou-se em posição fetal para proteger-se dos cascos da vaca. De repente, seu cavalo Kerry, que pastava nas imediações, arremeteu contra a vaca, afugentando o furioso animal e dando a Boyd tempo para engatinhar o mais rápido que pudesse até um local seguro. Ela credita ao cavalo de 15 anos o fato de ter salvado a sua vida.[26]

Binti Jua, uma fêmea de gorila-das-planícies-ocidentais de 8 anos de idade, tornou-se manchete internacional em agosto de 1996. Uma câmera de vídeo filmou-a resgatando um garoto de 3 anos em um zoológico de Brookfield, subúrbio de Chicago. O menino se soltara da mãe e, correndo, debruçara-se sobre uma contenção de concreto até cair, gritando, na área dos primatas, 5,5 metros abaixo do nível de observação. Binti Jua, cujo nome significa "Filha da Luz do Sol" em suaíli, levava nas costas seu próprio bebê. Ela aproximou-se lentamente do garoto inconsciente, recolheu-o e delicadamente o depositou perto de uma porta onde funcionários do zoológico e paramédicos o resgataram. Mas não o fez sem antes virar-se, como se para improvisar um escudo que defendesse a criança dos outros gorilas.

Levado às pressas para o Loyola University Medical Center [Centro Médico da Universidade de Loyola] em estado crítico, o garoto conseguiu recuperar-se. Repórteres e equipes de TV do mundo inteiro acorreram a Brookfield. Recompensas em dinheiro e bananas seguiram-nos. Políticos juntaram-se a eles. A primeira-dama Hillary Rodham Clinton evocou o nome de Binti Jua em um discurso proferido na Convenção Nacional do Partido Democrático em Chicago, dizendo: "Binti é uma típica cidadã de Chicago: por fora, pode ser dura, mas dentro tem um coração de ouro".[27]

Contar às Abelhas

As abelhas estão entre as criaturas mais veneradas da história da humanidade. Nas antigas culturas do Oriente Próximo e da região egeia, a abelha era considerada um inseto sagrado que fazia a ponte entre o mundo natural e o mundo subterrâneo. As abelhas figuravam nas decorações de tumbas, que, às vezes, eram construídas com a forma de colmeia. A sacerdotisa de Delfos costumava ser chamada de abelha, e se dizia que o dom da profecia fora conferido a Apolo por três abelhas virgens. Na mitologia egípcia, quando as lágrimas de Ra, o deus Sol, caíram na areia do deserto, delas cresceram abelhas. A corda do arco de Kamadeva, o deus hinduísta do amor, é feita de abelhas melíferas. As abelhas estão associadas a estados alterados de consciência: o hidromel, bebida alcoólica fermentada feita à base de água e mel, já era consumido pelos antigos habitantes de Creta, sendo até mais antigo que o vinho. Para os merovíngios, as abelhas melíferas simbolizavam a imortalidade e a ressurreição.[28]

Em algum momento, surgiu o antigo costume de "contar às abelhas", que consiste em informá-las da morte de seu apicultor. Relata-se que, quando o Rei George VI faleceu, "os apicultores foram, com a cabeça coberta por uma echarpe em sinal de respeito, informar sua morte às abelhas".[29] Às vezes, para marcar o luto, as colmeias eram envoltas em crepe negro. Em uma variação desse relato, acreditava-se que as abelhas também morressem após a morte do apicultor a não ser que a colmeia fosse transferida para outro local; em outra versão, a colmeia só precisava ser girada. O costume ainda hoje é amplamente observado.

Em 1961, quando Sam Rogers, sapateiro e carteiro da vila de Myddle, em Shropshire, na Inglaterra, faleceu, seus filhos caminharam entre as catorze colmeias que ele mantinha e contaram sobre sua morte às abelhas. Segundo a Associated Press, em abril de 1961, no momento em que os parentes de Rogers se reuniram para enterrá-lo, milhares de abelhas saíram de suas colmeias, que ficavam a quase 2 quilômetros de distância, chegaram e pousaram no caixão e em torno dele, ignorando as árvores que floresciam nas vizinhanças. Meia hora depois, elas voaram de volta para suas colmeias.[30]

Isso nos faz lembrar o poema elegíaco "Telling the Bees" [Contar às Abelhas], de John Greenleaf Whitter (1807-1892):

> [...] Pois eu sabia que ela falava às abelhas de alguém
> Que se fora na viagem que todos precisamos empreender!

[...] O velho estava sentado e a criada ainda
Cantava para as abelhas que, furtivamente, entravam e saíam.

E desde então a canção que ela cantava
Continua a soar em meus ouvidos:
"Fiquem em casa, lindas abelhas, não voem daqui!
Dona Mary morreu e se foi!"[31]

Em 2005, um apicultor anônimo postou na internet sua experiência com o "contar às abelhas". Em um antigo livro sobre folclore, ele lera que é preciso contar às abelhas sobre fatos importantes que acontecem em uma família, como nascimentos, mortes e casamentos, sob pena de sofrer as consequências da omissão. A princípio, ele não levou a advertência a sério. Mas, ao voltar do funeral de sua mãe, descobriu que as abelhas que ele criava tinham ido embora em enxame, deixando para trás as colmeias vazias.

Um amigo deu-lhe mais abelhas (segundo o folclore, não se deve comprá-las para si mesmo) e, durante muitos anos, esse amigo ia periodicamente coletar o mel. Então, o amigo adoeceu e morreu. O apicultor foi ao seu funeral e, como ocorrera anos antes com a morte da mãe, deixou de contar às abelhas esse fato importante em sua vida. E, como já ocorrera no episódio anterior, outra vez encontrou as colmeias vazias ao voltar.

Dessa vez, foi salvo por um amigo que se tornou seu parceiro de apicultura por mais alguns anos até que também esse amigo morreu inesperadamente, enquanto dormia. Dessa vez, o apicultor havia "captado" a mensagem e pretendia contar às abelhas sobre a morte do parceiro. Só que, na correria dos preparativos para o funeral, simplesmente não teve tempo. E mais uma vez as abelhas foram embora.

"Mas o que aconteceu em seguida convenceu-me mais que qualquer outra coisa", diz. Um amigo querido perdera o filho de 3 anos, vítima de um vírus fatal, e a família estava desolada. O funeral foi uma tragédia para todos os envolvidos. Quando a cerimônia estava terminando, uma abelha entrou na igreja. E, diante de todos, voou até o caixão. Durante uns dois minutos, ficou esvoaçando sobre as flores que o envolviam. Todos os olhares voltaram-se para ela. Depois de descrever círculos cada vez maiores em torno do caixão, a abelha voou lentamente em direção aos três arrasados familiares do garoto e fez círculos em volta de suas cabeças, demorando-se sobre a da irmãzinha de 5 anos, que estava especialmente triste com a morte do irmão. Sem medo, ela fitou a abelha que, voando a uns 30 centímetros de seu rosto, novamente pairava sobre ela. Imóvel, a garotinha parecia hipnotizada. E então a abelha voou para fora da igreja.

"Antigamente, algumas culturas", prossegue o apicultor anônimo, "diziam que as abelhas eram a alma de uma pessoa jovem e que saíam voando da boca dos mortos. Todas as culturas as tratavam com respeito e admiração e, em alguns casos, até as adoravam. Sei que amo as abelhas e sinto sua falta [embora] já não more mais no campo [...]. Fico imaginando no que J. K. Rowling estaria pensando quando batizou o diretor de Hogwarts de Dumbledore. Em inglês antigo, 'Dumbledore' significa 'abelha'."[32]

As íntimas conexões entre seres humanos e animais de todas as espécies, assim como o amor e a afeição que compartilhamos com eles, levaram muitas pessoas a ter esperança de que esses laços devem persistir mesmo após a morte. Não há nada de forçado nessa ideia; se essas conexões forem genuína e efetivamente não locais, elas serão ilimitadas no tempo. Como disse o humorista norte-americano Will Rogers: "Se no Céu não houver cães, então, quando eu morrer, quero ir para o lugar onde eles estão".[33] Para Mark Twain, "o cão é um cavalheiro; espero ir para o céu dele, e não para o do homem".[34] Algumas pessoas estão convencidas de que os animais ocupam um estado puro, sem malícia, que nós perdemos. Charles de Gaulle dizia: "Quanto mais conheço os homens, mais amo os cães".[35] Ou, como afirmou o cartunista Charles M. Schulz, que nos deu Snoopy e os personagens da tirinha mundialmente conhecida como *Peanuts*: "A vida inteira, ele tentou ser uma boa pessoa. Só que, muitas vezes, não conseguia porque, afinal, era só humano. Ele não era um cão".[36] Outros sugerem que nossos animais de estimação podem ser portais que nos facultam o acesso ao domínio não local. O romancista Milan Kundera escreve: "Os cães são nosso vínculo com o paraíso. Eles não sabem o que é o mal ou o ciúme ou a insatisfação.

Sentar-se em uma colina ao lado de um cão em uma tarde gloriosa é voltar ao Éden, onde não fazer nada não era enfadonho; era paz".[37]

Amantes dos gatos, não se desesperem. Embora os cães geralmente ganhem as manchetes, há muitos relatos em que os salvadores são os gatos. Eles já salvaram pessoas de incêndios, cobras venenosas e outros predadores, para não falar de quedas perigosas do nível de açúcar no sangue e de comas diabéticos. Alguns gatos conseguem prever ataques epilépticos. Um cadeirante de Ohio ensinou seu gato Tommy a acionar o socorro médico por meio de discagem rápida, o número 911, e Tommy fez isso em certa ocasião, salvando a vida do dono.[38] Oscar, gato de estimação de um centro de repouso e reabilitação de Rhode Island, prevê a morte dos pacientes com precisão infalível enrodilhando-se em suas camas até seis horas antes de eles morrerem.[39]

Para Mark Twain, "de todas as criaturas de Deus, apenas uma não se transforma em escrava da coleira. Essa criatura é o gato. O cruzamento entre o gato e o homem melhoraria o homem, mas degradaria o gato".[40] E a Leonardo da Vinci damos a última palavra: "O menor dos felinos é uma obra-prima".[41]

8

Átomos e ratos

O físico Richard P. Feynman, ganhador do prêmio Nobel, disse certa vez: "Tudo o que os animais fazem, os átomos fazem".[1] E essa sentença é normalmente interpretada como uma afirmação de que o comportamento animal, em última análise, é determinado por átomos, moléculas, DNA e genes. Porém, em vez de afirmar o materialismo, a observação de Feynman pode, paradoxalmente, afirmar um lado da consciência que se situa além do cérebro, pois hoje se sabe que as partículas subatômicas – que constituem os átomos – demonstram uma estranha propriedade chamada *entrelaçamento*. O entrelaçamento é um comportamento no qual, depois que entram em contato, as partículas permanecem ligadas, independentemente da distância que venha a separá-las. Essa conexão é espantosamente íntima: uma mudança em uma partícula está correlacionada com uma mudança instantânea e de mesmo grau na outra partícula.

Alguns pesquisadores acreditam que os comportamentos entrelaçados das partículas subatômicas possam, de algum modo, estar por trás dessas conexões distantes entre seres humanos. Essa possibilidade é minuciosamente explorada por Dean Radin, cientista-chefe do Instituto de

Ciências Noéticas, da Califórnia. No seu livro pioneiro *Mentes Interligadas*, Radin propõe que "levemos a sério a possibilidade de a nossa mente estar fisicamente entrelaçada com o universo [...]".[2] Ele analisou centenas de experimentos que sugerem de maneira conclusiva que o entrelaçamento é mais que uma metáfora do modo como as mentes estão ligadas no nível humano. Portanto, se Feynman estiver correto, ou seja, se tudo o que os animais fazem, os átomos também fazem, ele estará, inadvertidamente, oferecendo uma explicação indireta do mecanismo subjacente a uma imagem infinita e unitária da mente.

Os manuais de física convencionais ainda não alcançaram o conhecimento contemporâneo. Eles continuam a dizer que o mundo médio dos tijolos, dos cérebros e das feras e o mundo colossal dos planetas, das estrelas e das galáxias são os domínios da física clássica descrita pelas leis de Newton e pelas teorias da relatividade de Einstein. Mas quando descemos as escalas de grandeza até os átomos e as partículas subatômicas, cruzamos uma fronteira invisível e entramos em uma região em que a física clássica dá lugar à estranheza do comportamento quântico, governado pelo arcabouço fornecido pela mecânica quântica.

Como as coisas mudam! A capa de junho de 2011 do periódico *Scientific American* mostra uma cabeça humana composta por minúsculas partículas, tudo isso acompanhado pela chamada: "Vivendo em um mundo quântico: a física da pequena escala exerce um poder 'fantasmagórico' sobre o mundo da grande escala [*at large*]". No artigo de capa, o físico Vlatko Vedral, de Oxford, explica a razão de todo esse alvoroço:

> Nos últimos anos, os cientistas experimentais observaram efeitos quânticos em um número cada vez maior de sistemas macroscópicos. O efeito quântico quintessencial, o entrelaçamento, pode ocorrer não apenas em sistemas de tamanho grande, mas também em sistemas quentes – inclusive em organismos vivos ainda que se possa esperar que a agitação molecular rompa o entrelaçamento [...]. Até a década passada, os cientistas experimentais não haviam confirmado que o comportamento quântico persiste em uma escala macroscópica. Hoje, porém, eles o fazem rotineiramente. Esses efeitos estão mais difundidos do que poderíamos suspeitar. Eles podem operar nas células

do nosso corpo [...]. Não podemos simplesmente descartar [os efeitos quânticos] como se fossem meros detalhes que só têm importância nas escalas mais ínfimas [...]. Os entrelaçamentos têm importância fundamental.[3]

Aparentemente, não há limites para a extensão do entrelaçamento. Como mostrou o físico N. David Mermin, o entrelaçamento quântico cresce exponencialmente com o número de partículas envolvidas no estado quântico original, e não há limite teórico para o número dessas partículas entrelaçadas.[4] "Se for esse o caso", afirmam o físico Menas Kafatos e o historiador da ciência Robert Nadeau em *Consciência e Cosmos*, "em um nível muito básico, o universo poderia ser uma imensa teia de partículas que permanecem em contato umas com as outras ao longo de qualquer distância, independentemente do tempo e na ausência de transferência de energia ou de informação entre elas."[5]

Alguma Coisa Desconhecida Está Fazendo Não Sabemos o Quê

Ninguém sabe se os vários fenômenos além do cérebro e do corpo que estamos explorando neste livro acabarão por ser explicados pelo entrelaçamento no nível quântico. No momento, o que sabemos é isto: (1) partículas subatômicas estão entrelaçadas; uma vez em contato e depois separadas, uma mudança em uma delas está correlacionada a uma mudança na outra, instantaneamente e no mesmo grau, não importando a distância que as separa. A realidade dessas correlações a distância, não locais não pode mais ser colocada em dúvida; elas foram demonstradas em uma série de experimentos e são aceitas como parte do cânone da física moderna[6] e (2) os seres humanos também se comportam como se estivessem entrelaçados; eles podem compartilhar pensamentos, sentimentos e até mesmo mudanças físicas quando estão distantes entre si, mesmo que essas distâncias sejam globais. Esses fenômenos foram documentados em centenas de experimentos ao longo de várias décadas.[7]

Mas é preciso ter cautela. Como, na verdade, não sabemos se o entrelaçamento quântico é a mesma coisa que o entrelaçamento humano, ainda não podemos afirmar que o entrelaçamento quântico *causa* o entrelaçamento humano. Podemos estar lidando com correlações acidentais da linguagem. Entretanto, sabemos que (3) a velha proibição contra o entrelaçamento em sistemas vivos, biológicos, é um erro flagrante.[8] Portanto, as cansativas advertências dos céticos de plantão sobre a impossibilidade dos fenômenos além do cérebro e do corpo com base na alegação de que eles "violam as leis da natureza" podem ser descartadas sem mais delongas.

Enquanto isso, ficamos livres para nos maravilharmos diante das perspectivas, para ficarmos ansiosos por saber, para nos aprofundarmos em indagações. Pode ser que o entrelaçamento quântico das partículas subatômicas seja um prenúncio primitivo, elemental, da unidade que encontra sua mais majestosa expressão na Grande Conexão, a Mente Una. Ao falar sobre o princípio da incerteza na física moderna, *Sir* Arthur Eddington, astrofísico britânico, disse: "Alguma coisa desconhecida está fazendo não sabemos o quê".[9] É um excelente lema para ostentarmos enquanto exploramos os fenômenos além do cérebro e do corpo, e a Mente Una, para a qual esses fenômenos apontam. Ele exprime não só humildade, mas também assombro e maravilhamento. E, como dizia Sócrates, o maravilhamento é o princípio da sabedoria. Observação à qual ele acrescenta, provavelmente dando uma piscadela, "é o fato de saber que você nada sabe que o torna a mais sábia de todas as pessoas".[10]

Empatia entre Roedores

A obra *O Gene Egoísta*, influente manifesto do biólogo evolucionista Richard Dawkins, originalmente publicado em 1976, tornou-se um *best-seller* em todo o mundo e continua a ser muito lida. A premissa básica de Dawkins é: quer acreditemos ou não, todas as criaturas vivas, dos micróbios aos seres humanos, estão a serviço de seus genes, cuja única finalidade é sobreviver e reproduzir-se.[11] Esses genes são uns patifes dissimulados. Todas as emoções sublimes, todas as emoções superiores que sentimos, como altruísmo, compaixão e amor, não passam de egoísmo disfarçado. Como disse Dawkins, elas são expressões clandestinas "da lei genética do egoísmo universal e implacável".[12] Se acreditamos que estamos vendo comportamentos genuinamente desprendidos nos outros ou se os experimentamos em nós mesmos, não devíamos nos deixar enganar, aconselha ele. Todas as ocorrências de *aparente* altruísmo recaem em uma ou mais de três categorias que deixam entrever um egoísmo subjacente: seleção de parentesco, altruísmo recíproco ou seleção de grupo. Mas aqui não é lugar para destrinçar esses temas. O estudioso Charles Foster, de Oxford, faz isso em linguagem simples em seu excelente *The Selfless Gene* [O Gene Abnegado], que é uma vigorosa contra-argumentação a muitas das orientações tomadas por Dawkins em *O Gene Egoísta*.

O mais importante, para Dawkins, é o fato de que os anjos bons, os melhores anjos da nossa natureza, não são nada angelicais; são forças biológicas gananciosas e autocentradas, a cuja voracidade nada consegue se opor em sua corrida pela sobrevivência e pela reprodução. As implicações dessa visão para a sociedade são sérias. "Não digam que não foram avisados: se quiserem, como eu, construir uma sociedade em que as pessoas cooperem com generosidade e abnegação para o bem comum, não esperem muita ajuda da natureza biológica", diz Dawkins.[13]

Isso é tudo? É assim que acaba a história?

O início do meu trabalho com ratos de laboratório na universidade foi turbulento. Um espécime particularmente rebelde me mordeu feio em um experimento, apesar de eu estar usando luvas protetoras e o estivesse manipulando gentilmente. Na época, eu até gostava de ratos. Mas, depois desse ataque, fiquei desiludido em fazer experimentos com eles. É bem verdade que consegui chegar a certo grau de perdão diante dos roedores, mas toda vez que eu via a cicatriz em meu indicador, meus sentimentos antirratos se reforçavam. Meus amigos defensores dos direitos dos animais sempre me brindam com um sorriso de "bem feito!" quando lhes conto essa história. Sempre ficam do lado do rato, certos de que a justiça se fez. E têm razão.

Porém, mais recentemente, reabilitei meu relacionamento com os ratos de laboratório. Foi algo inesperado, como uma remissão espontânea e repentina de uma grave enfermidade. Minha afeição pelos ratos voltou quando li um experimento no prestigioso periódico *Science* de dezembro de 2011. Pelo fato de oferecer fortes evidências de que a empatia é um impulso interior, constitucional, inato, o estudo é um dedo no olho do biólogo Dawkins. O experimento sugere que na sopa genética dos mamíferos é preciso haver um ou mais genes que não são egoístas.

Esse experimento foi conduzido por uma equipe de neurocientistas e psicólogos da Universidade de Chicago,[14] com o objetivo de determinar se existe algum comportamento genuinamente empático em mamíferos não primatas, no caso, pares de ratos brancos de laboratório. Os pesquisadores colocaram em uma gaiola um rato livre ao lado de um companheiro preso em um tubo de plástico transparente. Em uma das extremidades do tubo havia uma porta que podia ser aberta do lado de fora. O rato livre ficava mais agitado quando o companheiro estava preso do que quando estava na gaiola ao lado do tubo vazio. Depois de várias sessões diárias, o rato livre aprendeu a abrir a porta do tubo e libertar o companheiro preso. Abrir a porta não era uma tarefa simples, mas o rato livre se empenhou em realizá-la até dominar a técnica. Desde que descobriu como se abria a porta, o rato livre o fazia quase que imediatamente todas as vezes em que era colocado na gaiola com o companheiro preso.

Um dos pesquisadores explicou: "Não estamos treinando esses ratos de modo algum. [Eles] estão aprendendo porque estão motivados por algo interno. Não estamos lhes mostrando como abrir a porta, eles não têm nenhuma exposição prévia à abertura da porta e é difícil abri-la. Mas continuam tentando sem cessar e acabam conseguindo".[15]

Ao que tudo indicava, o fator determinante era simplesmente a pura empatia. Por exemplo, os ratos livres não se apressavam a abrir a porta quando um rato de brinquedo era colocado no tubo plástico. Mas o faziam mesmo quando a porta liberava o companheiro preso em uma área à parte, o que mostrou que eles não estavam apenas em busca de companhia. Além disso, quando os ratos livres tiveram a opção de abrir dois tubos, um dos quais com o companheiro preso e o outro, com uma pilha de lascas de chocolate (uma de suas guloseimas prediletas), a probabilidade de primeiro libertarem o rato preso era a mesma que a de primeiro abrirem o tubo que continha as lascas de chocolate. Também houve ocasiões em que o rato livre abriu primeiro o tubo que continha as lascas de chocolate, mas não as comeu enquanto não libertou o outro rato para compartilhar com ele o chocolate.

"Aquilo foi muito convincente", disse Peggy Mason, professora de neurobiologia. "Revelou-nos que ajudar o companheiro de gaiola era essencialmente equivalente ao chocolate. Ele poderia ter devorado todo o chocolate se quisesse, mas não o fez. Ficamos chocados."[16]

A equipe da Universidade da Chicago fez o *upload* de um vídeo dos ratos em ação no YouTube, onde foi visto por milhares de pessoas. É fascinante ver o rato livre libertar com determinação o companheiro e observá-los deliciar-se na companhia um do outro com toques, carícias e brincadeiras. Você pode assistir ao vídeo, "Empathy and Pro-Social Behavior in Rats" [Empatia e Comportamento Pró-Social em Ratos], em https://www.youtube.com/watch?v=hOEC8WbONuU.

PARTE DOIS

TRABALHANDO COM A MENTE UNA

A mente além do cérebro

"O cérebro não gera o pensamento, [...] do mesmo modo que o fio metálico não gera a corrente elétrica."[1]

– Paul Brunton

"O cérebro respira mente como os pulmões respiram ar."

– Huston Smith

A principal objeção à Mente Una é a crença arraigada segundo a qual a consciência é, de algum modo, produzida pelo cérebro e, por isso, está confinada a ele. O cérebro está contido no crânio, e, portanto, o mesmo também precisa acontecer com a mente. Qual o fundamento científico dessa crença?

Karl Lashley, psicólogo comportamental norte-americano, treinou ratos para executar tarefas específicas, como buscar recompensa em comida. Depois, criou lesões em determinadas áreas do cérebro desses ratos para verificar seu efeito sobre a persistência do comportamento. Depois de realizar centenas de experimentos, Lashley não conseguiu encontrar um *locus* de memória único. E resumiu suas conclusões: "Não é possível demonstrar a localização isolada de um traço de memória em nenhum local do sistema nervoso".[2] Lashley concluiu que a memória não está localizada em regiões específicas do cérebro do rato, mas está distribuída ao longo de todo o córtex cerebral. Isso o levou à paradoxal conclusão de que "a memória está em toda parte e, ao mesmo tempo, em nenhum lugar específico" no cérebro do rato.

Quão Necessário É o seu Cérebro?

Centenas de experimentos como o de Lashley levantam uma questão mais fundamental que a da relação entre o cérebro e a memória, que é a da relação entre o cérebro e a consciência em geral. Alguns dos desafios impostos por essa relação revelam-se realmente sérios. Em um artigo provocativamente intitulado "Is Your Brain Really Necessary?" [Será que o seu Cérebro É Realmente Necessário?], o neurologista britânico John Lorber questionou a necessidade de um córtex cerebral intacto para a atividade mental normal.[3] Ele escaneou, por meio de tomografias computadorizadas, o cérebro de centenas de indivíduos com hidrocefalia (excesso de fluido na cavidade craniana, acarretando pressão cerebral), e descobriu que a atividade intelectual de muitos deles era normal ou acima do normal.

Até mesmo questionar o papel do cérebro ainda é uma blasfêmia na ciência convencional. A consciência é considerada, pura e simplesmente, uma propriedade emergente do cérebro, produzida pelo seu mero funcionamento. Mas o que de fato sabemos sobre as origens da consciência? Para muitos cientistas e filósofos respeitados, ainda estamos no escuro quando se trata dessas questões. Roger Sperry, neurofisiologista ganhador do prêmio Nobel, adotou essa postura quando afirmou: "Simplesmente não compreendemos esses processos mais centrais do cérebro com os quais a consciência presumivelmente está associada. Até agora, eles estiveram a tal ponto acima de nossa compreensão que ninguém que eu conheça conseguiu sequer imaginar sua natureza".[4] O físico Eugene Wigner, também ganhador do Nobel, concordava com essa visão quando afirmou: "No momento, não temos sequer a mais vaga ideia de como conectar os processos físico-químicos com o estado mental".[5] E *Sir* John Maddox, ex-editor do prestigioso periódico *Nature*, confirma: "Aquilo em que a consciência consiste [...] é [...] um enigma. Apesar dos maravilhosos sucessos da neurociência no século passado, [...] estamos tão longe de compreender o processo cognitivo quanto estávamos há cem anos".[6]

Tendo em vista essas grandes lacunas no conhecimento, a difundida pressuposição de que o cérebro fabrica a mente e de que a mente está confinada ao cérebro é colocada em discussão, o que nos abre a porta a outras alternativas.

O Cérebro como Receptor da Consciência

Há muitas razões pelas quais os cientistas supuseram que mente e cérebro são uma coisa só. Quando o cérebro sofre uma lesão por trauma físico ou derrame, a atividade mental pode ser afetada. As deficiências vitamínicas e a desnutrição, assim como diversas toxinas ambientais, podem deteriorar os processos de pensamento. As infecções e os tumores cerebrais podem causar sérios danos à atividade mental. Diante desses efeitos, seria até razoável supor que mente e cérebro sejam essencialmente idênticos.

No entanto, nenhuma dessas observações *prova* que o cérebro produz a mente ou que a mente está confinada ao cérebro. Considere o seu aparelho de televisão. Embora você possa danificá-lo fisicamente e destruir a imagem da tela, isso não prova que o aparelho de TV na verdade produza a imagem. Sabemos que, na verdade, a imagem se deve a sinais eletromagnéticos originados fora do aparelho de TV e que este apenas recebe, amplifica e exibe esses sinais; ele não os produz.

O conceito básico de que o cérebro funciona como um intermediário para a mente – mas não é sua causa – é antigo. Há 2 mil anos, em seu ensaio "Sobre a Doença Sagrada", Hipócrates descreveu o cérebro como "mensageiro da consciência" e "intérprete da consciência".[7]

Ferdinand C. S. Schiller, filósofo de Oxford, propôs na década de 1890 que "a matéria é maquinaria admiravelmente calculada para regular, limitar e restringir a consciência que ela encerra". E argumentou, além disso, que "a matéria não é o que *produz* a consciência, mas sim o que a *limita* e o que confina sua intensidade dentro de certos limites [...]". Nos casos de trauma cerebral, Schiller sugeriu que a manifestação da consciência poderia ter sido afetada, mas que a própria consciência não se extinguira. Também propôs que era o esquecimento, e não a memória, o que mais precisava ser esclarecido. A seu ver, se não fosse pelas limitações do cérebro, seria possível recordar tudo.[8]

Henri-Louis Bergson, filósofo francês que ganhou o prêmio Nobel de literatura em 1927, acreditava que o cérebro canaliza e limita a mente, excluindo os fatores que não são necessários à sobrevivência e à procriação. Em sua visão, o cérebro é não só "o órgão da atenção à vida" como também é um obstáculo a uma percepção mais ampla.[9] Como Schiller, ele sugeriu que as recordações se situam fora do cérebro e, em sua maior parte, são filtradas para fins práticos, já que não têm importância crucial para as necessidades biológicas do organismo.[10] E sugeriu ainda que os danos à memória decorrentes de doenças do cérebro podem indicar tão somente que precisamos de um cérebro saudável para localizar e comunicar recordações, mas não indicam que esses danos sejam prova de que as recordações existam apenas no cérebro.[11]

O psicólogo William James sustentava pontos de vista sobre a consciência semelhantes aos de Schiller e Bergson. Em sua participação, em 1898, no ciclo anual de palestras dedicadas ao tema da imortalidade (Ingersoll Lectures) pela Universidade de Harvard, ele reconheceu que as agressões físicas ao cérebro – traumatismos, estimulantes, venenos, deficiência de desenvolvimento – podem abolir a memória ou a consciência e provocar misturas e confusões na qualidade das ideias, mas não são necessariamente evidências de uma função produtiva do cérebro. Ele argumentou que há outras possíveis relações funcionais entre o cérebro e a mente. Poderia haver uma função permissiva, como a que se encontra no gatilho de uma besta, e uma função transmissiva, como a de uma lente, de um prisma ou das teclas de um piano. Disse James: "Minha tese agora é a seguinte: quando pensamos na lei que afirma ser o pensamento uma função do cérebro, não somos obrigados a pensar apenas na função produtiva; *estamos igualmente autorizados a considerar a função permissiva ou a transmissiva*. E isso, o psicofisiologista comum não leva em consideração".[12]

Fazendo o papel de advogado do diabo, James levantou uma objeção: "Não seria a hipótese da produção mais simples e mais rigorosa do ponto de vista científico?". O próprio James respondeu que, do ponto de vista da ciência empírica, essa objeção não tem nenhum peso. Tudo o que podemos observar são as variações concomitantes, ou correlações, entre estados do cérebro e estados da mente. James estava, com isso, afirmando aquela venerável máxima da ciência segundo a qual "correlação não é causação". A noite sempre segue o dia; a correlação é de 100%, mas isso não significa que o dia seja a causa da noite.

Muitos cientistas gabam-se de não acreditar em milagres. Mas, disse James, se a consciência fosse realmente produzida pelo cérebro, isso equivaleria, "até onde vai a nossa compreensão, a um milagre tão grande como se disséssemos que o pensamento é 'gerado espontaneamente' ou 'criado a partir do nada'". E prosseguiu:

> A teoria da produção não é, portanto, nem um pingo mais simples ou mais confiável em si mesma do que qualquer outra teoria concebível. Ela é apenas um pouco mais popular. Portanto, a única coisa que precisamos fazer, caso o materialista comum nos desafie a explicar como o cérebro *pode* ser um órgão destinado a limitar e a determinar a uma certa forma uma consciência que é produzida em outro lugar, é [...] pedir-lhe que explique, por sua vez, como o cérebro pode ser um órgão destinado a produzir consciência sem que haja explicação alguma sobre como isso acontece. Para fins de polêmica, as duas teorias estão em pé de igualdade.[13]

Aldous Huxley, que escreveu em 1954 sobre a natureza da consciência em *As Portas da Percepção*, apresentou a ideia de que a função do sistema nervoso é mais "eliminativa" do que produtiva, pois ele nos protege eliminando as informações inúteis e irrelevantes que encontramos continuamente na vida cotidiana. Caso contrário, não haveria, em princípio, razão pela qual as pessoas não fossem capazes de se lembrar de tudo no universo.

"Cada um de nós é, em potencial, a Mente Ilimitada* [*Mind at Large*]", declarou Huxley. "Mas, uma vez que somos animais, nosso ofício é sobreviver a qualquer custo. Para possibilitar a sobrevivência biológica, a Mente Ilimitada precisa ser afunilada pela válvula redutora do cérebro e do sistema nervoso. O que sai do outro lado do funil é um gotejamento ínfimo do tipo de consciência que nos ajudará a manter vivos na superfície deste planeta específico." Ao longo de toda a história, observou Huxley, alguns indivíduos, como ele mesmo, aprenderam a desafiar até certo ponto a atividade da válvula redutora do cérebro por meio de exercícios espirituais, hipnose ou drogas.[14]

O neuropsiquiatra Peter Fenwick é a maior autoridade clínica da Grã-Bretanha em experiências de quase morte (EQMs). Ele e sua mulher, Elizabeth, obtiveram detalhes de 350 experiências de quase morte vivenciadas por pessoas da Inglaterra, da Escócia e do País de Gales. Suas descobertas são relatadas no livro que escreveram juntos, *The Truth in the Light*, uma obra fascinante, criada com a visão de um neurologista experiente que sabe muito sobre a consciência e o funcionamento do cérebro.

Depois de abordar metodicamente as várias hipóteses apresentadas para responder pelas EQMs (como drogas, privação de oxigênio, acúmulo de dióxido de carbono ou endorfinas), Fenwick concluiu que todos esses mecanismos dão respostas insuficientes. Ele escreveu:

> Sem dúvida, é preciso haver estruturas cerebrais que mediem a EQM, e, provavelmente, elas são as mesmas que mediam qualquer experiência mística [...]. Porém, a pergunta mais importante continua sem resposta. Como é que essa experiência coerente, extremamente bem estruturada, ocorre às vezes durante a inconsciência, quando é impossível postular uma sequência organizada de eventos em um cérebro confuso? Somos obrigados a concluir que falta à ciência um elo fundamental, que explicaria como experiências

---

* Sob o efeito da mescalina, Huxley descobriu que o ego, o cérebro e o sistema nervoso não são, em última análise, meios de acesso incondicionalmente confiáveis. Pelo contrário, são filtros e obstruções, cuja função é, em particular, a de bloquear a experiência da Mind at Large. Se não o fizessem, a percepção sem fronteiras que caracteriza essa Mente nos daria acesso ilimitado a tudo (N. do R.)

organizadas podem surgir em um cérebro desorganizado, ou que algumas formas de experiência sejam transpessoais, isto é, dependam de uma mente que não esteja inextricavelmente ligada a um cérebro.[15]

Fenwick considera seriamente a hipótese de que o cérebro, de algum modo, transmita, mas não produza, a consciência. Subjacente à teoria da transmissão encontra-se a suposição, como já observamos, de que haja uma forma de consciência que seja externa ao cérebro. O cérebro está em contato com essa fonte, recebendo e modificando informações provenientes dela. Fenwick propõe que, embora as recordações sejam parcialmente mantidas no cérebro, uma grande parte da memória é armazenada fora do cérebro. Esse repositório remoto da consciência sobreviveria à morte do cérebro e do corpo. E também poderia ajudar a explicar por que um número tão grande de pessoas sente que é parte de um todo maior.

Fenwick reconhece os problemas que ocorrem com esse tipo de modelo: "Vemo-nos diante da dificuldade segundo a qual, atualmente, não há nenhum mecanismo conhecido que ligue o cérebro à mente dessa maneira ou que permita que a memória seja armazenada fora do cérebro".[16] Outra deficiência das teorias da transmissão em geral, acrescenta Fenwick, "é a de que, mesmo que sejam corretas, elas são difíceis de testar. Uma teoria da transmissão argumentaria que, como a mente é transmitida pelo cérebro, perturbações no funcionamento do cérebro produzirão distúrbios na mente, pois sua transmissão será interrompida. Porém, um argumento semelhante pode ser usado igualmente bem se se discutir que a mente está localizada no cérebro e é função dele. Também nesse caso um distúrbio na função cerebral produzirá um distúrbio na mente. Não há experimento que possa distinguir facilmente entre essas duas possibilidades".[17]

Embora todas as teorias da consciência sejam especulativas, as teorias da transmissão têm uma vantagem que as distingue: elas podem acomodar os dados empíricos que afirmam nossa capacidade para adquirir informações a distância e sem a mediação dos sentidos físicos. Com alguns remendos, elas são compatíveis com a Mente Una.

Que tipo de remendos? Para começar, as teorias da transmissão da consciência foram batizadas com um nome equivocado. *Transmissão* deriva de palavras latinas que significam "enviar de um lugar para outro". Não há nenhum indício de que algo seja de fato transmitido ou enviado durante as experiências remotas, não locais, e existem boas razões que justificam o porquê disso. Se a consciência for genuinamente não local, como tudo indica, ela é infinita ou onipresente, e existiria numa dimensão além do espaço e do tempo. Não há, portanto, lugar onde a consciência não esteja, e isso significa que não há necessidade de algo ser transmitido do ponto A para o ponto B: tudo já está lá. Além disso, se a mente for genuinamente não local, a ideia de um depósito remoto, fora do cérebro, para a consciência não tem sentido. Armazenar alguma coisa é confiná-la, restringi-la, e a essência da não localidade é o *não* confinamento, ou ausência de localização. Portanto, em um modelo não local da consciência, não há por que se afligir com indagações a respeito de como a consciência é transmitida nem com o lugar onde possa estar localizado um repositório extracraniano da memória, pois a não localidade torna supérfluas perguntas desse tipo.

Portanto, "transmissão" é um conceito que provém da visão clássica, mecânica, do mundo. Quando aplicado a fenômenos não locais, ele nos dá uma impressão enganadora sobre a natureza da consciência. Apesar disso, as teorias da transmissão indicam um aperfeiçoamento com relação às imagens da consciência baseadas no cérebro, pois libertam a consciência de sua escravização ao cérebro. Um dia, quando aprendermos a pensar e a falar com naturalidade sobre os fenômenos não locais, criaremos um vocabulário próprio, livre da contaminação de termos impróprios extraídos da visão de mundo clássica. Até lá, talvez devamos manter a palavra "transmissão" entre aspas para frisar seu emprego provisório, restrito.

Se quisermos ter a mínima possibilidade de compreender a Mente Una e a relação entre mente e cérebro, precisaremos aprender a pensar de maneira não local, e não de maneira local. Caso contrário, ficaremos para sempre perseguindo problemas que simplesmente não se aplicam a um mundo não local, e que não têm lugar em um mundo não local.

A imortalidade e as experiências de quase morte

"Como você pode temer a morte pessoal, se você realmente faz parte de Deus?"
– V. S. Ramachandran,[1] diretor do Center for Brain and Cognitio da Universidade da Califórnia em San Diego

"O único segredo que as pessoas não revelam é o da Imortalidade."
– Emily Dickinson[2]

O jovem Mellen-Thomas Benedict, um artista em vitrais, teve uma experiência de quase morte em 1982. Ele estava morrendo de um tumor cerebral inoperável, mas recusou a oferta de tratamento quimioterápico para manter a maior qualidade de vida possível no tempo que lhe restava. Por não dispor de seguro-saúde, foi para uma casa de repouso, onde recebeu cuidados paliativos durante cerca de 18 meses. Benedict acordou certa manhã por volta de 4h30, convencido de que morreria naquele dia. Disse isso à enfermeira e lhe fez um pedido: deixar o seu cadáver intocado por pelo menos seis horas, pois havia lido que "acontece todo tipo de coisas interessantes quando se morre".[3] Ela concordou em atendê-lo. De repente, Benedict sentiu que estava fora do corpo. Teve a sensação de possuir visão panorâmica e viu uma luz magnífica, brilhante, a coisa mais bela que já vira. Ela era como um conduto para a Fonte ou o Eu Superior. "Simplesmente entrei nela", contou posteriormente, "e foi simplesmente avassalador. Era como todo o amor que se pudesse querer; e era o tipo de amor que cura, revigora, regenera."[4] Então a luz transformou-se em uma mandala primorosa e deslumbrante de almas humanas.

Benedict sentiu todos os seus julgamentos negativos e suas atitudes cínicas a respeito de seus semelhantes darem lugar a uma visão que era, ao mesmo tempo, esperançosa e positiva. Ele conversou com a Grande Luz. Ele viajou, em um fluxo de consciência, através da galáxia e teve um vislumbre de todo o universo. Ele sentiu-se presente na pré-criação, antes do Big Bang. Sua consciência expandiu-se até o infinito. Foi-lhe revelado que a morte não existe, só existe imortalidade. Com esse sentimento de segurança, todo o processo se reverteu, e ele retornou ao corpo.[5]

A enfermeira que cuidava dele na casa de repouso encontrou-o sem sinais vitais. Não conseguiu detectar pressão arterial nem bulhas cardíacas, nem mesmo usando um estetoscópio amplificado. A linha mostrada em seu monitor cardíaco era reta. Ela cumpriu o que lhe prometera e deixou seu corpo onde estava. Ele começou a apresentar sinais de rigidez cadavérica. Porém, de repente, Benedict despertou. Ao ver luz do lado de fora, tentou levantar-se e ir até ela, mas caiu da cama. A enfermeira ouviu um baque e o encontrou no chão.

Em três dias, ele se sentia normal, apesar de diferente de tudo que já sentira na vida. E teve alta da casa de repouso. Três meses depois, um amigo sugeriu-lhe que voltasse a seu médico para fazer novos exames. Realizaram-se exames cerebrais para acompanhamento. Ao comparar os novos exames com os anteriores, o médico disse: "Bem, não há mais nada aqui agora". Extremamente feliz, Benedict perguntou-lhe: "De verdade? Não acha isso um milagre?". "Não", respondeu o médico sem se deixar impressionar, "essas coisas acontecem. Elas são chamadas de remissão espontânea." "Mas aquilo foi um milagre", diria Benedict depois, "e eu fiquei impressionado, mesmo que ninguém mais tenha ficado."[6]

A Questão Decisiva

A absorção de Benedict pela Fonte ou Eu Superior, onde viu uma rara coleção de outras almas humanas, é um motivo recorrente entre pessoas que passam por experiências de quase morte. O padrão é antigo. Há relatos fragmentários na arte e na literatura de todas as épocas, como a lenda de Er em *A República* de Platão, escrita cerca de trezentos anos antes de Cristo. No relato de Platão, um guerreiro chamado Er morre em batalha. Quando os corpos dos mortos são recolhidos, dez dias depois, o de Er não mostrava nenhum sinal de decomposição. Dois dias depois, ele desperta na pira funerária em que estava estendido e descreve sua jornada ao céu no mundo do pós-vida. Acompanhado de muitos companheiros, teve maravilhosas sensações, viu um arco-íris que era como uma coluna de luz mais brilhante que qualquer coisa que já vira e conheceu muitas divindades.[7]

O conceito de uma Fonte, uma Alma e um Eu Superior, que muitas vezes faz parte da experiência de quase morte, é uma afirmação da Mente Una. Como disse Jung: "Além de nossa consciência imediata, que é de natureza inteiramente pessoal, [...] existe um segundo sistema psíquico, de *natureza coletiva, universal e impessoal, que é idêntico em todos os indivíduos*" (o itálico é nosso).[8]

Em nossa cultura materialista, a crença em uma alma que sobrevive à morte física costuma ser considerada um conforto covarde para os que temem a morte e a aniquilação. Mas há duas importantes razões para olharmos além dessa crítica.

Em primeiro lugar, para muitas pessoas, essa crença generalizada é importante para o funcionamento saudável do organismo. Por isso, Jung declarou: "Como médico, não meço esforços para fortalecer a crença na imortalidade".[9] E também disse: "Para o homem, a questão decisiva é ele estar ou não relacionado a algo infinito. Essa é a questão de impacto mais revelador da vida. Só se soubermos que aquilo que realmente importa é o infinito é que poderemos deixar de fixar nossa atenção em futilidades e em todo tipo de objetivos que, na verdade, não têm real importância [...]".[10] George Orwell, autor do gélido e deprimente *1984*, concordava, dizendo: "O maior problema de nossa época é o declínio da crença na imortalidade pessoal".[11]

Em segundo lugar, a opinião dentro da ciência está mudando. A ideia de que a consciência é exterminada com a morte já não é tida como certa. Como disse o eminente físico David Bohm: "Em última análise, todos os momentos são, na verdade, um só momento; [...] portanto, agora é a eternidade [...]. Tudo, inclusive eu, está a cada momento morrendo na eternidade e nascendo novamente".[12] O respeitado físico francês Olivier Costa de Beauregard encontrou na matemática e na física evidências estimulantes à "existência de um 'inconsciente coletivo' que tudo permeia", o qual é suspeitosamente aparentado a uma Mente Una atemporal e imortal.[13]

O psiquiatra Ian Stevenson, da Universidade da Virgínia, relatou milhares de casos de crianças que se lembravam de vidas passadas. Suas descrições de existências anteriores, que foram confirmadas por meio de investigação, sugerem claramente a reencarnação.[14] E, como diz o astrônomo e escritor britânico David Darling em seu corajoso livro *Soul Search*, "a morte nos espera, só que não mais com a ameaça de extinção. A morte pode significar o fim do corpo, do cérebro e do eu. Mas, justamente por isso, ela marca o retorno a uma consciência mais ampla, atemporal. À luz desse conhecimento, todo o medo se desvanece. Uma vez que o eu é uma ilusão, sua perda equivale a nada".[15] E – não devemos nos esquecer disso – há evidências que favorecem a sobrevivência nas experiências de quase morte, as quais estão sendo relatadas por uma proporção significativa da população norte-americana. Essas tendências são descritas de maneira fascinante pelo filósofo Chris Carter em seu livro *Science and the Near-Death Experience* e pelo cardiologista Pim van Lommel em seu livro *Consciousness Beyond Life: The Science of the Near-Death Experience*, além de muitos outros autores.

Alergia à Imortalidade

Embora traga consolo e esperança a muitas pessoas, a possibilidade de imortalidade vislumbrada nas experiências de quase morte enfurece outras. Exemplo disso é um neurologista de uma grande escola de medicina que se empenhou exaustivamente em ridicularizar as experiências de quase morte, afirmando que elas não passam de processos físicos que ocorrem em certas áreas do cérebro. Ele julga antiético falar de sobrevivência após a morte, declarando:

> As pessoas gostam de dizer que essas experiências são prova de que a consciência pode existir fora do cérebro, como uma alma que vive após a morte. Espero que seja verdade, mas é questão de fé; não há nenhuma prova disso. As pessoas que afirmam o contrário estão usando falsa ciência para gerar falsa esperança, e, a meu ver, isso é enganoso e, em última análise, cruel.[16]

Mas onde está a crueldade? Eu acredito que é cruel tentar convencer as pessoas de que, com a morte física, vem a aniquilação completa, quando há provas e mais provas, provas em profusão, sugerindo o contrário. A crueldade está em negar as evidências substanciais de que a mente pode funcionar com enorme precisão quando o cérebro está gravemente comprometido. A crueldade surge toda vez que uma suposta autoridade ignora as inúmeras pesquisas, conduzidas por investigadores cuidadosos, as quais mostram que a consciência opera não localmente, além das restrições do espaço e do tempo, o que implica infinitude temporal e, por conseguinte, imortalidade. A crueldade não está em dar falsa esperança, como acusa esse neurologista, mas sim em privar de esperança e em promover medo e sofrimento desnecessários por fazer uma leitura errada do registro científico.

Em 2011, recebi uma carta de pais que buscavam consolo após a morte de uma filha querida, de 19 anos. Ela padecera de uma cardiopatia congênita, submetera-se a várias cirurgias e sofrera muito durante a curta vida que tivera. Eles haviam lido um livro redigido por um dos principais detratores das experiências de quase morte e escreveram-lhe para lhe perguntar se ele lhes daria alguma esperança para a sobrevivência dessa filha após a morte. O autor respondeu-lhes dizendo: "Não posso oferecer muita esperança. Eu mesmo só tenho alguns anos pela frente".

O casal queria saber o que eu pensava daquela resposta desoladora. Eu lhes disse que considerava praticamente certo que algum aspecto da consciência humana é infinito no espaço e no tempo, que é indestrutível e imortal. Disse-lhes também que acreditava que a consciência de sua filha ainda existia e continuará existindo por toda a eternidade. E lhes pedi que não acreditassem simplesmente em minhas palavras; que lessem sobre as evidências científicas obtidas por numerosos investigadores, as quais constituem o fundamento de minhas conclusões. Indiquei-lhes várias das fontes que menciono em todo este livro. E o fiz porque há *tantas* e *tantas* provas da existência de uma dimensão não local, infinita, da consciência que eu sabia que eles não teriam nenhuma dificuldade em chegar à sua própria conclusão e que esta provavelmente seria o oposto do veredito pessimista do detrator que haviam consultado. Os dois eram pessoas inteligentes: um especialista em computadores e uma advogada; poderiam julgar por si próprios sem tomar como sua a opinião de ninguém, inclusive a minha.

Provavelmente sempre haverá quem considere fraqueza intelectual acreditar em qualquer coisa que se assemelhe à alma. Como disse certa vez Lorde Bertrand Russell, não sem sarcasmo: "Acredito que, quando morrer, vou apodrecer e nada de meu ego vai sobreviver".[17] A meu ver, Russell estava correto; seu corpo certamente apodreceu e de seu ego nada restou. Mas isso dificilmente é o fim da história. Somos mais do que um corpo físico e um ego. Um elemento de nossa consciência é temporalmente infinito e parte de algo maior: a Mente Una.

Graças à *E. Coli*: uma Prova do Céu?

"Talvez estejamos prestes a redescobrir que morrer,
no final das contas, não é algo assim tão ruim."[18]

– Dr. Lewis Thomas

O dr. Eben Alexander, autor do best-seller *Proof of Heaven: A Neurosurgeon's Journey into the Afterlife*, concordaria.[19] Formado em neurocirurgia há vinte e cinco anos, trabalhou na Escola de Medicina de Harvard e em seus hospitais afiliados, escreveu dois manuais acadêmicos e quase duzentos artigos científicos, além de ser um especialista de renome no funcionamento do cérebro. O dr. Alexander já lidou com centenas de pacientes em coma por traumatismos, infecções, tumores cerebrais, derrames e rompimento de aneurismas. Mas nada disso o preparou para o que aconteceu nas primeiras horas da madrugada de 10 de novembro de 2008, quando ele próprio entrou em coma, foi colocado em ventilação mecânica e começou a receber aplicação intravenosa de vários antibióticos. O problema era uma forma rara de meningite causada por *E. coli*, bactéria associada a surtos de intoxicação alimentar nos últimos anos. O estado de Alexander piorou depressa. Sua equipe médica já não esperava que ele escapasse e deu poucas esperanças à sua mulher e aos seus dois filhos. Porém, contrariando as expectativas, ele sobreviveu. No sétimo dia, quando seu tubo de respiração foi removido, ele disse: "Obrigado". Mas entre 10 de novembro e 17 de novembro, aconteceu algo que mudou sua vida. Nesse intervalo, ele teve uma experiência de quase morte que fez cair por terra tudo que ele pensava que sabia sobre o cérebro humano e a consciência.[20]

A EQM de Alexander foi "hiper-real, extremamente nítida e vívida", mais até que a percepção ordinária da vigília. Ele a considera tão "chocante" e real que é "indescritível". A experiência envolvia várias fases. A visão inicial era "só obscura e grosseira", com um rosto aparecendo de vez em quando. Depois surgiu uma "melodia hipnótica, caleidoscópica" e era "bela, bela". Alexander tornou-se "uma pinta na asa de uma borboleta entre milhões de outras borboletas deslumbrantes". Ao seu lado, na asa, estava "uma garota belíssima", vestida "com uma espécie de traje camponês [...], cuja cor era uma espécie de pêssego-laranja e um azul-esmalte, simplesmente linda". Embora não se comunicasse por palavras, ela transmitiu o seguinte pensamento: "Você é amado. Você será querido para sempre. Não há nada que possa fazer de errado. Não precisa se preocupar com nada. Você será bem cuidado". Incluída na mensagem, estava a compreensão de que ele não podia ficar naquele lugar; teria de voltar à sua existência terrena.

Alexander estava consciente de "uma presença Divina", uma espécie de "superpoder da divindade". Em suas palavras, "Eu estava muito além [...] de qualquer tipo de consciência humana. [Havia] na verdade uma única consciência". Alexander entrara na Mente Una. Ele sentiu o tempo como duração temporal infinita. "Sempre tentamos sequenciar as coisas e colocá-las em uma forma e uma descrição lineares. Isso simplesmente não funciona", afirmou.[21]

Depois de ter vivenciado essa EQM, Alexander mergulhou na literatura a respeito desses eventos na tentativa de compreender o que havia acontecido com ele. E ficou impaciente com os argumentos que os céticos sempre usam para descartar a EQM: "Essa hiper-realidade que as pessoas descrevem [...] não é uma coisa que possa ser explicada por [esse] tipo de conversinha simplista sobre níveis de CO_2 e de oxigênio. Isso simplesmente não funciona. Juro que não". Ele acrescenta: "É totalmente diferente de qualquer experiência induzida por drogas. Muita gente me procurou para me dizer: 'Ah, isso se parece com uma experiência com DMT' [dimetiltriptamina] ou 'Ah, isso se parece com quetamina'. De jeito nenhum. Não chegam nem perto da experiência real".

O dr. Alexander é um cientista de credenciais impecáveis, uma referência em sua área. Ele valoriza o tipo correto de ceticismo, mas não aquele que vem carregado de preconceitos e ideias preconcebidas. E admite: "Os cientistas tendem a se viciar nas crenças e nos dogmas impostos tanto quanto [um] fanático religioso. Portanto, é preciso ter muito cuidado para realmente recuar e querer saber a verdade [...]. Está acontecendo alguma coisa [...] em relação à consciência, alguma coisa que nossos modelos primitivos não captam. E é uma coisa muito mais profunda do que eu jamais percebera".

Graças à *E. coli*, o dr. Alexander atravessou uma porta pela qual jamais poderá retornar. "Minha experiência mostrou-me com muita clareza", afirma, "que uma consciência incrivelmente poderosa, muito além desta à qual eu me encontro aprisionado aqui no domínio terrestre, começa a emergir quando você se liberta do mecanismo de filtragem do cérebro. É verdadeiramente espantoso. E é isso que precisamos explicar. Milhares ou milhões de pessoas que vivenciaram uma experiência de quase morte já falaram a respeito disso."

Porém, as EQMs são apenas um dos meios de passar pelo buraco da agulha. "As pessoas não [...] precisam passar por uma experiência de quase morte", diz o dr. Alexander. "Ao longo dos milênios, não faltaram experiências místicas que fazem parte do mesmo mecanismo." Ele tem razão, como veremos adiante.

Tudo já foi dito antes em milhares de livros, artigos e entrevistas desde que as experiências de quase morte explodiram na cena cultural em 1975, com a publicação de *Vida Depois da Vida*, do psiquiatra Raymond Moody.[22] A novidade no relato do dr. Alexander é o próprio Alexander. Não é todo dia que um grande neurocirurgião, especialista no funcionamento do cérebro, se levanta para defender um evento que se manifesta além do cérebro e do corpo e para declarar com paixão que a consciência existe independentemente do cérebro humano. Será que seus argumentos levarão a melhor? Para alguns, sim, mas não para todos. Alguns dos médicos que cuidaram dele já disseram com desdém: "Ah, claro – bem, você estava passando mal, muito mal".

Nada disso importa. O que conta como "comprovado" está sempre mudando. O próprio físico Max Planck sugeriu que a ciência muda funeral após funeral. Não é necessário convencer a todos. Cerca de 18% dos norte-americanos continuam a acreditar que é o Sol que gira em torno da Terra[23] e alguns continuam convencidos de que a Terra é plana,[24] mas isso não muda os fatos. Alexander é otimista. "Creio que [a nova visão da consciência] vai mudar este mundo de maneiras maravilhosas", diz ele. "Tenho muita esperança de que a ciência e a espiritualidade se reúnam de mãos dadas [...] para ajudar as pessoas a entender a verdadeira natureza de nossa existência. Um dos efeitos colaterais disso será que a humanidade e a graça e a harmonia que veremos neste mundo irão experimentar uma tremenda expansão de consciência à medida que avançarmos [...]."

Milhões de Quase Mortos

Levantamentos realizados nos Estados Unidos, na Austrália e na Alemanha sugerem que entre 4% e 15% da população já vivenciou EQMs.[25] Um grande estudo conduzido na Holanda mostrou que 18% das pessoas que sofreram uma parada cardíaca e foram consideradas clinicamente mortas relataram ter tido uma EQM.[26] Uma pesquisa feita pelo

Gallup na década de 1980 estimou que aproximadamente 13 milhões de norte-americanos haviam tido uma EQM.[27] Um estudo descobriu que, estatisticamente, todos os dias quase oitocentas pessoas têm uma EQM nos Estados Unidos.[28]

A postura daqueles que, duvidando da validade dessas experiências, batem em retirada é a de recorrer ao argumento de que o cérebro enfermo, agonizante, privado de oxigênio, disfuncional, arruinado dessas pessoas estava dando os últimos suspiros. Nos últimos anos, porém, essa "explicação" ficou cada vez mais insustentável graças à seguinte descoberta: essas experiências ocorrem tanto em indivíduos agonizantes como em pessoas saudáveis.

Em 1992, a International Association for Near-Death Studies (IANDS) [Associação Internacional de Estudos de Quase-Morte] enviou a seus membros um questionário em que lhes perguntava como haviam chegado à sua experiência de quase morte. Foram recebidas 229 respostas. A Associação descobriu que 23% deles tinham vivenciado os fenômenos de quase morte enquanto estavam clinicamente mortos; 40%, durante graves enfermidades ou traumas físicos e 37%, sem nem ter chegado perto da morte nem sofrido enfermidades ou traumatismos. Nesse levantamento, o percentual *mais baixo* de experiências de quase morte foi o de pessoas que realmente estiveram à beira da morte.[29]

Mas será que as experiências semelhantes às de quase morte das pessoas saudáveis são iguais às daquelas que estiveram de fato quase mortas ou gravemente doentes? O psicólogo Kenneth Ring, da Universidade de Connecticut, acredita que a resposta é "sim". Ring é um dos mais respeitados pesquisadores no campo da quase morte. Segundo ele, "não é preciso estar à beira da morte para ter o tipo de percepção espiritual profunda e iluminadora típica das experiências de quase morte [...]. Além disso, as transformações que as acompanham [...] também podem verificar-se em indivíduos que não estiveram prestes a morrer [...]. O gatilho, ou elemento que dispara a experiência, é irrelevante. O que importa é o que lhe acontece durante a experiência, e não o que o leva a ela."[30]

Nancy Clark sabe disso. Citologista formada pelo Women's Medical College of Pennsylvania, foi professora de citologia e pesquisadora de câncer em uma grande universidade até aposentar-se para se dedicar a escrever sobre as experiências de quase morte e difundi-las em palestras. Clark sente-se à vontade na ciência e reverencia o método científico; dificilmente seria o tipo de pessoa que sairia deliberadamente à procura do que lhe aconteceu.

No início da década de 1960, muito antes de Raymond Moody alertar a cultura ocidental para a experiência de quase morte em *Vida Depois da Vida*,[31] Clark foi dada como morta enquanto dava à luz seu filho. Seu problema foi a eclâmpsia, afecção que se caracteriza por pressão arterial altíssima, edema e convulsões. Embora tenha perdido a consciência, ela acompanhou o que estava acontecendo. Viu, abaixo, seu corpo físico, viu uma fonte de luz fluindo rapidamente em sua direção e sentiu ser invadida por êxtase, amor e paz. Ao mesmo tempo, viu a enfermeira da sala de parto golpear-lhe o peito, dizendo: "Volte, Nancy, volte!". Logo em seguida, a enfermeira disse: "Você tem um filho". Clark decidiu voltar ao corpo físico.

Tarde demais. Recuperou a consciência no necrotério, deitada sobre uma superfície fria de metal com um lençol sobre o rosto. Afastou o lençol e viu outro corpo em uma maca a seu lado, também coberto com um lençol. Então, perdeu a consciência novamente. Quando voltou a despertar, estava em um quarto de hospital.

Ficou perplexa. Nunca ouvira falar de EQMs. Ninguém falava sobre elas; a expressão ainda não fora criada. Com medo de acabar no manicômio se contasse ao médico o que tinha vivenciado, ela ficou calada. O médico recusou-se a discutir com ela o que havia dado errado. Dando-lhe um tapinha no ombro, ele a aconselhou a "deixar isso para lá e prosseguir com sua vida. Esqueça o que aconteceu". Ela obedeceu e nada comentou com ninguém. Até que, aos 38 anos, quando gozava de saúde perfeita, ensinava e fazia pesquisas sobre o câncer, teve uma experiência praticamente idêntica. Estava em um púlpito fazendo um discurso fúnebre em homenagem a um amigo que morrera quando a luz apareceu novamente. Embora seu corpo físico continuasse a agir normalmente e o discurso prosseguisse sem hesitações, ao mesmo tempo ela teve a sensação de sair de seu corpo e entrar em outra dimensão, que ela chama de "a Luz de

Deus". Teve a experiência de uma grande beleza, felicidade e êxtase. Um amor incondicional que nunca havia sentido a invadiu. Ela fez uma revisão de sua vida.

Clark "sentiu que a ilusão de ter um eu separado simplesmente se desvaneceu. Eu amava a tudo e a todos com uma consciência imensa, transformada". Ela "fundiu-se em Unicidade com a Luz de Deus, [e] a comunicação se processou telepaticamente". Viu o amigo falecido, para quem estava fazendo o discurso, a seu lado, segurando-lhe a mão, fazendo com que ela soubesse que estava bem, muito feliz, e que não havia motivo para chorar. Nancy não teve a menor vontade de voltar ao seu corpo. Mas o fez porque sabia que recebera a missão de transmitir às pessoas aquilo que tinha vivenciado. Sentia-se preparada para isso porque pressentia que lhe fora facultado o acesso ao "conhecimento supremo". Em suas próprias palavras, "eu sabia tudo que havia para saber, passado, presente e futuro. Cada palavra e cada pensamento que já foi ou será dito ou escrito me foram revelados". Entretanto, mais tarde ela compreendeu que não tinha permissão de lembrar-se de todo aquele conhecimento, mas apenas de algumas partes dele. "Isso é o que todas as pessoas que tiveram uma experiência de quase morte também relatam", afirma ela. "Em mais de trinta anos de pesquisas científicas, essa é uma das semelhanças gerais clássicas que revelam um fio comum entre os pesquisadores."[32]

Clark ingressou no domínio da Mente Una, onde toda a inteligência e toda a informação se encontram e onde todo o conhecimento pode ser acessado. A experiência que ela teve é idêntica à profunda e iluminadora percepção de Emerson, sobre a qual falamos na Introdução: "Há uma mente comum a todos os homens individualmente. Todo homem é uma entrada que leva ao mesmo e a tudo que faz parte do mesmo [...]. O que Platão pensou, ele pode pensar; o que um santo sentiu, ele pode sentir; o que em qualquer momento tiver atingido qualquer homem, ele pode entender. Quem tiver acesso a essa mente universal é um participante de tudo que é feito ou que pode ser feito [...]".[33]

Depois de passar 15 minutos nesse estado idílico, extático, Clark voltou ao seu corpo físico, que ainda estava fazendo o discurso fúnebre.

Quando a cerimônia terminou, várias pessoas disseram-lhe que viram uma luminosidade branca contornando todo o seu corpo enquanto ela falava.

Apesar de inspirada a transmitir sua experiência às pessoas, Clark encontrou grandes obstáculos. Perdeu todos os seus amigos porque eles acharam que estava louca. Sua própria família não acreditava nela. Era ridicularizada quando relatava o que acontecera. Um ministro protestante fundamentalista a proibiu de falar sobre o que havia acontecido porque, a seu ver, Satã poderia ter-se disfarçado de anjo de luz e estaria, sem dúvida, agindo por intermédio dela. "Para ser honesta", disse ela, "acho que também não acreditaria em quem me contasse essa história." Mas Clark não se deixou abater pelos críticos. "Os céticos e opositores algum dia também entrarão naquele reino transcendente e irão descobrir por si mesmos que aquilo que tentei lhes contar era verdade no final das contas." [34]

A incapacidade de comunicar o que se vivenciou durante essas experiências transcendentes às vezes cria sérios conflitos. Como uma mulher relatou a Clark, "De início, não contei a muitas pessoas a respeito da experiência, e agora só a conto a pessoas que eu sinto que estão prontas para ouvi-la. Meu marido na época em que tive a experiência pediu o divórcio. Ele dizia: 'Você não é mais a pessoa com quem me casei.'"[35] Outra mulher relatou que, depois de passar por uma experiência semelhante à de quase morte, "nem tudo foi fácil. Meu marido achava que eu estava psicótica, ou talvez essa fosse apenas a sua desculpa para querer o divórcio e a liberdade".[36]

Enquanto escrevia e dava palestras a respeito do que vivenciara, Clark coletou 102 relatos de pessoas que haviam tido experiências semelhantes à que ela tivera no púlpito. Essas pessoas gozavam de boa saúde e estavam muito longe da morte quando tiveram sua experiência transformadora. Com idade variando de 22 a 93 anos. Algumas eram religiosas, algumas eram espiritualizadas, mas não religiosas, e outras eram agnósticas ou ateístas. Suas experiências irromperam espontaneamente e sem aviso. Entre as situações que as precederam, estavam: descansar, trabalhar, brincar; orar ou meditar; dirigir um automóvel; sonhar; assistir à TV; voar de avião e falar ao telefone. Assim como aconteceu com Clark, elas voltaram dessas experiências com uma sensação renovada de propósito e significado na vida, e com uma percepção de conexão e de amor incondicional por todas as pessoas. Em geral, todas elas descreveram essa experiência como o evento mais importante que havia ocorrido em sua vida.[37]

Clark acredita que a expressão *experiência de quase morte* seja enganosa, pois ela é uma prova viva de que a experiência também pode acontecer a pessoas perfeitamente saudáveis. E está em uma boa posição para defender essa visão, pois teve experiências idênticas tanto quando foi considerada clinicamente morta como quando estava com saúde e trabalhava como professora de citologia e pesquisadora de câncer. Sem rodeios, ela afirma que "não há nenhuma diferença" entre essas experiências.

Os pesquisadores concordam. Nos últimos anos, eles subdividiram as EQMs. Além da *experiência de quase morte*, como a que Clark viveu durante o parto do filho, existe o evento *semelhante à quase morte*, como a que ela viveu no púlpito. Outra variante é a *experiência de medo da morte*, que se associa ao medo agudo da morte iminente. Essa variante é relatada por indivíduos que se defrontam com uma morte que lhes parece inevitável, como no caso de alpinistas que caem de grandes alturas ou de pessoas que se envolvem em graves acidentes automobilísticos. Outra categoria é a *experiência de aproximação da morte*, que pode ocorrer durante um processo gradual, prolongado, de morte, como acontece com pacientes de doenças crônicas letais.[38]

Clark merece nossa atenção. Suas experiências atravessam cinco décadas. Ela teve morte clínica e uma EQM clássica muito antes que essa expressão fosse criada, o que exclui a possibilidade de a sua experiência ter sido influenciada por sugestão e por expectativa. Duas décadas depois, teve uma experiência idêntica quando estava bem, fazendo um discurso em uma cerimônia fúnebre. E assistiu à transição, nas culturas ocidentais, desde as situações de negação desses eventos até o atual reconhecimento de que milhões de pessoa já vivenciaram algum tipo de EQM.[39]

"A Última Pessoa a Quem Eu Contaria"

Os médicos ainda têm dificuldade para aceitar esse tipo de relato. Por isso, como Nancy Clark, muitos dos que passaram por EQMs continuam relutantes em revelar suas experiências aos médicos. Essa é uma das razões pelas quais provavelmente muitos desses eventos não chegam sequer a ser relatados.

Em seu *best-seller Consciousness Beyond Life: The Science of the Near-Death Experience,* Pim van Lommel, ilustre cardiologista holandês, discute por que a maioria dos pacientes continua em silêncio no que se refere a esse tipo de evento.[40] Ele descreve uma conferência sobre EQMs realizada em um hospital universitário dos Estados Unidos em 1994 da qual participaram cerca de trezentas pessoas. Após algumas apresentações e uma história pessoal, um médico levantou-se e declarou: "Sou cardiologista há 25 anos e nunca encontrei essas histórias absurdas no meu trabalho. Acho que isso tudo é pura bobagem; não acredito em uma palavra sequer". Então outro homem levantou-se e disse: "Sou um de seus pacientes. Há dois anos, sobrevivi a uma parada cardíaca e tive uma EQM, e você seria a última pessoa a quem eu contaria".[41]

O colapso da comunicação entre médicos e pacientes por causa das EQMs é lamentável. Mas não são apenas os médicos que fecham a porta. Como vimos, a família de Clark recusou-se a acreditar nela e todos os seus amigos se afastaram quando ela lhes contou a respeito da EQM que tivera durante o parto. Todos pensaram que ela estivesse perturbada.

Eis um exemplo do que se poderia ganhar se esses relatos fossem reconhecidos. Uma senhora de 97 anos de idade telefonou para Clark depois de ler um artigo de jornal que Clark escrevera sobre sua EQM. Essa senhora confidenciou-lhe que também tivera uma EQM durante o parto, mas nunca comentara nada a respeito com ninguém. Sentira medo de fazê-lo. Em lágrimas, contou a Clark sua experiência transformadora, enquanto Clark chorava com ela. A própria Clark relata: "Ela me disse que, depois de ter guardado aquela experiência para si mesma durante todos aqueles anos, podia fechar os olhos para a eternidade com a paz que agora sentia por ter conversado comigo a respeito. Pobrezinha. Nunca vou esquecê-la, nem esquecerei o consolo que sentiu ao saber que outras pessoas haviam tido a mesma experiência que ela e que finalmente poderia contá-la a outro ser humano sem ser considerada uma louca".[42]

Experiências de Morte Compartilhadas

Parecida com a experiência semelhante à de quase morte em pessoas saudáveis é a *experiência de morte compartilhada*.

No livro *Paranormal: My Life in Pursuit of the Afterlife*, o psiquiatra Raymond Moody afirma: "As experiências de morte compartilhada são parecidas com as experiências de quase morte, mas, em vez de ocorrerem com quem está morrendo, ocorrem com pessoas que estão nas proximidades de um ente querido prestes a partir. Essas experiências espirituais podem envolver mais de uma pessoa e são extraordinariamente semelhantes às experiências de quase morte".[43]

A primeira vez em que Moody ouviu falar desse tipo de evento foi na década de 1970, por meio do relato de certa dra. Jamieson, professora do Medical College [Faculdade de Medicina] da Geórgia. Jamieson visitava a mãe quando esta sofreu uma parada cardíaca. Em vão, tentou aplicar-lhe procedimentos de ressuscitação cardiopulmonar. Quando percebeu, estarrecida, que sua mãe havia morrido, Jamieson viu-se fora do corpo, vendo abaixo de si a cena da tentativa de ressuscitação, como se estivesse em uma sacada. À sua esquerda, Jamieson viu a mãe pairando a seu lado. Depois, viu uma luz derramar-se sobre o quarto, como se por "uma fenda no universo". Dentro da luz, estavam amigos da mãe, todos já falecidos. Enquanto Jamieson observava, a mãe flutuou para a luz e reuniu-se aos amigos. Então a fenda se fechou e a luz desapareceu. Em seguida, Jamieson viu-se ao lado da mãe morta, completamente desnorteada com tudo que acabara de acontecer. Depois de ouvir o relato de Jamieson, Moody deu-lhe um nome: "experiência de morte compartilhada".

Moody não ouviu mais nada a respeito desse tipo de experiência até o início da década de 1980, quando em toda parte se começou a falar livremente sobre EQMs. As pessoas passaram a relatar-lhe experiências em que viam uma luz mística derramar-se sobre o quarto em que estavam ao lado de entes queridos à beira da morte. A forma geométrica do quarto também parecia mudar. Algumas dessas pessoas se viam levadas para dentro de um túnel de luz junto com o moribundo e participavam da revisão de sua vida. Em algumas ocasiões, essas experiências envolviam grupos de pessoas. "Era como se os vivos estivessem tendo experiências de quase morte", diz Moody.

Uma velha amiga minha, a escritora Joan Borysenko, relatou-me um episódio como esse. A dra. Borysenko era especialista em células cancerígenas em Harvard, onde sua carreira deu uma grande reviravolta que a transformou em uma pesquisadora pioneira na área da medicina mente-corpo. Ao lado do filho Justin, de 20 anos, assistia à mãe, que estava morrendo em um quarto de hospital. Os dois haviam se despedido dela por volta da meia-noite, momento em que fora dormir. Ambos sabiam que sua morte era iminente. Borysenko e Justin estavam sentados, em silêncio, em lados opostos da cama. De olhos fechados, ela orava e meditava. De repente, por volta das três horas, ela abriu os olhos e viu que todo o quarto parecia feito de luz. "Sei que pode ser difícil de entender, mas era como se tudo fosse composto de partículas de luz: minha mãe, a cama, o teto. Tudo era extremamente belo." Quando olhou para Justin, Borysenko viu que ele estava chorando. Lágrimas corriam-lhe pelo rosto e ele parecia estar em êxtase. Então Justin disse: "Mãe, o quarto está cheio de luz. Está vendo?" "Sim, eu vejo. Eu vejo a luz", respondeu ela. "É a vovó. Ela está segurando a porta da eternidade aberta para nós, para que nós também possamos captar um vislumbre."[44]

Moody também tem uma história pessoal para contar. Quando sua mãe estava morrendo, depois de dois dias em coma, Moody, sua mulher, suas duas irmãs e os maridos se reuniram em torno do leito no hospital onde ela estava internada. Porém, pouco antes de morrer, ela despertou e disse a todos que os amava muito. Uma das irmãs de Moody, Kay, pediu-lhe que repetisse o que havia dito. Afastando a máscara de oxigênio, ela disse mais uma vez: "Amo muito todos vocês". Enquanto eles se davam as mãos, o mundo mudou. A própria forma do quarto parecia ter mudado. Quatro dos seis tiveram a sensação de estar sendo levantados do chão. Moody sentiu como se uma força muito intensa, como a de uma arrebatação de correntes marinhas, o puxasse para cima. Apontando para um ponto perto do pé da cama, uma das irmãs disse: "Olhem. Papai está aqui. Ele voltou para buscá-la!". Todos os seis relataram que a luz no quarto mudou, ficando mais suave e difusa. Todos se sentiram radiantes.

Um dos cunhados de Moody afirmou ter saído do corpo físico para entrar em outro plano com a sogra que morria. Para todos eles, aquela experiência foi tão diferente de tudo que já haviam vivido que passaram os dias subsequentes tentando juntar todos os detalhes em um quadro coerente.

O impacto sobre Moody foi profundo. Naquela época, ele já era famoso internacionalmente por ter chamado a atenção do mundo para o fenômeno das experiências de quase morte. Depois da morte da mãe, ele soube qual era a fase seguinte da obra de sua vida: a experiência de morte compartilhada.

Enquanto percorria o mundo proferindo palestras a respeito de EQMs, Moody perguntava às plateias se já haviam participado de eventos como o vivido por ele e suas irmãs. Choveram relatos de casos. Moody entrevistou minuciosamente muitas pessoas em particular. À medida que a notícia correu, experiências de morte compartilhadas também foram relatadas a outros pesquisadores de EQMs.

Todos perceberam que isso representava uma arrasadora contestação aos céticos, pois se tratava de experiências extraordinárias ocorridas com pessoas que não estavam doentes.

Um quadro coerente emergiu desses estudos. As experiências de morte compartilhadas contêm a maioria dos elementos tradicionais da EQM, como as experiências de túnel, a visão de uma luz mística resplandecente, sensações fora do corpo, revisão da vida, e assim por diante. Moody destaca quatro características que geralmente estão presentes. Entre elas, inclui-se a música, muitas vezes ouvida por todas as pessoas que assistem ao moribundo. Com frequência, elas dizem que é a música mais complexa e bela que jamais ouviram. Também ocorrem mudanças geométricas no ambiente imediato, como se um quarto quadrado "se deslocasse" ou "colapsasse e expandisse ao mesmo tempo". Além disso, ocorre a sensação compartilhada de ver uma luz sobrenatural que parece palpável e é vivenciada como pureza, amor e paz.

"Essa sensação compartilhada da presença de uma luz mística por várias pessoas saudáveis, que nada têm de enfermas ou moribundas", diz Moody, "contribui muito para demolir o argumento dos céticos de que a luz vista pelos que têm experiências de quase morte não é senão o resultado de um cérebro agonizante entrando em curto-circuito. Se várias pessoas que não estão doentes nem à beira da morte compartilham uma experiência mística de luz, então a luz não pode ser causada pelo cérebro agonizante de apenas uma delas."[45] Uma quarta característica que distingue as experiências de morte compartilhadas das EQMs é a emissão, pelo moribundo, de uma espécie de névoa (que os presentes costumam descrever como vapor, neblina ou fumaça branca) que, com frequência, assume forma humana. Muitos médicos, enfermeiros e pessoas que trabalham em casas de repouso relataram, tanto a Moody como a outros pesquisadores, ter visto essa névoa misteriosa. Embora tenha concluído que esse é o elemento de presença mais constante nos relatos de experiências de morte compartilhadas, Moody não sabe como interpretá-lo.

As experiências de morte compartilhadas já ocorriam "sob o alcance do radar" muito tempo antes de Moody ter se deparado com elas. Um exemplo é o da avó do psicólogo Ryan Rominger, Ph.D., do Institute of Transpersonal Psychology [Instituto de Psicologia Transpessoal] da Califórnia. O marido dela, acometido por um câncer, ficara acamado durante dois anos e, prestes a morrer, fora levado para um hospital, onde estava sendo assistido por uma equipe de apoio psicológico. No dia em que ele morreu, sua mulher, a avó de Rominger, estava no quarto quando pressentiu que algo ia acontecer. Levantou-se, foi até a cabeceira do leito e, de repente, viu-se caminhando com o marido por uma trilha em um lugar que parecia de outro mundo, cheio de montanhas e coberto por uma vegetação luxuriante. O marido parecia-lhe muito mais jovem do que ela, usava seu velho boné vermelho de caçador e não parecia ter sofrido traqueostomia. Sorria enquanto caminhavam de mãos dadas.

Quando chegaram a uma bifurcação no caminho, sem mover os lábios, ele lhe disse: "Venha comigo". Ela respondeu-lhe que não podia e soltou-lhe a mão. Ele seguiu o caminho rumo a uma cidadezinha além de uma pequena colina. Ela o viu se afastar e tomou o outro caminho. Então, repentinamente, voltou a si e ao quarto do hospital e percebeu que o marido tinha acabado de falecer. As enfermeiras desligavam e recolhiam os aparelhos que o haviam mantido vivo. Acompanhado de um pastor, seu filho entrara no quarto. O pastor a sacudia, chamando-a pelo primeiro nome e dizendo: "Volte, volte. Ainda não é sua hora de ir". Voltando a si naquele momento, ela percebeu o que havia acontecido.[46]

É improvável que os mais céticos em relação à experiência de quase morte se deixem convencer pelas experiências de morte compartilhadas. Seu recurso é sempre alegar "alucinações grupais" ou "fantasias coletivas" em que algumas pessoas emocionalmente estressadas, crédulas e arrasadas pela dor veem o que querem ver. Porém, essas críticas são difíceis de se sustentar, como podemos ver em uma experiência coletiva de medo da morte que envolve um grupo de pessoas que nunca são associadas à credulidade: uma equipe experiente e corajosa de bombeiros florestais de elite.

Em 1989, equipes "hotshots" de vinte bombeiros foram levadas de helicóptero até uma cadeia de montanhas para controlar um incêndio em uma área que ficava abaixo, coberta de carvalhos e bosques de pinheiros. Mas, para horror de seus integrantes, enquanto preparavam uma barreira corta-fogo, o vento mudou de direção e o fogo começou a propagar-se montanha acima com força explosiva. Em pouco tempo, os bombeiros viram-se cercados pelo incêndio. A conflagração consumia o oxigênio do ar no nível do solo. Lutando para respirar, foram obrigados a arrastar-se engatinhando. Um por um, todos os bombeiros foram caindo, sufocados, no chão.

Jake, o chefe das equipes, pensou: "Agora é o fim. Vou morrer". Então, viu-se acima do próprio corpo deitado na trincheira. Apesar das chamas infernais, Jake sentia-se completamente em paz. Olhou em volta e viu outros membros da equipe pairando sobre a cena, olhando para baixo, para seus próprios corpos. Um deles era José, que tinha um pé defeituoso. "Olhe, José, seu pé está normal", comentou Jake. Então surgiu uma luz forte, descrita por Jake como "fantástica". Apesar de ser excessivamente brilhante, ele podia fitá-la sem ferir os olhos. "Quando eu estava lá, tudo era tão perfeito, e meu corpo espiritual [...] era tão livre. Parecia-me que nada tinha limites", diria ele depois.

Jake viu seu falecido bisavô na luz. Outros antepassados também apareceram. Durante toda a experiência, o bisavô o conduziu e transmitiu-lhe, exclusivamente por meio do pensamento, a opção de retornar ao corpo ou de permanecer naquele local cheio de paz e beatífico em que se encontrava. Jake comunicou-lhe que seria terrível retornar a um corpo inteiramente queimado. Foi informado de que não deveria preocupar-se; nem ele nem qualquer um dos outros membros da equipe sofreria com o fogo se decidisse retornar.

Jake decidiu retornar a seu corpo físico. Quando o fez, percebeu que algumas das ferramentas de metal que ele e sua equipe haviam usado estavam derretidas. Embora o incêndio ainda continuasse, de algum modo ele conseguiu subir pela encosta íngreme até um local seguro, como se estivesse encapsulado em uma bolha protetora que isolava o ruído e a turbulência da conflagração. Ao chegar ao topo, encontrou lá todos os demais membros da equipe. Nenhum deles conseguia acreditar que haviam escapado da morte certa. O único dano eram alguns fios de cabelo chamuscados.

Comparando as anotações, descobriram que cada um havia vivido sua própria experiência de quase morte, às vezes entrando nas EQMs uns dos outros. Assim como Jake, haviam encontrado familiares seus e recebido a opção de retornar a seus corpos físicos. E, enquanto trabalhavam juntos na temporada de incêndios de verão, continuaram discutindo suas experiências superpostas e seu milagroso salvamento.[47]

Os críticos reagiram dizendo que as experiências coletivas de medo da morte dos bombeiros da equipe "hotshots" comprovam seu argumento: eles ficaram privados de oxigênio e o cérebro deles passou a responder de maneira anômala. Porém, como já vimos, pessoas normais, saudáveis, que não estão sendo privadas de oxigênio, relatam experiências semelhantes às de quase morte: são experiências fora do corpo, transcendentes, extáticas e transformadoras que muitas vezes ocorrem espontaneamente. E pessoas saudáveis também têm experiências de morte compartilhadas com entes queridos. Nunca se apresentou nenhuma explicação física capaz de justificar toda essa variedade como decorrência de cérebros que funcionam mal.

Os céticos poderiam aprender com a lição de um dos críticos mais implacáveis que Moody já teve: seu próprio pai. Ex-oficial militar da Segunda Guerra Mundial, o pai de Moody era também um cirurgião muito pragmático e dominador. Ele se opunha tão inflexivelmente ao trabalho de Moody que uma vez o internou, contra sua vontade, em um hospital psiquiátrico. Pouco antes de morrer, o pai entrou em um coma do qual, segundo seus médicos, jamais sairia. Porém, inesperadamente, sua respiração ficou mais forte e, de repente, ele abriu os olhos. Com um sorriso beatífico, olhou para os filhos perplexos e anunciou: "Estive em um belo lugar. Está tudo bem. Verei todos vocês novamente. Sentirei falta de vocês, mas nos reuniremos um dia". "Depois dessa declaração, ele morreu. A experiência de papai no leito de morte o transformou em um crente", diz Moody.[48]

A experiência do descrente pai de Moody sugere uma advertência aos céticos: se não quiser acreditar em EQMs, faça o que puder para não ter nenhuma.

Apagando as Fronteiras para Sempre

As experiências de quase morte são uma imersão na Mente Una unitária e indivisa. Nas EQMs e nas variantes que ocorrem em pessoas saudáveis – experiências de medo da morte, eventos semelhantes aos de quase morte e experiências de morte compartilhadas –, as fronteiras que vigoram na vida normal da vigília se dissolvem.

Todas as pessoas, indistintamente, têm uma profunda sensação de união e unidade com tudo o que existe. "[Eu era] um com tudo o que via, ouvia, sentia, percebia, acreditava e pensava", relata um homem após uma experiência espontânea semelhante à de quase morte.[49] Todas querem compartilhar desse sentido de conexão com tudo e com todos. "Saí dessa experiência sem querer outra coisa senão ajudar as pessoas a entenderem melhor a unidade de toda a vida", afirmou uma mulher saudável ao descrever sua experiência semelhante à de quase morte.[50]

O profundo senso de amor que invariavelmente acompanha esse sentido e percepção de unidade não se restringe àqueles que conhecemos em vida, mas estende-se incondicionalmente a todas as criaturas. Depois de passar por uma experiência de quase morte em um acidente de laboratório que por pouco não lhe custou a vida, uma jovem pesquisadora descreveu "uma mudança nítida e imediata em meu comportamento [...], uma incapacidade de matar até a menor das criaturas: passei a recolher as formigas que via em casa e a levá-las para o jardim. Sinto muita gratidão pelas frutas e verduras, assim como pelos animais que deram a vida para garantir a minha sobrevivência".[51]

O sentido e a sensação de ter acesso a todo o conhecimento é frequente e faz-se acompanhar da experiência da onisciência – a abolição de fronteiras no interior do conhecimento. Como disse um homem saudável ao descrever sua experiência semelhante à de quase morte: "Eu tinha o conhecimento de todas as coisas passadas, presentes e futuras, e recebi esclarecimento sobre as origens, a unidade e o propósito, embora nem uma só palavra tenha sido dita".[52] Depois de ter espontaneamente uma experiência semelhante à de quase morte, uma jovem relatou: "Tive conhecimento imediato a respeito do mundo natural, do modo como tudo funcionava em conjunto. Foi como se tivesse ido dormir sem entender nada de mecânica e tivesse despertado sabendo todos os detalhes do funcionamento de todos os motores [...]. Experimentei um estado de unidade com tudo e compreendia tudo".[53] Em uma experiência semelhante à de quase morte ocorrida espontaneamente durante a meditação, outro homem viu "como todo o conhecimento está disponível aqui". Segundo relatou, uma presença humana/espiritual "abre algo, e eu vejo todo o conhecimento acumulado ao longo dos séculos: história, ciência, arte, arquitetura, religião, medicina, matemática. Absorvo tudo isso, que é ilimitado, com muita facilidade, e a presença humana/espiritual me diz: 'Veja, esse conhecimento estará à sua disposição quando você vier aqui'". Mas também lhe foi mostrado que ele não reteria todo o conhecimento ganho quando retornasse.[54] Uma mulher relatou: "Era como se milhares de informações estivessem explodindo em meu cérebro, como se uma biblioteca vazia de repente se enchesse [...] na Unicidade de tudo isso".[55]

A "conversa" que acontece durante esses eventos é geralmente descrita como se ocorresse apenas por meio do pensamento. Isso também sugere que as mentes individuais se unem como uma mente única, possibilitando formas extraordinariamente íntimas de discurso que já não dependem da fala nem da audição.

O apagar das fronteiras persiste quando se volta à percepção ordinária. Por exemplo, de 55% a 89% dos que tiveram EQMs relatam um aumento de fenômenos paranormais ou da capacidade de cura após a experiência, o que constitui evidências suplementares de que a suposta separação entre as pessoas na vida da vigília não é fundamental.[56]

Através de todas essas experiências flui um inefável sentido de perfeição, amor e êxtase que é invariavelmente transformador. E, com essa transformação, vem a certeza de que esses eventos são vislumbres prévios do que jaz à frente, talvez para todos.

Antes de concluirmos este capítulo, vejamos um último relato de como as mentes parecem estar ligadas além da morte.

Em 1985, aos 18 anos, Dawn Wanzo era uma guitarrista empenhada em alcançar seu objetivo: gravar um disco. Certa noite, sonhou que Lisa, uma grande amiga sua, morria em um acidente de carro e despertou extremamente perturbada. Mais tarde, naquele mesmo dia, ela contou a Lisa a respeito do sonho, mas não que a amiga morria no acidente. Uma semana depois, Lisa de fato morreu em um terrível acidente de carro. Quando viu o carro destruído, Dawn reconheceu que ele tinha a mesma aparência do que vira no sonho.

Dawn ficou arrasada. Durante quinze anos, tentou bloquear a morte de Lisa e seu malogro em alertá-la ocupando-se totalmente em compor, tocar e gravar sua música. Então, em 2000, Lisa começou a aparecer a Dawn em sonhos muito vívidos. Ela começou a criar maneiras de convencer Dawn de que realmente existia, pois isso parecia ser importante para ajudar Dawn a chegar a uma conclusão, um encerramento, em relação à sua morte.

Durante uma meditação, Dawn viu a si mesma e a Lisa sentadas diante de uma mesa em que havia comida, carne cortada em pequenos cubos, batata assada, milho cortado do sabugo e uma taça de champanhe cheia de água. "Por que a comida?", perguntou Dawn. "Você não precisa mais dela onde está." Lisa comunicou-lhe que isso seria uma confirmação de que ela realmente existia e que, na verdade, Dawn estava com ela em outro lugar, em um estado diferente de consciência.

Quando Dawn voltou para casa, naquele mesmo dia, sua irmã estava na cozinha preparando um prato para ela. Era estranho, pois a irmã nunca havia feito isso. No prato, havia carne cortada em pequenos cubos, uma batata assada e milho cortado do sabugo. Dawn perguntou-lhe por que escolhera aquela combinação de alimentos e, principalmente, por que resolvera preparar um prato para ela. A irmã respondeu-lhe que não sabia por quê; que só sentira essa vontade. Quando Dawn se sentou à mesa, a irmã pôs uma taça de champanhe com água ao lado do prato.

O evento revelou-se para Dawn como um ponto essencial no encerramento da morte de Lisa. "Eu queria, acima de tudo, ajudar as pessoas a perceberem que continuamos ligados a nossos entes queridos em espírito", disse ela depois, "e que não existe separação."[57]

Reencarnação

"Nascer duas vezes não é mais surpreendente do que nascer uma."

– Voltaire[1]

"Embora possa parecer assombroso dizer que recordações, emoções e lesões físicas podem ser transmitidas de uma vida para a seguinte, creio que as evidências nos levam a essa conclusão."

– Jim B. Tucker, médico do Sistema de Saúde da Universidade da Virgínia,
Life Before Life: Children's Memories of Previous Lives[2]

"Se um asiático me pedisse uma definição da Europa, eu seria forçado a dizer-lhe: é aquela parte do mundo atormentada pela incrível ilusão de que o homem foi criado do nada e de que seu presente nascimento é sua primeira entrada na vida."

– Arthur Schopenhauer[3]

Em 2009, um levantamento realizado pelo Pew Research Center [Centro de Pesquisa Pew] revelou que 24% dos norte-americanos afirmam acreditar na reencarnação, ou seja, eles creem que as pessoas renascerão neste mundo muitas e muitas vezes.[4] E isso não é só uma crença da Nova Era, pois envolve religiões convencionais e todos os grupos raciais. O levantamento mostrou que 22% dos cristãos, 34% dos negros e 29% dos hispânicos compartilham dessa crença.

Em casos do tipo reencarnação, a pessoa que nasce novamente muitas vezes demonstra ter as recordações, a personalidade e os comportamentos da pessoa falecida e supostamente reencarnada. No intervalo que precede o renascimento – e que pode durar semanas, meses ou anos –, o que acontece com a consciência da pessoa falecida? Onde permanece antes de fixar residência no recém-nascido? Minha sugestão é a de que ela "vai para casa" na Mente Una. Mas, em primeiro lugar, vejamos o que se sabe sobre a reencarnação examinando casos específicos.

Crianças que Se Lembram de Vidas Passadas

No campo das pesquisas que abordam a possibilidade de reencarnação e das vidas passadas, um nome se destaca acima de todos os demais: o do médico Ian Stevenson (1918-2007), professor de psiquiatria e diretor da Division of Personality Studies [Divisão de Estudos da Personalidade] (agora Division of Perceptual Studies [Divisão de Estudos da Percepção]) do Health Sciences Center [Centro de Ciências da Saúde] da Universidade da Virgínia. Ninguém mais pesquisou essa área com tanta erudição, rigor e obstinada dedicação aos detalhes quanto ele. Stevenson vasculhou o planeta, das pequenas estradas de Myanmar e das remotas aldeias da Índia até as maiores cidades da Terra. Ele passou décadas explorando todos os continentes, com a única exceção da Antártida, sempre dedicado à mesma busca: crianças que parecem lembrar-se de uma vida anterior. O alcance de sua obra é incrivelmente universal, e os milhares de casos que coletou costumam deixar boquiabertos até mesmo os céticos.

Esses casos ocorrem em todas as culturas, inclusive a norte-americana, e demonstram uma vigorosa coerência interna. Tipicamente, uma criança com idade entre 2 e 4 anos começa a falar de experiências que teve em uma vida passada, muitas vezes com forte emoção. Para os pais, isso geralmente não faz nenhum sentido. Quase sempre, a criança descreve a própria morte, frequentemente violenta, na vida anterior. Para Stevenson, essa é uma das razões que tornam a lembrança da vida anterior algo quase sempre desagradável para a criança. Além disso, afirma ele, "é muito frequente as crianças ficarem confusas com relação à própria identidade. E isso é ainda mais grave quando, conscientes de estarem em um corpo pequeno, elas conseguem lembrar-se de que estiveram em um corpo adulto ou de que pertenceram ao sexo oposto. A essas percepções atormentadoras, podemos acrescentar uma dilacerante divisão de lealdades entre a família atual e a anterior".[5] Entre os 5 e os 8 anos de idade, à medida que as recordações se desvanecem, a criança geralmente para de falar sobre a vida lembrada.

Temos um exemplo em Lekh Pal Jatav, nascido em dezembro de 1971 na aldeia de Nagla Devi, no distrito de Mainpuri, em Uttar Pradesh, na Índia. Lekh Pal nasceu sem os dedos da mão direita, tendo em seu lugar apenas tocos. Logo depois que aprendeu a falar, ele disse algumas palavras sobre uma vida passada e repetia continuamente a palavra "Tal, Tal", que não tinha nenhum sentido para sua família. Algum tempo depois, uma mulher da aldeia de Nagla Tal, a cerca de 8 quilômetros de distância, foi a Nagla Devi e viu Lekh Pal nos braços da mãe. Isso a levou a contar à mãe de Lekh Pal que uma criança de Nagla Tal perdera os dedos em um acidente, o que lhe provocou uma deformidade parecida com o defeito congênito de Lekh Pal.

Lekh Pal começou a falar sobre a vida de Hukum, a criança de Nagla Tal que, mais ou menos aos 3 anos e meio de idade, enfiara a mão entre as lâminas de uma máquina de cortar forragem quando o pai não o observava e perdera os dedos. Ele disse que tinha pai e mãe, bem como uma irmã mais velha e um irmão mais novo, em "Tal." Por fim, os pais de Lekh Pal o levaram a Nagla Tal, e as duas famílias se reuniram.

Seriam as recordações e o defeito congênito de Lekh Pal evidências de que Hukum havia reencarnado em seu corpo? Em vista de milhares de casos semelhantes, Stevenson acha que a reencarnação é a melhor explicação, embora admita que não seja a única. Apesar de ser extremamente improvável, a sequência de eventos poderia dever-se ao acaso e ser "só mais uma coincidência".

Em seu livro *Where Reincarnation and Biology Intersect*, Stevenson apresenta 35 casos, inclusive com fotografias. Elas mostram uma grande variedade de deformidades físicas e marcas de nascença que parecem transmitidas de uma vida para outra. Além do caso acima, há dedos malformados que correspondem à amputação por espada em uma vida anterior; marcas de nascença que correspondem a feridas de entrada e saída de balas na personalidade lembrada; bandas de constrição congênitas nas pernas de uma pessoa que se lembrava de ter sido amarrada com cordas em uma existência anterior; ausência congênita de uma perna que corresponde à amputação acidental dessa perna na personalidade anterior e marcas de nascença que correspondem a queimaduras, ferimentos com facas e diversos outros traumas ocorridos na vida lembrada pelo indivíduo.

Além de recordações, defeitos congênitos e marcas de nascença, Stevenson acredita que os comportamentos também podem ser levados de uma vida para outra. Por exemplo, as crianças muitas vezes apresentam fobias compatíveis com o modo como morreu a personalidade lembrada. A criança que se lembra de uma vida que acabou com um afogamento pode ter medo de mergulhar na água. Outra que se lembra de uma vida que terminou com um tiro pode demonstrar uma fobia de revólveres e ruídos altos. Se a morte tiver decorrido de um acidente automobilístico, a criança pode ter medo de carros, ônibus e caminhões. Essas fobias geralmente se manifestam até mesmo antes de a criança aprender a falar, podendo inclusive não haver na família nenhum modelo que possa explicá-las.

Também ocorrem propensões e atrações incomuns, por exemplo, na forma de desejo de determinados alimentos não consumidos pela família ou de roupas totalmente diferentes das usadas pelos familiares. Também pode haver ânsia por tabaco, álcool e outras drogas sabidamente consumidas pela personalidade anterior.

Algumas crianças demonstram habilidades que não aprenderam nem jamais testemunharam, mas que pertenciam às personalidades lembradas.

Às vezes, elas se lembram da vida passada de uma pessoa do sexo oposto. Tais crianças quase invariavelmente apresentam traços do sexo da pessoa lembrada, como vestir roupas, usar brinquedos e demonstrar atitudes típicas desse sexo. Assim como acontece com as fobias, essas preferências vão se atenuando à medida que a criança cresce, mas algumas permanecem intransigentemente fixadas nelas e, em um dos casos, a criança tornou-se homossexual.[6]

"Não espero que meus leitores aceitem prontamente a ideia de que a mente de um morto possa influenciar a forma de um bebê nascido depois", admitiu Stevenson.[7] Para superar esse obstáculo, ele descreveu várias maneiras pelas quais as imagens na mente de uma pessoa viva podem criar mudanças no próprio corpo dessa pessoa e, às vezes, no corpo de outra pessoa viva. E escolheu estigmas e fenômenos físicos associados à hipnose como provas de que os pensamentos de uma pessoa podem gerar efeitos demonstráveis, visíveis em seu próprio corpo. Stevenson discutiu as "impressões telepáticas", por meio das quais a consciência cria pontes entre indivíduos a distância.[8] (Chamamos esses acontecimentos de "eventos telessomáticos".) E descreveu as "impressões maternas", que implicam a possibilidade de os pensamentos e emoções de uma mulher grávida criarem defeitos congênitos e marcas de nascença no recém-nascido. Ele documentou como a maioria dos periódicos médicos costumava incluir tais casos até bem depois da virada do século passado, até essa ideia ser eclipsada pelo destaque cada vez maior da genética e da embriologia do desenvolvimento – que, a seu ver, não era inteiramente convincente.

"Acredito que é melhor aprender o que é provável em relação a assuntos importantes do que ter certeza em relação a assuntos triviais", disse Stevenson certa vez.[9] E é verdade, não importa mesmo se ele está correto em todos os detalhes de sua interpretação. O que conta são as pinceladas mais amplas. Se ele tiver chegado a algum ponto próximo do alvo, então algumas das suposições mais profundas da biologia moderna precisarão ser reexaminadas, principalmente a crença não comprovada de que a consciência provém do cérebro, está confinada a ele e perece com a morte física.

Stevenson não está tentando desbaratar a ciência. Ele respeita o papel das influências genéticas e ambientais; não apresenta a reencarnação como sua substituta, mas sim como um "terceiro fator", que pode responder por alguns dos imensos abismos que nem a biologia nem as influências ambientais transpuseram.[10]

Certas pessoas podem não compreender a necessidade de um terceiro fator para explicar defeitos congênitos e marcas de nascença. Elas talvez acreditem que a ciência atual pode fazer isso. Mas Stevenson afirma que atualmente apenas de 30% a 50% dos defeitos congênitos podem ser explicados por anormalidades genéticas, drogas teratogênicas como a talidomida e o álcool, e infecções como a rubéola. Isso deixa de 50% a 70% dos casos na categoria de "causa desconhecida". Além disso, os geneticistas não conseguem nos dizer por que um feto e não outro é afetado, nem por que um defeito congênito assume uma determinada forma ou por que uma marca de nascença ocorre em um determinado local. A reencarnação, por sua vez, apresenta uma razão pela qual um determinado defeito ou marca de nascença ocorre em um indivíduo e não em outro, e também para o local do corpo em que ocorre e para a forma que adquire.[11]

Por que *não* considerar as explicações não genéticas dos defeitos congênitos e marcas de nascença? Na visão de Stevenson, estamos pedindo aos genes para que expliquem muito mais do que são capazes de fazer. Eles fornecem instruções para a produção dos ingredientes das proteínas, mas quase não nos fornecem conhecimento algum sobre o modo como as proteínas e outros metabolitos se organizam em células nem sobre os órgãos complexos que compõem nosso corpo. Essas limitações não são amplamente admitidas. "Alguns geneticistas não são modestos quando nos garantem que, no momento certo, serão capazes de nos fornecer todas as informações de que precisamos para compreender a embriologia e a morfologia", observa Stevenson. Mas "isso equivale a uma nota promissória sem nenhum valor imediato em espécie e, nesse meio-tempo, somos livres para considerar a possibilidade de outros fatores contributivos" – como a reencarnação.[12]

Que diferença faria se a reencarnação fosse aceita? Stevenson acreditava que a consequência mais importante seria o reconhecimento da dualidade entre mente e corpo. "Não conseguimos imaginar a reencarnação sem a convicção, que é seu corolário, de que as mentes estão associadas a corpos durante a vida que nos é familiar, mas que também independem desses corpos a ponto de serem inteiramente separáveis deles e sobreviverem à sua morte [e, em algum momento posterior, se associarem a outros corpos]."[13]

Ao dizer isso, Stevenson declarou-se um proponente do dualismo interacional, uma ideia a respeito da mente que tem uma história muito antiga. Dois de seus mais recentes e ilustres proponentes foram William James, pai da psicologia norte-americana, e o filósofo Henri-Louis Bergson. A ideia principal do dualismo interacional é a de que o cérebro e a consciência interagem, mas não são a mesma coisa. O cérebro processa os estímulos sensoriais e afeta o conteúdo da consciência, como um transmissor ou receptor, mas não "cria" a consciência. Como a mente e o cérebro formam efetivamente uma interface que os relaciona continua sendo um mistério e, diz Stevenson, "faz parte da agenda para futuras pesquisas, mas se pode dizer o mesmo das alegações feitas com presunção por muitos neurocientistas que afirmam que a mente pode ser reduzida à atividade do cérebro".[14]

Entre Vidas

Lewis Thomas, que durante muitos anos foi diretor de pesquisa do Memorial Sloan-Kettering Cancer Center, nunca foi acusado de "se tornar místico". No entanto, pensava no que acontece com a consciência na morte quando escreveu: "Também é preciso responder pelo desaparecimento permanente da consciência. Será que ficaremos para sempre empacados nesse problema? Para onde ela vai? Será que simplesmente é interrompida de repente, se decompõe no húmus, se perde? Considerando a tendência que a natureza tem de encontrar usos para mecanismos complexos e intrincados, isso me parece pouco natural. Prefiro pensar que ela seja, de algum modo, separada nos filamentos de sua ligação e depois recolhida de volta, como uma porção de ar facilmente inspirada, para dentro da membrana de sua origem, uma memória revigorada para um sistema nervoso biosférico [...]".[15]

Ian Stevenson apresentou como hipótese um processo semelhante: "Acredito que somos obrigados a imaginar um espaço mental que, necessariamente, difere do espaço físico com o qual estamos familiarizados", disse ele.[16] "Acredito que a introspecção pode mostrar que nossos pensamentos ocupam um espaço mental distinguível do espaço físico, mesmo enquanto estamos vivos [...]. [Esse] espaço mental em que poderiam existir personalidades desencarnadas [...] já foi [...] descrito com considerável riqueza de detalhes por vários filósofos familiarizados com as evidências dos fenômenos que agora são chamados de paranormais".[17]

Stevenson acreditava que pensamentos e imagens mentais poderiam ser abundantes nesse espaço e que alguns poderiam reencarnar. Entre essas propriedades *diatanáticas* (transmitidas por meio da morte), como as chamava, poderiam incluir-se informações cognitivas sobre eventos de uma vida passada, várias preferências e antipatias e, em alguns casos, resíduos de lesões físicas e outras marcas do corpo anterior. Ao veículo intermediário portador dessas propriedades ele chamou de *psicóforo*, termo derivado de palavras gregas que significam "portador da alma" ou "condutor da mente".[18] O "psicóforo" de Stevenson, o "sistema nervoso biosférico" de Thomas e a Mente Una parecem semelhantes, talvez até mesmo idênticos: todos constituem um veículo da consciência em uma dimensão independente do espaço e do tempo.

Porém, como descobriu Stevenson, as informações transmitidas não chegam ao destino com todos os seus detalhes originais, mas muito atenuadas. Isso é verdadeiro não apenas para os pensamentos, mas também para os fenômenos físicos. Assim, escreveu ele: "O corpo do bebê apresenta marcas ou defeitos nos locais dessas feridas [anteriores], mas não as próprias feridas (com exceção de pequenos sangramentos ou exsudação ocasional de secreções)".[19] Do mesmo modo que os pensamentos não se repetem exatamente, as marcas de nascença e os defeitos congênitos não são reproduções exatas de feridas abertas em acidentes e lesões anteriores. Elas se apresentam mais como "cicatrizes mentais" resultantes de feridas que afetavam o corpo anterior.

O tema da reencarnação e das vidas passadas tem recebido imensa atenção nos últimos anos – na opinião de Stevenson, merecidamente. Conforme ele se expressou: "Já se disse, com muita sabedoria, que a questão de uma vida após a morte é a pergunta mais importante que um cientista (ou qualquer pessoa) pode se fazer".

Para os que preferem provas a relato de casos, a obra de Stevenson é uma descoberta avassaladora. Ela é o resultado do trabalho metódico de um pesquisador inspirado e muito reservado. Não imagine nem sequer por um instante que os livros do professor Stevenson são um exercício de crítica da ciência. Ele era um médico que respeitava profundamente as tradições da ciência e adorava a metodologia científica, a qual utilizava em sua pesquisa.

Como pratico a medicina interna, muitas vezes cuidei de pacientes que enfrentavam a morte iminente ou recente de um filho querido. E muitas vezes lhes recomendei que lessem *Children Who Remember Previous Lives*, de Stevenson. O livro, inevitavelmente, constituía um consolo para eles por lhes apresentar razões para que acreditassem na continuação da existência após a morte, e não apenas a de seu filho, mas também a sua própria, algo que lhes acena com a perspectiva de reunir-se com esse filho novamente.

A Pesquisa Continua

A obra do dr. Stevenson exerceu e exerce um profundo impacto sobre muitos filósofos e cientistas interessados na origem, natureza e destino da consciência humana. Sua pesquisa, que ele realizou na Universidade da Virgínia, prossegue graças a dois competentes colegas, o dr. Bruce Greyson e o dr. Jim B. Tucker. Ambos trabalharam com o dr. Stevenson antes de sua morte, em 2007.

Além de professor de psiquiatria e ciências neurocomportamentais, o dr. Greyson é diretor da Division of Perceptual Studies [Divisão de Estudos da Percepção] do Health System [Sistema de Saúde] da Universidade da Virgínia. Ele é coautor do importante livro *Irreducible Mind*,[20] que menciono com frequência nestas páginas. Um dos mais produtivos pesquisadores no campo de estudos da quase morte, ele é também o coeditor do *Handbook of Near-Death Experiences*.

O dr. Tucker é diretor médico da Child and Family Psychiatry Clinic [Clínica de Psiquiatria da Criança e da Família] da Universidade da Virgínia, além de professor adjunto de psiquiatria e ciências neurocomportamentais. Entre suas principais linhas de pesquisa incluem-se crianças que aparentam lembrar-se de vidas passadas e recordações do nascimento e pré-natais. Seu livro *Vida Antes da Vida – Uma Pesquisa Científica das Lembranças que as Crianças Têm de Vidas Passadas** é um admirável levantamento das lembranças que as crianças têm de vidas passadas e uma excelente análise da obra do dr. Stevenson.

Uma Margem para Manobra

Muitas vezes se presume que a crença na reencarnação é universal entre os asiáticos, mas há exceções interessantes. Encontrei com frequência budistas que negam veementemente que qualquer entidade possa continuar de uma vida para outra. O dr. Tucker tem uma experiência semelhante. No livro *Vida Antes da Vida*, ele explicou que os adeptos do budismo theravada, em sua doutrina da *annata*, ou "não alma", enfatizam que o "eu" não existe e, por conseguinte, não existe uma entidade que *pudesse* persistir de uma vida para outra. Na morte de uma personalidade, ganha existência outra nova, assim como a chama de uma vela que está perto de se apagar pode servir para acender outra. "[Afirma-se que ocorre] continuidade entre personalidades porque as forças kármicas que a pessoa anterior desencadeia levam ao renascimento subsequente, mas não existe nenhuma identidade", diz Tucker. Apesar de não se considerar um estudioso do budismo, Tucker afirma: "Tenho dificuldade para abraçar ou mesmo para compreender plenamente esse conceito, mas posso, pelo menos, observar que, não obstante essa doutrina, a maioria dos budistas praticantes, na verdade, acredita que uma efetiva entidade renasça".

E prossegue: "Como observa o dr. Stevenson, nossos casos por certo sugerem que algum veículo tenha transportado consigo para a vida seguinte as recordações perduráveis. Aparentemente, algo mais que apenas as recordações e emoções sobrevive".

Como acontece em todas as principais religiões, existem muitas escolas de budismo e interpretações conflitantes sobre o que o Buda

---

* Publicado pela Editora Pensamnto, São Paulo, 2007. (Fora de catálogo.)

realmente pensava a respeito da ideia de que algum aspecto da consciência sobrevive à morte física. Como o dr. Tucker, não sou estudioso do budismo e fico perplexo diante do emaranhado de divergências entre os budistas no que se refere a essa questão. E talvez devamos mesmo esperar opiniões divergentes, pois as palavras do Buda só foram escritas mais ou menos quatro séculos depois de sua morte. Antes dessa época, seus ensinamentos eram transmitidos oralmente. Quem pode dizer quantas interpretações foram inseridas nos ensinamentos originais? As divergências quanto à questão da alma não são triviais. Para citar apenas um exemplo, Nan Huai-Chin, uma das principais figuras da revivificação do budismo chinês, afirmou: "Mas quando esta [doutrina do não eu] fluiu para o mundo da aprendizagem, e especialmente quando se disseminou no Ocidente, algumas pessoas, pensando que a ideia budista do não eu era niilismo e que negava a alma, afirmaram que o budismo era ateísta. Isso é, na verdade, uma piada".[21]

Se Buda reaparecesse hoje, o que ele diria sobre as provas científicas que favorecem a Mente Una? Concordaria ou negaria que elas apontam para um aspecto da consciência que se assemelha à alma? Ele poderia adotar a revigorante abordagem de Sua Santidade, o Dalai Lama. Em 1983, o Dalai Lama visitou o CERN, o laboratório europeu de física das partículas, onde teve oportunidade de conversar com um grupo de físicos. Quando esses físicos lhe perguntaram como reagiria o budismo se ficasse claro que seus princípios entravam em conflito com as conclusões da ciência moderna, o Dalai Lama respondeu por meio de um tradutor: "Teríamos de estudar nossas escrituras com muito cuidado e, em geral, há alguma margem para manobra".[22] Que resposta maravilhosa! Se todas as religiões fossem flexíveis assim!

A não localidade temporal da consciência, em favor da qual há uma enormidade de evidências, sugere que algum aspecto da mente não pode morrer, mesmo que tente. A Mente Una, o psicóforo do professor Ian Stevenson e o sistema nervoso biosférico do pesquisador Lewis Thomas são hipóteses que procuram entrar em acordo com esses fatos obstinados. Talvez seja hora de todas as religiões, e não apenas o budismo, "manobrarem" em sua direção.

Comunicação com os mortos

Pode a Mente Una ser uma via que permita a um indivíduo já falecido influenciar uma pessoa viva? Todas as culturas registram relatos de pessoas que súbita e inexplicavelmente perdem sua personalidade e suas habilidades habituais e adquirem uma constituição mental inteiramente nova, inclusive uma personalidade diferente e um novo conjunto de lembranças e capacidades. A palavra geralmente usada para descrever esse fenômeno é *possessão*, a qual implica que as mudanças são causadas pela ocupação do corpo do indivíduo, talvez contra sua vontade, por alguém que já morreu. Os psiquiatras não aceitam essa explicação. Eles consideram essas bizarras ocorrências algum tipo de doença mental, como dissociação ou esquizofrenia.

E Então Havia Dois

Em seu intrigante livro *Paranormal Experience and the Survival of Death*, o filósofo Carl Becker, da Universidade de Quioto, passa em revista vários casos sugestivos de possessão que foram minuciosamente analisados por William James, psicólogo de Harvard.

Um deles é o de Mary Reynolds, que nasceu em 1785 na Inglaterra e se mudou com a família para Meadville, na Pensilvânia. Aos 19 anos, ficou cega e surda durante cinco ou seis semanas. Até que um dia despertou sem se lembrar de nada que dissesse respeito à sua família ou ao lugar onde vivia nem do conhecimento das coisas que havia aprendido. A família voltou a treiná-la como se ela fosse um bebê, embora tivesse o corpo de uma adulta. À medida que sua reeducação prosseguia, ela adquiriu uma personalidade e um caráter completamente diferentes dos de seu eu anterior. As duas personalidades iriam se alternar até que, cerca de quinze anos depois, quando Reynolds já tinha 36 anos, a segunda personalidade assumiu o controle total. Ela permaneceu no segundo estado até a morte, aos 61 anos de idade.[1]

Um dos casos mais dramáticos desse tipo é o de Iris Farczády, uma garota húngara culta, aluna brilhante de matemática que tivera um interesse superficial por sessões espíritas. Aos 15 anos de idade, ela sofreu uma drástica mudança de personalidade. Declarou ser Lucía Altarez de Salvio, operária espanhola de 41 anos que, segundo a própria Iris, havia morrido naquele mesmo ano em Madri, deixando marido e catorze filhos. Lucía era a antítese de Iris – operária pobre, moradora de favela que esfregava o chão, limpava, lavava, cozinhava, cantava canções populares, dançava flamenco, casara-se ainda adolescente e odiava as classes mais altas. Depois de transformar-se em Lucía, Iris deixou de entender o húngaro, sua língua materna, e passou a falar espanhol fluentemente. Ao que tudo indicava, Iris nunca havia aprendido espanhol nem teve oportunidade de aprendê-lo, pois nunca estivera associada a nenhuma pessoa que falasse espanhol.

Em 1998, Iris/Lucía foi entrevistada por uma equipe de pesquisadores e parapsicólogos: Mary Rose Barrington, Peter Mulacz e Titus Rivas.[2] Lucía, então com 86 anos, disse-lhes que Iris era outra pessoa que deixara de existir em 1933. Em seu exaustivo relatório, os pesquisadores dizem que a razão pela qual Iris haveria de desejar ou de se deixar ser "substituída" por Lucía continua sendo um mistério.

Iris vinha de uma família culta e respeitável. Por seu interesse em sessões espíritas quando garota, os investigadores avaliaram se ela teria voluntariamente se exposto a uma invasão por outra personalidade, talvez mesmo a inventando ela própria, ou se realmente teria sido tomada pelo espírito de uma morta. Nenhuma das possibilidades fazia muito sentido. Como explicaram os investigadores, "temos de perguntar por que uma jovem estudante inteligente e bem-sucedida haveria de querer, mesmo que subconscientemente, ser transformada em uma ignorante faxineira espanhola de meia-idade". Iris tivera um estilo de vida muito confortável e aparentemente gostava de dedicar-se a interesses intelectuais, inclusive literatura e matemática. Sua rotina nunca incluiu tarefas domésticas pesadas, como limpar a casa e lavar a louça, mas foi isso o que a Iris transformada infligiu a si mesma – a transição de "uma intelectual estudiosa, imaginativa, arrojada e temperamental em uma trabalhadora doméstica simplória, irrefletida, tosca, prática e alegre [...]".

Um dos elementos mais inexplicáveis desse caso é o fato de Iris passar a falar espanhol. Em sua análise, a equipe de investigadores traçou uma distinção entre conhecimento e habilidades, usando como exemplo o tocar piano. Não basta conhecer as teclas e associá-las a diferentes tons em uma partitura. Como disseram, tocar piano requer muito mais – treinar diferentes grupos de músculos para poder alcançar várias teclas simultaneamente, desenvolver uma noção do lugar que as teclas ocupam no teclado enquanto lê uma partitura e assim por diante. Aprender uma língua estrangeira é semelhante. Não basta conhecer só o vocabulário; é preciso conhecer a gramática, as expressões idiomáticas, as frases e a pronúncia. E, além disso, há variantes regionais, como o dialeto madrilenho, no caso de Lucía.

Um investigador mais antigo sugerira, na década de 1940, que Iris havia aprendido espanhol por meio de percepção extrassensorial (telepatia),[3] ideia que a equipe acima considerou "assombrosa". Barrington, Mulacz e Rivas rejeitaram a possibilidade de que a comunicação telepática entre Iris e Lucía poderia explicar as capacidades que Iris veio a possuir. "[Mesmo que] um grande número de palavras de um idioma estrangeiro talvez pudesse ser atribuído à percepção extrassensorial, [...] o domínio de um idioma no grau demonstrado por Lucía certamente não poderia", escreveram. "Pelo menos, na história da parapsicologia não há precedente que indique a aquisição de habilidades como a pronúncia correta de um idioma ou dialeto por meio da percepção extrassensorial. O domínio [demonstrado Iris/Lucía] da coreografia do flamenco e de outras danças espanholas (ou ciganas) sem dúvida se insere na mesma categoria de 'habilidades'." Os investigadores também descartaram explicações que recorriam a distúrbios mentais como a esquizofrenia. Embora a possessão continue sendo uma possível explicação, Barrington, Mulacz e Rivas hesitaram em invocá-la, afirmando: "Como a própria existência de uma entidade capaz de 'possuir' ou 'eclipsar' um ser humano não é comprovada, ela não pode ser aceita como uma *'causa vera'* [causa verdadeira]. Isso implicaria explicar um inexplicável por meio de outro inexplicável". No fim, as investigações são inconclusivas.

Uma possibilidade não levada em conta pelos investigadores é a Mente Una – a "sopa cósmica" de Pearce ou a mente única postulada pelo físico Erwin Schrödinger, ganhador do prêmio Nobel. Por motivos que continuam obscuros, Iris poderia ter mergulhado nessa dimensão informacional, se servido do que lhe interessava e satisfazia às suas necessidades e retornado como Lucía. Para observadores externos, esse processo se pareceria muito com uma possessão.

Médiuns

Os médiuns são pessoas que alegam estar em contato com os espíritos dos mortos. Estudados intensivamente desde os primeiros dias das pesquisas mediúnicas, iniciadas a partir da segunda metade do século XIX, eles atraíram o interesse de alguns dos maiores expoentes da psicologia, entre os quais William James e C. G. Jung. A fascinante história desse campo de pesquisa é ilustrada no apaixonante livro *Ghost Hunters: William James and the Search for Scientific Proof of Life after Death*, de Deborah Blum, jornalista vencedora do prêmio Pulitzer.

A mediunidade é uma das áreas mais polêmicas e controversas da pesquisa sobre a consciência. Não tenho nenhuma vontade de entrar nesse debate nem estou endossando os médiuns ou a mediunidade. Sem dúvida, é possível explicar muitas, ou talvez a maioria, das ocorrências de contato ostensivo dos médiuns com os mortos por meio de fatores mundanos: busca dissimulada de informações; leitura da expressão, da voz, da aparência e da linguagem corporal do consulente; pensamento desejante, quando o médium "cria" a informação em conformidade com o desejo do consulente; ou fraude, como nos casos em que se recorre a uma rede de informantes.[4] Porém, como afirmam o psicólogo Edward F. Kelly e seus colegas da Universidade da Virgínia, quando todos esses casos são descartados, ainda resta um número substancial de casos realmente enigmáticos e minuciosamente investigados, que merecem a atenção, como os que atraíram investigadores críticos como William James.[5] Além disso, hoje estão sendo empregados métodos novos e engenhosos para avaliar os médiuns com resultados intrigantes, como no trabalho experimental dos pesquisadores Julie Beischel e colaboradores do Windbridge Institute [Instituto Windbridge],[6] e Gary E. Schwartz, do Human Energy Systems Laboratory [Laboratório de Sistemas de Energia Humana] do Departamento de Psicologia da Universidade do Arizona.[7]

Sem Muita Preocupação

A maioria dos que consultam médiuns deseja receber um comunicado, por parte do ente querido que morreu, sugerindo sua sobrevivência do outro lado com a personalidade intacta. É importante que nossa personalidade terrena nos acompanhe no além-túmulo? Nunca pensei assim. Não pretendo arrastar essa personalidade por aí eternamente. Espero receber um *upgrade*.

O pesquisador da consciência e psicólogo Charles T. Tart, do Institute of Transpersonal Psychology de Palo Alto, Califórnia, concorda. Ele pergunta: "Quem sou eu? Se sou alguém que, potencialmente, tem acesso a todas as informações que existem no universo, o que me faria querer identificar-me completamente com a estreita versão de mim mesmo que, para começar, diz que nada sou senão meu cérebro físico?".[8]

Os Médiuns Não São Tão Esquisitos, Afinal

A palavra *médium* geralmente é associada a excêntricos, sessões espíritas e ocultismo, mas, pelo que parece, muita gente absolutamente comum também é médium, mesmo que não se dê conta disso. A professora de enfermagem Barbara Stevens Barnum, Ph.D., enfermeira credenciada e ex-editora de *Nursing & Health Care*, pesquisou experiências sobre o que ela chama de "consciência expandida" entre os enfermeiros – eventos que não podem ser explicados racionalmente e parecem transcender os sentidos físicos. Em um levantamento que realizou com 121 chefes de enfermagem, todos eles com doutorado ou mestrado, ela descobriu que 41% deles descreviam tais experiências. Às vezes, essas experiências envolviam comunicação com os mortos.

Uma dessas profissionais reconhecidas pela competência descreveu um evento ocorrido um ano depois da morte do marido.[9] Ela voltou a se casar e estava, com o novo marido, limpando o quintal de uma antiga casa de fazenda que haviam alugado. Enquanto pegava, sem luvas, braçadas e braçadas de madeira podre, infestada por cupins, ela ouviu a voz do falecido marido dizer, com seu sotaque característico da Louisiana: "Não faça isso, pare. Há uma cascavel escondida ali embaixo". Ela pegou a camada seguinte de pranchas apodrecidas com um forcado, viu a cascavel e a matou. "Obrigada", disse ao falecido marido. Dois dias depois, ela voltou ao local e o viu lá, de pé. "Ninguém conseguirá me convencer de que essa experiência não aconteceu", diz ela. "Sou sadia, madura, adulta, produtiva, criativa, ativa e *normal*. Eu só queria saber como ser mais receptiva e ter mais controle sobre esse meu sentido 'extra'."

Assustador? No levantamento de Barnum, "nenhum relato mencionou medo ou pavor. Pelo contrário, muitos descreveram a sensação de conforto provocada pelo contato [com o morto]".[10]

Experiências como essas são universais. Quando entrevistou 227 viúvas e 66 viúvos, o pesquisador da dor da perda W. D. Rees descobriu que quase metade havia tido "experiências de visitação" do falecido cônjuge, sendo que quase 15% delas foi sob a forma de mensagens faladas. Essas experiências envolviam ambos os sexos, transcendiam culturas, eram comuns tanto em pequenas vilas como em grandes cidades e aconteciam igualmente com agnósticos, ateus e crentes.[11]

Os relatos de comunicação com os mortos, quer provenham de médiuns ou de outras pessoas, podem consolar os vivos, mas não constituem o veredito final sobre a sobrevivência. Afinal, os céticos sempre afirmarão que eles são produtos de mentes perturbadas. É a percepção não local, em geral, que é o mais importante. A não localidade envolve infinitude no espaço e no tempo. A infinitude no tempo é eternidade [*eternality*]. Portanto, a consciência não local não *implica* simplesmente a imortalidade, ela a *exige*.

13

A unicidade da mente em sociedades tradicionais

Evidências sugerem que a unicidade da mente entre os seres humanos começa cedo, na relação entre a mãe e o recém-nascido. O psicólogo desenvolvimentista Joseph Chilton Pearce citou um estudo clássico sobre mães africanas e sul-americanas que, quando criam vínculos fortes com seus bebês, não lhes põem fraldas. Elas os carregam em *slings*, mas nunca se deixam sujar por eles, pois simplesmente sabem quando os filhos estão prestes a urinar ou defecar.[1]

O que os Sinais de Fumaça Realmente Significam

As culturas pré-modernas consideravam como certeza a possibilidade de as mentes se ligarem conjuntamente para realizar fins práticos. David Unaipon, descrito como "um aborígene australiano cristianizado, altamente instruído e inteligente", pelo jornal de Melbourne que publicou seus comentários, explicou em 1914 como o uso de sinais de fumaça dependia dessa possibilidade de união. Os ocidentais que testemunhavam esse costume supunham que algum tipo de código estivesse envolvido no sinal. Mas, segundo Unaipon, não se tratava disso. A função do sinal de fumaça era chamar a atenção de todos para que pudessem ocorrer comunicações a distância de mente para mente:

> Suponhamos que ele quisesse enviar uma mensagem para o irmão, que poderia estar, digamos, a 32 quilômetros de distância. Assim, ele providenciaria o necessário para fazer um sinal de fumaça. Em seguida, se sentaria e concentraria sua mente no irmão. A coluna de fumaça seria vista por todos os aborígenes a uma distância de vários quilômetros ao redor e todos eles concentrariam a mente, e colocariam o cérebro em um estado de receptividade. Porém só o irmão entraria em contato com ele. E ele [...] poderia então sugerir [ao irmão] a mensagem que desejava transmitir-lhe.[2]

O antropólogo Ronald Rose, que estudou minuciosamente os aborígenes quarenta anos depois, também recebeu a confirmação de que as mensagens dos sinais de fumaça não estavam na própria fumaça. "Quando vemos fumaça, nós pensamos, e com frequência encontramos clareza", disse-lhe um aborígene. Quando a pessoa distante vê a fumaça, "ela começa a pensar. E eu também estou pensando, de modo que ela pensa meus pensamentos".[3]

A fusão de mentes e o compartilhamento de pensamentos entre povos indígenas sempre deixaram os ocidentais espantados toda vez que entravam em contato com esses fenômenos, o que era frequente. Em seu livro *The Sixth Sense*, que publicou em 1927, Joseph Sinel descreveu como seu filho, que vivia entre membros de uma tribo do sul do Sudão, descobrira que "a telepatia é constante entre eles". Certa ocasião em que se perdeu, seus companheiros na tribo simplesmente foram atrás dele e o encontraram, cientes de que estava passando apuros. Em outra ocasião, quando encontrou a ponta de uma flecha e a trouxe consigo, dois nativos, já cientes de sua descoberta, foram ao seu encontro, pedindo-lhe permissão para examiná-la.[4]

O psicólogo Joseph Chilton Pearce descreveu um estudo sobre os colonos anglo-saxões que se radicaram em montanhas do sul da cordilheira dos Apalaches. Isolados durante várias gerações, eles usavam a "telepatia", como os pesquisadores a chamavam, como um meio habitual de comunicação, sem perceber o impacto que essa novidade causava.

Pearce escreveu que "praticamente todas essas comunicações 'telepáticas' diziam respeito ao bem-estar geral e ao vínculo afetivo dentro da unidade familiar: a mãe avisando à família que o jantar estava pronto, um parente percebendo que o outro estava aflito, e coisas assim".[5]

O biólogo britânico Rupert Sheldrake sugere que, ao longo da maior parte da história humana, esse tipo de capacidade de percepção foi a norma. E pergunta: "Por que perdemos tanto da sensibilidade que tinham nossos ancestrais? Há muitas histórias de viajantes na África os quais afirmam que, em muitas partes desse continente, membros de uma tribo sabem quando uma pessoa está chegando, quando alguém necessita da ajuda deles, eles simplesmente vão até o lugar e encontram essa pessoa, a 80 quilômetros de distância. Eles respondem a isso [esse tipo de informação telepática] durante o tempo todo. Antes da invenção do telefone, era assim que as pessoas faziam. E isso está documentado em relatos vindos de povos indígenas norte-americanos, de aborígenes australianos e de viajantes. Muitas vezes, os antropólogos não estudavam esse fenômeno por estarem convencidos de sua impossibilidade. Eles iam para lá com um arcabouço mental racionalista e deixavam de documentar as coisas que constituem as características mais interessantes das culturas tradicionais [...]. Até mesmo em nossa sociedade, [essa capacidade] não foi completamente erradicada".[6]

Mais de uma Maneira de Ver

Uma pessoa que estudou o conhecimento a distância em culturas pré-modernas é Douchan Gersi. Cineasta, explorador e aventureiro, Gersi passou a maior parte de sua vida em algumas das regiões mais isoladas do planeta documentando culturas que ele chama de "povos de tradição". Em seu livro cativante, *Faces in the Smoke*, ele descreveu como o conhecimento não local pela Mente Una é empregado de uma maneira natural, que se integra "sem suturas" na vida cotidiana dessas culturas.

Certo dia, dirigindo pelo deserto do Saara, Gersi encontrou um nômade tuaregue sentado ao lado de seu camelo. A julgar pelos rastros, Gersi deduziu que ele já estava ali havia vários dias. O local, perdido no meio do nada, não tinha nenhuma característica distintiva: era só areia, pedra e colinas rochosas, nada mais. Intrigado, Gersi parou e compartilhou de chá com o homem.

O nômade explicou que estava à espera de um amigo. Sete meses antes, quando estava em uma cidade chamada Gao, no Mali, a cerca de 970 quilômetros de distância dali, ele havia feito um pacto com esse amigo: deveriam encontrar-se naquele local e naquele momento. Os dois estariam viajando e convergiriam para aquele local vindos de diferentes direções.

Gersi olhou ao redor e perguntou-se como alguém poderia escolher aquele local na imensidão circundante. A possibilidade de que duas pessoas, vindas de direções opostas, pudessem convergir naquele ponto desafiava sua imaginação. "Não dá para errar o local", disse o nômade, dando nome a tudo o que os cercava. O único problema era que sua água estava para acabar e se o amigo não chegasse dentro de três dias, ele teria de prosseguir viagem.

Na manhã seguinte, o tuaregue disse a Gersi que tudo estava dentro do tempo programado: durante a noite, ele havia se comunicado com o amigo e este chegaria em dois dias.

– Você sonhou com ele? –, perguntou Gersi.

– Não, não sonhei. Ele só me disse onde estava –, respondeu o nômade. E explicou que o amigo o informara que tivera que fazer um desvio para abastecer-se de água.

– Mas como foi que ele lhe disse isso? –, perguntou Gersi.

– Por intermédio da minha mente –, respondeu o nômade. – E, da mesma maneira, eu lhe respondi que estarei esperando por ele.

Ainda cético, Gersi esperou para ver o desfecho. Dois dias depois, como previra o tuaregue, seu amigo chegou.[7]

Em outra ocasião, Gersi e seus companheiros faziam um percurso traiçoeiro, de quase 1.300 quilômetros pelo Saara, que ia de Djanet, cidade argelina perto da fronteira com a Líbia, a Timbuktu, no Mali. Esse percurso abrangia grandes extensões de dunas de areia, entremeadas com trechos perigosos de areia movediça, montanhas, áreas vulcânicas e vales profundos. Os mapas disponíveis não eram específicos, e seria imprudente fazer a viagem sem um guia.

Gersi procurou o chefe do posto militar avançado de Djanet, que recomendou um homem chamado Iken como o melhor guia para essa viagem. Segundo o comandante, Gersi não deveria se preocupar com o fato de que Iken era *cego*.

Iken, que estava na faixa dos 50 anos, passara a infância e a adolescência com o pai, que guiava caravanas por toda a região do Saara. Depois, também começara a guiar caravanas até ser contratado como guia pela Legião Estrangeira da França. Com cerca de 30 anos, contraíra tracoma, uma infecção ocular, que acabou por levá-lo à cegueira.

– Você já fez essa viagem antes? –, perguntou-lhe Gersi.

– Não exatamente... Mas estou vendo muito bem o que vocês querem fazer –, respondeu Iken.

E explicou que seria necessário ele viajar sentado no pneu sobressalente, que ficava preso ao capô do Land Rover: "Preciso respirar o cheiro do deserto e ouvir os diferentes ruídos que os pneus fazem no solo; isso me diz muita coisa sobre o terreno". Disse que não conseguiria fazer nenhuma dessas coisas se viajasse dentro do carro e acrescentou: "Não falem enquanto estiverem dirigindo, mas observem atentamente a paisagem em volta [...]. Isso também me ajuda a ver onde estou". Era como se o cego Iken pudesse absorver informações não só da paisagem circundante como também das outras pessoas. Se elas soubessem com o que as coisas se pareciam, ele também saberia. Era como se sua mente se sobrepusesse à mente dos outros. A orientação de Iken era ainda mais notável considerando que o grupo de Gersi costumava viajar à noite sem acender os faróis.

Iken revelou-se um verdadeiro órgão sensorial humano que funcionava em todos os níveis, menos no visual. Muitas vezes, pedia para que parassem o veículo, descia, ajoelhava-se, acariciava a areia e examinava sua textura. Inspirava profundamente e demorava-se absorvendo o odor do deserto. Uma vez, quando a água começou a escassear, ele correu as mãos pelos galhos de um grande arbusto seco, inspirou o ar em torno e deu novas instruções. Horas depois, encontraram água.

Com a ajuda de Iken, o grupo de Gersi chegou sem incidentes a Timbuktu.[8]

Privado da visão física, Iken colocou em jogo outros meios de conhecimento, inclusive o conhecimento alheio. Isso foi possível com a conexão, a ligação conjunta de mentes individuais.

14

Gênios *savants*

Um conjunto de evidências que sugerem a existência da Mente Una provém dos *savants*, também conhecidos como idiotas-prodígios. A palavra *savant*, de origem francesa, significa "instruído, erudito, culto". Os *savants*, com frequência, possuem um conhecimento que não poderiam ter adquirido com base na sua própria experiência nem na sua aprendizagem. Tampouco poderiam tê-lo formulado sozinhos. Embora em geral tenham algum dano ou incapacidade do ponto de vista mental ou social, os *savants* frequentemente possuem espantosos poderes criativos e intuitivos, cuja origem é obscura, em áreas como matemática, arte ou música.[1]

Analfabetos, Incapazes de Ser Treinados, Incapazes de Ser Instruídos... e Brilhantes

O psicólogo Joseph Chilton Pearce, que analisa o savantismo, ou síndrome de *savant*, em seu livro *O Fim da Evolução*, afirma: "Os *savants* não são treinados e são incapazes de ser treinados. [...] São analfabetos e incapazes de ser instruídos, [...] poucos conseguem ler e escrever... No entanto, cada um deles aparentemente tem acesso ilimitado a um determinado campo do conhecimento, conhecimento esse que nós sabemos que eles não podem ter adquirido [...] Pergunte [...] a esses *savants* [matemáticos] como eles conseguem chegar a essas respostas, eles sorriem, felizes por estarmos impressionados, mas são incapazes de apreender as implicações de tal pergunta [...]. As respostas vêm através deles, mas eles não sabem como fazem isso – eles não sabem como eles sabem [...]. Os que conseguem ler música em um relance não conseguem ler mais nada. No entanto, eles demonstram uma reação sensório-motora impecável aos símbolos musicais [...]". E aqui está o ponto crucial do mistério: "O problema é que, na maioria dos casos, e até onde se pode sondá-lo, *o savant não adquiriu, não poderia ter adquirido e é totalmente incapaz de adquirir a informação que tão generosamente nos oferece*" (o itálico é nosso).[2]

A "síndrome de *savant*" foi popularizada no filme *Rain Man*, de 1988. Kim Peek, o homem que tinha déficit de desenvolvimento e serviu de inspiração para o filme, sabia de cor mais de 7.600 livros, além de todos os códigos DDD, códigos postais (CEPs), códigos de estradas e códigos de estações de TV dos Estados Unidos.[3]

Leslie Lemke, um *savant* cego, apresenta déficit de desenvolvimento e sofre de paralisia cerebral. Nasceu com glaucoma, e os médicos foram obrigados a remover-lhe os olhos. Sua mãe biológica o entregou para adoção, e May Lemke, uma enfermeira, o adotou quando ele tinha 6 meses de idade. Leslie só conseguiu ficar de pé aos 12 anos e andar, aos 15. Uma vez, quando ele tinha 16 anos, May o viu tocar o Concerto nº 1 para piano de Tchaikovski no meio da noite. Pouco tempo antes, Leslie ouvira a peça ser executada na televisão. Embora jamais tivesse estudado piano, em pouco tempo estava tocando todos os estilos de música, do *jazz* ao clássico. Além disso, compunha música e conseguia tocar com perfeição milhares de peças, mesmo que as tivesse escutado apenas uma vez. Lemke tornou-se uma sensação e viajou em turnê pelos Estados Unidos, Escandinávia e Japão.[4]

Geralmente se imagina que as capacidades dos *savants* são apenas curiosidades de pouco valor prático, mas isso nem sempre é verdade. Durante a Segunda Guerra Mundial, o governo britânico empregou dois *savants* matemáticos para trabalhar como computadores humanos e, até onde se sabe, eles se mostraram infalíveis.[5]

O psicólogo David Feinstein relata que no século passado foram identificados pelo menos 100 *savants* dotados de capacidades mentais prodigiosas.[6] Darold A. Treffert, psiquiatra especializado em savantismo, descreve em seu livro *Extraordinary People*[7] um *savant* que, apesar do vocabulário conversacional limitado a cerca de 58 palavras, conseguia dizer com precisão a população de todas as cidades e metrópoles de mais de 5 mil habitantes existentes no país; o nome, endereço e número de quartos de 2 mil dos principais hotéis norte-americanos; a distância de qualquer cidade ou metrópole de um estado dos Estados Unidos até a maior cidade desse estado; dados estatísticos sobre 3 mil montanhas e rios; e datas e fatos essenciais referentes a mais de 2 mil grandes invenções e descobertas.[8]

Certa vez, mostrou-se a um *savant* matemático um tabuleiro de xadrez com um grão de arroz no primeiro dos 64 quadrados. Em seguida, perguntaram-lhe quantos grãos de arroz haveria no último quadrado se o número de grãos de arroz duplicasse em cada quadrado. Quarenta e cinco segundos depois, ele deu a resposta correta, um número superior ao total de átomos que existe no Sol.[9]

George e Charles são gêmeos idênticos conhecidos como "*savants* calendáricos". Incapazes de cuidar de si mesmos, vivem internados em uma instituição desde os 7 anos de idade. Se você lhes perguntar em que data cairá a Páscoa daqui a 10 mil anos, eles responderão imediatamente, citando também outras informações calendáricas, como o horário das marés. Se você lhes perguntar em que dia ocorreu um fato anterior a 1752, ano em que a Europa deixou de usar o calendário juliano e adotou o gregoriano, suas respostas considerarão automaticamente o sistema correto. Eles conseguem dizer o dia da semana de qualquer data que você escolher até 40 mil anos no passado ou no futuro. Se você lhes der a data de seu aniversário, eles poderão lhe dizer quais os anos em que ele cairá em uma quinta-feira. Além dessa capacidade, eles gostam de brincar de dizer um ao outro números primos de vinte dígitos, demonstrando uma capacidade paralela rara nos *savants*. Apesar dessas capacidades prodigiosas, eles não sabem somar nem os números mais simples. Se você lhes perguntar como aprenderam a considerar em seus cálculos a mudança de sistemas calendáricos que vigorou a partir de 1752, eles ficarão confusos com uma pergunta tão abstrata; na verdade, eles nem sequer sabem o que significa "sistema calendárico".[10]

Muitos clínicos relataram casos de *savants* capazes de ter percepção extrassensorial, ou PES, também chamada de psi, como a letra grega. Em um dos casos, George, um *savant* autista que era incapaz de escrever o próprio nome ou uma sentença qualquer, sabia quando os pais resolviam inesperadamente buscá-lo na escola (à qual geralmente ia de ônibus). Ele dizia à professora que os pais estavam vindo e já os estava esperando à porta quando eles chegavam. Outros pais descreveram seus filhos *savants* autistas como capazes de ouvir conversas que ocorriam em locais que estavam fora de sua faixa de audição e de captar pensamentos não verbalizados. Em outro caso, o pai de uma garota *savant* contou que, certo dia, o vidro do mostrador de seu relógio de pulso caiu no banheiro e foi imediatamente recolocado. Apesar de só ele saber desse fato, logo depois a filha relatou-lhe o incidente com riqueza de detalhes.

Em um terceiro caso, uma garota *savant* conseguiu prever com precisão uma semana antes do Natal o que havia dentro dos pacotes de presentes que ganharia, embora não tivesse nenhum meio de saber isso e não tivesse recebido nenhuma pista de quais poderiam ser os presentes. Outra garota *savant* conseguia prever quando o telefone tocaria e quem estaria do outro lado da linha. Esses e várias dezenas de outros casos foram relatados pelo dr. Bernard Rimland em um estudo com 5.400 crianças autistas. Rimland, que acredita ter testemunhado capacidades psi autênticas em muitas delas, comentou: "A probabilidade estatística de que tal conhecimento fosse uma coincidência é nula".[11]

Como Eles Fazem Isso?

As explicações usuais para a síndrome de *savant* baseiam-se em propensões genéticas ainda não compreendidas e em obscuros processos cerebrais. O psiquiatra Treffert, que provavelmente estudou mais *savants* que qualquer outra pessoa, propõe a "memória ancestral" como possível explicação, afirmando: "Os *savants*-prodígio, em especial, 'sabem' coisas, ou 'lembram-se' de coisas, que nunca aprenderam. Para explicar essa realidade – pois é uma realidade –, parece-me ser necessário invocar um terceiro tipo de memória – uma memória ancestral ou genética –, que existe paralelamente à memória cognitiva ou semântica e à memória procedimental ou habitual [...]. A meu ver, tal memória ancestral é, simples e exclusivamente, a *transferência genética de conhecimento*".[12]

Treffert reconhece o conceito de inconsciente coletivo, usado pelo psicólogo Carl Jung para explicar "traços herdados, intuições e sabedoria coletiva do passado" e a ideia de "memória racial" invocada pelo neurocirurgião Wilder Penfield. Porém, na opinião de Treffert, todas essas propostas reduzem-se aos genes. Ele afirma categoricamente: "Não importa se é chamado de memória ancestral ou racial, de intuições ou mesmo de inconsciente coletivo, o conceito da transmissão genética de conhecimento de um tipo complexo se faz necessário para explicar como o *savant*-prodígio, particularmente, lembra-se *de fato* de coisas que nunca aprendeu [...]. Pelo que parece, o *savant*-prodígio vem com uma boa quantidade de *software* 'instalado de fábrica', que já contém um considerável volume de dados ou de conhecimento. Aparentemente, o acesso a esse *software* 'instalado de fábrica' pode explicar as habilidades, as capacidades e o 'conhecimento' inatos, instintivos e excepcionais, que são evidentes no imenso e instantâneo domínio de uma determinada área de operação que eles demonstram [...]. É por esse mesmo mecanismo e por essa mesma transferência que todos nós, em maior ou menor grau, 'sabemos' ou 'nos lembramos' de coisas que jamais aprendemos".[13]

Tudo isso parece violar o princípio básico da biologia evolutiva, segundo o qual as capacidades que contribuem para a sobrevivência e a procriação do indivíduo são as que se transmitem geneticamente às gerações subsequentes. Qual é o valor de sobrevivência que há em conhecer, como acontece com alguns *savants*, um número praticamente ilimitado de informações totalmente triviais, extremamente prescindíveis? Por que essas informações seriam "instaladas de fábrica" nos genes dos *savants*? Como poderia se tratar de "memória ancestral", como sugere Treffert, se informações como os fatos sobre hotéis, no caso de um dos *savants* mencionados acima, não existiam quando os ancestrais desse *savant* estavam vivos?

O conhecimento "instalado de fábrica" e as informações que provêm dos ancestrais têm pouco valor como explicação. Essas propostas parecem uma tentativa desesperada de manter o cérebro e os genes como responsáveis pelas capacidades dos *savants*. Se já houve na ciência alguma nota promissória com pouquíssimo valor de resgate, bem poderia ser esse tipo de tentativa, pois ninguém tem a menor ideia de como os genes, que codificam proteínas, poderiam explicar essas capacidades, nem de como fatos não aprendidos poderiam ser armazenados nos genes dos ancestrais antes mesmo de tais fatos existirem.

O baixo nível de inteligência dos *savants* pode ser uma vantagem por limitar sua atenção a uma faixa estreita e filtrar todos os estímulos irrelevantes ou alheios a esse interesse. O número menor de distrações poderia aumentar o valor da razão "sinal/ruído" da fonte atemporal de informações e intensificar a recepção do que chega até o *savant*.

Em nossa era de ouro da exploração cerebral, os neurocientistas estão explorando os padrões de atividade cerebral que se correlacionam com as capacidades dos *savants*.[14] Os geneticistas também podem identificar padrões no DNA dos *savants* que se correlacionem às suas capacidades. Porém, em qualquer dos casos, isso não provará que os genes ou os mecanismos cerebrais são os responsáveis por essas façanhas, da mesma forma que um aparelho de TV não produz a imagem que aparece na tela. Em vez disso, cérebros e genes podem ser uma estação de retransmissão de informações originadas fora deles, do mesmo modo que a imagem da TV tem origem fora do aparelho. Repetindo, como afirma a venerável máxima da ciência: "Correlação não é causação".

Os que estudam o savantismo às vezes admitem-se perplexos. Reconhecem que se encontram diante de um enigma que não pode ser resolvido se continuarmos a recorrer aos habituais suspeitos: genes e cérebros. No artigo "Inside the Mind of a Savant" [Dentro da Mente de um *Savant*], que publicaram na *Scientific American*, Treffert e Daniel D. Christensen declaram: "Enquanto não compreendermos suas [de Kim

Peek, que serviu de inspiração para o filme *Rain Man*] capacidades, não podemos fingir que compreendemos a cognição humana".[15] Treffert também admite: "O número de teorias que existem para responder a essa questão é igual ao de investigadores".[16] Embora as hipóteses continuem brotando como ervas inúteis ou daninhas na primavera, não surgiu nenhum modelo capaz de explicar todos os *savants*. Na década de 1970, a pesquisadora Jane Duckett, da Universidade do Texas, em Austin, chamou a atenção para a necessidade de uma "ampla revisão das teorias" no empenho para se compreender as capacidades dos *savants*.[17] Sua recomendação continua de pé.

É tentador ver os *savants* como entidades em si mesmos, isolados dos que os cercam. Em muitos casos, isso está longe de ser verdade. Como observa Treffert, "uma das maiores lições é constatar que eles foram modelados por muito mais que meros conjuntos de circuitos neurais. Os *savants* florescem graças ao reforço propiciado pelo amor incondicional, pela fé e pela determinação dos que cuidam deles".[18] Talvez o exemplo clássico seja o do pianista Leslie Lemke, que provavelmente deve a vida ao amor e ao carinho de sua mãe adotiva, a enfermeira que o fez transpor com vida uma década de dependência quase total.

Mas o "ambiente social" pode não se limitar ao mundo dos sentidos físicos com que estamos familiarizados. Ele pode também envolver aquele grande local de reunião da consciência, a Mente Una. Talvez seja essa a "ampla revisão das teorias" que é necessária se tivermos alguma esperança de penetrar no intrigante mistério dos *savants*. A Mente Una em que os *savants* talvez ingressem estaria à disposição de todos. Ela seria uma espécie de olho d'água para a consciência, onde a sede de informações, soluções criativas e sabedoria pode ser aplacada. Essa Fonte seria um local de encontro para todas as mentes que já existiram. Ela é o inconsciente coletivo de Jung, a Superalma de Emerson e diversas outras expressões que surgiram ao longo de toda a história para designar uma dimensão espaçotemporalmente infinita da mente.

15

Gêmeos

"Corpo e espírito são gêmeos: só Deus sabe qual é qual."

– Algernon Charles Swinburne[1]

Interesso-me por gêmeos idênticos desde que atingi idade suficiente para perceber que sou um deles. O fato de ser gêmeo é a principal razão pela qual eu fui atraído para o conceito da Mente Una. Durante toda a nossa vida, meu irmão gêmeo e eu sempre fomos profundamente ligados. Além disso, sou casado com uma gêmea. Barbara, minha mulher, também compartilha experiências da Mente Una com seu irmão gêmeo. Por uma questão de respeito à privacidade, não descreverei essas experiências, concentrando-me nas pesquisas sobre gêmeos que são de conhecimento público.

Fiquei naturalmente fascinado assim que ouvi pela primeira vez a história dos famosos "gêmeos Jim", Jim Springer e Jim Lewis, gêmeos idênticos que se conheceram aos 39 anos de idade. Separados quando ainda eram bebês, eles foram adotados por duas famílias operárias do estado de Ohio.[2]

Seu encontro, em fevereiro de 1979, foi um evento de alta carga emocional para ambos. "Eu sou eu e ele é ele. Mas, ao mesmo tempo, ele é eu e eu sou ele. Entende?", disse Jim Springer a respeito do irmão. Eles não apenas haviam sido batizados com o nome de James por suas respectivas famílias adotivas: ambos haviam se casado duas vezes, a primeira com mulheres que se chamavam Linda e a segunda, com mulheres que se chamavam Betty. Jim Lewis tinha três filhos, um dos quais chamado James Alan; o irmão, Jim Springer, tinha três filhas e um filho, James Allan. Os gêmeos haviam tido um cachorro chamado Toy. Os dois preferiam cerveja Miller Lite, fumavam um cigarro Salem atrás do outro, dirigiam um automóvel Chevrolet, gostavam de carpintaria e tinham no porão de suas casas oficinas semelhantes onde faziam coisas parecidas, não gostavam de beisebol e adoravam corridas de stock-car. Ambos roíam as unhas quase até a raiz. Ambos foram alunos medíocres no segundo grau; a matéria de que mais gostavam era matemática e a matéria de que menos gostavam era ortografia. Fumavam e bebiam a mesma quantidade de cigarros e álcool e tinham dor de cabeça na mesma hora do dia. Tinham padrões semelhantes de fala e de raciocínio, andavam de modo semelhante e preferiam comida apimentada. Além disso, tinham em comum certas esquisitices, como dar descarga na privada antes de usá-la.[3] Ambos haviam servido como assistentes do xerife de suas respectivas comunidades. Extrovertidos e afetuosos, os dois costumavam deixar espalhados pela casa bilhetinhos amorosos para suas mulheres. Haviam votado nos mesmos candidatos nas três eleições presidenciais anteriores. Nenhum dos dois se preocupava muito com o passado ou o futuro, vivendo essencialmente no presente. Os dois haviam passado férias na Flórida na mesma praia de três quarteirões de extensão.

Seus históricos médicos eram semelhantes. Ambos tinham padrões idênticos de visão, pressão arterial, batimentos cardíacos e sono. Ambos sofriam de hemorroidas, haviam engordado 4,5 quilos na mesma época da vida e apresentavam "síndrome de dor de cabeça mista", combinação de enxaqueca e cefaleia tensional. Em ambos, a síndrome surgiu inicialmente aos 18 anos e, em ambos, as dores de cabeça ocorriam no fim da tarde. Para descrevê-las, usavam frases semelhantes. No passado, ambos haviam sofrido o que imaginaram ser ataques cardíacos, embora não se detectasse doença cardíaca alguma em nenhum dos dois. Ambos haviam feito vasectomia. Os exames de suas ondas cerebrais, registradas com base em reação a estímulos variados, eram como cópias idênticas um do outro.[4] Jim Lewis morava em Elida, Ohio, em uma modesta casa de madeira. Sua casa era a única do quarteirão em cujo jardim havia um banco branco em torno de uma árvore. Jim Springer morava em Dayton, cerca de 130 quilômetros ao sul de Elida. Sua casa também era a única do quarteirão em que havia um banco branco em torno de uma árvore.

Quando foi escrita por um repórter local, a história dos gêmeos Jim chamou a atenção da Associated Press. O psicólogo Thomas J. Bouchard Jr., da Universidade de Minnesota, leu a respeito dela no *Minneapolis Tribune* e imediatamente percebeu que estava diante de uma rara oportunidade de estudar gêmeos idênticos criados separados. "Foi apenas pura curiosidade científica", relembra Bouchard. "Achei que faríamos apenas um estudo sobre um par de gêmeos criados separados. Poderíamos ter, no fim, uma pequena monografia."[5]

Bouchard estava interessado na controvérsia "inato × adquirido" – o debate sobre o impacto relativo das influências genéticas em relação aos fatores ambientais na formação da constituição geral do indivíduo. Os gêmeos idênticos têm o mesmo padrão genético. Se eles diferirem significativamente dos pontos de vista comportamental, psicológico ou físico, isso corresponderá a uma forte sugestão de que as diferenças de ambiente e de criação predominam sobre as influências genéticas. Por outro lado, se continuarem idênticos depois de separados ao nascer e criados em ambientes diferentes, a sugestão será, ao contrário, a de que os fatores genéticos prevalecem sobre as influências ambientais.

Bouchard não perdeu tempo. Uma hora depois de ler a história, já conseguira da universidade uma bolsa preliminar para financiar uma investigação dos gêmeos Jim que incluía dezenas de avaliações de personalidade e aptidão, além de exames médicos e psiquiátricos. Em um teste que media variáveis de personalidade como tolerância, conformidade, autocontrole, sociabilidade e flexibilidade, os resultados dos dois Jims foram tão próximos que era como se a mesma pessoa tivesse sido avaliada duas vezes. Segundo Bouchard, "eles eram extraordinariamente semelhantes em inteligência, em capacidades mentais, em interesses e em preferências e antipatias [...]. O padrão se estendia às pequenas coisas que contribuem para formar uma personalidade [...], o modo de sentar-se ou de gesticular, a velocidade da fala, a linguagem corporal. Eram como um par de suportes para livros".[6]

Na época em que Bouchard iniciou seu estudo, nos Estados Unidos havia registro de apenas dezenove casos de gêmeos reunidos, a maioria dos quais criados por famílias biologicamente relacionadas entre si. Isso tornava Springer e Lewis ainda mais únicos e interessantes aos olhos de Bouchard, que dedicara sua carreira a destrinchar os fatores que governam a personalidade humana. No dia do início dos testes, Bouchard convidou os Jim para o café da manhã, a fim de explicar-lhes alguns detalhes do estudo. Era a primeira vez que trabalhava com gêmeos idênticos, e ficou impressionado. Viu-se obcecado com pequenas coisas a respeito deles – por exemplo, o modo como cada um roía as unhas. Cada um dos Jim tinha um formato de sobrancelha peculiar, e Bouchard começou, distraidamente, a contar-lhes o número de pelos. "Por que nos olha assim?", perguntou um deles. Bouchard desculpou-se. Estava abismado com as semelhanças dos gestos, das vozes e da morfologia de seus corpos. Aqueles homens haviam levado vidas inteiramente separadas e, no entanto, se fechasse os olhos, Bouchard não conseguiria dizer qual dos Jim estava falando.[7]

A notícia do estudo vazou, e os gêmeos ficaram famosos. Foram convidados para o programa de TV de Johnny Carson, foram entrevistados por Mike Douglas, conheceram Jonathan Winters, seu conterrâneo de Ohio, e foram matéria de artigos da *Newsweek*, *People* e outras revistas.

Como escreveu Arthur Allen, jornalista do *Washington Post*, "quando começaram a entrevistar os gêmeos de Bouchard, criados longe um do outro, os jornalistas concentraram-se nos pares que tinham semelhanças espetaculares, como os gêmeos Springer-Lewis. Só que esses gêmeos se revelaram exceções no estudo de Minnesota. As semelhanças entre a maioria dos demais gêmeos não chegavam nem perto das deles [...]. Os genes fazem proteínas que contribuem para caminhos químicos que desempenham um certo papel em eventos neurológicos e existenciais complexos [...]. Mas os genes na verdade não fazem [...] crianças violentas nem adultos deprimidos, e nenhum cientista que se preze afirmaria isso". Tampouco fazem gêmeos criados longe um do outro darem descarga na privada antes de usá-la. Então qual é a explicação? A ciência convencional não tem nenhuma. Essas anomalias são consideradas "exceções" ou "anomalias no sistema", expressões que, para um cientista, equivalem a não dar importância para esses dados.[8]

Em um artigo publicado na revista *Smithsonian*, o jornalista Donald Dale Jackson pareceu entrever nesses fenômenos certa dimensão sagrada:

> A verdade final da reunião dos Jim não [está] nas semelhanças genéticas nem nas diferenças ambientais, mas sim na alegre consumação do restabelecimento de um vínculo, da recuperação do amor – do triunfo da família. Ambos os Jim reconheceram intuitivamente essa verdade e reagiram a ela de maneira idêntica – com gratidão. Os cientistas não podem provar isso, mas talvez a alma deles também seja idêntica.[9]

Em decorrência da investigação dos Jim, outros pares de gêmeos idênticos, também separados por ocasião do nascimento, começaram a procurar o dr. Bouchard. Em um ano, ele avaliou quinze pares e recebeu indicações para avaliar mais 35. O projeto o levou a fundar o Minnesota Center for Twin and Adoption Research nas cidades de Minneapolis e St. Paul, muito apropriadamente chamadas de "Cidades Gêmeas". Até hoje, mais de cem pares de gêmeos criados longe um do outro já passaram pelo programa e permaneceram durante uma semana no Elliott Hall, nos laboratórios de Bouchard.

Dois dos mais notáveis sujeitos de Bouchard foram as gêmeas britânicas Bridget Harrison e Dorothy Lowe. Separadas quando ainda bebês, durante a Segunda Guerra Mundial, e criadas em ambientes socioeconômicos muito diferentes, reuniram-se apenas quando se aproximavam dos 40 anos. No dia em que saltaram do avião em Minneapolis, cada uma delas usava sete anéis, dois braceletes em um dos pulsos e um relógio de pulso e um bracelete no outro. Bridget dera ao filho o nome de Richard Andrew, e Dorothy batizara o seu como Andrew Richard. O estranho "fenômeno da nomeação" não parava por aí. Bridget dera à filha o nome de Catherine Louise, e Dorothy dera à sua o nome de Karen Louise. Bouchard ficou impressionado com isso, uma vez que a possibilidade de coincidência é reduzida pelo fato de a escolha do nome de um filho ser decisão conjunta de marido e mulher.

Outras duas gêmeas de Bouchard, Daphne Goodship e Barbara Herbert, também separadas quando bebês durante a Segunda Guerra Mundial, foram adotadas e criadas por famílias diferentes. Como os dois Jim, elas se encontraram após 39 anos. Quando se conheceram, em maio de 1979, na Estação de King's Cross, em Londres, ambas usavam um vestido bege e um casaco de veludo marrom. Ambas tinham mindinhos tortos e, por isso, não haviam podido aprender a datilografar nem tocar piano. Ambas tinham uma pequena excentricidade: empurravam o nariz para cima, algo que chamavam de "franzir" [*squidging*] o nariz. Aos 15 anos, ambas caíram de uma escada e, por isso, tinham tornozelos frágeis. Aos 16, ambas conheceram seus futuros maridos em um baile. As duas sofreram um aborto espontâneo quando esperavam o primeiro filho e, em seguida, tiveram dois meninos e depois uma menina. Ambas riam mais do que qualquer outra pessoa que conheciam e são lembradas com afeto pelos pesquisadores como as "Gêmeas Risadinhas". Ambas desatavam a rir ao menor pretexto e sempre provocavam ataques de riso uma na outra. No entanto, quando lhes perguntaram se costumavam rir assim quando estavam com suas famílias adotivas, ambas responderam que não.[10]

Outro par de gêmeos que ganhou muito espaço na mídia era formado por Oskar Stöhr e Jack Yufe, que tiveram as formações mais radicalmente diferentes entre todos os gêmeos estudados. Nascidos em Trinidad em 1933, eram filhos de um judeu e uma alemã e foram separados logo após o nascimento. A mãe de Oskar voltou com ele para a Alemanha, onde o garoto foi criado pela avó como católico e nazista. Jack foi criado pelo pai no Caribe como judeu e passou parte da juventude em Israel em um *kibutz*. Quando se apresentaram a Bouchard, levavam vidas muito diferentes. Oskar era casado, trabalhava como supervisor industrial na Alemanha e, além de sindicalista dedicado, era esquiador. Jack tinha uma loja de roupas em San Diego, era separado e viciado em trabalho. Mas as semelhanças entre os dois ficaram evidentes desde o momento em que chegaram ao aeroporto de Minneapolis. Ambos vestiam camisas azuis com dois bolsos e ombreiras, usavam óculos com armação de metal e tinham bigodes bem aparados. Suas idiossincrasias se confundiam: eles gostavam de comida apimentada e licores doces, eram distraídos e costumavam dormir com a televisão ligada. Curiosamente, tinham em comum o estranho hábito de espirrar ruidosamente em público para provocar uma reação nas pessoas, traço que desconcertou os cientistas. Ambos davam descarga na privada antes de usá-la, guardavam elásticos para dinheiro nos pulsos, liam revistas de trás para a frente e gostavam de mergulhar torradas com manteiga no café. "Diante de algumas dessas coisas, só podemos dar de ombros e dizer: 'Já não está mais em nossas mãos'", disse Bouchard.[11]

O Inato, o Adquirido e a Mente Una

Será que esses fenômenos dos gêmeos resultam do "inato" [*nature*] ou do "adquirido" [*nurture*], de fatores genéticos ou ambientais? A equipe de Bouchard tende predominantemente para uma explicação genética, uma vez que as influências ambientais eram tão radicalmente distintas em muitos dos casos que eles estudaram. Porém, ao se concentrarem em apenas duas possibilidades para explicar os pensamentos e comportamentos extraordinariamente semelhantes de gêmeos idênticos criados longe um do outro, os pesquisadores podem estar omitindo outra possibilidade de suma importância. Se, de algum modo, a consciência for ilimitada e unitária, essas semelhanças não serão surpreendentes, pois gêmeos – ou quem quer que seja – separados poderiam compartilhar pensamentos, apesar de estarem separados no espaço e no tempo. Eles poderiam participar das emoções e das crenças um do outro, algo que, ao longo do tempo, poderia se destilar em comportamentos semelhantes ou idênticos. A mente não local poderia agir em conjunto com fatores genéticos, intensificando a tendência para a similaridade. Nesse caso, podemos fazer as seguintes perguntas: "Por que não somos mais parecidos do que na verdade somos? Uma vez que compartilhamos da consciência, o que nos impede de ser clones uns dos outros em palavras, pensamentos e atos? O que possibilita nossa imensamente rica diversidade? Se a Mente Una for real – se as nossas mentes forem essencialmente ilimitadas e fluírem umas para dentro das outras –, então como nos tornamos indivíduos?".

A mente não local, agindo em conjunto com outros fatores, como os genes e o ambiente, nos proporcionam um modelo explanatório mais poderoso para a bizarra similaridade vista nos gêmeos idênticos que são criados longe um do outro. Alguns dos comportamentos deles são a tal ponto afrontosamente semelhantes que nem mesmo os materialistas mais ferrenhos conseguem explicá-los: é o caso, por exemplo, de usar sete anéis, espirrar alto em público, instalar bancos brancos em torno de uma árvore no jardim da casa, casar-se sucessivamente com pessoas de nomes iguais ou batizar os filhos com nomes iguais ou parecidos. A tentação é sempre a de atribuir ao acaso o que não pode ser facilmente explicado pela genética ou pelo comportamento, pois o acaso é esse estimado lixão onde, com uma palavra final, o inexplicado é sempre descartado. Uma Mente Una não local e compartilhada torna o acaso uma explicação menos atraente.

Bouchard e outros pesquisadores de gêmeos encontraram evidências de que alguns gêmeos idênticos criados longe um do outro são ainda *mais* idênticos do que os gêmeos que são criados juntos. Isso pode parecer surpreendente até considerarmos o que significa ser gêmeo. Gêmeos idênticos criados juntos frequentemente têm muita dificuldade em estabelecer uma identidade individual. Muitas vezes, eles são estimulados a parecer-se ao máximo um com o outro, como nos casos em que são vestidos de modo igual. Como resultado, eles podem se esforçar muito para "ser diferentes" a fim de afirmar sua individualidade. Quando são criados longe um do outro, os gêmeos idênticos não se veem como imagens no espelho, que precisam lutar para estabelecer a própria identidade. Assim, paradoxalmente, sua separação pode lhes permitir ser mais parecidos do que o seriam se fossem criados juntos.

Muita gente reagiu quase depressivamente aos dados das pesquisas com os gêmeos, como se se tratasse de uma maldição. Não é difícil entender por quê. As pesquisas sugerem que podemos experimentar diferentes ambientes, ser criados por pais diferentes, crescer em países diferentes, ter amigos diferentes e nos casar com pessoas diferentes e, mesmo assim, emergir dessas experiências singulares do mesmo modo como entramos: para todos os efeitos, clones virtuais de outra pessoa que tem os nossos mesmos genes, alguém que nunca vimos nem conhecemos. Nosso DNA parece zombar do livre-arbítrio e da volição. Como declara Lawrence Wright em seu resumo sobre esse campo de pesquisa: "Quando lemos histórias sobre gêmeos que foram separados no nascimento e se reúnem na meia-idade só para descobrir que em muitos aspectos se tornaram a mesma pessoa, ficamos com a ideia de que a vida é, de certo modo, uma charada ou uma farsa: que nós só *parecemos* reagir conscientemente aos fatos, que as experiências de vida que pensávamos ter nos moldado são pouco mais que ornamentos ou curiosidades que colhemos ao longo do caminho e que as injunções de nossos pais e os traumas de nossa juventude, que acreditávamos ditar as coordenadas de nosso caráter, podem ter exercido sobre nós um efeito pouco maior que o de um livro que lemos ou um programa de TV a que assistimos –, que, de fato, poderíamos ter vivido a vida de outra pessoa e ainda assim ser quem somos".[12]

Os estudos sobre gêmeos, em vez de se constituir na evidência de uma maldição genética, podem ser justamente o oposto. Os comportamentos intensamente correlatos de gêmeos idênticos separados podem ser lições de liberdade. Gêmeos criados longe um do outro podem estar se reunindo não localmente em uma dimensão particular da consciência, fazendo escolhas inconscientes que os levam a encaixar-se, a parecer-se e a compartilhar. Eles podem ilustrar o triunfo de mentes que, graças à sua conexão na Mente Una, são livres para escolher a similaridade e para se deleitar na semelhança. Em vez de ser um motivo para lamentarmos nossa escravização genética, talvez os pensamentos e os comportamentos correlatos dos gêmeos idênticos sejam uma razão para celebrarmos nossa libertação com relação aos genes.

É claro que a tendência para negar o livre-arbítrio, recorrente na ciência materialista, não se limita a gêmeos idênticos criados longe um do outro; ela se estende aos seres humanos em geral. Esse esforço tem uma pitada de hipocrisia e de ilogismo. Como diz o psicólogo Lawrence

LeShan em seu revolucionário livro, *Landscapes of the Mind*: "Imagine que uma pessoa dissesse: 'Eu não tenho livre-arbítrio. Tudo que faço e digo é determinado por forças mecânicas. Sou um robô'. Nós a encaminharíamos a um psiquiatra. Mas se uma pessoa que tem um Ph.D. se levantasse em um auditório e dissesse: 'Todos os seres humanos são mecanicamente determinados e não têm nenhum livre-arbítrio', nós a chamaríamos de behaviorista ou de psicanalista ou de adepta do determinismo filosófico, aplaudiríamos seu brilhante raciocínio e a tornaríamos chefe de seu departamento".[13]

Os filósofos podem interpretar as semelhanças entre gêmeos idênticos criados longe um do outro como uma maldição, mas os próprios gêmeos não pensam assim. Para eles, essas semelhanças são motivo de alegria. Considere, por exemplo, os comentários de Jim Lewis: "Quando eu tinha uns 6 anos, minha mãe me contou que eu tinha um irmão gêmeo. À medida que crescia, fui ficando mais curioso [...]. Sempre quis ter alguém, assim, bem próximo de mim. Acho que me sentia só [...]. Até que, há uns cinco anos mais ou menos, resolvi [...] decidi procurá-lo. Não sabia direito o que estava procurando, só esperava encontrá-lo por acaso, acho". Depois do encontro dos dois, Jim Springer declarou: "Meu Deus, como estamos nos curtindo. Ninguém pode imaginar como isso é". Jim Lewis redigiu um texto, enrolando-o à semelhança de um pergaminho e deu-o ao irmão. Nele se liam as seguintes palavras: "O dia 9 de fevereiro de 1979 foi o mais importante de minha vida. Nesse dia, começamos juntos um relacionamento que irá durar a vida inteira e nunca mais nos separaremos".[14]

Quando as já citadas gêmeas idênticas Barbara Herbert e Daphne Goodship se conheceram, aos 40 anos de idade, descobriram que ambas haviam conhecido seus futuros maridos em um baile da prefeitura quando tinham 16 anos. Como já dissemos, ambas haviam caído de uma escada no mesmo ano, lesionando os tornozelos. As sequelas da queda as impediam de descer escadas sem apoiar-se no corrimão. Em um teste de comparação de caligrafia, quando os pesquisadores de Minnesota pediram-lhes que escolhessem qualquer sentença, ambas escreveram *"The cat sat on the mat"* [O gato se sentou na esteira] e ambas erraram ao escrever "*cat*" como "*cas*". Ambas tricotavam casacos com o mesmo padrão e a mesma cor. Depois do primeiro encontro, as duas escreveram no mesmo dia para uma revista feminina para fazer a mesma pergunta, sem informar uma à outra o que haviam feito. As duas ganharam dez libras na Loteria Nacional na mesma semana. Quando Daphne ganhou um frasco de perfume da Avon em uma rifa, Barbara ganhou um prêmio em um sorteio promovido por sua representante local da Avon.[15] Segundo Guy Lyon Playfair, pesquisador britânico de gêmeos e autor de um livro rico em percepções esclarecedoras, *Twin Telepathy*, "o que os achados da minha pesquisa sobre gêmeos refletem é muito claro: algumas coincidências de fato se devem ao fundamento genético e outras, não. E geralmente é fácil distingui-las".[16]

Ele não julguei surpreendente, escreveu ele, que Jonathan e Jason Floyd, gêmeos idênticos de 17 anos, tivessem precisado retirar o apêndice com dois dias de diferença, embora estivessem a quase 500 quilômetros de distância, pois eram "cópias heliográficas genéticas" um do outro e haviam vivenciado incidentes médicos correlatos a vida inteira. Mas há também fatos estranhos em ação. Playfair perguntou: "Como a genética é capaz de explicar que John e Michael Atkins tenham caído e quebrado a perna exatamente na mesma hora, quando esquiavam em diferentes geleiras dos Alpes, longe da vista um do outro?".[17] Há algum gene que responda por quedas de esqui? Sem dúvida, cada um é livre para atribuir todas as ocorrências desse tipo aos genes, a coincidências ou a minúsculos *gremlins* alpinos que fazem os esquiadores escorregarem. Mas, à medida que o número de ocorrências estranhas aumenta, a maioria das pessoas começa a sentir um certo desconforto intelectual em relação a genes e coincidências (e *gremlins*).

O Efeito Casablanca

Playfair considerou exemplos desse tipo como provas do *efeito Casablanca*. Ele tirou essa expressão da famosa observação de Humphrey Bogart no filme *Casablanca*, quando Ingrid Bergman, sua ex-amante, aparece:

"Tantos bares, em tantas cidades em todo o mundo, e ela tinha que entrar logo no meu".

Certas coincidências parecem coincidir *tanto* que exigem outra explicação.

Essa suspeita acomete até céticos como Peter Watson, que pergunta: "Será que todas as coincidências que estão sendo coletadas em Minnesota são uma espécie de camuflagem, um sinal de que há outra coisa acontecendo em um nível mais profundo?".[18] Playfair responde à pergunta de Watson com um "sim", e eu assino embaixo. Diz Playfair: "Algo [...] continua a ser demonstrado e relatado regularmente, com os gêmeos idênticos fornecendo ainda mais do que sua justa parcela de tais relatos, embora ainda haja quem se recuse a admitir sua existência ou até mesmo a possibilidade de sua existência".

Sugiro que esse "algo" seja uma expressão da Mente Una.

16

Eventos telessomáticos

Na década de 1960, o neuropsiquiatra norte-americano Berthold E. Schwarz cunhou o termo *telessomático* a partir de palavras que significam "corpo distante".[1] Schwarz documentou eventos nos quais as pessoas experimentam sensações semelhantes ou mudanças físicas reais, apesar de poderem estar separadas por grandes distâncias. Ao longo das décadas seguintes, foram relatados centenas de eventos telessomáticos. Esses relatos sugerem que as pessoas envolvidas estejam, de algum modo, ligadas por meio da consciência, como se dois corpos compartilhassem uma única mente.

Como um só Corpo

Um exemplo clássico, relatado pelo crítico social inglês John Ruskin, é o de Arthur Severn, famoso pintor de paisagens. Certo dia, Severn acordou cedo e foi velejar em um lago próximo. Sua mulher, Joan, que também era sua prima, continuou na cama. E despertou repentinamente, sentindo na boca um forte golpe sem causa aparente. Logo depois, o marido voltou, segurando uma toalha sobre a boca que sangrava. E lhe contou que o vento se intensificara de repente, fazendo a retranca atingi-lo na boca e quase o atirando na água na mesma hora em que ela sentiu o golpe.[2]

Uma ocorrência semelhante foi relatada em 2002 pelo matemático e estatístico Douglas Stokes. Quando dava um curso de parapsicologia na Universidade da Michigan, um dos seus alunos relatou que, certo dia, seu pai fora derrubado de um banco por um "golpe invisível no queixo". Cinco minutos depois, o pai recebeu um telefonema da academia em que a mulher se exercitava, informando-o de que ela havia quebrado o maxilar em um equipamento de ginástica.

Outro exemplo que também envolveu a família de Severn foi mais infeliz. Certo dia, quando Joan Severn estava sentada com a mãe e uma tia, a mãe de repente deu um grito, caiu para trás no sofá, cobriu as orelhas com as mãos e exclamou: "Água, muita água entrando depressa em meus ouvidos; tenho certeza de que meu irmão ou meu filho James ou ambos estão se afogando". Então Joan foi até a janela e viu pessoas correndo em direção ao local em que eles normalmente iam para nadar. Logo depois, pálido e aflito, o tio entrou em casa e deu-lhes a notícia: James de fato havia se afogado.[3]

Ressonância Empática

David Lorimer, arguto analista da consciência e líder da Scientific and Medical Network [Rede Científica e Médica], organização internacional sediada no Reino Unido, coletou muitos casos telessomáticos para o seu instrutivo livro *Whole in One*. Impressionado com o fato de esses eventos ocorrerem em particular entre pessoas afetivamente muito próximas, ele enfatiza de maneira vigorosa aquilo que chama de "ressonância empática", algo que acredita ligar as pessoas através do espaço e do tempo.

O falecido psiquiatra Ian Stevenson (1918-2007), da Universidade da Virgínia, investigou um grande número de ocorrências comparáveis, nas quais pessoas em locais distantes experimentavam sintomas físicos semelhantes. A maioria envolvia pais e filhos, cônjuges, irmãos, gêmeos, amantes e amigos muito íntimos.[4] Também nesses casos, parecia que o elemento em comum era a estreita intimidade emocional e a empatia existentes entre as pessoas separadas.

Stevenson relata um exemplo típico: uma mãe estava escrevendo uma carta para a filha, que recentemente se mudara para cursar a faculdade em outra cidade. Sem motivo aparente, começou a sentir um ardor tão forte na mão direita que teve de parar de escrever. Menos de uma hora depois, recebeu um telefonema informando que a filha sofrera um acidente ao manipular ácido no laboratório e tivera uma grave queimadura na mão direita na mesma hora em que ela, a mãe, foi acometida pela sensação de ardor.[5]

Em um caso relatado pela pesquisadora Louisa E. Rhine, uma mulher de repente se curva, sentindo no peito uma dor muito forte, enquanto diz: "Alguma coisa aconteceu com Nell; ela se feriu". Duas horas depois, o xerife lhe informa que Nell, sua filha, sofrera um acidente automobilístico e que um pedaço do volante penetrara em seu peito.[6]

O Mistério dos Gêmeos se Aprofunda Ainda Mais

Como vimos no capítulo anterior, Guy Lyon Playfair é um dos mais conhecidos pesquisadores britânicos da consciência e autor de *Twin Telepathy*, um livro revelador. Ele coletou uma grande variedade de casos telessomáticos documentados entre irmãos, tanto gêmeos como não gêmeos.

Um deles envolvia os gêmeos idênticos Ross e Norris McWhirter, famosos na Grã-Bretanha por serem coeditores do *Guinness Book of Records* [Livro Guinness dos Recordes]. Em 27 de novembro de 1975, Ross foi morto por dois homens com um tiro na cabeça e outro no peito, na porta da casa onde morava, no norte de Londres. De acordo com uma pessoa que estava com o gêmeo de Ross, Norris reagiu de modo dramático na hora do tiroteio, quase como se ele tivesse sido atingido "por uma bala invisível".[7]

Casos assim são invariavelmente considerados como coincidências pelos céticos, mas há outras ocorrências mais difíceis de se enquadrar nessa categoria. Um exemplo relatado por Guy Lyon Playfair diz respeito a duas gêmeas idênticas de 4 anos de idade, Silvia e Marta Landa, que moravam na aldeia de Murillo de Río Leza, no norte da Espanha.[8] Em 1976, as garotinhas se tornaram celebridades depois que o jornal local noticiou um fato bizarro. Marta tinha queimado a mão em um ferro de passar roupa. Enquanto em sua mão se formava uma grande bolha vermelha, outra idêntica se formou na mão de Silvia, que estava longe visitando os avós na ocasião. Sem conhecimento do que havia ocorrido com a irmã, Silvia foi levada a um médico. Quando as duas meninas se reencontraram, os pais viram que as bolhas eram do mesmo tamanho e ocupavam o mesmo lugar na mão.

Não era a primeira vez que esse tipo de coisa tinha acontecido com as duas. Se uma sofresse um acidente, a outra parecia saber o que havia ocorrido, mesmo que elas não estivessem perto uma da outra. Certo dia, quando chegavam de carro à casa, Marta saltou apressada e correu para dentro, onde de repente se queixou por não conseguir mover o pé. Enquanto isso, Silvia havia se atrapalhado com o cinto de segurança e prendido o pé nele. Em outra ocasião, quando uma delas se comportou mal e ganhou uma palmada, a outra, sem ter visto o que havia ocontecido, irrompeu imediatamente em prantos.

Membros da Spanish Parapsychological Society [Sociedade Espanhola de Parapsicologia] em Madri souberam do incidente da mão queimada e decidiram investigar o caso. E, com plena aprovação e cooperação dos pais das gêmeas, foram até a casa da família Landa com uma equipe de nove pessoas, entre psicólogos, psiquiatras e médicos. Os pesquisadores começaram a trabalhar aplicando uma série de testes camuflados de brincadeiras, de modo que as garotinhas não tinham a menor ideia de que estavam envolvidas em um experimento.

Marta permaneceu no térreo com a mãe e alguns dos pesquisadores, enquanto Silvia foi com o pai e o restante da equipe para o segundo piso. Tudo o que ocorreu em ambos os pisos foi filmado e gravado em fitas de áudio. Usando uma marionete em forma de luva, um dos psicólogos iniciou uma brincadeira com Marta. Silvia recebeu uma marionete idêntica, mas não lhe foi proposta nenhuma brincadeira. No piso de baixo, Marta agarrou a marionete e a atirou no investigador. No piso de cima, no mesmo momento, Silvia fez a mesma coisa.

Em seguida, um dos médicos da equipe decidiu fazer um exame simples e apontou um feixe de luz em direção ao olho esquerdo de Marta. Em cima, Silvia passou a piscar os olhos rapidamente, como se tentasse evitar uma luz forte. Depois o médico fez um exame do reflexo patelar, batendo três vezes com um pequeno martelo no tendão do joelho esquerdo de Marta. No mesmo momento, Silvia começou a sacudir a perna em espasmos tão intensos que o pai, que não sabia que o teste estava sendo feito em Marta, precisou segurá-la e imobilizá-la. Em seguida, pediram a Marta que cheirasse um perfume muito aromático. Quando ela o fez, Silvia balançou a cabeça e pôs a mão sobre o nariz. Depois, ainda em ambientes diferentes, as gêmeas receberam sete discos coloridos para arrumar na ordem que quisessem. E os arrumaram exatamente na mesma ordem.

Houve ainda outros testes. Nem todos foram tão espantosos quanto o exame do reflexo patelar, mas a equipe classificou todos, com exceção de um, como "extremamente positivos" ou "positivos".

Os testes das irmãs Landa confirmaram o que a maioria dos pesquisadores já havia verificado – as crianças são mais propensas a esse tipo de coisa que os adultos e que a probabilidade de se obter resultados positivos é maior quando os experimentos são feitos no *habitat* natural dos sujeitos, em um clima de relaxamento e confiança, e não em laboratórios estéreis e impessoais. Esta última lição tem sido frequente e solenemente ignorada por experimentadores envolvidos em pesquisas sobre a consciência, pesquisadores que já deveriam saber disso muito bem. Pesquisadores precisaram aprender com insistência quanto era importante a "validade ecológica", princípio segundo o qual se deve permitir que aquilo que está sendo testado se desdobre como na vida real.

Uma Vantagem para a Sobrevivência

Muitas vezes, os eventos telessomáticos são vistos como pouco mais que coincidências ou estranhas curiosidades, como as mãos simultaneamente queimadas das gêmeas Landa. Mas há muitas situações em que eles se revestem de importância capital, como em casos de vida ou morte. São casos importantes porque mostram que o vínculo telessomático tem valor de sobrevivência, provável razão pela qual ele parece inerente aos seres humanos.

Um desses casos foi relatado a Guy Playfair. Ele dizia respeito a dois gêmeos idênticos, Ricky e Damien, na época com apenas três dias de idade. Anna, a mãe deles, os amamentava na cama durante a noite, recostada em travesseiros. Nessa ocasião específica, ela tinha Ricky diante de si, enquanto o outro gêmeo, Damien, estava deitado em um travesseiro à sua esquerda. Quando trocava a fralda de Ricky, este começou a berrar de repente. Apesar de ele ter só três dias, aquilo era surpreendente. Assim como o irmão, "Ele era um ótimo bebê", disse Anna. Ela não conseguia imaginar o que poderia estar errado, uma vez que ele já tinha sido alimentado e trocado. Então, ainda berrando, Ricky começou a sacudir o corpo, como se estivesse tendo uma convulsão. Anna relata que, de repente, um pensamento pipocou em sua cabeça, o de que "os gêmeos transmitem mensagens um ao outro", e resolveu verificar como estava Damien. Para seu horror, viu que ele não estava no lugar em que o pusera, mas sim com o rosto para baixo, enfiado nos travesseiros atrás dela. Imediatamente o agarrou e viu que o rosto do bebê estava azul. Com a boca fechada, sem conseguir respirar, Damien estava prestes a morrer sufocado. Com ajuda da filha mais velha, aplicou-lhe respiração artificial e chamou uma ambulância. O terrível evento teve um final feliz. Anna concluiu: "Sem sombra de dúvida, Ricky salvou a vida do irmão. Se não fosse por seus berros e sacudidas do corpo, eu jamais teria olhado para Damien enquanto não tivesse terminado de cuidar de Ricky e, então, seria tarde demais".[9]

Experiências semelhantes ocorrem com gêmeos idênticos adultos. Um exemplo envolveu Gloria Morgan Vanderbilt (1904-1965) e sua gêmea idêntica, Lady Thelma Morgan Furness (1904-1970). Em *Double Exposure: A Twin Autobiography*, elas relatam que quando Lady Furness estava esperando seu bebê na Europa, Gloria estava em Nova York. Pretendia viajar à Europa para ver a irmã em maio, quando o bebê deveria nascer. Gloria relata que, no fim de março, quando se preparava para sair para almoçar, começou a sentir dores abdominais tão fortes que precisou cancelar seus compromissos e ficar deitada. "Lembro-me de ter dito

[...] que, se não soubesse que a ideia estava fora de questão, eu pensaria que estava parindo." Gloria conseguiu dormir um pouco. Quando despertou, já se sentia bem e viu, na mesa de cabeceira, um telegrama de Lorde Furness anunciando o nascimento prematuro do filho de Thelma.[10]

Às vezes, a dor compartilhada é emocional, e não física, como em outro caso relatado a Playfair. Esse diz respeito a uma jovem acadêmica norte-americana, na época estudante de graduação na Universidade de Stony Brook, em Nova York. Ela despertou, aos gritos, de um sono profundo às seis horas da manhã, no horário de Nova York, com a certeza de que a irmã gêmea estava em dificuldades no Arizona. Contou à companheira de quarto o que havia acontecido e também telefonou para a mãe. Esta informou-lhe que, às três horas da manhã, no horário do Arizona, um carro-bomba havia explodido diante do apartamento da irmã e quebrado uma janela. Felizmente, a irmã e o marido estavam bem. A hora da explosão da bomba no Arizona coincidia com seu despertar aterrorizado em Nova York.

Embora as interações telessomáticas não se limitem de modo algum aos gêmeos, elas são inegavelmente frequentes entre eles. Como afirma Playfair, nos gêmeos vemos "o sinal telepático a todo o volume, por assim dizer. Nesse sinal, não são apenas informações que se transmitem a distância, mas também emoções, sensações físicas e até sintomas, como queimaduras e arranhões".[11] Mesmo assim, ele descobriu que apenas cerca de 30% dos gêmeos idênticos têm essas experiências. No entanto, entre esses 30%, os fenômenos podem ser verdadeiramente extraordinários.[12] A intimidade emocional estreita é um fator essencial na conexão entre os gêmeos. Além disso, demonstrou-se que a personalidade extrovertida, ativa, facilita o vínculo. E, como podemos ver nos exemplos acima, "o que [os gêmeos] comunicam melhor são más notícias: depressão, doenças, acidentes e, é claro, a morte".

Obstetrícia Intuitiva

Podemos observar conexões que vão além dos gêmeos em médicos que sentem, emocional e fisicamente, quando seus pacientes precisam de sua atenção, como se ambos compartilhassem do mesmo corpo-mente. Um caso notável é o de Larry Kincheloe, ginecologista e obstetra de Oklahoma.[13] Depois de concluir uma especialização em ginecologia e obstetrícia, Kincheloe juntou-se a um grupo de médicos muito tradicional e clinicou sem incidentes durante cerca de quatro anos. Então, em um sábado à tarde, recebeu um chamado do hospital avisando que uma paciente sua estava entrando em trabalho de parto. Ele deu as ordens de rotina e, como esse era o primeiro filho da paciente, ele supôs que o parto ainda demoraria algumas horas. Enquanto varria folhas secas em casa, teve uma sensação esmagadora de que precisava ir para o hospital. Imediatamente telefonou para a ala de obstetrícia e foi informado pela enfermeira de que tudo ia bem; a paciente tinha apenas cinco centímetros de dilatação e o parto só deveria ocorrer dali a várias horas.

Apesar dessa informação, a sensação foi ficando mais forte e Kincheloe começou a sentir uma dor no meio do peito. Ele a descreveu como semelhante à sensação que as pessoas têm aos 16 anos de idade, quando perdem o primeiro amor, uma melancolia tão profunda que dói. Quanto mais tentava ignorar essa sensação, mais ela se intensificava, até atingir o ponto em que ele sentiu estar se afogando. Àquela altura, já estava desesperado para chegar ao hospital. Entrou no carro e saiu a toda a velocidade. À medida que se aproximava, começou a se sentir melhor e, quando entrou na ala de parto, sentiu uma esmagadora sensação de alívio.

Quando chegou ao balcão da enfermaria, a enfermeira que acompanhava sua paciente acabara de vê-la. Ao lhe perguntar por que tinha vindo, Kincheloe honestamente admitiu que não sabia, havia sentido apenas que sua presença era necessária e que seu lugar era ali. Ela lançou-lhe um olhar estranho e disse-lhe que acabara de ver a paciente e que a dilatação era de apenas sete centímetros. Naquele instante, ouviu-se um grito vindo da sala de parto. Qualquer pessoa que já tenha trabalhado na ala de obstetrícia sabe que existe um tom característico no grito de uma mulher quando a cabeça do bebê está no períneo, prestes a despontar. Ele correu até o quarto da paciente, a tempo de ajudá-la a dar à luz um bebê saudável. Depois, quando a enfermeira lhe perguntou como soubera que deveria ir para o hospital depois de ser informado de que o parto ainda demoraria horas, ele não soube responder.

A partir daquele dia, Kincheloe começou a prestar atenção àquelas sensações. E aprendeu a confiar nelas. Depois de ter essas sensações intuitivas centenas de vezes, ele rotineiramente age de acordo com elas. Em geral, quando recebe uma ligação da ala de obstetrícia, ele já está se trocando ou no carro, a caminho do hospital. Muitas vezes, atende ao telefone dizendo: "Já sei, estou indo", certo de que é o pessoal da obstetrícia chamando. A ocorrência se tornou tão frequente que a equipe costuma dizer às novas enfermeiras: "Quando quiserem chamar o dr. Kincheloe, basta pensar nisso que ele aparece".

Há pouco tempo, Kincheloe voltou a ter aquela velha sensação, telefonou para o hospital e falou com uma nova enfermeira, designada para acompanhar uma paciente sua que já havia entrado em trabalho de parto. Perguntou-lhe como estavam as coisas. Ela informou-lhe que a paciente havia tomado uma epidural, estava repousando confortavelmente e apresentava um bom padrão de frequência cardíaca fetal. Kincheloe perguntou novamente se não estava acontecendo nada que exigisse a atenção dele. Exasperada, ela respondeu: "Não, como lhe disse, acabo de checar a paciente e está tudo bem". Ao fundo, ele ouviu outra enfermeira dizer: "Pergunte a ele se está sentindo dores no peito". Confusa, ela lhe fez a pergunta. Ele respondeu que sim. Então, ouviu a nova enfermeira transmitir a resposta à mais antiga, que lhe disse: "Se o dr. Kincheloe está sentindo dores no peito, é melhor você checar a paciente de novo".

"Só um instante", disse a nova enfermeira a Kincheloe antes de ir verificar a paciente. Então ele ouviu o som de passos rápidos retornando. Afobada, ela lhe disse que o bebê estava prestes a nascer e que ele precisava se apressar.

As experiências do dr. Kincheloe mostram que as sensações físicas podem funcionar como um sistema de alerta precoce, avisando-nos quando algo importante está prestes a acontecer. Embora o dr. Kincheloe possa parecer o único a reconhecer e utilizar essas sensações, é mais provável que muitos médicos e outros profissionais da assistência à saúde concordem com ele, mas simplesmente não falem a respeito do assunto.

Médicos, Cientistas e Professores: no que Eles Acreditam

Em seu fascinante livro *The Witch in the Waiting Room*, Robert S. Bobrow, médico e professor adjunto de clínica médica do Departament of Family Medicine [Departamento de Medicina Familiar] da Universidade de Stony Brook, descreve como descobriu que muitos de seus pacientes, enfermeiros e colegas no fundo acreditam em poderes mentais que não são oficialmente reconhecidos pela medicina. Eles guardam suas crenças para si mesmos por causa do estigma que os marcaria caso elas se tornassem públicas.

Bobrow citou um levantamento publicado em 1980 no *American Journal of Psychiatry*, que fazia a professores de psiquiatria, médicos-residentes, professores de outras especialidades médicas e diretores de escolas de medicina a seguinte pergunta: "Você acha que estudos sobre a paranormalidade deveriam ser incluídos no currículo de psiquiatria?". Mais da metade respondeu que sim. Os autores do levantamento concluíram: "Nossos resultados indicam uma alta incidência, entre diretores de escolas de medicina e professores de psiquiatria, de convicção de que muitos fenômenos paranormais podem ser reais, de que os poderes paranormais estão presentes na maioria dos seres humanos – ou em todos –, de que fatores alheios à medicina desempenham um papel importante no processo de cura e, acima de tudo, de que se devem incluir estudos sobre fenômenos paranormais no currículo de psiquiatria [...]".[14]

Muitos céticos fizeram de tudo para negar e mascarar essas tendências. É comum eles dizerem que só uma porcentagem ínfima de médicos praticantes e professores de medicina acreditam nos eventos além do corpo, que caracterizam a Mente Una, que estamos examinando neste livro. Esses céticos insinuam que os médicos que acreditam nessas coisas estão em descompasso com a tradição científica e querem levar a medicina de volta à Idade das Trevas. Porém, como mostra o levantamento acima, a crença nesses assuntos não se restringe a alguns poucos apóstatas, mas estende-se tanto à medicina clínica como aos círculos de ensino médico acadêmico.

Outro levantamento nacional, realizado em 2004, examinou as crenças de 1.100 médicos norte-americanos de várias especialidades. Os pesquisadores descobriram que 74% acreditavam que os assim chamados milagres ocorriam no passado e 73% acreditavam que eles podem ocorrer atualmente. (Tenho a suspeita de que, para a maioria dos médicos, *milagre* não significa uma suspensão, infração ou violação da lei natural, mas sim um evento que não é bem compreendido. A maioria dos médicos provavelmente concordaria com Santo Agostinho, para o qual os assim chamados milagres não contradizem a natureza; eles contradizem o que nós sabemos sobre a natureza. Essa é também a minha visão.) Cinquenta e nove por cento dos médicos pesquisados afirmaram rezar pelos seus pacientes como indivíduos e 51% afirmaram rezar por eles como um grupo.[15] Analisando essas tendências, Stephan A. Schwartz concluiu: "Há uma crescente compreensão de que considerações inefáveis, a maioria delas incluída no conceito de mente não local, exercem considerável influência sobre o que pensa tanto a população em geral como a comunidade médica".[16]

Os cientistas em geral sustentam crenças semelhantes. Um levantamento realizado em 1973 entre os leitores da revista britânica *New Scientist* pediu-lhes que dissessem sobre como se sentiam com relação à percepção extrassensorial, ou PES. (A *New Scientist* define seus leitores como cientistas convencionais em atividade ou pessoas de orientação científica.) Dos 1.500 respondentes, 67% consideravam a PES um fato estabelecido ou, pelo menos, uma forte probabilidade, e 88% consideravam a pesquisa da paranormalidade uma área legítima da investigação científica.[17]

Em outro levantamento, realizado entre mais de 1.100 professores universitários nos Estados Unidos, 55% dos educadores de ciências naturais, 66% dos de ciências sociais (excluídos os psicólogos) e 77% dos de educação, artes e humanidades declararam acreditar que a PES é um fato estabelecido ou uma provável possibilidade.[18]

Portanto, a tese de que a crença nos fenômenos além do corpo que estamos analisando é rara entre médicos, cientistas e acadêmicos veteranos pode ser descartada como insensata. Essa noção absurda é perpetrada por céticos que, em geral, estão muito mal informados sobre a profundidade das pesquisas nessa área e se opõem a elas por razões ideológicas.[19]

Os eventos telessomáticos são mais que acontecimentos idiossincráticos, excêntricos. Eles indicam canais de comunicação entre pessoas distantes, uma das quais muitas vezes está em situação de necessidade. São lembretes de que, para além de nossa aparente separação, existem filamentos não físicos que nos conectam por vias que não estão sujeitas aos limites do espaço, do tempo ou das barreiras materiais. O fato de essas ligações serem catalisadas por laços emocionais sugere um lado mais empático e bondoso da existência do que até recentemente vínhamos supondo.

17

Absolutamente convencido

Contrariando as lamentações dos céticos, o número de evidências que favorecem a Mente Una é enorme e, como se não bastasse, tem sido replicado por cientistas experimentais em laboratórios do mundo inteiro.[1] Para citar o exemplo de um eminente cientista que tem um íntimo envolvimento com esses assuntos, quero me concentrar no físico Russell Targ.[2]

As pesquisas de Targ, que apontam para uma característica ilimitada e não local da consciência, são exemplares. Apoiado por uma carreira de quatro décadas de dedicação a pesquisas sobre a consciência no Stanford Research Institute (SRI) [Instituto de Pesquisa de Stanford] e em outros centros, ele vai direto ao assunto. Em uma palestra proferida em Paris em 2010, intitulada "Why I Am Absolutely Convinced of the Reality of Psychic Abilities, and Why You Should Be, Too" [Por que Eu Estou Absolutamente Convencido da Realidade das Capacidades Paranormais, e Por que Você Também Deveria Estar], ele afirmou:

> Os [...] dados que eu pude rastrear em minha carreira no SRI me convenceram, sem dar margem a nenhuma dúvida, de que nossa percepção é não local, nossa consciência é ilimitada, a percepção extrassensorial é uma

realidade, e sua precisão e confiabilidade independem da distância e do tempo. Acredito que quem somos é um reflexo de nossa extraordinária consciência não local (e provavelmente eterna).[3]

Muitos eventos e descobertas experimentais o levaram a essa visão da consciência. Em 1974, Targ e o físico Harold Puthoff, seu colega no SRI, trabalharam com Pat Price, comissário de polícia aposentado de Burbank, Califórnia, em nove experimentos de visão remota. Nesses testes, pediu-se a Price para que descrevesse o lugar em que Puthoff, que se deslocara até um local remoto, se encontrava. Em um grupo de sessenta possíveis lugares, Price acertou sete vezes na primeira tentativa. As probabilidades de esses resultados serem decorrência do acaso são de 3 em 10 mil. Os experimentos com Price e Hammid (veja a seguir) foram publicados em março de 1976 no periódico *Proceedings of the IEEE* (Institute of Electrical and Electronics Engineers) [Instituto de Engenheiros Eletricistas e Eletrônicos].

O Interesse da CIA por Experimentos de Visão Remota

Em 1975, a CIA, principal agência de inteligência e contrainteligência dos Estados Unidos, pediu a Targ e sua equipe para encontrarem alguém inexperiente e o convidassem para participar de testes semelhantes. Targ escolheu uma amiga sua, a fotógrafa Hella Hammid. Em nove ensaios duplo-cegos de locais externos remotos, ela acertou cinco vezes na primeira tentativa e quatro na segunda. A probabilidade de ela ter acertado por acaso é de 1 em 500 mil.

Por que a CIA estava interessada? Em 1972, Targ e Puthoff fundaram o programa de visão remota do SRI. Trabalhando com Pat Price e o pintor Ingo Swann, eles conseguiram examinar o interior de um local criptográfico secreto mantido pela Agência de Segurança Nacional (NSA, National Security Agency) na Virgínia, e descrevê-lo. Price identificou o nome do local e leu nos arquivos palavras de código, as quais foram confirmadas tanto pela NSA como pela CIA.

A CIA estava interessada em saber se a visão remota poderia ser usada para espionagem. E ficou fascinada quando Price descreveu e desenhou em escala uma fábrica soviética de armamentos em Semipalitinsk, na Sibéria, com um gigantesco guindaste de pórtico de oito rodas e uma esfera de aço de 18 metros de altura, que estava sendo construída em sigilo. Dois anos depois, esses desenhos foram confirmados por fotografias de satélite.

Em 1974, Price identificou e nomeou o sequestrador de Patricia Hearst entre as centenas de fotos de criminosos do livro do departamento de polícia de Berkeley, Califórnia, dois dias após o sequestro. Depois, localizou o carro usado no sequestro, a 80 quilômetros ao norte, e conduziu a polícia ao local.

Em 1974, Ingo Swann descreveu para a CIA um teste fracassado de bomba atômica feito pelos chineses, dando suas coordenadas geográficas. Swann desenhou a cena, inclusive uma fila de caminhões e uma demonstração pirotécnica do teste falho, com lápis de cor. *Tudo isso foi feito três dias antes da realização efetiva do teste.*

Em 1974, Targ e sua equipe no SRI assinaram com a NASA um contrato para desenvolver um programa de ensino de percepção extrassensorial. Targ desenvolveu uma máquina de ensino de PES com quatro opções, que fornecia *feedback* e reforço ao usuário. A máquina deu certo; as pessoas aprenderam a reconhecer uma "sensação paranormal única", que se fazia acompanhar de uma considerável parcela de aprendizagem e sucesso na tarefa de divulgar a PES. Esse dispositivo, que se chama ESP Trainer [Treinadora de PES], está disponível como aplicativo gratuito para o iPhone.

O exército dos Estados Unidos pediu a Targ e Puthoff para que escolhessem, em um grupo de trinta, seis oficiais da inteligência militar para fazer um curso de visão remota em um programa que eles pretendiam criar no Fort Meade, em Maryland. Targ e Puthoff trabalharam com os seis oficiais em 36 testes. Eles obtiveram dezoito acertos na primeira tentativa, nos quais quatro dos videntes remotos atingiram resultados com probabilidades contrárias ao acaso de 3 em 1.000. Nos resultados do grupo como um todo, essas probabilidades eram de 3 em 10 mil.

Trabalhando com o psicólogo Keith Harary, Targ organizou um experimento para prever o mercado de futuros da prata. Eles levaram a cabo nove testes nos quais previriam as alterações no mercado da prata com cinco dias de antecedência. As previsões foram bem-sucedidas em nove de nove testes, o que rendeu à equipe US$ 120.000. A tentativa de repetir esse sucesso no ano seguinte não deu certo, talvez porque, como disse Targ, eles tenham ficado gananciosos e tentassem acelerar a frequência dos testes, eliminando do vidente remoto o oportuno *feedback* que o teste anterior lhe teria proporcionado. Porém várias tentativas feitas por outros experimentadores tiveram sucesso.[4]

Em 1996, trabalhando com Jane Katra, dois matemáticos e um assim chamado protocolo de codificação de redundância, Targ e sua equipe acertaram 11 vezes em 12 testes de previsão de futuros da prata.

In 1978, o vidente Joe McMoneagle localizou um bombardeiro soviético Tu-22 abatido em uma selva africana. O avião levava a bordo registros de códigos, e os satélites não foram capazes de localizá-lo. O sucesso dessa tentativa foi posteriormente confirmado pelo presidente Jimmy Carter.[5]

Dois anos depois, McMoneagle descreveu em detalhes a construção sigilosa de um submarino soviético de 150 metros da classe *Typhoon* em um edifício de blocos de concreto, a 400 metros do mar, seis meses antes de seu lançamento.

O programa de visão remota do SRI durou 23 anos, de 1972 a 1995, com financiamento de US$ 25 milhões da Inteligência do Exército, Marinha e Aeronáutica, CIA, DIA e NASA. Como informou Targ, as conclusões científicas desse programa foram publicadas na *Nature*, no *Proceedings of the IEEE* e em periódicos patrocinados pelo American Institute of Physics [Instituto Americano de Física], com repetições de experimentos conduzidas nas universidades de Princeton, Edimburgo e Utrecht.[6]

Resumindo, Targ declarou: "Sei, com base em dados experimentais obtidos das pesquisas sobre psi em meu laboratório no SRI, que um vidente remoto consegue concentrar a atenção em um local específico de qualquer lugar do planeta (ou de fora dele) e muitas vezes descrever o que existe lá. Os experimentos no SRI mostraram que o vidente não está preso ao presente. Na física contemporânea, chamamos essa capacidade de focalizar a atenção em pontos distantes no espaço-tempo de 'percepção não local'. Dados obtidos nos últimos 25 anos demonstram que um vidente remoto pode responder a qualquer pergunta sobre acontecimentos de qualquer lugar, tanto no passado como no presente ou no futuro, e estar correto em mais de dois terços do tempo [isto é, em mais de 66% das vezes]. Se ele for um vidente remoto experiente, a proporção de respostas corretas pode ser muito mais alta".[7]

Como funciona tudo isso? Como é que pessoas e coisas estão conectadas a distância através do espaço e do tempo? Targ recorre a modelos e metáforas que já examinamos. Ele sugere que uma possível explicação está no entrelaçamento quântico.[8] Embora originalmente se atribuísse sua existência apenas ao domínio subatômico, agora se sabe que o entrelaçamento existe também em sistemas vivos.[9] Outra possibilidade envolve o conceito de ordem implicada do físico David Bohm. As características essenciais da ordem implicada são a de que todo o universo está, de alguma maneira, dobrado dentro de cada coisa, e cada coisa está dobrada dentro do todo.[10] Uma metáfora relacionada que Targ considera útil é a do holograma: "Como um holograma, cada região do espaço-tempo contém informações sobre todos os demais pontos do espaço-tempo. Essas informações estão prontamente disponíveis à nossa percepção. No universo holográfico [...], há uma unidade da consciência, uma 'mente coletiva maior', sem fronteiras no espaço nem no tempo".[11]

Uma Maçã que Caiu Perto da Árvore

No clã Targ se inclui Elisabeth Targ (1961-2002), a brilhante filha de Russell, uma das mais dotadas pesquisadoras da consciência que já conheci. Durante a década de 1990, nossos interesses comuns nos reuniram em várias conferências. Elisabeth era uma superestrela da academia, o que talvez não seja surpresa, se levarmos em conta o pai que tinha, bem como o fato de o irmão de sua mãe ser Bobby Fischer, famoso campeão mundial de xadrez. Desde muito jovem, Elisabeth colaborava com Russell como sujeito em seus estudos e como coexperimentadora. Como psiquiatra do California Pacific Medical Center [Centro Médico Pacífico da

Califórnia] em São Francisco, conduziu pesquisas sobre o papel da espiritualidade, da oração e da intencionalidade na cura. Uma pessoa bonita, compassiva e iluminada, ela era adorada tanto por pacientes como por colegas. Elisabeth também tinha o dom de curar e uma profunda e aguçada percepção da natureza do processo de cura. Sua carreira foi interrompida em razão da sua morte prematura, aos 40 anos de idade, em 2002.

Russell Targ dedicou a ela o livro *Mente Sem Limites*,[*] escrito nos meses que se seguiram à morte de Elisabeth.

---

[*] Publicado pela Editora Cultrix, São Paulo, 2010.

Aviões derrubados e navios afundados

"Visão remota" é a suposta capacidade de uma pessoa para adquirir informações sobre um alvo oculto à percepção física, em geral a alguma distância. Os físicos Russell Targ e Harold Puthoff usaram o termo pela primeira vez em 1974, com base em experimentos que conduziram no SRI International, anteriormente conhecido como Stanford Research Institute.[1]

Visão Melhor que a de Satélites Espiões

Um exemplo que diz respeito à segurança nacional dos Estados Unidos ocorreu no mandato do presidente Carter e envolve um bombardeiro russo Tu-22 que caiu uma densa selva africana no Zaire. Quando os satélites espiões norte-americanos não conseguiram localizá-lo, a Força Aérea e a CIA o encontraram graças ao fato de acrescentarem a visão remota aos seus métodos habituais. Recontando o incidente alguns anos depois, Carter disse: "Ela [a vidente remota] entrou em transe e, enquanto estava nesse estado, indicou algumas coordenadas de latitude e longitude. Nós voltamos as câmeras de nossos satélites para aquele ponto, e lá estava o avião". A descrição de Carter, feita anos depois do fato, é um relato simplificado. Na verdade, havia dois videntes remotos e foram necessárias várias sessões para comparar os desenhos deles com mapas e imagens fotográficas de alta resolução. Porém, o resultado final é que eles de fato localizaram o avião russo derrubado por meio de informações provenientes da visão remota, quando os métodos convencionais falharam. O avião foi por fim resgatado para análise pela inteligência. Quando se obtive uma foto do local da queda, viu-se que a cauda da aeronave se projetava para fora de um rio marrom e turbulento. Um dos desenhos dos videntes remotos correspondia a essa foto com uma impressionante riqueza de detalhes.[2]

A Mente Una torna irrelevante o tamanho de um grupo. Se uma pessoa dispuser de informação, em princípio essa informação estará à disposição de todos graças à conexão e à integração de todas as mentes em uma só. Isso não significa que a informação em questão necessariamente venha a se manifestar na mente de todos os 7 bilhões de terráqueos. Isso depende de muitos fatores, como o grau de abertura de cada um e a importância da informação para as necessidades, os anseios e as intenções do indivíduo. Vamos analisar essa questão um pouco mais de perto.

Operação Deep Quest

Uma das pessoas mais criativas que eu conheço é Stephan A. Schwartz, com quem tenho o prazer de trabalhar no periódico *Explore: The Journal of Science and Healing*, no qual ele assina uma coluna. Stephan é também pesquisador sênior do Center for Brain, Mind, and Healing [Centro para o Cérebro, a Mente e a Cura], do Samueli Institute [Instituto Samueli], e pesquisador adjunto do Cognitive Sciences Laboratory [Laboratório de Ciências Cognitivas], dos Laboratories for Fundamental Research [Laboratórios para Pesquisa Fundamental]. Além disso, ele é editor da publicação *on-line* diária schwartzreport.net. Na vida real, Stephan é um verdadeiro Indiana Jones, cujas pesquisas e aventuras já o levaram aos mais distantes cantos do planeta. A paixão de Schwartz é explorar como a consciência opera no mundo, mas talvez ele seja mais conhecido por sua contribuição para o desenvolvimento da visão remota, a qual vem usando há quase vinte anos para localizar e reconstruir sítios arqueológicos mundo afora, muitos dos quais escaparam à descoberta durante séculos. Esse seu trabalho já o levou em expedição à região abissal dos Bancos das Bahamas – um conjunto de plataformas de carbonato submersas que compõem grande parte do arquipélago das Bahamas – para procurar o local onde naufragou o brigue *Leander*; à Jamaica, com a equipe do Institute for Nautical Archaeology [Instituto de Arqueologia Náutica], para esquadrinhar a baía de St. Anne e localizar o ponto em que estava a caravela naufragada usada por Colombo em sua quarta e última viagem; e a Alexandria, no Egito, para elaborar o primeiro mapa moderno do Porto Leste de Alexandria, em uma viagem que resultou na descoberta de numerosos naufrágios. Além disso, essa excursão ao Egito também resultou nas descobertas do palácio de Marco Antônio em Alexandria, do Complexo Palaciano de Ptolomeu, usado por Cleópatra, e das ruínas do Farol de Alexandria, localizado na ilha de Faros, uma das sete maravilhas do mundo antigo.

Schwartz ficou fascinado com os primeiros trabalhos no campo da visão remota. Como pessoas comuns podiam saber coisas remotamente no espaço e no tempo? Como podiam ter premonições de eventos futuros ou descrever locais remotos que nunca tinham visto ou sobre os quais jamais tinham ouvido falar?

A maioria das pessoas que entra em contato com esse campo pela primeira vez imagina que deva ocorrer a passagem de algum tipo de sinal entre quem percebe a informação e o local distante, como os sinais eletromagnéticos envolvidos em transmissões de rádio e de televisão. Porém, quando Schwartz passou em revista os experimentos científicos descritos nos livros, ele não descobriu evidências da passagem de nenhuma espécie de sinal eletromagnético. Para começar, a distância não importava nesses casos; se houvesse necessidade de sinal eletromagnético, seria de se esperar que esse sinal ficasse mais fraco à medida que a distância aumentasse e, com isso, a intensidade e a precisão da visão remota também deveriam diminuir com o aumento da distância entre o vidente remoto e o lugar ou evento ao qual ele procura ter acesso. Os dados mostravam que esse não era o caso: a distância não importava. Além disso, a visão remota não podia ser bloqueada, nem mesmo quando o vidente remoto era colocado em poços de minas, cavernas ou gaiolas de Faraday, que são caixas ou gaiolas de metal que bloqueiam a maioria dos tipos de sinais eletromagnéticos. No fim, aparentemente não se transmitia nem se recebia nada de físico na visão remota.

Havia uma possível exceção: as ondas eletromagnéticas de frequência extremamente baixa (ELF, na sigla em inglês para *extremely low-frequency*). Essas são formas de onda muito longas, da ordem de quilômetros, o oposto das ondas curtas, de alta frequência, presentes nas transmissões de rádio e TV. As ondas ELF têm forte poder de penetração e podem atravessar barreiras físicas. A água das profundezas oceânicas constitui um dos poucos escudos infalíveis contra sua passagem.

Será que a transmissão das ondas ELF poderia explicar a visão remota? Uma maneira de responder a essa pergunta seria conduzir um experimento de visão remota colocando o vidente nas profundezas, muito abaixo da superfície do oceano. Se o experimento fosse bem-sucedido, ele proporcionaria uma forte evidência de que as ondas ELF não estão envolvidas no processo, pois elas seriam bloqueadas pela água do mar além de uma certa profundidade.

Antes Schwartz havia prestado serviço nos mais altos escalões da Marinha norte-americana e conhecia as figuras mais importantes da hierarquia naval. No verão de 1977, ele obteve acesso por três dias a um pequeno submersível de pesquisa, o *Taurus*, que seria submetido a testes perto da ilha de Santa Catalina, na costa sul da Califórnia.

Naquela época, os pesquisadores da Marinha já haviam determinado a profundidade até a qual as ondas ELF penetram na água do mar. Portanto, se os videntes remotos conseguissem descrever com sucesso pessoas, lugares ou eventos na superfície enquanto estivessem abaixo do nível de penetração das ondas ELF e de outras ondas eletromagnéticas de frequência mais alta, o mecanismo da visão remota não poderia envolver a transmissão de sinais eletromagnéticos. Schwartz disse: "Pensei: enquanto estiver fazendo isso, também verificarei se os videntes remotos conseguem localizar no leito oceânico algum naufrágio até agora desconhecido"[3]

O experimento ficou conhecido como Deep Quest [Busca Profunda]. Os físicos Russell Targ e Hal Puthoff, do Stanford Research Institute, assim como o físico nuclear Edwin May, também participaram.

Schwartz entregou cartas náuticas da área a dois videntes remotos: o artista Ingo Swann, da cidade de Nova York, e a fotógrafa Hella Hammid, da Califórnia. Na época, Swann e Hammid eram considerados os dois mais bem-sucedidos paranormais dos Estados Unidos. Schwartz pediu-lhes que marcassem nas cartas o local do naufrágio desconhecido e que descrevessem o que seria encontrado nesse local. Os dois videntes remotos devolveram suas cartas com marcações dos locais de vários naufrágios, muitos dos quais foram confirmados como corretos pelo Bureau of Marine Sites da U. S. Coast and Geodetic Survey [Departamento dos Sítios Marinhos dos Serviços Costeiros e Geodésicos dos Estados Unidos], agência federal norte-americana responsável pelo sistema nacional de coordenadas geodésicas. Porém, havia um local, marcado tanto por Swann como por Hammid, para o qual o Bureau não tinha registro. Os dois videntes remotos não só indicaram independentemente esse mesmo local em suas cartas náuticas como também o descreveram da mesma maneira – um navio a vela que tinha uma pequena máquina a vapor no convés. E também disseram que essa máquina a vapor do navio pegara fogo cerca de noventa anos antes, provocando o naufrágio. Os exploradores que mergulhassem até o navio encontrariam o leme de popa da embarcação derrubado, com a roda caída e o eixo projetando-se para fora dela, e um molinete a vapor nas proximidades, acrescentaram. E desenharam todas essas coisas. Além disso, Hammid indicou que eles encontrariam no local um bloco de granito de cerca de 1,5 m × 1,8 m × 2,1 m.

Sabendo que os céticos tentariam ridicularizar o experimento, Schwartz convidou a cientista sênior Anne Kahle, renomada especialista em exploração espacial e chefe do Earth Applications Satellite Research Group do Jet Propulsion Laboratory [Grupo de Pesquisa de Satélites de Aplicações da Terra do Laboratório de Propulsão a Jato], para se juntar ao seu grupo e testemunhar tudo do início ao fim, além de incumbir-se de guardar e controlar todos os registros do experimento. "Eu queria ter a certeza de que registraríamos uma cronologia clara, impecável, de quando eles [os videntes remotos] fizessem as previsões, de quais foram essas previsões e do que foi descoberto no local", disse Schwartz. O objetivo era eliminar todas as lacunas e descartar explicações alternativas, de modo que, se o experimento fosse bem-sucedido, a explicação mais provável seria a operação de uma espécie de conhecimento remoto por parte de Swann e Hammid.

No primeiro dia do experimento, Schwartz determinou que Swann e Hammid, os dois videntes remotos, ingressassem no submersível e pediu-lhes para que descrevessem o local onde os físicos Targ e Puthoff estavam escondidos, na área de Palo Alto, muito ao norte, na costa californiana. Um dos videntes remotos indicou que eles estavam escondidos em uma árvore imensa, pela qual estavam subindo. E era exatamente isso o que os físicos estavam fazendo naquele momento.

Em seguida, o submersível desceu a um nível abaixo do limiar de penetração das ondas ELF na água do mar. Naquela altura, Puthoff e Targ haviam mudado de local. A respeito dessa nova posição, um dos videntes remotos afirmou: "Eles estão escondidos em um *shopping center*. Há grandes janelas de vidro e muita gente por toda parte. O piso é de lajotas vermelhas. Há também uma grande roda de moinho". A percepção estava novamente correta; havia tudo isso no ambiente em que Puthoff e Targ se encontravam. Esses acertos aparentemente eliminavam a possibilidade de estar havendo troca de algum tipo de sinal eletromagnético entre os alvos, na superfície, e os videntes remotos, no interior do submarino.

No dia seguinte, um navio deixou cair na superfície um dispositivo de recalada bem acima do ponto em que os videntes remotos indicaram que estaria o navio naufragado, a fim de guiar o submersível ao local exato. Tratava-se de uma área em que a tripulação do submersível já estava mergulhando havia semanas, bem antes da chegada de Schwartz e sua equipe. Não muito entusiasmado, o pessoal da tripulação disse que já havia vasculhado toda a área e não encontrara nada nem de longe parecido com o que Swann e Hammid estavam descrevendo. Foi então que o alarme do dispositivo de rádio do submarino começou a soar e lá estava ele, o navio naufragado, igualzinho ao que os dois videntes remotos haviam descrito – com o grande bloco de pedra ao lado, o molinete a vapor, o leme de popa com a roda caída e o eixo projetando-se para cima. "Creio que todo mundo", disse Schwartz, "inclusive eu e, certamente, a [...] tripulação do submarino e o pessoal do Institute for Marine and Coastal Studies [Instituto de Estudos Marinhos e Costeiros] da Universidade do Sul da Califórnia; todos ficaram perplexos diante daquilo", disse Schwartz.

Tendo filmado tudo compulsivamente, Schwartz acabou por fazer um documentário sobre o evento, ao qual deu o nome de *Psychic Sea Hunt*.[4*]

Será que poderia ter havido alguma fraude? Não é provável que Schwartz pudesse saber onde o naufrágio havia ocorrido, pois ele não constava nem mesmo das cartas náuticas do governo. Será que Schwartz e sua equipe poderiam ter "preparado" o local, lá depositando com antecedência peças e relíquias do barco naufragado, para depois dizer: "Olhem só isso aqui"? Não há evidência nenhuma favor dessa possibilidade e muitas evidências contra ela. O empreendimento teria exigido muita logística e chamado muita atenção. Além disso, quando o submersível *Taurus* chegou ao local, o naufrágio não era discernível como tal, pois não passava de uma vaga sombra no fundo do oceano. Há um crescimento gradual de algas sobre objetos submersos no leito oceânico e em torno deles. O fato de a rede de algas que cobria as peças do barco naufragado estar intacta era uma prova incontestável de que ela já estava ali havia anos, não podendo ter sido depositada recentemente nem adulterada.

Na descrição que faz da Operação Deep Quest no seu livro *Opening to the Infinite*,[5] Schwartz relata a ocasião, após a descoberta, em que foi atacado em um jantar por um cético que lhe perguntou: "Como você sabe que eles não encontraram essas coisas em algum lugar e simplesmente as jogaram no mar, para depois voltar e fazer a marcação na carta náutica?" "Foram as algas que o disseram", respondeu Schwartz, "o que o [deixou] em um silêncio atônito."

Vários outros especialistas da Operação Deep Quest defenderam a descoberta contra as acusações dos céticos. Don Walsh, então diretor do Institute for Marine and Coastal Studies da Universidade do Sul da Califórnia, que foi quem fez o mergulho mais profundo em um

---

[*] Esse documentário, que é narrado por Leonard Nimoy, está disponível no YouTube. (N. do R.)

submersível, declarou em um documentário de TV: "Conhecemos submersíveis. Conhecemos engenharia de águas profundas. Eles [Schwartz e a equipe de videntes remotos] teriam precisado enganar a todos nós. Só estou dizendo que isso não aconteceu por acaso".[6]

Tampouco poderia a equipe de Schwartz ter obtido a localização com antecedência, pelo simples fato de que ela não era conhecida. Thomas Cooke, especialista em sítios marinhos do Bureau of Land Management [Agência de Gestão da Terra], a agência governamental norte-americana responsável pelo rastreamento de naufrágios marinhos, afirmou: "Com base no estudo minucioso dos sítios das águas do sul da Califórnia, devo concluir que a área selecionada pelos paranormais de Schwartz era até então desconhecida, e não poderia ter sido encontrada por meio de consulta a registros antigos, livros de biblioteca nem qualquer outro recurso desse tipo [...]. Há 1.653 naufrágios conhecidos ao longo da costa sul da Califórnia; [o que eles encontraram não é] um deles".[7]

Será que a descoberta poderia ter sido um golpe de sorte, "uma dessas coisas" que às vezes acontecem contra todas as probabilidades? "O alvo equivalia a um retângulo de 80 metros × 108 metros", disse Schwartz. "Ele estava localizado em uma área de busca de 3.900 quilômetros quadrados. Isso significava que, se sobrepuséssemos à área de busca uma grade de retângulos do mesmo tamanho que o da área-alvo, haveria na grade 451.389 retângulos do mesmo tamanho [...]. Qual a probabilidade de se localizar nessa grade o único retângulo correto entre 451.389 retângulos semelhantes? Em suma, é muito improvável conseguir isso por acaso."[8]

Schwartz e sua equipe aparentemente haviam eliminado todas as lacunas, assim como inicialmente pretendiam. Porém, até hoje, os dissidentes ainda insistem em que a trapaça é a melhor explicação para esse espantoso experimento. Schwartz já não perde mais tempo com eles. Ele acredita que, se a Operação Deep Quest não os convenceu de que o conhecimento a distância é uma realidade, dificilmente alguma outra evidência os convencerá.

Quem quiser se aprofundar na Operação Deep Quest poderá fazê-lo recorrendo a todas as informações, em inglês, disponíveis no site de Schwartz: http://www.stephanaschwartz.com.

A Operação Deep Quest foi um dos doze projetos arqueológicos que recorreram com êxito a videntes remotos para localizar sítios perdidos ou escondidos. Em seu livro *The Secret Vaults of Time*,[9] Schwartz discute como, há cem anos, os arqueólogos vêm usando métodos paranormais para ajudar em suas descobertas. Em seu livro *The Alexandria Project*, ele discutiu em detalhes um de seus projetos: sua exploração do porto de Alexandria, no Egito.

"O que aprendemos", escreveu Schwartz, "é que é tão fácil ver uma coisa distante [...] quanto ver uma coisa [...] próxima. A distância não faz nenhuma diferença. É tão fácil ver algo que acontece amanhã quanto ver algo que acontece hoje."

A Operação Deep Quest envolveu duas mentes, a de Hammid e a de Swann. Trabalhando de forma ostensivamente independente, essas duas mentes localizaram a agulha justamente no mesmo ponto do palheiro. Será que elas de fato trabalharam separadamente ou será que se reuniram em dueto na Mente Una? É difícil dizer. Seja como for, seu sucesso ilustra o "selo de qualidade" do conhecimento não local: a irrelevância da distância e do tempo.

19

A harpa roubada e o anjo da biblioteca

Elizabeth Lloyd Mayer foi uma das psicanalistas mais corajosas que já conheci, pois era essa coragem que ela manifestava quando tinha de se confrontar com experiências misteriosas e inquietantes.[1] Muitos terapeutas consideram esses relatos patológicos; ela os considerava parte da experiência humana e tentava compreendê-los. Médica praticante e acadêmica de renome internacional, professora da Universidade da Califórnia, em Berkeley, "Lisby", como era chamada pelos amigos, escreveu grande número de artigos especializados e de livros, entre os quais o póstumo *Paranormalidade, um Conhecimento Extraordinário*.*

Em 2005, pouco antes de sua morte prematura, ela me convidou para ir à sua casa em Oakland, na Califórnia, a fim de discutirmos alguns dos "poderes inexplicáveis" que estava pesquisando. Nossos caminhos haviam se cruzado antes na Universidade de Princeton, nas conferências promovidas pelo projeto Princeton Engineering Anomalies Research (PEAR) [Pesquisas de Anomalias e Engenharia de Princeton]. Tínhamos em comum o interesse pela cura remota, e ela queria discutir as pesquisas já realizada nessa área. Esse não era um interesse trivial; ela integrava o

---
* Publicado pela Editora Cultrix, São Paulo, 2009.

grupo de pesquisa do Institute for Health and Healing do California Pacific Medical Center [Instituto para Saúde e Cura do Centro Médico Pacífico da Califórnia], em São Francisco. Já se sabia do livro que ela estava escrevendo; as informações a respeito vazaram muito antes de ele ser publicado (um sonho de qualquer autor). Todos os olhares estavam voltados para ela; a visão da consciência que ela expressava em sua "teoria da coincidência" foi considerada pela *New York Times Magazine* uma das ideias "mais empolgantes" surgidas em 2003.

Lisby era também uma musicista talentosa que se interessava muito pela música *folk* tradicional e pela música clássica. Na primeira vez que encontrei-me com ela, Lisby explicou-me como seu interesse pelo "conhecimento extraordinário" havia sido indiretamente desencadeado pela música. Uma harpa antiga, relíquia de sua família, fora roubada após um concerto de Natal, no teatro em que Meg, sua filha de 11 anos, se apresentara tocando-a. Lisby tentou recuperá-la por meio da polícia, de negociantes de instrumentos de todo o país, de anúncios em informativos da American Harp Society [Sociedade Americana de Harpa] e até de uma matéria no telejornal da CBS. Nada funcionou.

Por fim, uma pessoa muito amiga sua sugeriu: "Se quiser mesmo recuperar aquela harpa, você precisa estar disposta a tentar qualquer coisa. Por que não procura um rabdomante?" A única coisa que Mayer sabia a respeito de rabdomantes é que eles usavam varas bifurcadas para localizar águas subterrâneas. Mas rabdomantes realmente bons, disse-lhe a amiga, conseguiam encontrar não apenas água, mas também objetos perdidos.

Mayer aceitou o desafio da amiga e ligou para Harold McCoy,[2] presidente da American Society of Dowsers [Sociedade Americana de Rabdomantes], em Fayetteville, no Arkansas, a quase 2.600 quilômetros de distância. Será que ele poderia ajudá-la a localizar a harpa perdida? Esse pode ter sido o telefonema mais importante que ela deu em sua vida.

"Espere um segundo", respondeu McCoy. "Vou lhe dizer se ela ainda está em Oakland." Após uma pausa, ele continuou: "Bem, ela ainda está aí. Mande um mapa das ruas de Oakland para mim que vou localizar essa harpa para você". Cética, porém sem ter nada a perder, ela enviou o mapa expresso pelo correio. Dois dias depois, ele ligou para Mayer. "Bom, já sei onde está a harpa", disse ele. "Na segunda casa à direita da rua D-------, logo depois da avenida L---------."

Mayer nunca ouvira falar de nenhuma dessas duas ruas, mas dirigiu até lá, anotou o endereço, telefonou para a polícia e passou-lhes a informação. Porém, a polícia não quis se envolver, afirmando que informações fornecidas por um rabdomante não justificavam um mandado de busca. Os agentes que a atenderam disseram que iam encerrar o caso. Tinham certeza de que, àquela altura, aquele instrumento musical raro, de alto valor de mercado, já fora vendido e nunca mais seria encontrado. A mensagem implícita para Mayer era: "Esqueça a harpa".

A polícia subestimou Lisby. Ela não desistiu. Distribuiu panfletos sobre a harpa perdida nos dois quarteirões em torno da casa e esperou. Três dias depois, um homem ligou para dizer que vira o panfleto e que seu vizinho do lado lhe mostrara recentemente uma harpa como a descrita. Esse homem ofereceu-se para recuperar a harpa e devolvê-la a Mayer. Duas semanas depois, após uma complexa rede de telefonemas, a harpa foi entregue a ela, às 22 horas, no estacionamento dos fundos de uma loja Safeway que ficava aberta 24 horas.

Quando parou na porta de sua casa meia hora depois, com a harpa no porta-malas da perua, Mayer, uma especialista no funcionamento da psique, pensou com seus botões: *"Isso muda tudo"*.[3]

Harold McCoy, o rabdomante que localizou a preciosa harpa de Mayer, morreu em julho de 2010. Apesar de humilde, era um homem sábio que irradiava confiança e inteligência – o que não era de surpreender, pois trabalhara durante 24 anos até se aposentar como oficial da inteligência militar. McCoy fundou o Ozark Research Institute (ORI) [Instituto de Pesquisa Ozark] em 1992, pouco depois de localizar a harpa de Mayer. O ORI dedica-se a pesquisas sobre o "poder do pensamento". Essas pesquisas envolvem, entre outras coisas, a cura remota, algo que me interessa há muito tempo.[4]

Esses interesses comuns motivaram um convite para dar uma palestra no ORI em 2002 e conhecer McCoy, que, além de rabdomante, era também um agente de cura. Fiquei impressionado com sua modéstia e com sua abordagem sensata e pragmática das coisas. McCoy não via nada de especial nas suas próprias capacidades. Acreditava que elas eram amplamente difundidas e que podiam ser cultivadas por meio de treinamento apropriado.

O episódio da harpa roubada geralmente é interpretado como um exemplo de clarividência ou "claricognição" (*clear knowing*): aquisição de informações provenientes do mundo por meios inexplicáveis pelas vias sensoriais. Sugiro que usemos a Mente Una para interpretá-lo. As informações sobre a localização da harpa faziam parte da Mente Una, ou mente universal, da qual participam todas as mentes individuais. Harold McCoy sabia como ter acesso a esse *pool* de informações, contornando as restrições que normalmente limitam nossa vida.

O Anjo da Biblioteca

O papel da *necessidade* em influenciar as informações que fluem da Mente Una para nós é sugerido pela expressão *anjo da biblioteca*, divertidamente cunhada pelo romancista Arthur Koestler. Depois de ler muitos e muitos relatos nos quais um livro, uma revista, um artigo ou uma citação de repente se apresenta em um momento de necessidade, Koestler declarou que "somos tentados a pensar em anjos da biblioteca, encarregados de nos propiciar referências cruzadas".[5]

Um exemplo foi relatado a Koestler em 1972 pela escritora Rebecca West, que pesquisava um determinado episódio ocorrido durante os julgamentos de crimes de guerra em Nuremberg:

> Consultei os textos dos julgamentos na biblioteca e fiquei horrorizada quando vi que haviam sido publicados de uma forma praticamente inútil para o pesquisador. Além de resumidos, estão catalogados sob títulos arbitrários. Depois de horas de pesquisa, percorri as filas de estantes até chegar a um assistente da biblioteca, a quem eu disse: "Não consigo encontrar o que procuro, não há nada que sirva de pista, pode estar em qualquer um desses

volumes". Pus a mão em um volume, retirei-o e olhei-o distraidamente. E não apenas encontrei o volume certo como também o abri na página certa.[6]

Outro pesquisador relata sua experiência na British Library [Biblioteca Britânica] quando investigava o tema palhaços e *tricksters*. Ele achou um livro sobre sincronicidade, abriu-o ao acaso e leu o relato acima, feito por *Dame* Rebecca West. E descreveu o que aconteceu em seguida:

> Fechei o livro e olhei para a pessoa que estava sentada à minha frente, no outro lado da mesa. Era uma dessas figuras que parecem viver permanentemente em bibliotecas, um homem corpulento, empoeirado e sedentário que, por trás dos óculos, lia *A Train of Powder*, de Rebecca West. Trata-se justamente do livro que reúne seus escritos sobre os julgamentos de Nuremberg. Entre todas as centenas de milhares de volumes que estão guardados na British Library, e entre todas as centenas de lugares que há neste salão de leitura, como é que pôde acontecer de eu me sentar justamente diante daquela pessoa, que tinha nas mãos aquele livro?[7]

O autor britânico Colin Wilson relata que, quando estava escrevendo o livro *O Oculto*, procurava uma informação quando, de repente, um livro caiu da estante, aberto na página que continha a informação exata que ele necessitava.[8]

Em seu livro *Crônicas de uma Pequena Ilha*,[9] o autor Bill Bryson contou como foi seu encontro com o anjo da biblioteca. Depois de vender a uma revista de viagens uma matéria sobre o tema das coincidências extraordinárias, percebeu que, embora tivesse coletado muitas informações sobre estudos científicos a respeito de probabilidades e coincidências, ele não tinha exemplos suficientes de coincidências notáveis. Então escreveu uma carta para dizer ao pessoal da revista que não poderia entregar a matéria combinada, deixou-a sobre a máquina de escrever para lembrar-se de postá-la no dia seguinte e foi de carro para o seu local de trabalho, no jornal *The Times of London*. Na porta de um dos elevadores, leu um aviso do editor literário sobre a venda anual dos livros enviados para resenha e crítica ao *The Times*. Bryson conta o que aconteceu quando foi ao local da venda: "O lugar estava cheio de gente. Entrei naquela confusão e qual não foi o primeiro livro em que bati com os olhos senão um volume sobre coincidências. O que acha disso como exemplo de verdadeira coincidência notável? Mas o mais incrível não foi isso. Eu o abri e descobri que a primeira coincidência que o livro discutia falava de um sujeito chamado Bryson".

Geoff Olson, escritor e artista gráfico de Vancouver, diz: "O anjo da biblioteca e fenômenos relacionados sugerem um aspecto da existência semelhante a uma pesquisa no Google".[10] Só que, ao contrário de uma pesquisa no Google, esta parece funcionar em sentido inverso. A Mente Una parece estar à *nossa* procura, fazendo *download* de informações com base em nossas necessidades e, às vezes, irrompendo em nossa percepção sob a forma do anjo da biblioteca.

Tenho um protetor de tela *Word of the Day* [a Palavra do Dia], no qual grupos sucessivos de palavras movem-se pela tela do computador até parar e, então, uma palavra é selecionada e sua definição é exibida. Enquanto buscava informações sobre a ideia do anjo da biblioteca no livro *Janus*, de Koestler, olhei para a tela do computador e vi que a palavra "Janus" tinha sido selecionada.

Coincidência? Talvez. Mas a autora de ficção científica Emma Bull pode estar mais perto da verdade: "'Coincidência' é a palavra que usamos quando não conseguimos ver as alavancas e as polias".[11] Ou quando não conseguimos ver a Mente Una.

Para mim, o "anjo da biblioteca" de Koestler é uma metáfora reconfortante. A ideia de que anjos são atraídos por livros e bibliotecas parece correta. Se prestarmos atenção, talvez também detectemos evidências de um "anjo do computador" ou de um "anjo digital", uma vez que as informações que antes se guardavam apenas em páginas impressas em bibliotecas estão cada vez mais disponíveis *on-line*.

Considero esses "anjos" como emissários da Mente Una, embaixadores que surgem nos chamando quando menos os esperamos, lembretes de nosso estado de conexão em uma rede unitária e universal de inteligência.

A cura e a Mente Una

A dra. Jeanne Achterberg foi uma psicofisiologista e pioneira do movimento da assistência à saúde integrativa, uma abordagem integrada no âmbito da saúde. Uma das primeiras pesquisadoras do uso de imagens e da visualização na cura, ela se tornou uma autoridade no campo das dimensões psicológicas e espirituais do câncer. Seu interesse pela cura lhe trouxe uma oportunidade de pesquisa no Havaí, no North Hawaii Community Hospital [Hospital Comunitário do Norte do Havaí], em Waimea, na Big Island. Ela foi convidada a dirigir um empreendimento de pesquisas financiado por Earl Bakken, inventor do marca-passo cardíaco implantável e fundador da Medtronic, a maior fabricante mundial de aparelhos médicos. É de longa data o interesse do dr. Bakken pela cura e, especificamente, pelas técnicas dos agentes de cura havaianos. Seus métodos, como os dos agentes de cura tradicionais de todas as culturas, muitas vezes envolvem intenções de cura remota, ou seja, cura a distância. Será que essas alegações são válidas? Será que podem ser provadas? Achterberg estava decidida a encontrar respostas para essas perguntas.

Ela não deu início de imediato ao seu projeto de pesquisa. Em vez disso, começou a procurar agentes de cura nativos para explicar-lhes os interesses envolvidos na pesquisa que planejava empreender. Aos poucos, os agentes de cura passaram confiar nela e a revelar-lhe seus métodos. Dois anos depois, Achterberg estava pronta para começar.

Com seus colegas, recrutou onze agentes de cura. Esses agentes de cura não tinham um interesse casual na cura; todos tinham em média 23 anos de dedicação à sua tradição. Pediu-se a cada um que escolhesse uma pessoa com quem tivesse trabalhado e obtido bons resultados no passado, alguém com quem sentisse uma relação forte de empatia, compaixão e ligação, para ser o alvo de seus esforços de cura. Os agentes de cura descreveram seus esforços de cura de várias maneiras: fazendo orações, enviando energia, mentalizando boas intenções ou simplesmente pensando e desejando para os sujeitos o bem maior. Achterberg deu a esses esforços o nome de intencionalidade distante (ID).

Durante a pesquisa, cada sujeito ficou isolado do agente de cura enquanto era realizado um exame de ressonância magnética funcional do cérebro. Os agentes de cura enviavam mensagens de ID aos sujeitos em intervalos aleatórios de dois minutos, de modo que esses sujeitos não podiam prever quando a ID estava sendo enviada. Diferenças significativas entre as condições do experimento (envio) e as do controle (não envio) foram encontradas em dez dos onze sujeitos. Durante os períodos de envio, determinadas áreas do cérebro dos sujeitos se "acendiam" na imagem da ressonância, indicando aumento da atividade metabólica. Isso não ocorreu durante os períodos de não envio. As áreas do cérebro que foram ativadas durante os períodos de envio incluem as regiões anterior e medial do giro cingulado, o precúneo e o lobo frontal. Havia menos do que aproximadamente uma chance em 10 mil de esses resultados poderem ser explicados pelo acaso (na linguagem da ciência, $p = 0,000127$).[1]

Esse estudo sugere que as intenções compassivas de cura podem exercer efeitos físicos mensuráveis sobre um receptor a distância e que uma conexão empática entre o agente de cura e o paciente é uma parte essencial do processo.

Embora devesse ter sido notícia de primeira página em todos os principais jornais do mundo ocidental quando foi publicado, em 2005, o estudo de Achterberg foi ignorado. A maior razão é o fato de ele ir de encontro à neuromitologia que domina nos dias atuais, a qual insiste em que as mentes são completamente separadas, individualizadas e confinadas ao cérebro. Apesar disso, o estudo de Achterberg foi apenas um entre muitos realizados ao longo das quatro últimas décadas e cujos resultados levam a conclusões semelhantes.

A Cura e a Mente Una

A entrada na Mente Una também pode transformar as pessoas em agentes da cura.

Desde 1983, o admirável John Graham está à frente da Giraffe Heroes Project, organização sem fins lucrativos que premia pessoas que se arriscam pelo bem comum. Sua organização já ajudou milhares de pessoas no mundo todo a atingir seu potencial vivendo uma vida dedicada à caridade.

Aventureiro por natureza, John embarcou em um cargueiro aos 16 anos de idade. Aos 20, participou da subida direta da parede norte do monte McKinley, no Alasca, uma escalada tão arriscada que até hoje jamais foi repetida. Aos 22, deu a volta ao mundo pegando carona como correspondente do *Boston Globe*. Foi preso como espião e poderia ter sido fuzilado. Formou-se em geologia em Harvard e em engenharia em Stanford. Passou quinze anos no United States Foreign Services [Serviço de Relações Exteriores dos Estados Unidos] e envolveu-se na revolução líbia que levou ao poder um jovem tenente do exército chamado Muammar Gaddafi. Como especialista da inteligência, passou quase dois anos no Vietnã, na fase final da guerra. Posteriormente, trabalhou nos mais altos escalões do planejamento nuclear estratégico. No fim da década de 1970, participou da missão norte-americana que promovia os direitos humanos junto às Nações Unidas. Em todo esse tempo, escapou por pouco de inúmeras situações de risco de vida, entre as quais um afogamento e uma avalanche, quase foi assassinado por atiradores de elite e por pouco não pereceu no incêndio de um navio de passageiros no Pacífico Norte.

O fato de parecer indestrutível o levou a perguntar-se se não estaria sendo poupado para poder dar alguma contribuição significativa na vida. Porém, apesar de todas as suas inacreditáveis aventuras, sua vida lhe parecia cada vez mais vazia e sem sentido. Com uma mera intenção de se entregar a uma brincadeira, aos 30 e poucos anos entrou em um grupo de meditação. E essa acabou sendo a aventura mais importante de sua vida repleta de aventuras. Durante a meditação, ele começou a ter experiências fora do corpo. Sentia-se flutuando, livre do peso do corpo físico, com a consciência em um canto do teto, vendo de cima o próprio corpo sentado em uma cadeira. Descobriu que podia controlar a flutuação com a mente, para cima e para baixo, para a esquerda e para a direita. Atravessava a parede da casa, saía para a noite e voltava para casa novamente. Em seu livro *Sit Down Young Stranger: One Man's Search for Meaning*, ele descreve como foi a experiência de Mente Una que teve:

> [...] experimentei uma totalidade em que todas as almas se fundiam, cada uma sendo parte do todo, não como a pétala é parte de uma flor, mas sim como uma onda é parte do oceano. E esse "oceano" era Deus, contexto supremo de nossa vida e a força inteligente que a tudo organiza. Deus não era o Todo-Poderoso antropomórfico e separado da minha juventude católica, graças a cujos caprichos eu era punido ou recompensado, condenado ou absolvido. Eu – e todas as outras pessoas – éramos parte de Deus, parte da totalidade. Nossa conexão nesse nível era um aspecto essencial da criação e – se decidíssemos reconhecer isso – uma base sólida para a compaixão e a coexistência em nossa vida terrena.
>
> Essas percepções iluminadoras não me vieram por meio do cérebro, como se eu tivesse lido um novo livro brilhante. Eu vivenciei diretamente essa compreensão, sem filtrá-la pela mente. Vi o que vi e aprendi o que aprendi por estar em meio a tudo isso.
>
> Essas viagens fora do corpo [...] foram as experiências mais extraordinárias de minha vida. Elas foram [...] um encontro cara a cara com Deus.[2]

Durante uma sessão, aconteceu algo que Graham descreve como uma experiência de quase morte. Quando ele começou a flutuar fora do corpo, surgiram duas luzes muito brilhantes. Embora fossem extremamente intensas, não o ofuscaram, pois ele não piscou os olhos. Primeiro se aproximaram, depois avançaram um pouco e pararam. Ele começou a segui-las, e elas se precipitaram para a frente. Elas o conduziram até o que parecia ser um túnel iluminado, que logo se abriu no "que não era tanto um lugar, mas um estado de ser extraordinariamente pacífico". Em seguida, ele se viu cercado por uma luz branca diáfana, "como se caminhasse em um campo úmido vendo a neblina do solo sumir ao sol da manhã". Graham sentiu a presença de outros seres, flutuando como ele, que o saudavam sem palavras. A sensação geral era de paz e alegria.

Graham se perguntava se essas experiências eram reais ou não. Ele admite que elas poderiam ser alucinações, sonhos ou loucura, e que ele poderia ter enlouquecido. Porém, depois de ler vários livros sobre a história dessas experiências, concluiu: "Se eu estava louco, é uma coincidência notável que tanta gente tenha estado igualmente louca durante mais de quatro mil anos".[3] Mesmo assim, ele queria um sinal de que suas experiências eram válidas e de que ele não havia perdido as estribeiras.

Graças às suas experiências de meditação, ele começara a crer, com uma convicção cada vez maior, que a razão pela qual viera à vida e não morrera em algum dos muitos riscos que correra em suas loucas aventuras era servir e curar. Assim, o sinal que buscava veio por meio da cura – não a sua própria, mas sim a de outra pessoa.

No fim do verão de 1975, ele e a mulher fizeram uma visita à fazenda de um amigo nas proximidades de Charlottesville, na Virgínia. Várias crianças brincavam em uma carroça cheia de feno puxada por um velho trator da fazenda, enquanto os adultos tomavam limonada e assistiam à cena da varanda da casa. De repente, um garotinho de 4 anos, filho de outro casal presente, começou a correr, aos gritos, em direção à casa. As outras crianças disseram que ele havia colocado a mão no tubo de escapamento do trator, que estava quente. Sua mão estava seriamente queimada. O dono da fazenda, que era médico, correu para pegar seu *kit* de primeiros socorros. A mãe pôs o garoto no colo, mas, assustado, ele continuava gritando de dor. Graham descreve o que aconteceu em seguida:

> O que me lembro de ter sentido em seguida foi uma imensa calma e confiança. Sem dizer palavra, pedi à mãe que me entregasse o garoto. Quando ela o fez, coloquei a mão queimada do menino entre as minhas, fechei os

olhos e imaginei que estava de volta ao lugar de luz. O garoto parou de gritar. Quando retirei as mãos, não havia na mãozinha dele mais nenhum sinal de queimadura.

Era impossível para mim fingir que aquilo não tinha acontecido. Sem dizer nada, a mãe pegou o filho de volta, olhando-me nos olhos. Os outros assistiam fitando-me com os olhos arregalados.

[...] Aquele garoto foi a única pessoa que já curei com minhas próprias mãos [...]. Dado o ceticismo incutido em minha mente pela minha formação científica, eu precisava daquela prova física, e o universo – Deus – a providenciou para mim. Depois do incidente na fazenda, nunca mais duvidei de que o que havia aprendido e feito [por meio da meditação] era real.[4]

As experiências de Graham, vividamente descritas em seu livro encantador, são um exemplo clássico de alguém que foi projetado em uma realização da Mente Una graças à prática tradicional, honrada pelo tempo, de aquietar a mente e aprofundá-la por meio da meditação, da contemplação, da oração e de atividades semelhantes.

Graham encontrou aquela dimensão da consciência na qual "todas as almas se fundem", esse "oceano" que é "Deus", esse composto coletivo em que a diversidade se torna inteira por meio da unicidade.

Graham retornou de sua experiência de quase morte com o poder de curar. Joyce W. Hawkes é outro exemplo. Especializada em biofísica e biologia celular, com doutorado na Universidade Estadual da Pensilvânia, Hawkes é membro da American Association for the Advancement of Science [Associação Americana para o Avanço da Ciência] e autora de mais de trinta artigos científicos. Depois de passar por uma experiência de quase morte, ela descobriu que tinha o poder de curar. Hawkes, que tem consultório particular na área de Seattle,[5] é autora de *Cell-Level Healing: The Bridge from Soul to Cell*.

Jane Katra, doutora em educação para a saúde e professora da Universidade do Oregon, é mais um exemplo de agente de cura que adquiriu sua capacidade curativa depois de passar por uma experiência de quase morte. Durante uma viagem que fez ao Sudeste Asiático em 1974, ela teve uma terrível dor de cabeça e um sonho semelhante a uma experiência de quase morte no qual foi informada de que se tornaria uma agente da cura. Para seu assombro, a profecia revelou-se verdadeira. Na volta, a nova Jane não foi muito bem-vista pelos colegas na universidade. Mesmo assim, atendeu ao chamado que recebera e começou a usar seu dom de cura. Katra conta sua história no livro *Miracles of Mind: Exploring Nonlocal Consciousness and Spiritual Healing*, escrito a quatro mãos com Russell Targ, físico e pesquisador da percepção extrassensorial.

Talvez seja apropriado afirmar que a capacidade de curar às vezes resulte do encontro com a Mente Una, a Totalidade. Afinal, a palavra inglesa "cura" [*healing*] deriva de palavras latinas que significam "todo" [*whole*], o que a proximidade fonética entre ambas ajuda a evidenciar.

O lado escuro

Muitas vezes, as experiências associadas à Mente Una são descritas como uma epifania ou êxtase, mas há na Mente Una um lado escuro que seria irresponsável ignorar.

O falecido Ian Stevenson, psiquiatra e pesquisador da consciência da Universidade da Virgínia, descreveu um paciente seu cuja evolução clínica sugeria sintomas mentais que poderiam estar ligados a pensamentos e intenções malévolos de terceiros. O homem era um professor universitário de 45 anos de idade cuja depressão atingira o ponto de exigir hospitalização. Um dos principais motivos dessa depressão foram divergências que tivera com colegas de departamento. Embora parecesse estar se recuperando, um dia ele piorou muito e queixou-se do agravamento de suas sensações. "Depois se descobriu", escreveu Stevenson, "que essa piora de suas condições coincidia temporalmente com reuniões de seus oponentes no departamento, os quais de fato estavam tramando para destituí-lo do cargo."[1] Stevenson deu a entender que seu paciente estaria percebendo os desejos e pensamentos negativos dos colegas. Seriam os vínculos malévolos inerentes à Mente Una?

Como relatou o pesquisador de gêmeos Guy Lyon Playfair, em algumas ocasiões o compartilhamento de pensamentos e sentimentos a distância ganha dimensões macabras, como ocorreu com os filhos gêmeos de Rozalia Cosma, nascidos na primavera de 1962 em Brasov, na Romênia.[2] Ela os chamou de Rômulo e Remo, em homenagem aos lendários bebês gêmeos abandonados à própria sorte e salvos pela loba que os amamentou. Rômulo fundou Roma e foi seu primeiro rei. Como geralmente acontece com gêmeos, os dois romenos compartilhavam sensações a distância.[3] Durante o seu crescimento, quando um se acidentava, muitas vezes o outro também sentia dor.

Quando se tornaram adultos, Remo se mudou para Cluj, na parte central do país, e Rômulo se estabeleceu no porto de Constanta, no Mar Negro, a cerca de 800 quilômetros de distância. Eles continuaram a compartilhar emoções e sensações físicas. Às vezes, a correspondência era fantástica. Eles contraíram icterícia na mesma época. Quando Rômulo quebrou a perna em uma excursão aos Cárpatos, Remo caiu da escada e também quebrou a perna em Cluj.

No outono de 1987, Remo começou a namorar Monika Szekely. Uma semana depois, Rômulo começou a namorar uma garota que também se chamava Monika. Na primavera seguinte, Remo casou-se com a sua Monika e, em 1989, os dois se mudaram para um novo apartamento. O casamento não demorou a entrar em uma fase difícil, e os dois brigavam diariamente. Às 22 horas do dia 16 de maio de 1993, Remo voltou para casa bêbado. Aos gritos, a mulher lhe disse que estava pensando em arrumar um amante. Ele a empurrou com força contra uma parede, e ela conseguiu agarrar uma faca. Remo arrancou-lhe a faca da mão e a golpeou doze vezes. À meia-noite, foi à delegacia e se entregou. Às 23 horas daquela mesma noite, Rômulo teve uma conversa com Monika, sua namorada. Embora até então o relacionamento dos dois tivesse sido tranquilo, Rômulo foi tomado por uma fúria inexplicável e a estrangulou.

Ele declarou à polícia de Constanta: "Não sei por que cometi esse crime monstruoso. Quando comecei a estrangular minha namorada, fui impelido por uma força invisível. Não podia, ou talvez não quisesse, resistir a ela".

Os investigadores descobriram que Remo cometera seu crime apenas alguns minutos antes do crime de seu irmão gêmeo.

Nuremberg

O pensamento coerente, sincronizado, e emoções compartilhadas do tipo da Mente Una podem ser valiosos e até mesmo indispensáveis, como entre os membros de uma orquestra, uma equipe esportiva ou uma unidade militar. No entanto, há outras situações nas quais eles podem ser desastrosos.

Os Congressos de Nuremberg, encontros anuais do Partido Nazista organizados de 1927 a 1939 na Alemanha, durante o avanço político dos nazistas e após a ascensão de Adolf Hitler ao poder, destinavam-se a promover o pensamento coerente e a solidariedade entre o povo alemão e o Partido Nazista. No final, mais de meio milhão de pessoas filiadas ao Partido Nazista, do exército alemão e do povo participavam desses encontros. Eles puseram em ação experiências sensoriais únicas, como no caso do encontro de 1937, quando a Catedral de Luzes, de Albert Speer, composta por 152 holofotes de defesa antiaérea, lançou ao céu raios verticais para simbolizar as paredes de um edifício grandioso.[4] Em seu discurso de abertura do encontro de 1934, Rudolf Hess, representante do *Führer*, levou a multidão ao delírio. Esse é um exemplo clássico de como ideias destrutivas podem se juntar em coerência e se espalhar em meio a um grande grupo, e, por fim, por toda uma nação.

A Loucura das Massas

O perigo do pensamento coerente e unificado é o tema de um dos livros mais notáveis do século XIX: *Ilusões Populares e a Loucura das Massas*, do jornalista escocês Charles Mackay, publicado em 1841 e reimpresso até hoje. Em um trecho que soa desconfortavelmente contemporâneo, Mackay diz: "Ao lermos a história das nações, constatamos que, como indivíduos, elas têm seus caprichos e suas peculiaridades, suas temporadas de empolgação e de irresponsabilidade, quando não se importam com o que fazem. Constatamos que comunidades inteiras de repente se concentram em um único tema e saem enlouquecidas em seu encalço, que milhões de pessoas se impressionam ao mesmo tempo com uma ilusão e correm atrás dela até que sua atenção se volte para alguma nova loucura mais cativante que a primeira. Vemos uma nação de repente ser tomada, desde os seus membros mais altos até os mais baixos, por um feroz desejo de glória militar, enquanto outra de repente fica obcecada com um escrúpulo religioso e nenhuma das duas recobra os sentidos antes de verter rios de sangue e semear lágrimas e gemidos para colheita pela posteridade".[5] O livro de Mackay é uma devastadora acusação de costumes e ideias que hoje parecem absurdos ou lunáticos, mas que foram abraçados pela cultura em seu sentido mais amplo. Alguns dos exemplos que ele cita são a paixão pelos duelos, o mesmerismo, as cruzadas, os esquemas de enriquecimento rápido, a obsessão pelas relíquias religiosas e a mania das bruxas.

O tema foi recentemente retomado pelo geógrafo Jared Diamond, vencedor do Prêmio Pulitzer, em seu esclarecedor e profundamente perceptivo livro *Colapso – Como as Sociedades Escolhem o Fracasso ou o Sucesso*. Diamond mostra que, ao longo da história, sociedades inteiras preferiram aderir à cegueira provocada por formas de pensar patologicamente coerentes, obedecendo de bom grado às suas certezas até a própria destruição.

O Pensamento de Grupo

Outra forma patológica de pensamento coerente que pode se processar por meio da Mente Una é o pensamento de grupo [*groupthink*], um tipo de discurso praticado por um grupo cujos membros, em nome da coesão, minimizam o conflito para chegar ao consenso sem avaliar criticamente as ideias. O *groupthink* extingue a criatividade individual e minimiza a responsabilidade pelas decisões. À medida que as dúvidas e alternativas individuais são postas de lado, tomam-se decisões precipitadas, irracionais, por medo de perturbar o consenso e o equilíbrio do grupo. Irving L. Janis, psicólogo e pesquisador da Universidade de Yale, analisou exemplos em que o pensamento de grupo provavelmente contribuiu para desastres na política externa norte-americana, como o malogro em prever o ataque japonês a Pearl Harbor em 1941, o fiasco da baía dos Porcos em 1961, quando a administração do presidente John

F. Kennedy tentou derrubar o governo de Fidel Castro em Cuba, e a escalada que culminou na guerra do Vietnã durante a administração do presidente Lyndon B. Johnson.[6]

O pensamento de grupo no governo dos Estados Unidos ainda persiste. Ele se tornou epidêmico no Senado norte-americano. Como um coração doente cujo ritmo não varia, o Senado está quase paralisado pela ideologia e pela rigidez partidária, tornando a concessão, que é um elemento indispensável à governança democrática, praticamente impossível. O sarcasmo de Will Rogers ainda vale: "Nós certamente conseguiríamos diminuir a marcha do processo de envelhecimento se ele tivesse de ser aprovado pelo Congresso".[7]

22

A sopa cósmica

"Alguma coisa existe que não apreia o muro,
Que o quer no chão."

– Robert Frost[1]

Para algumas pessoas, principalmente as crianças, experiências da Mente Una ocorrem quase sem esforço.

Quando o psicólogo desenvolvimentista Joseph Chilton Pearce tinha pouco mais de 30 anos e era professor de letras clássicas, a teologia e a psicologia de Carl Jung monopolizavam sua atenção. Pearce diz que seu interesse pela natureza da relação entre Deus e o homem era "quase uma obsessão" e lia muito sobre o assunto. Certo dia, quando se preparava para sua primeira aula da manhã, seu filho de 5 anos entrou no quarto, sentou-se na beira da cama e fez um discurso de vinte minutos sobre a natureza de Deus e do homem: "As palavras que usava eram perfeitas, poderiam ter sido publicadas", escreveu Pearce, "e ele falou com toda clareza, sem pausas nem pressa, em um tom monótono e uniforme. Usou uma terminologia teológica complexa e me disse, pelo que me pareceu, tudo o que havia a ser dito. Enquanto eu o ouvia, atônito, os pelos do meu pescoço se arrepiaram; também senti arrepios em outras áreas da pele e, por fim, o pranto desceu pelo meu rosto. Eu estava bem no meio de uma experiência ligada ao território do fantástico, do assombroso, do inexplicável. O transporte que o levava ao jardim de infância chegou, buzinando, ele se levantou e foi embora. Eu fiquei perturbado e cheguei atrasado à sala de aula. O que eu escutara fora impressionante, mas grandioso demais e além de qualquer conceito que eu pudera formar até então. A lacuna que aquela experiência abrira em mim era tão grande que eu mal pude me lembrar dos detalhes e muito pouco do amplo panorama que ele me apresentou ali. Meu filho depois não teve mais nenhuma lembrança desse evento".[2]

Segundo a interpretação de Pearce, o filho, que era uma criança esperta, normal, respondera a um campo de informação que não poderia ter adquirido. Então, de onde vinha essa informação? O físico Russell Targ sugeriu que vivemos em uma espécie de "sopa" que é a fonte de todas as informações e de todo o conhecimento que temos sobre o mundo. Pearce chama isso de a "sopa cósmica", um domínio extremamente organizado do qual seletivamente extraímos informações.

Como já observamos, as pessoas se referem à sopa de diferentes maneiras. Independentemente do modo como a chamamos – sopa cósmica, Mente Una, Fonte, campo da consciência ou inconsciente coletivo –, a Fonte é a própria inteligência. Embora os ingredientes da sopa cósmica sejam os mesmos para todos, diz Pearce, a amostragem que colhemos dela é diferente para cada um de nós. Cada pessoa se serve do que necessita. Isso faz com que nossas "percepções da sopa" sejam seletivas, o que resulta em individualidade, diversidade e singularidade.[3]

Aparentemente, o filho de Pearce entrou na Mente Una e retirou da sopa cósmica as informações que atendiam a uma necessidade daquele momento. Essas informações não pedidas chegaram espontaneamente, como uma graça. Porém, muitas pessoas aprenderam a não depender da espontaneidade, mas contam com métodos comprovados para entrar à vontade na Mente Una.

Durante a meditação, o devaneio ou a prece, o tempo é frequentemente percebido como um eterno presente no qual as divisões entre passado, presente e futuro se fundem em um agora que a tudo abarca. Nesse estado, não são apenas as separações no tempo que desaparecem, mas também as separações entre pessoas e coisas. Esse estado é uma porta para a Mente Una. E é uma experiência incrivelmente comum. Muitas vezes, ela irrompe espontaneamente, como quando ficamos paralisados por uma nota musical triste, pelo aroma de pão recém-saído do forno ou pelo uivo de um coiote à meia-noite.

Há milênios os seres humanos experimentam maneiras de estar no presente e de unir as divisões do tempo. Praticantes de várias tradições espirituais sempre conheceram esse território, e o mesmo acontece com poetas e artistas. Muitos cientistas eminentes também entraram nessa dimensão atemporal e deixaram relatos de sua experiência. Um exemplo é o de Barbara McClintock, ganhadora do Prêmio Nobel de genética, que disse: "Basicamente, tudo é o Todo. Não há nenhuma maneira de traçar uma linha entre as coisas. O que nós [normalmente] fazemos é criar essas subdivisões, mas elas não são reais. Acho que talvez os poetas [...] tenham alguma compreensão sobre isso".[4]

Criatividade

A capacidade de mergulhar na sopa cósmica tem profundas implicações para a criatividade. Esta é geralmente considerada um processo de descoberta, de execução ou de invenção de alguma coisa que não existia antes. Porém, quando as divisões do tempo são superadas, não existe "antes"; tudo o que pode ser conhecido, de certo modo, já existe e só precisa ser percebido, e não recém-trazido à existência.

A Mente Una, a sopa cósmica de Pearce ou a Fonte que não admite subdivisões de espaço nem de tempo contém todos os ingredientes que qualquer pessoa poderia precisar para formular uma nova ideia, compor uma sonata e pintar ou esculpir uma obra de arte. Explorar a Fonte, dela extraindo o que é necessário para se chegar ao objetivo que se pretende, é a meta de toda pessoa criativa. Como diz John Briggs em seu admirável livro sobre a criatividade, *Fire in the Crucible*, "para o gênio criador, a antiga percepção de que é possível invocar uma identidade entre o universal e o particular, entre o pessoal e o imenso impessoal, entre a parte e o todo, está universalmente difundida. Ela brota e floresce em todos os níveis do processo criador e domina a visão criadora. [Em seus] muitos sentidos e estados de espírito, [as pessoas criativas envolvem-se em] uma busca pela totalidade e por uma identidade pessoal/universal [...]".[5] O que elas estão procurando é a Mente Una.

O teórico sistêmico Ervin Laszlo, que também é pianista clássico e autor de 75 livros e mais de quatrocentos artigos, certamente entende um pouco sobre criatividade. Ele diz: "Levantamos a possibilidade de que a mente das pessoas excepcionalmente criativas esteja em interação espontânea, direta, embora não necessariamente consciente, com outras mentes dentro do próprio processo criativo.[6] Dizer que gente como [...] Mozart, Michelangelo ou Shakespeare [...] é 'superdotada' e que suas realizações são 'obras de gênio' não é explicar suas capacidades; é simplesmente rotulá-las". Laszlo propõe que alguns atos de criatividade, em especial os repentinos e inesperados, "não se devem a um golpe de gênio espontâneo e, em grande medida, inexplicado, mas sim à elaboração de uma ideia ou de um padrão em duas ou mais mentes em interação [...]".[7]

Os que veneram a singularidade (a qualidade do que é único), a individualidade e a propriedade não ficam muito empolgados com esse cenário. O problema é o seguinte: "Se todas as mentes estão em contato e compartilham informações, quem recebe os créditos? Se não podemos atribuir as ideias a pessoas específicas, o que será então da originalidade e da realização individual? Quem recebe as honrarias? Deveríamos suspender os prêmios Nobel e Pulitzer? Os já entregues deveriam ser devolvidos?".

Outras pessoas, porém, não se deixam perturbar por essa conexão com o todo. O romancista Joseph Conrad escreveu sobre "o sentimento latente de companheirismo com toda a criação, e a sutil, porém invencível, convicção de solidariedade que une conjuntamente a solidão de inumeráveis corações".[8] O pintor Pietr Mondrian falou da comunhão do artista com algo maior que o eu individual, observando: "A arte mostrou que a expressão universal só pode ser criada por uma identificação efetiva [*real equation*] do universal com o individual".[9] O artista plástico Paul Klee reconheceu que o todo fala através da parte. A "posição [do artista] é humilde", disse. "Ele é um mero canal."[10] O psicólogo Erich Fromm confirmou a visão de Klee ao afirmar que o criador "precisa desistir de se agarrar a si mesmo como uma coisa e passar a experimentar a si mesmo apenas no processo de resposta criativa; paradoxalmente, se consegue experimentar a si mesmo no processo, ele se perde. Ele transcende os limites de sua própria pessoa e, no momento mesmo em que ele sente que 'eu sou', ele sente também que 'eu sou você', eu sou um só com o mundo inteiro".[11]

O indivíduo criativo muitas vezes sente-se unido não apenas com outros, mas também com seu meio. Como descreveu o virtuose do piano Lorin Hollander: "Aos 3 anos de idade, cada momento em que eu não estava dormindo eu passava ao piano, de pé, com as mãos no teclado, martelando as notas. E pensava com muito cuidado os tons que eu escolheria, pois sabia que quando tocasse uma nota eu me tornaria essa nota".[12] Hollander descreve também sua fusão com os grandes compositores. Certa vez, perguntei-lhe qual era a sua opinião sobre o filme *Amadeus*, que retrata a vida de Mozart. Ele respondeu: "Aquele não era Mozart". Perguntei-lhe então como sabia disso. "Porque quando eu toco Mozart, eu *me torno* Mozart", respondeu.[13]

O anseio por se deixar absorver em algo maior – Deus, Deusa, Alá, Brahman, o Universo, o Uno ou Algo com A maiúsculo – está por trás do impulso que motiva muitas pessoas extremamente criativas. No entanto, o indivíduo criativo jamais pode ver o todo, pois é mortal. Porém, isso não é fatídico para a sua visão; qualquer fração do todo lhe serve, pois a verdade está em toda parte: é "o mundo em um grão de areia" de Blake. Para o artista, o todo deve ser refinado, condensado, concentrado, focalizado. Como disse Leonardo da Vinci: "Este é o verdadeiro milagre: que todas as formas, todas as cores, todas as imagens de cada parte do universo estão concentradas em um único ponto".[14] Na realidade, para o escritor e para o artista, é bom tentar comunicar apenas uma parte da verdade, pois poucos conseguem suportar a verdade nua e crua. Daí o dito sufi: "Ninguém jamais viu a Deus e viveu", e a proposta de Emily

Dickinson: "Diga toda a verdade, mas a diga de maneira oblíqua [...]".[15] Ou, como afirmou um gaiato: "A consciência é não local, mas boca de siri! Não conte isso para ninguém!"

E quanto à lógica? Qual é o seu papel na exploração da riqueza da Mente Una? Como ela pode nos ajudar a "puxar uma extensão" da Mente Una?

Em 1945, o matemático Jacques Hadamard realizou um levantamento entre os mais eminentes matemáticos dos Estados Unidos com o propósito de obter informações sobre seus métodos de trabalho. Em resposta ao seu questionário, Einstein afirmou: "As palavras ou a língua, como elas são escritas ou faladas, não parecem desempenhar nenhum papel no meu mecanismo de pensamento [...]. As palavras convencionais ou outros sinais só precisam ser laboriosamente procurados em um estágio secundário [...]".[16]

O caso de Einstein não é raro. Eugene Wigner, ganhador do Prêmio Nobel de Física de 1963, concordou com a visão de Einstein, dizendo: "Antes de tudo, a descoberta das leis da natureza requer intuição, a concepção de uma imagem e muitos processos subconscientes. A [...] confirmação dessas leis é um outro assunto; [...] a lógica vem depois da intuição".[17] De seu levantamento, Hadamard concluiu que praticamente todos os matemáticos nascidos ou residentes nos Estados Unidos evitavam não apenas o uso de "palavras mentais" como também até mesmo "o uso mental de sinais algébricos e outros sinais precisos [...]. As imagens mentais [que eles empregam] são, com maior frequência, visuais".[18]

Os cartunistas geralmente retratam os cientistas com balõezinhos de pensamento repletos de equações matemáticas flutuando acima da cabeça, mas a matemática, assim como a linguagem, costuma ficar à margem durante seus processos criativos. Um dos mais notáveis exemplos é o do físico inglês Michael Faraday, que Einstein colocou ao lado de Isaac Newton. O pensamento de Faraday era quase que inteiramente visual e, surpreendentemente, desprovido de matemática. Na verdade, ele não tinha nenhum dom para a matemática nem educação formal em matemática, além de conhecer apenas os elementos mais simples da aritmética. Apesar disso, Faraday "viu" as tensões que cercam os ímãs e as correntes elétricas como curvas no espaço e cunhou a expressão *linhas de força* para descrevê-las. Em sua mente, elas eram tão reais como se fossem feitas de matéria sólida. Para ele, todo o universo era constituído por essas linhas de força, e ele enxergou a luz como radiação eletromagnética. Mas ele não era apenas um sonhador; suas visualizações levaram a resultados práticos, entre os quais a invenção do dínamo e do motor elétrico.[19]

O romancista-filósofo Arthur Koestler fez um levantamento histórico com um grande número de gênios criativos da ciência. Em sua obra monumental *The Act of Creation*, ele chegou à conclusão de que "a importância praticamente unânime que eles atribuem às intuições espontâneas, à orientação inconsciente e aos saltos repentinos da imaginação, que eles não conseguem explicar, sugere que o papel dos processos de pensamento estritamente racionais na descoberta científica tem sido imensamente superestimado [...]".[20]

Segundo Milton, sua obra-prima, *O Paraíso Perdido*, foi ditado a ele por uma musa como uma "canção não premeditada".[21] Porém, como já dissemos, ao longo de toda a história as pessoas têm cultivado estados de percepção não ordinários, como os proporcionados pela meditação, para atrair as musas e estimular o processo criativo. Como observa Ervin Laszlo, "em alguns casos (relativamente raros), esses 'estados inspirados' são artificialmente induzidos por drogas, música, auto-hipnose ou outros meios".[22] Um exemplo notável é o de Samuel Taylor Coleridge, do qual se afirma haver composto o poema épico *Kubla Khan* em um estado onírico induzido pelo ópio. Porém muitas vezes, quando as pessoas usam drogas para intensificar a criatividade, embora possam *sentir* que estabeleceram contato com "tudo o que existe", elas têm muito pouco ou nada para mostrar quando o efeito das drogas acaba. A maior parte da "arte" produzida sob a influência de substâncias químicas que alteram a mente acaba na lata do lixo – a qual, como disse Einstein certa vez, é a ferramenta mais importante do cientista.

Urgência e "Horas à Janela"

Um sentido de urgência profunda pode catapultar-nos a um estado de criatividade intensificada. Como declarou Samuel Johnson: "Disto podeis ter certeza, meu senhor: quando um homem sabe que será enforcado dentro de duas semanas, sua mente atinge uma concentração maravilhosa".[23] O matemático francês Évariste Galois, por exemplo, aos 20 anos escreveu suas brilhantes contribuições à álgebra superior nos três dias que antecederam o duelo em que ele, por certo, acreditava que seria morto.

Arthur Koestler descreveu uma crise existencial decorrente de uma experiência semelhante. Em 1937, em plena Guerra Civil Espanhola, acusado de suspeita de espionagem, Koestler ficou preso durante vários meses em Sevilha, ameaçado de execução, sem saber se estaria vivo no dia seguinte. A solitária propiciou-lhe experiências que ele acredita estarem próximas às descritas pelos místicos, em especial uma sensação de união com todas as coisas. Ele chamou essas experiências de "horas à janela":

> As "horas à janela" me haviam preenchido de uma certeza direta de que existia uma ordem superior da realidade e de que apenas ela conferia sentido à existência [...], de que o tempo, o espaço e a causalidade, o isolamento, a separação e as limitações espaciais e temporais do eu eram meras ilusões de óptica [...]. Era um texto escrito com tinta invisível e, embora não pudéssemos lê-lo, a certeza de que ele existia era suficiente para alterar a textura de nossa existência e fazer com que as nossas ações se estabelecessem em conformidade com o texto.[24]

Preparação: "Deus não pode Espantar as Moscas de uma Vaca sem Rabo"

Embora avanços desbravadores criativos e revelações repentinas sugiram que nossa entrada na Mente Una seja completamente espontânea, ajuda muito se nós mesmos abrirmos a porta. Isso acontece com mais frequência por meio da preparação – do aperfeiçoamento de uma habilidade ou técnica. Não é só o acaso que favorece a mente preparada; a Mente Una também favorece a preparação.

Isso tem sido enfatizado especialmente no mundo espiritual. Como diz o historiador das religiões Huston Smith com base na tradição cristã, "tudo é uma dádiva, mas nada é gratuito".[25] Vivekananda, da tradição hinduísta no século XIX, concordava: "Os ventos da graça de Deus estão sempre soprando, mas é preciso que você levante a vela do seu barco".[26] A mensagem do islamismo é a mesma. Como disse paradoxalmente Bayazid Bastami, místico sufi do século IX: "Não se pode atingir o conhecimento de Deus pela busca, mas só os que o buscam podem encontrá-lo".[27] Lame Deer, um xamã da tribo sioux, manifestou essa mesma ideia de que nada é gratuito no domínio espiritual: "Mas, conforme vejo as coisas agora, conforme as sinto, quero que minhas visões provenham de meus próprios humores, por meu próprio esforço – da maneira mais trabalhosa e antiga. Eu desconfio das visões que vêm de maneira fácil [...]. A verdadeira percepção reveladora e o maior êxtase não vêm disso".[28] No mesmo espírito, os membros da tribo fulani, na África Ocidental, transformam essa percepção em um princípio geral: "Deus não pode espantar as moscas de uma vaca sem rabo".

O eu

"Por que você não está feliz? Porque quase tudo que você diz e faz é para o seu 'eu' – e não existe um eu."

– Provérbio chinês

Algumas pessoas resistem ao conceito da Mente Una porque sentem um desejo de reter e de proteger sua própria individualidade, seu sentido e sua noção de eu. Leve embora o eu, dizem elas, e não serão mais ninguém. Mas até que ponto o eu tem importância vital?

Durante décadas, a ideia do eu foi vítima de uma corrida de demolição no âmbito da ciência. Uma enxurrada constante de livros de cientistas materialistas declarou guerra à noção de eu – responsável pelo sentido básico, essencial, de existir, objeto da introspecção de cada um, aquilo que faz com que eu me sinta "eu", e não outra pessoa. Hoje em dia, os cientistas parecem rivalizar entre si para ver quem consegue destroçar mais efetivamente toda essa ideia.

O budismo poderia ter-lhes poupado todo esse trabalho. Há 2.500 anos, o Buda ensinou que não existe um eu substancial *contra* o qual se possa declarar guerra. Disse ele que o eu é uma ilusão, um aglomerado de emoções, medos, desejos, vontades e esforços – o que ele chamou de apegos – que ficam no caminho atrapalhando o crescimento pessoal e a transformação. Portanto, o Buda concordaria com o fato de que os cientistas que tentam descartar o eu estão no caminho certo porque o eu é uma não entidade.

Não devemos confundir o eu [self] com o eu [I]. Como afirma o psicólogo Arthur J. Deikman, da Universidade da Califórnia, em São Francisco, "o âmago da subjetividade – o eu [I] – é idêntico à percepção. Esse eu [I] deve ser diferenciado dos vários aspectos da pessoa física e de seus conteúdos mentais que formam o eu [self]. A maioria das discussões sobre a consciência confunde o eu [I] com o eu [self] [...]. A identidade entre a percepção e o eu [I] significa que conhecemos a percepção sendo esse eu [I] [...]".[1]

Até mesmo Einstein, possivelmente o cientista mais famoso da história, afirmou o valor de se romper os grilhões que nos escravizam ao ego pessoal. De um modo que soa decididamente oriental, ele disse: "O verdadeiro valor de um ser humano é determinado principalmente pela medida e pelo sentido em que ele conseguiu se libertar do eu [self]".*[2] A atual situação é irônica. A ciência moderna, inimiga declarada do reino espiritual, está, nesse caso em especial, a serviço da espiritualidade. A mensagem da ciência – a de que o eu é uma ilusão – é compatível com muitas grandes tradições de sabedoria e pode ser um passo ao longo do caminho espiritual de cada um. Desse modo, a ciência se tornou uma aliada involuntária da espiritualidade.

Mas o esforço da ciência para erradicar o eu também é hipócrita. Qualquer pessoa que tenha convivido algum tempo no ambiente da ciência acadêmica sabe muito bem que os cientistas às vezes são donos dos egos mais hipertrofiados do planeta, aqueles em que o sentido do eu é o mais inflado. Eles parecem ansiosos por descartar o eu dos outros, mas não o seu próprio eu.

---

* A partir de agora, todas as vezes em que o texto usar a palavra "eu", ele estará se referindo apenas ao eu (self). (N. do R.)

A Guerra Contra o Eu

Francis Crick, ganhador do Prêmio Nobel e codescobridor da estrutura do DNA, é um exemplo típico de cientista que tentou liquidar o eu. No seu livro *The Astonishing Hypothesis*, ele escreve: "As atividades mentais de uma pessoa devem-se inteiramente ao comportamento das células nervosas, das células gliais e dos átomos, íons e moléculas que as compõem e as influenciam[3] [...]. 'Você', suas alegrias e tristezas, suas recordações e ambições, seu sentido de identidade pessoal e seu livre-arbítrio nada mais são, na verdade, que o comportamento de um imenso conjunto de células nervosas e das moléculas associadas a elas. Como bem poderia ter dito Lewis Carroll à Alice: 'Você não passa de um pacote de neurônios'".[4]

Mas as coisas não param por aí. Muitos cientistas materialistas querem destruir não apenas o eu, mas também o próprio conceito de consciência. E aqui o jogo fica realmente bizarro, pois erradicando a consciência, os filósofos e cientistas materialistas declaram guerra contra suas próprias mentes. Por exemplo, o filósofo e cientista cognitivo Daniel Dennett, da Universidade de Tufts, afirma que somos todos zumbis; que ninguém é consciente.[5] Além de incluir-se nessa generalização, ele parece ter muito orgulho disso. Muitos pacientes já foram declarados mentalmente incompetentes por motivos de menor importância.

Como foi que a ciência se tornou hostil ao eu? Entre os passos dados nessa direção incluem-se os seguintes.

Na década de 1960, o neurofisiologista ganhador do Prêmio Nobel Roger Sperry e Michael Gazzaniga cortaram o corpo caloso de vários indivíduos que sofriam de epilepsia grave. Eles descobriram que o hemisfério esquerdo do cérebro percebe coisas que o hemisfério direito não percebe e vice-versa. Isso sugeria que a ideia de um sentido único e indiviso do eu é uma ilusão.

Na década de 1970, o neurofisiologista Benjamin Libet descobriu que certos movimentos corporais eram registrados no cérebro 350 milissegundos antes de o indivíduo ter consciência da decisão de mover aquela parte específica do corpo. Isso desafiava a suposição do livre-arbítrio. Equivalia a dizer que o cérebro dita o que fazer ao eu consciente, e não o contrário. Outros pesquisadores, como Todd E. Feinberg e António Damásio, continuaram a investigar como o sentido do eu se desenvolve e se mantém.

No seu livro *The Ego Trick*, o filósofo Julian Baggini, da University College London, explicou que não há nada de essencialmente novo nessas conclusões. O menosprezo por um eu essencial vem acontecendo desde os primórdios da ciência. Em 1664, o anatomista inglês Thomas Willis publicou *Cerebri Anatome*, uma detalhada tentativa de contornar a necessidade de um eu explicando como diferentes partes do cérebro produziam os diferentes "espíritos animais" que supostamente moviam o pensamento e a ação. Os empiristas britânicos John Locke e David Hume afirmavam que aquilo que o torna a mesma pessoa ao longo do tempo é a continuidade de sua vida mental, e não um eu independente.

Desde que essas noções foram introduzidas, o conhecimento do cérebro se tornou mais refinado e, é claro, clinicamente útil, "mas, do ponto de vista filosófico, [a ciência moderna] realmente só fez preencher os detalhes e martelar os últimos pregos nos caixões de visões antiquadas da alma e do eu", escreveu Baggini. Hoje, o consenso é que não há no cérebro nenhum lugar onde "tudo converge e se reúne conjuntamente", nenhum ponto no cérebro em que residam o sentido do eu ou a alma. Alma e eu são simplesmente construtos ilusórios. Esses sentidos apenas "pipocam" – a palavra da moda é *emergem* – quando várias partes do cérebro estão funcionando bem conjuntamente.

"Buda tinha praticamente a mesma visão, pois ele acreditava que não existe um eu permanente, mas sim apenas uma série de experiências conscientes conectadas", diz Baggini. "A neurociência confirma isso e explica a mecânica desse eu sem centro [...]."[6]

No entanto, mais uma vez, ouvem-se os ecos da contradição quando vemos que alguns cientistas têm sensações de *auto*rrealização e *auto*ssatisfação, ou seja, sensações *pessoais*, por terem banido a noção de eu. Ou então, quando cientistas cognitivos como Dennett usam a própria consciência para contestar a existência da consciência. O físico, jornalista e escritor britânico Mark Vernon captou o absurdo dessa posição quando declarou: "Portanto, da próxima vez em que você ler que a consciência é um epifenômeno, ou que os seres humanos são zumbis ou que não passamos de fenótipos descartáveis, pode rir. O fato de que indivíduos da raça humana cheguem ao ponto de fazer esse julgamento a respeito de si mesmos é, por si mesmo, uma prova de que somos muito mais que isso".[7]

A Espiritualidade e o Eu

O fato de a ciência ter conseguido ser bem-sucedida em "demolir" o eu não é, na verdade, nada de grande importância. As tradições espirituais vêm fazendo isso há milênios, como já dissemos. E não apenas o budismo. A mesma mensagem está implícita no Novo Testamento, quando João Batista, referindo-se a Cristo, diz: "É necessário que Ele cresça e que eu diminua".[8]

O problema é que a ciência não sabe quando parar. Em vez de assassinar apenas o eu, tentou cometer um duplo homicídio e matar também a consciência. O eu se torna um dano colateral.

Carl Jung acreditava que não é possível evitar o que chamou de lado "psíquico" da vida. Em suas palavras, "é quase um preconceito absurdo supor que a existência só possa ser física. Na verdade, a única forma de existência da qual temos conhecimento imediato é psíquica. Poderíamos igualmente dizer, pelo contrário, que a existência física é uma mera inferência, uma vez que só conhecemos a matéria na medida em que percebemos imagens psíquicas mediadas pelos sentidos".[9]

O grande malogro da ciência está no fato de que, depois de eliminar da vida o eu e a alma, ela não tem nada para colocar em seu lugar, a não ser a ideia de que os seres humanos devem simplesmente "ser homens", viver com nobreza e penetrar na noite com bravura. Muita gente considera esse conselho inadequado. Essa é uma das razões pelas quais as evidências que apontam para a Mente Una são importantes. A inclusiva Mente Una, da qual participam todas as mentes individuais, alimenta o impulso humano em direção à transcendência.

Provas em abundância mostram que as pessoas obtêm mais do que satisfação emocional nas crenças espirituais que incluem um sentido de estar conectado com "algo maior". Como mostraram o epidemiologista social Jeff Levin e muitos outros pesquisadores, centenas de estudos indicam que, em média, indivíduos que seguem algum tipo de caminho espiritual vivem consideravelmente mais do que aqueles que não o fazem e sofrem menos incidência de doenças graves, como cardiopatias e câncer.[10] Esses benefícios tangíveis que uma orientação espiritual poderia proporcionar raramente são reconhecidos nos recentes esforços de autores como Richard Dawkins (*Deus, Um Delírio*), o falecido Christopher Hitchens (*Deus Não É Grande: Como a Religião Envenena Tudo* e *The Portable Atheist*), Daniel Dennett (*Quebrando o Encanto: A Religião Como Fenômeno Natural*) e Sam Harris (*A Morte da Fé*), os quais retratam as crenças espirituais como nada mais do que fantasias nocivas.

Nada, Coisa Nenhuma, Ninguém

Em seu premiado livro *Epiphanies*, a psicoterapeuta Ann Jauregui afirma: "Depois de Freud, [...] concentramo-nos como um feixe de laser na singularidade do indivíduo. No âmbito da psicoterapia, houve uma ênfase extraordinária no valor do desenvolvimento de um 'sentido do eu' ou de um 'ego autônomo'; a 'separação-individuação' é considerada essencial para o crescimento. Toda essa linguagem tem a ver com a noção ocidental de uma mente humana individual cercada de fronteiras [*boundaried*]".[11]

Apesar disso, há exemplos notáveis de indivíduos que parecem desprezar a ideia de um eu intacto. Eles a consideram uma conveniência arbitrária que às vezes atrapalha. Quando isso acontece, descartam-na temporariamente e se tornam, de certo modo, um não eu, um ninguém.

Uma Atração pelo Organismo

"Olhar [adequadamente] para um objeto é habitá-lo."
– Maurice Merleau-Ponty[12]

Um exemplo é a geneticista Barbara McClintock, ganhadora do Prêmio Nobel, que trabalhava com genes, cromossomos e milho. Certa vez, ela atribuiu seu sucesso ao fato de ter "uma atração pelo organismo".[13] Dizer isso é um eufemismo. McClintock entrava psicologicamente tão fundo em um problema que se tornava o problema. Ela sentia como se pudesse descer pelo microscópio e ficar em pé de igualdade com os genes, observando bem de perto o seu comportamento. Deixava de existir como pessoa; quando emergia da contemplação do problema, não conseguia sequer lembrar-se do próprio nome. "As coisas são muito mais maravilhosas do que o método científico nos permite conceber", ela disse.

McClintock sempre fora um pouco estranha. Precoce desde a infância, costumava fugir ao convencional: praticou meditação oriental, explorou a percepção extrassensorial e experimentou o controle mental da própria temperatura e pressão arterial. Certa ocasião, Joshua Lederberg, geneticista e biólogo molecular ganhador do Prêmio Nobel, visitou seu laboratório. "Deus do céu, se essa mulher não for uma louca, ela é um gênio!", exclamaria ele depois.

Para sentir "uma atração pelo organismo", é preciso ter coragem de *ser* o organismo. Isso significa ir além das fronteiras que nos separam uns dos outros e de outras formas de vida. Significa ingressar na Mente Una.

O polímata alemão Johann Wolfgang von Goethe sabia disso. Goethe, autor de *Fausto* e de muitas outras obras diversas, opunha-se ao método científico de sua época, que enfatizava a objetividade, a neutralidade e o distanciamento. Ele acreditava que a compreensão da natureza provinha da participação. Por exemplo, para compreender uma planta, é preciso entrar na vida da planta. Ele considerava sua abordagem científica como "um delicado empirismo que, do modo mais interiorizado, torna-se idêntico ao objeto e, por meio disso, torna-se a própria teoria".[14]

O tema da ciência participativa proposto por Goethe foi retomado cento e trinta anos depois por Heinz Kohut, eminente psicanalista austríaco radicado nos Estados Unidos. Kohut acreditava que a metodologia científica convencional estava "distante da experiência", longe da observação real. E propôs como alternativa uma abordagem "próxima da experiência", na qual os dados poderiam ser diretamente adquiridos por meio da empatia e da introspecção. Ele afirmava que a empatia tinha importância crucial para impedir que os interesses científicos "ficassem cada vez mais isolados da vida humana".[15] Ele acreditava que o fato de a empatia ter sido eliminada da ciência resultou em uma abordagem fria, desinteressada e racional, que promovia os objetivos de regimes totalitaristas brutais e levara a "algumas das metas mais desumanas que o mundo já conheceu"[16] Resumindo, Kohut dizia que o novo ideal na ciência "poderia ser condensado em uma única frase sugestiva: precisamos lutar não somente pela empatia científica, mas também por uma ciência empática"[17] – em outras palavras, por uma ciência do amor, um amor que só se torna possível removendo as cercas de arame farpado que usamos para coisificar o mundo.

Para os que argumentam que isso levaria a uma ciência desleixada, irracional, as evidências sugerem o oposto, como mostram a experiência e as realizações de McClintock. Como John Briggs afirma em seu livro *Fire in the Crucible*, podemos fazer uma longa lista de grandes nomes da ciência que atribuem suas magníficas, profundas e aguçadas percepções a momentos em que o sentido do eu foi temporariamente abandonado.[18] Eles se esqueciam de quem eram e de onde estavam. Eles iam para outro lugar – em devaneios, sonhos e alheamentos – e a iluminadora percepção-chave lhes sobrevinha inesperadamente como epifania, revelação, dissolução das fronteiras entre este mundo e o outro.

Quando o Eu Desaparece: a Jornada de Suzanne Segal

Porém, nem sempre é assim tão simples.

Nas palavras do Buda, "eventos acontecem, feitos realizam-se, mas não há nenhum agente individual neles envolvido". Embora o objetivo de muitas tradições espirituais seja transcender o ilusório "agente individual", a experiência do estado de ausência de eu nem sempre é agradável.

Em um belo dia de 1982, Suzanne Segal, norte-americana de 27 anos de idade residente em Paris, entrou em um ônibus municipal e, de repente, sem aviso, se viu desprovida de ego e de qualquer noção de eu pessoal. Como ela descreveu a experiência: "Levantei o pé direito para entrar no ônibus e bati de frente com uma força invisível que invadiu minha percepção como a explosão silenciosa de uma banana de dinamite, fazendo voar a porta de minha consciência habitual e dividindo-me em duas. No espaço da lacuna que surgiu, aquilo que antes eu chamava de 'eu' foi deslocado à força de seu lugar usual dentro de mim para um novo lugar, aproximadamente 30 centímetros atrás e à esquerda de minha cabeça. 'Eu' estava agora atrás do meu corpo, contemplando o mundo sem usar os olhos do corpo".[19]

Quando ela abriu os olhos na manhã seguinte, a sensação de não ter um eu ainda persistia. Sua mente "explodia de preocupação". Seria psicose? Esquizofrenia? Passaria? Aterrorizada e confusa, afogava-se em agonia mental. Já não tinha certeza da própria sanidade. Ela se sentia como se o seu próprio nome não se referisse a ninguém.[20] Ela se sentia como se seu "[...] corpo, mente, fala, pensamentos e emoções fossem todos vazios; eles não tinham propriedade, por trás deles não havia ninguém".[21] Durante anos, consultou uma série de terapeutas para tentar entender o que havia acontecido. Seu diagnóstico oficial: transtorno de despersonalização.

Segal não era nenhuma neófita. Vários anos antes do "golpe no ponto de ônibus", ela se envolvera em uma busca espiritual sincera, dedicando-se a retiros e meditação, mas havia interrompido essas práticas. Por fim, buscou ajuda junto a mestres espirituais da comunidade budista da Califórnia. Quando sua história ganhou notoriedade, ela recebeu congratulações de numerosos mestres espirituais, tanto do Ocidente como do Oriente. A visão que tinha a respeito do que havia acontecido consigo era a de que entrara espontaneamente no estado sem ego que muitos dos que abraçam a busca espiritual se esforçam para atingir. Uma das cartas que recebeu, de um famoso guru indiano, dizia: "Essa experiência é maravilhosa. Ela tem de permanecer eternamente com você. Isso é a liberdade perfeita. Você se tornou (*moksha*) dos sábios realizados".[22]

Depois de sua ruptura com um sentido do eu, Segal conseguiu permanecer extremamente funcional. Ela se doutorou em psicologia. Seu caso, inscrito nas categorias psicológicas de despersonalização, desrealização e dissociação, ficou famoso. Após a publicação de sua autobiografia, *Collision with the Infinite*, em 1996, ela começou a fazer apresentações públicas e a conduzir grupos semanais de diálogo.

Doze anos após sua ruptura inicial com o eu, Segal entrou em uma nova fase de experiência, a qual envolvia um sentido de unicidade com todas as coisas. Ela escreveu: "Em meio a uma semana particularmente rica em acontecimentos, eu dirigia para o norte para encontrar amigos quando, de repente, percebi que dirigia através de mim mesma. Durante anos, não houvera nenhum eu, em absoluto, mas naquela estrada, tudo era eu e eu dirigia através de mim mesma para chegar ao lugar onde eu já estava. Em essência, não ia a lugar algum porque já estava em todos os lugares. O vazio infinito que eu sabia que eu era evidenciava-se agora na infinita substância de tudo o que eu via".[23] Segal havia entrado em um estado de percepção não local que duraria dois anos.

Porém, os antigos medos e sintomas voltaram, dessa vez ainda mais intensos que antes, e psicologicamente perturbadores. Em fevereiro de 1997, aos 42 anos, estava em evidente declínio mental e físico. Ela foi hospitalizada, e seus médicos descobriram um tumor cerebral maligno. Dois meses depois, veio a falecer. Não se sabe quanto do seu tumor cerebral contribuiu para suas experiências ou se, afinal, não teve nenhuma influência sobre elas.

Na psicologia transpessoal há um dito que afirma: "Antes de transcender a pessoa, você precisa ser uma. E antes de transcender o ego, você precisa ter um". A mensagem é que não se pode passar por cima das etapas iniciais, básicas, do amadurecimento psicológico sem que se fique sujeito a riscos. Fazer de outro modo é como tentar correr sem antes aprender a andar. Há sugestões de que foi esse tipo de coisa que pode ter acontecido com Segal. Em seus últimos meses, ela desenterrou lembranças de abuso na infância. Seja como for, ninguém pode alegar compreender plenamente a psique dessa mulher magnífica, cativante e complexa.

Suzanne Segal foi uma corajosa exploradora da vida interior. Ela desnudou a própria alma para que outros pudessem aprender com sua experiência. Seu legado continua a inspirar milhares de pessoas. Sua jornada nos serve de lembrete: às vezes, "transcender o eu" não é algo tão extasiante quanto frequentemente se presume, e os caminhos espirituais que advogam a autotranscendência não são para os fracos.[24]

A propósito, nunca me senti à vontade com as sugestões de que a experiência negativa de não ser ninguém seria o resultado de traumas enterrados no passado de Segal. Posso estar errado, mas há nesse raciocínio alguma coisa que me cheira a desespero, bem como uma sugestão de culpar a vítima. Acredito que seria muito mais honesto dizer simplesmente que o abandono do eu não é nenhuma garantia de deleite emocional. Simplesmente é o que é.

Essa perspectiva – a aceitação da experiência de cada um em seus próprios termos – é expressa na alegoria taoista dos provadores de vinagre, ambientada no século VI a.C. Confúcio, o Buda e Lao-Tsé, o fundador do taoismo, estão reunidos em torno de um barril de vinagre. Cada um mergulha o dedo no líquido e o leva à língua. "É azedo!", diz Confúcio. "É amargo!", diz Buda. "É real!", diz Lao-Tsé. Os seguidores de Lao-Tsé podem ter inventado essa história como tática promocional. Seja como for, sua reação geralmente é interpretada como lembrete de que as experiências desagradáveis não devem ser desinfetadas, desconsideradas nem intelectualizadas, mas sim consideradas como parte do fluxo natural da vida.

O Ordinário *É* Extraordinário

As estreitas conexões que se estabelecem entre as pessoas por meio da Mente Una estão frequentemente associadas a acontecimentos extraordinários, como conhecimento a distância, conhecimento de eventos antes que eles aconteçam (premonição), comunicação remota entre indivíduos etc. Conheço muitas pessoas que se encantam com esses acontecimentos e se empenham em manifestá-los em sua própria vida, como se fossem de suma importância.

No entanto, o que as grandes tradições espirituais enfatizam é o ordinário, o comum e o simples. A pirotecnia espiritual geralmente é vista como distração. Um exemplo é o de Santa Teresa de Ávila, que disse em carta escrita em janeiro de 1577: "Entrei em êxtase novamente. É muito constrangedor. Várias vezes em público [...], durante as matinas, por exemplo. A vergonha é tanta que tenho vontade de me esconder!"[25]

Um discípulo do zen-budismo relatou ao mestre que havia tido visões de Luz e do Verdadeiro Estado de Buda durante a meditação. O mestre sobriamente respondeu-lhe: "Continue meditando. Isso vai passar".[26]

Em uma história comparável, um dia o mestre zen Joshu anunciou que o jovem monge Kyogen havia atingido um estado de Iluminação. Muito impressionados com a notícia, vários de seus pares o procuraram. "Soubemos que você atingiu a Iluminação. É verdade?", perguntaram. "É", respondeu Kyogen. "Conte-nos", disse um colega, "como você se sente?" "Miserável como sempre", respondeu o iluminado Kyogen.[27]

Os que trilham o caminho espiritual costumam constatar quanto o momento é precioso. Assim, Adair Lara, jornalista, professora e escritora, observa: "E alguns, como eu, estão apenas começando a adivinhar a poderosa religião da vida comum, uma espiritualidade de chão recém-varrido, pratos empilhados e roupas secando no varal".[28] Porém, mesmo o comum pode ser enganoso. Quando o ordinário é tratado como se fosse tudo, ele pode ser tão tirânico quanto o desejo pelo extraordinário. É o equilíbrio que conta, a disposição de aceitar, sem julgamentos, tudo o que vier porque se sente um perfeito "estado de ajuste" subjacente a todas as coisas. Isso é representado no ensinamento zen pelo reconhecimento de que "a criação de distinções é a doença da mente". E também na paradoxal identidade de Jesus com Alfa e Ômega, o primeiro e o último. Como afirma Mestre Eckhart, polêmico filósofo e teólogo alemão do século XIV, "tudo enaltece a Deus. As trevas, as privações, os defeitos e também o mal enaltecem a Deus e a Deus abençoam".[29] Paul Tillich, um dos mais respeitados teólogos cristãos do século XX, endossou esse paradoxo ao dizer: "Em seu sentido original, o Sagrado denota igualmente o divino e o demoníaco [...]. A autoafirmação do ser sem o não ser não seria sequer autoafirmação, mas sim uma autoidentidade fixa e imóvel. Nada seria manifesto, nada seria expresso, nada seria revelado [...]. Sem o negativo que Deus tem de superar em si mesmo e em suas criaturas, sua autoafirmação positiva seria letra morta. Não haveria vida alguma [...]".[30] Florence Nightingale, fundadora da enfermagem secular moderna, era uma mulher profundamente espiritualizada, que entendia essas complexidades. Ela afirmava: "Todos nos dizem que a existência do mal é incompreensível, mas eu acredito que é muito mais difícil – é impossível – conceber a existência de Deus (ou mesmo a de um homem bom) sem o mal. O bem e o mal são termos relativos, e um não é inteligível sem o outro".[31] Jung concordaria: "A pessoa inteira é aquela que caminhou com Deus e lutou com o diabo".[32]

Essa ambiguidade inabalável que tanto exige é uma das razões pelas quais os caminhos espirituais esotéricos nunca foram tão populares quanto as reconfortantes certezas inequívocas da maioria das religiões. Mas não há volta para os que penetram nesses ensinamentos.

Da mesma maneira, a questão nunca se coloca como Mente Una *versus* mente individual, nem coletivo *versus* pessoal. Não há *"versus"*, oposição, mas sim *"e"*, complementaridade. Os opostos andam juntos, definindo, iluminando, esclarecendo e revigorando um ao outro. Como se expressou o grande mestre zen Alan Watts, "O grande princípio metafísico é este: todo dentro tem um fora e todo fora tem um dentro [...]. Todo o universo pode ser entendido como pulso/intervalo, ligado/desligado, pico/vale".[33]

Meu aforismo zen preferido diz: "Depois do êxtase, lave a roupa suja". Assim como o divino valsa com o mundano, a Mente Una dança com a mente individual. Em uma vida saudável, uma nunca triunfa sobre a outra.

Será que a Mente Una é Deus?

"Que obra-prima, o homem! Quão nobre pela razão! Quão infinito pelas faculdades! Como é direto e admirável na forma e nos movimentos! Nos atos, quão semelhante aos anjos! Na apreensão, como se aproxima dos deuses!"
– William Shakespeare, *Hamlet*, Ato 2, Cena 2

"Aquilo que mostra Deus em mim, me fortalece. Aquilo que mostra Deus fora de mim, torna-me uma verruga e um quisto."[1]
– Ralph Waldo Emerson

A ideia da Mente Una, da qual fazem parte todas as mentes individuais, leva naturalmente a esta pergunta: "Será que a Mente Una é Deus?"

Se a Mente Una é a fonte de todas as informações conhecidas e cognoscíveis, então ela é onisciente. A onisciência é uma característica geralmente atribuída ao Divino. E se a Mente Una é não local – ou seja, não se localiza em pontos específicos no espaço, como cérebros ou corpos, nem se confina a pontos específicos no tempo, como o presente –, então ela é onipresente e eterna. A onipresença e a eternidade [*eternality*] são também características geralmente atribuídas a Deus, ao Absoluto, ao Divino, à Totalidade.

Portanto, a Mente Una não local envolve a premissa inevitável de que compartilhamos de atributos comumente reservados a Deus. Teria sido essa a razão de Jesus ter dito: "Não está escrito na vossa lei: 'Eu disse, vós sois deuses'?"[2] e "O reino de Deus está dentro de vós"?[3] É por isso que os antigos Upanishads hinduístas proclamam *tat tvam asi*, "tu és isso"?

A ideia de uma divindade interior não cai muito bem nas culturas ocidentais. Nossas religiões predominantes nos garantem que nascemos como pecadores indignos condenados à perdição, a menos que sejamos redimidos por meio de um ato de salvação. Afirmar uma divindade natural, em vez de reconhecer nossa indignidade natural, é considerado blasfêmia. Quem já afirmou essa constatação geralmente pagou com a própria vida. Um exemplo é o de Mestre Eckhart na Alemanha do século XIV. Ele pregava para seus fiéis: "Se é verdade que Deus se tornou homem, também é verdade que o homem se tornou Deus [...]. Onde estou, está Deus, e onde Deus está, eu estou [...]. Ver Deus igualmente em tudo é ser um homem [...]".[4] Esse tipo de pregação provocou a Inquisição, que se voltou com violência e espírito de vingança contra Eckhart. Esse homem gentil e compassivo foi condenado por heresia e provavelmente teria sido queimado na fogueira se não tivesse morrido antes do fim de seu julgamento.

Uma das mais eloquentes – e veementes – expressões da reunião entre o divino e o humano em uma única mente na era moderna é a do físico Erwin Schrödinger, ganhador do Prêmio Nobel. Para ele, "a consciência é um singular cujo plural é desconhecido; [...] *existe* apenas uma coisa e essa coisa, que parece ser uma pluralidade, é meramente uma série de diferentes aspectos dessa coisa única, que é produzida por uma ilusão (a MAYA hinduísta); a mesma ilusão é produzida em uma galeria de espelhos [...]".[5] Para Schrödinger, essa Mente Una singular *é* Deus. Ele não se equivocou. Na Mente Una, os seres humanos não são "como" Deus nem "semelhantes" a Deus. Eles *são* Deus. Schrödinger percebia a controvérsia teológica que isso evoca, pois disse:

> Na terminologia cristã, dizer: "Eu sou Deus Todo-Poderoso" soa blasfemo e lunático. Mas, por favor, desconsiderem essas conotações por enquanto [...]. Em si mesma, essa percepção não é nova. Os primeiros registros de que

tenho conhecimento remontam há 2.500 anos ou mais. Desde os primeiros grandes Upanishads, o reconhecimento de que ATMAN = BRAHMAN (o eu pessoal é igual ao eu eterno e onipresente que abrange tudo) é um pensamento hinduísta que, longe de ser considerado blasfemo, representa a quintessência da mais profunda percepção dos acontecimentos do mundo. A luta de todos os estudiosos do vedanta era, depois de aprender a pronunciar com os lábios, verdadeiramente assimilar na mente esse que é o maior de todos os pensamentos.

Também os místicos de muitos séculos, independentemente e, apesar disso, em perfeita harmonia uns com os outros [...], descreveram, cada um deles, a experiência singular de sua vida com palavras que podem ser condensadas na frase: DEUS FACTUS SUM (eu me tornei Deus).

Para a ideologia ocidental, o pensamento permaneceu estranho, apesar de Schopenhauer e de outros que o defenderam, e apesar desses verdadeiros amantes que, quando se olham nos olhos, percebem que seu pensamento e sua alegria são *numericamente* iguais a um, e não simplesmente semelhantes ou idênticos [...].

Uma gota d'água no oceano é una com todo o oceano no que se refere à composição química, mas não no que se refere ao volume e ao poder. Da mesma maneira, um ser humano pode ser idêntico ao absoluto em alguns sentidos, mas não em outros. Até onde vai nossa unicidade com o Divino por meio da Mente Una?

A fusão do humano com o divino é o tema da "filosofia perene", popularizada no grande livro homônimo de Aldous Huxley. (Huxley reconheceu que tinha sido Leibniz o autor da expressão *philosophia perennis*.) A filosofia perene, escreveu Huxley, é

[...] a metafísica que reconhece uma Realidade divina substancial no mundo das coisas, das vidas e das mentes; a psicologia que encontra na alma algo semelhante, ou mesmo até idêntico, à Realidade divina; a ética que coloca o objetivo final do homem no conhecimento do Fundamento imanente e transcendente de todo o ser.[6]

Ninguém desemaranhou a relação entre humanidade e divindade melhor que o filósofo da religião Huston Smith nos livros *Forgotten Truth: The Primordial Tradition* e *Beyond the Post-Modern Mind*. Para compreender a identidade entre Deus e o ser humano, expressa com tanto vigor por Schrödinger e Huxley, Smith utiliza o conceito de hierarquia, que é simplesmente uma maneira de classificar as coisas com base em um determinado critério. "Hierarquia é uma palavra feia", disse o romancista Arthur Koestler, que, apesar disso, acreditava em sua importância. "Contaminada por associações eclesiásticas e militares, [ela] transmite para algumas pessoas a impressão errônea de ser uma estrutura rígida ou autoritária." Apesar disso, as hierarquias permeiam o mundo natural, acrescentou Koestler, "quer consideremos sistemas inanimados, organismos vivos, organizações sociais ou padrões de comportamento".[7] (Para minimizar a resistência evocada pelo conceito de uma hierarquia vertical, estratificada, semelhante a uma escada, superior/inferior, uma forma alternativa de ilustrar essas relações é a hierarquia "aninhada". A hierarquia aninhada é representada graficamente como um arranjo de círculos concêntricos, com o membro "mais baixo" no centro e os "mais altos" ocupando círculos sucessivos em direção à periferia. A mudança visual da escada vertical para os círculos concêntricos transmite de maneira mais efetiva a ideia de "relação com", e não a de "poder sobre".)

Para Smith, o conceito de hierarquia é de valor inestimável para se responder ao problema da relação homem-Deus. Essa relação é, em grande parte, uma questão de *ser*. Em suas palavras, "a realidade se divide em níveis; o ser aumenta à medida que esses níveis ascendem. É claro que a palavra 'ascensão' é usada aqui em sentido figurado. Não há nenhum tipo de movimento literal para cima nem movimento espacial nenhum".[8] Smith sabe que entrou em território delicado ao trazer à baila o conceito de ser. "Embora, no passado, [o conceito de ser] tenha sido comum a ponto de ser universal, ele é [...] de dificílima apreensão para a consciência moderna. O que, exatamente, significa dizer que X tem mais ser do que Y ou, no linguajar cotidiano, que X é mais real que Y? [...]. Ter mais ser ou ser mais real é possuir, intrinsecamente, mais das propriedades do ser."⁹ Seis dessas propriedades, diz Smith, são (1) poder, (2) duração, (3) localização, (4) unidade, (5) importância e (6) valor.¹⁰

Unidade e unicidade envolvem gradações nessas propriedades do ser. Uma gota d'água no oceano pode ser unida ao oceano e se tornar una com todo o oceano. Mas, como já dissemos, ela difere do oceano em poder, localização e importância. Da mesma forma, uma mente individual pode estar unida não localmente à Mente Una, mas diferir dela, especialmente em poder. Como disse o sábio hinduísta Shankara no século VIII:

> Embora não haja diferença alguma, sou Vosso,
> Não sois Vós, ó Senhor, que sois meu;
> Pois do Mar, em verdade, é a Onda,
> Não da Onda, o Mar.¹¹

Arthur O. Lovejoy, filósofo de Harvard, lidou primorosamente com essas distinções no seu aclamado livro *A Grande Cadeia do Ser*. Nele, Lovejoy mostra que a continuidade e a unidade no mundo obedecem a um espectro gradual, hierárquico, chamado por Aristóteles de *scala naturae*. Lovejoy escreve:

> O resultado foi a concepção do plano e da estrutura do mundo que, por toda a Idade Média e até o fim do século XVIII, muitos filósofos, a maioria deles homens da ciência – na verdade, a maior parte dos homens instruídos –, aceitariam sem questionamento a concepção do universo como uma "Grande Cadeia do Ser", composta de um número imenso ou [...] infinito de elos dispostos em ordem hierárquica, desde a mais ínfima espécie de existentes, [...] passando por "cada grau possível", [...] até o *ens perfectissimum* [...].¹²

Ignorar as gradações do ser pode levar ao que já se chamou de "erro de categoria", no qual coisas de um tipo são apresentadas como se pertencessem a outro ou, então, uma propriedade é atribuída a algo que possivelmente não pode ter essa propriedade.¹³ Entre os exemplos de erro de categoria mais frequentemente usados está o de igualar o cardápio ao prato ou o mapa ao território. Um exemplo que se traveste de ciência é o que iguala a consciência não material ao cérebro material. Outro exemplo, uma espécie de repetição do anterior, é quando dizemos que a gota d'água no oceano *é a mesma coisa que* o oceano, sem oferecer nenhum tipo de qualificação. Cometemos erro semelhante quando dizemos que a mente de um indivíduo *é a mesma coisa que* a Mente Divina, sem levar em consideração as gradações do ser, como aquelas que Huston Smith mencionou.

Ken Wilber, o autor e teórico da perspectiva integral, discute um erro parecido, ao qual chama de *falácia pré/trans*, ou *fpt*. Essa falácia ocorre quando, por exemplo, igualamos níveis de realização psicoespiritual "superiores" a "inferiores". Wilber acredita que Freud cometeu uma falácia pré/trans quando igualou a realização mística da unicidade (isto é, o estado de união) com o Divino à regressão a estados infantis de unicidade oceânica. E sugere que, sem perceber, Jung teria cometido o mesmo erro, só que no sentido oposto, quando deixou de distinguir entre as formas míticas primordiais, que são formas primitivas, e a realização divina verdadeiramente arquetípica. Isso forçou Jung e seus seguidores, escreveu Wilber, a "ter de enfrentar a situação extremamente desagradável e incômoda de precisar reconhecer os arquétipos, ao mesmo tempo, como muito primitivos e como muito divinos". Os terapeutas junguianos sentem-se obrigados, diz Wilber, "a venerar os arquétipos e, alternativamente, a tremer em sua presença porque seus 'arquétipos' – pelo fato de serem, na verdade, uma mistura fpt de arquétipos reais e formas míticas muito primitivas – oscilam entre a glória transracional e o caos pré-racional". Embora, em muitos aspectos, Wilber se considere junguiano, ele acredita que a esse respeito "as teorias de Jung precisam urgentemente de uma revisão".[14]

Wilber acredita que os arquétipos divinos são mais um puxão transcendente vindo de frente do que um empurrão primitivo vindo de trás. Foi aí que, segundo ele, a psiquiatria moderna perdeu seu caminho: "Eu não precisaria nem mencionar a [...] falácia [em que] os psicólogos e analistas ortodoxos geralmente [incorrem, eles] tomam qualquer material autenticamente arquetípico e o apresentam como exemplos perfeitos de cognição infantil ou cognição mítica (ou mágica) regressiva".[15]

Assim, devemos confiar nas alegações de quem afirma ter entrado na Mente Una e vivenciado uma experiência de conexão com Deus? Como podemos saber se todas essas alegações não são um gigantesco erro de categoria ou falácia pré/trans? A esquizofrenia e a insanidade são uma realidade. Mas, dizem muitos estudiosos, o mesmo se aplica à realização mística da união divina, da fusão com o Absoluto, da experiência de cidadania na Mente Una. Em seu estilo inimitável, Wilber faz uma avaliação dessas perguntas no seu livro *A Brief History of Everything*:

> Os místicos e os sábios são loucos? [...] [Todos eles contam a mesma] história de acordar em uma certa manhã e descobrir que eles são unos com o Todo, de uma maneira atemporal, eterna e infinita.
>
> [...] É no mínimo plausível. E diga-me: "Será que essa história, cantada por místicos e sábios do mundo todo, é, em algum sentido, mais louca do que a história do materialismo científico, que é aquela cuja sequência inteira é uma fábula contada por um idiota, cheia de som e fúria, que não significa absolutamente nada? [...] Qual dessas duas histórias de fato soa totalmente insana?"
>
> [...] E acredito que [os sábios] apontam para a mesma profundidade em você, em mim e em todos nós. Acredito que eles estão plugados no Todo [...]. Sua identidade de fato é o Todo, e você já não é mais *parte* desse fluxo, você *é* esse fluxo, e o Todo não se desdobra à sua volta, mas sim em você.[16]

Portanto, à pergunta: "Será que a Mente Una é Deus?", podemos responder: "Não, mas..." Como ressaltou Huston Smith, há diferenças profundas entre essas duas dimensões, a Mente Una dos seres humanos e o Absoluto. Daí o antigo princípio segundo o qual "o superior contém o inferior, mas o inferior não contém o superior". Ignorar essas diferenças pode levar à arrogância e à inflação do ego. Ainda assim, as semelhanças são reais e não devem ser minimizadas. Compartilhamos qualidades com o Divino, assim como uma gota isolada da água do oceano é uma versão em escala reduzida do próprio oceano. Ignorar essas semelhanças pode reforçar a deprimente visão de que somos maus, iníquos, criaturas que erram desde o nascimento. Como na maioria das coisas, o segredo está no equilíbrio.

A experiência de tornar-se Deus (*Deus factus sum*) mencionada por Schrödinger deveria ser precedida de uma advertência: *Esta alegação pode ser prejudicial à sua saúde*. As razões foram estabelecidas pelo próprio Schrödinger: "Soa blasfematória e lunática".

Mansur al-Hallaj (*c.* 858 d.C.-922 d.C.) foi um escritor e mestre do sufismo, a tradição mística e esotérica do Islã. Muitos mestres sufis acreditavam que as percepções místicas não deviam ser compartilhadas com as massas, mas al-Hallaj as proclamava. Foi onde começou a controvérsia que o cercou. Ele começou fazer inimigos. Para piorar as coisas, ele ocasionalmente entrava em transe, que atribuía ao fato de estar na presença de Deus. Durante um desses transes, ele proclamou: "Eu sou a Verdade", e foi interpretado como se alegasse ser Deus, pois, no islamismo, "a Verdade" é um dos 99 nomes de Alá. Além disso, certa vez afirmou: "Não há nada envolvido pelo meu turbante, a não ser Deus". E costumava apontar para a própria capa e dizer: "Em minha capa, não há nada senão Deus". É claro que ele acreditava estar completamente unido ao Divino, que Deus morava dentro dele e que, em vez de serem apenas semelhantes, ele e Deus haviam se tornado um e o mesmo. Chamava a Deus de seu Único Eu. Tais afirmações o levaram à prisão. Antes de ser executado, pediu a seus companheiros muçulmanos que o matassem, dizendo que o importante para o extático era que o Uno o reduzisse à unicidade. Ele certamente sabia o que aconteceria. Depois de dez anos de prisão, ele foi condenado à morte. Sua execução pública foi um exemplo da ferocidade que as alegações de identidade com Deus podem evocar. Conduzido ao cadafalso em meio a insultos por pretender ser Deus, lá recebeu 500 chibatadas. A flagelação foi interrompida antes de sua morte para que ele pudesse apreciar o que viria em seguida: al-Hallaj foi esquartejado. Seus braços, suas pernas, sua língua e, por fim, sua cabeça foram cortados. Mesmo no momento da decapitação, dizia-se que ele sorria. No dia seguinte, seu tronco foi queimado; um dia depois, suas cinzas foram lançadas ao vento. Sua cabeça foi pendurada no muro da prisão, antes de ser exibida por toda parte nos distritos vizinhos para dissuadir possíveis seguidores.[17]

Inúmeras pessoas já sentiram a afinidade de todos os seres humanos com o Uno, a Divindade, mas sem ir tão longe quanto al-Hallaj. Por exemplo, quando um jovem repórter perguntou audaciosamente a Madre Teresa: "A senhora é santa?", Madre Teresa lhe pôs o dedo ossudo no peito e disse: "Sou, sim, e você também".

Mestre Eckhart foi menos hesitante quando afirmou: "O olho com que eu vejo Deus é o mesmo olho com que Deus me vê. Meu olho e o olho de Deus são um só – um na visão, um no saber e um no amor".[18]

Plotino também não se contina. Há quase dois mil anos, escreveu: "Sem dúvida, não deveríamos falar de ver, mas sim do que é visto e de quem vê; deveríamos falar corajosamente de uma simples unidade. Pois, nesse ver, não distinguimos, e nem há dois nesse ver. O homem [...] está fundido com o Supremo [...] e com ele é uno".[19]

Al-Hallaj estaria de acordo.

A desobstrução do buraco da fechadura

"[...] Eterna luz, porção divina,
Com tanta mais razão me acode e vale:
Brilha em minh'alma, nela olhos acende, as faculdades todas lhe ilumina
E de nuvens quaisquer a desassombra, a fim de que eu livremente veja e narre
Cenas que à vista dos mortais se escondem."

– John Milton[1]

Somos "*voyeurs* [observadores] espiando pelo buraco da fechadura da eternidade", disse o romancista Arthur Koestler. "Mas, pelo menos, podemos tentar remover o que entope o buraco e bloqueia até mesmo nossa visão limitada."[2] Assim, ao longo de toda a história, as pessoas têm usado uma espantosa variedade de métodos para superar o filtro do cérebro e aumentar a intensidade do que Aldous Huxley chamou de "gotejamento exíguo".

Assistido por seu velho amigo David Jackson, James Merrill, vencedor do Prêmio Pulitzer e um dos maiores poetas norte-americanos do século XX, usou um tabuleiro Ouija com essa finalidade. "Com o tabuleiro, o ritmo é rápido, talvez seiscentas palavras por hora", relatou Merrill, que afirmou comunicar-se por meio dele, "em outro mundo", com amigos já falecidos e espíritos. As mensagens eram transcritas letra por letra e depois Merrill editava e reescrevia as transcrições. Quando lhe perguntaram se poderia ter escrito seus grandes poemas sem a ajuda do tabuleiro, respondeu: "Acho que não". Como funcionava o processo? "O principal [...] é estar sempre indeciso", explicou Merrill. Você pode considerar o tabuleiro como um mecanismo de retardamento. Ele retarda, no tempo e na linguagem, o que poderia sobrevir a um santo ou um louco em um piscar de olhos. Considerando o volume de detalhes e minhas próprias limitações, deve ter sido o método mais praticável [...]. [Ele] me fez pensar duas vezes sobre a imaginação [...]. Victor Hugo disse, a propósito de suas *vozes*, que elas eram como seus próprios poderes mentais multiplicados por cinco."[3]

O poeta, dramaturgo e místico irlandês William Butler Yeats usou um método incomum para engrossar o gotejamento exíguo, e o resultado foram alguns dos poemas e prosas mais inspirados do século XX. Em *Uma Visão*, ele declarou que "sua recente poesia ganhara em presença de espírito e força". Yeats atribuiu essa mudança em sua obra a "uma incrível experiência" ocorrida em 4 de outubro de 1917, quando sua mulher, Georgie Hyde-Lees, o surpreendeu com uma tentativa de escrita automática. Na descrição da cena feita pelo filósofo Michael Grosso, "surgiram declarações profundas e instigantes, e um desconhecido (um escritor ou escritores) disse: 'Viemos para dar-lhe metáforas para a poesia'. Assim começou uma extraordinária parceria em criatividade, mantida pelo casal durante três anos [...]. [Os] escritos eram o produto de um esforço conjunto que transcendia a ambos, que eram mais como secretários da entidade psicológica que eles conjuntamente produziam". O casal produziu cerca de cinquenta cadernos de escrita automática, onde Yeats garimpou para criar algumas de suas obras mais majestosas.[4]

Um Artista *Outsider*

Pode-se reconhecer alguns dos exemplos mais dramáticos do uso de estados alterados de percepção para "dar a volta por cima" do mecanismo de filtragem do cérebro na chamada *"outsider art"*, ou arte produzida fora dos limites da cultura oficial, que inclui "obras de crianças, primitivos, detentos, idosos, arte *folk*, *art brut*, arte psicótica e, em geral, todas as formas de arte e criação de imagens produzidas por autodidatas, pessoas com déficit educacional ou cultural, isoladas e marginalizadas".[5]

Um exemplo notável é o de Adolf Wölfli (1864-1930), artista plástico e compositor esquizofrênico paranoide que passou internado a maior parte da vida. Nascido e criado na pobreza, órfão aos 10 anos de idade e vítima de violência física e abuso sexual quando criança, Wölfli era dado a atos violentos e agressões sexuais. Passou muito tempo isolado na Clínica Waldau, um hospital psiquiátrico de Berna, na Suíça.

Em 1899, quando estava hospitalizado, começou a escrever e desenhar espontaneamente. Walter Morgenthaler, médico da Waldau, reconheceu a singularidade e a qualidade dos desenhos de Wölfli e, em 1921, escreveu um livro sobre ele, o qual, pela primeira vez, chamou a atenção do mundo da arte para sua obra criativa.

A produção de Wölfli era imensa. Como relata Michael Grosso, "de 1908 a 1930, ele trabalhou em uma narrativa caudalosa, [...] uma mistura de história pessoal autêntica e fantasia cósmica em um todo cuidadosamente unificado, costurado com prosa poética, ilustrações e composições musicais. Esse alienado, mentalmente incapaz, deixou um legado de 45 volumes, 16 cadernos de notas e um total de 25 mil folhas soltas, além de centenas de desenhos que agora estão expostos perto das obras de Paul Klee na Suíça".[6] Essa façanha é ainda mais assombrosa quando se considera que ele só tinha acesso ao mínimo indispensável. Wölfli costumava trocar pequenos trabalhos com visitantes para obter lápis, papel e outros materiais. Diz Morgenthaler:

> Toda segunda-feira de manhã, Wölfli recebe um novo lápis e duas folhas grandes de papel-jornal em branco. Como o lápis acaba em dois dias, ele tem de se contentar com os tocos que guarda ou com o que consegue arranjar pedindo aos outros. Muitas vezes, escreve com pedaços de apenas cinco a sete milímetros de comprimento e até com as pontas quebradas do grafite, que ele maneja com destreza, segurando-as entre as unhas. Com cuidado, recolhe papel de embrulho e qualquer outro papel que consegue arrumar

com os seguranças e pacientes de sua área; caso contrário, ficaria sem papel até a noite do domingo seguinte. No Natal, a casa lhe dá de presente uma caixa de lápis de cor, que dura duas ou três semanas, no máximo.

Wölfli incorporou à sua arte uma notação musical idiossincrática. No início, era um esforço puramente decorativo, mas posteriormente evoluiu para composições reais, tocadas em uma trombeta de papel feita por ele próprio. Suas peças musicais suscitaram muito interesse. Algumas tiveram gravações profissionais produzidas comercialmente e estão disponíveis para *download* gratuito.[7]

O surrealista francês André Breton descreveu o trabalho de Wölfli como "uma das três ou quatro obras mais importantes do século XX".[8]

Wölfli dizia não ter ideia de como a criara. De algum modo, esse homem impressionante, sujeito às mais precárias das condições, conseguiu ampliar o gotejamento exíguo do cérebro até torná-lo uma torrente impetuosa.

Daimons

Algumas pessoas descrevem algo que, na terminologia de hoje, poderia ser chamado de assistentes pessoais ou treinadores, que guiam invisivelmente suas decisões por trás das cortinas da consciência, ajudando-as a superar as restrições cotidianas impostas pelo filtro do cérebro.

Nas grandes e nas pequenas questões, Sócrates foi guiado ao longo de toda a sua vida por um *daimon*, uma voz interior inteligente. "O que torna Sócrates tão extraordinário é o fato de que ele parece ter fundido com perfeição seu intelecto crítico consciente com seu *daimon* subliminar", escreveu Grosso. "Na imensa maioria dos seres humanos, as duas coisas estão quase sempre inteiramente desarticuladas e desconexas, frequentemente a um alto custo emocional e espiritual."[9]

O *daimon*, ou guia interior, às vezes tem voz própria, como no caso de Joana d'Arc, a adolescente virgem que liderou a França em sua luta contra a Inglaterra na Guerra dos Cem Anos. Em toda a sua breve vida, Joana foi guiada por mensagens e vozes subliminares que às vezes estavam associadas a luzes e visões de santos. As vozes começaram a falar-lhe quando ela tinha 13 anos, pedindo-lhe para que rezasse e fosse à igreja. Por fim, induziram-na a salvar a França e deram-lhe conselhos sobre táticas e estratégias militares. Por meio da oração, ela convocava as vozes, que a acompanharam durante o processo no tribunal, quando foi acusada de feitiçaria. Essas vozes inclusive previram o momento exato de sua morte.

Tudo indica que uma inteligência mais profunda que a do eu individual, racional, espera por nós se aprendermos a acessá-la. Às vezes, ela parece encontrar-nos na metade do caminho, na forma de guias, *daimons* ou vozes. Em outros casos, como nos de Merrill e Yeats, os informantes são mais impessoais.

Essa fusão da mente individual com uma mente mais ampla é muitas vezes vivenciada como uma inspiração que coloca o indivíduo acima das preocupações imediatas da existência cotidiana. A integridade do propósito torna-se mais importante do que a própria vida. Por isso, Sócrates afirmou que a morte pelo martírio não é algo mau. Quando Joana abjurou temporariamente sua missão, as vozes instaram-na a voltar atrás no abjuramento. Embora fossem importantes, os assuntos terrenos e a própria vida foram vencidos por valores, significados e propósitos mais elevados, conforme a inteligência mais ampla os revelava.

Não estou sugerindo que todos os que ouvem vozes e alegam ter linha direta com a sabedoria superior estejam acessando um depósito de informações legítimas. A doença mental é real. Porém, estou sugerindo que devemos dar ouvidos a declarantes como Merrill e Yeats.

Para onde foram as vozes? Aparentemente, ainda estão por aí, se nos dermos ao trabalho de ouvi-las. Em um levantamento sobre alucinações auditivas realizado na década de 1980 com 375 estudantes universitários, 71% relataram que tiveram alucinações vocais na vigília, 30% afirmaram que tiveram alucinações auditivas enquanto deslizavam para o sono e 14% relataram alucinações vocais quando estavam despertando. Quase 40% tinham ouvido o próprio nome ser chamado quando estavam na rua. Outros 11% ouviram seu nome ser chamado do banco traseiro do próprio carro e um percentual semelhante afirmou ter ouvido Deus falar "como uma voz real".[10]

O fato de se usar a palavra *alucinação* em questionários desse tipo indica o grau de ceticismo entranhado em nossa cultura diante dessas questões. Entretanto, os indivíduos criativos, como Merrill e Yeats, não estão preocupados com a maneira como os pesquisadores descrevem a fonte de sua inspiração. Para eles, ela poderia ser chamada de Fator X. Sua experiência é real ou imaginária? Ela provém de seu inconsciente ou de outra dimensão? Eles não se debatem com tais questões. O que importa é que o filtro se torne poroso, que a válvula redutora esteja toda aberta e que o gotejamento exíguo se transforme em uma inundação.

A Mente Una não é um banco de informações criptografadas que só pode ser acessado por poucos. Qualquer senha funciona. Métodos de entrada como vozes ou tabuleiros Ouija podem parecer imaturos ou até mesmo repulsivos para alguns, que poderão preferir a experiência do devaneio, um pôr do sol, um verso de Emily Dickinson, uma tapeçaria de Rebecca Bluestone ou o vibrante acorde final da canção "A Day in the Life", dos Beatles.

A Maldição da Concretude

Não há fórmulas que garantam a entrada no domínio da Mente Una. Mesmo quando são usados dispositivos e recursos propiciadores, como fizeram Merrill e Yeats com o tabuleiro Ouija e a escrita automática, respectivamente, o acesso continua sendo o que sempre foi: uma questão de *ser*, não de *fazer*. Você estabelece uma intenção e tira a mente consciente do caminho. É por isso que as manifestações mais espetaculares da Mente Una – revelações, epifanias, criatividade – ocorrem quando o devaneio, a meditação, os sonhos ou alguma outra não atividade "dão a volta por cima" da mente discursiva, da mente que se esforça com muito empenho para solucionar problemas, da mente racional. Abordagens agressivas, baseadas na força, voltadas para o ego, não funcionam. A entrada egoísta – a tentativa de acessar a Mente Una para *obter* alguma coisa – é semelhante a um arrombamento com intenção de roubo. Alarmes são disparados e o sistema de fornecimento é interrompido. Para abordar a Mente Una, é preciso fazê-lo com respeito, reconhecendo uma fonte de sabedoria e inteligência maior que a individual. Deve-se esperar pacientemente e agradecer pelo que se recebe.

A Mente Una prospera e floresce na incerteza, na imprevisibilidade e na liberdade. Ela está aberta para a vida, a possibilidade e a variedade infinita. A maneira mais segura de condenarmos nossa frutífera interação com a Mente Una é tornarmos concreto o processo de entrada, dando-lhe uma forma específica, definida.

Essa é a maldição de nossa época. Quando se demonstra que algo é eficaz, da noite para o dia surgem *websites* e *best-sellers* que reduzem o fenômeno em questão a sete etapas fáceis ou a um plano de uma semana, geralmente com garantia de devolução do dinheiro investido e o aval de celebridades.

A concretização é uma tentativa de reduzir a incerteza, que abominamos. Só que, quando concretizamos alguma coisa, nós a estreitamos e a fechamos para a vida, de modo que ela cessa de se desdobrar de uma maneira que afirme a vida. Em nossa cultura do déficit de atenção, queremos certezas e as queremos agora. Somos viciados em abordagens que roubam a vida das coisas. Quando elas decepcionam, como invariavelmente acontece, passamos ao Próximo Grande Lance.

Um exemplo de concretização é o yoga, que surgiu na antiga Índia como uma disciplina para obtenção de tranquilidade e percepção espiritual profunda e iluminadora. Nós a estreitamos até reduzi-la a uma forma de exercício que se tornou extremamente popular. Já está a caminho uma iniciativa no sentido de transformá-la em esporte olímpico. Em uma das propostas, cada yogue teria três minutos para fazer sete poses, cinco das quais obrigatórias. Eles seriam avaliados por uma banca de juízes nos quesitos força, flexibilidade, *timing* e respiração.[11] O que Patanjali pensaria disso?

Outro exemplo de concretização está na tentativa de alguns pesquisadores de estudar os efeitos terapêuticos da oração de maneira extremamente artificial, que pouco tem que ver com a maneira como a oração é empregada na vida real. Não causa surpresa o fato de essas tentativas geralmente fracassarem.

No que diz respeito à Mente Una, a concretização é uma armadilha. Quando as entradas que lhe dão acesso são formalizadas, a porta se fecha. Porém, para os que compreendem a interação entre vazio e plenitude, e a ação inerente à atitude de deixar ir, de se soltar, a porta da Mente Una está sempre aberta.

Caminhos oníricos

"Você acha que sonha só para si mesmo?"
– Doris Lessing, *The Making of the Representative for Planet 8*[1]

Os sonhos são uma porta universal para a Mente Una. Quando sonhamos, o sentido que temos de ser um eu individual confinado ao aqui e agora é suspenso e substituído por experiências que não conhecem limites pessoais, espaciais nem temporais. Nos sonhos, não nos prendemos à contradição, ao paradoxo nem à razão. Por isso, a criatividade costuma florescer durante os sonhos.

O papel dos sonhos na história da ciência e da medicina tem sido subestimado, em grande parte porque os cientistas preferem a imagem do pensador lógico, racional e analítico à do sonhador. Em geral, as informações adquiridas em sonhos não constituem um assunto sobre o qual os cientistas gostem de falar em público.

Porém há deliciosas exceções: recentemente, fui convidado a fazer uma palestra para um grande grupo de profissionais de medicina interna em uma conferência destinada a pô-los a par dos últimos avanços em nosso campo. Meu tema dizia respeito à natureza da consciência e à falta de reconhecimento, nos manuais de medicina, de seus comportamentos habituais, entre os quais se incluem os sonhos precognitivos, que eu abordara em meu livro *The Power of Premonitions*.[2] Eu sabia que o tema era controverso e, quando comecei a falar, eu meio que esperava que a plateia viesse a se retirar. Mas ninguém saiu e, quando chegamos à fase de perguntas e respostas, algumas pessoas passaram a descrever suas próprias experiências. Uma médica levantou-se e corajosamente disse: "Vejo números quando sonho. Vejo os resultados dos exames laboratoriais de meus pacientes, e isso antes mesmo de requisitá-los". Outros médicos falaram de experiências que nunca haviam contado a ninguém e, depois da palestra, mais alguns vieram a mim e fizeram o mesmo em particular. Esse e outros eventos levaram-me a acreditar que os sonhos e "conhecimentos estranhos", como um de meus colegas os chama, são muito mais comuns do que presumimos.

Mergulhos Exploratórios no Inconsciente

As experiências oníricas de médicos, inventores, matemáticos e cientistas reforçam a imagem da Mente Una como repositório de informações e de inteligência que podem ser usadas na prática. Essa visão foi sancionada por Arthur Koestler na brilhante exploração da criatividade que fez em seu *The Act of Creation*. Koestler chamou os sonhos de "parte essencial do metabolismo psíquico [...]. Sem esse mergulho diário nas fontes ancestrais da vida mental, todos nós provavelmente nos tornaríamos autômatos sem vida. E sem os mergulhos exploratórios mais espetaculares do indivíduo criativo, não haveria ciência nem arte".[3]

Certa noite, quem deu um desses "mergulhos exploratórios" espetaculares no inconsciente foi Elias Howe. Ele havia lutado em vão, durante anos, para aperfeiçoar sua máquina de costura, pois a agulha continuava dando problemas. Até que, nessa noite, sonhou que era capturado por selvagens que o arrastaram até seu rei. O rei deu-lhe um ultimato: se dentro de 24 horas ele não conseguisse apresentar uma máquina que costurasse, Howe morreria na ponta da lança. À medida que o tempo se esgotava, os selvagens ameaçadores se aproximavam de Howe, com suas lanças preparadas para a execução. Levantando as mãos para impedir o inevitável, Howe percebeu que havia um orifício em forma de olho perto da ponta de cada lança. Acordou excitadíssimo, compreendendo que o orifício da agulha da máquina de costura precisava ficar na ponta, e não no meio ou na base, locais em que experimentara colocá-lo. Correu da cama para a oficina, limou uma agulha até que ficasse do tamanho certo, perfurou um orifício perto da ponta e a inseriu na máquina.[4] O resto, como se diz, é história.

Em seu livro monumental, *Our Dreaming Mind*, Robert L. Van de Castle, ex-diretor do Sleep and Dream Laboratories [Laboratório de Sono e Sonhos] da Escola de Medicina da Universidade da Virgínia, citou vários exemplos nos quais a mente dos cientistas brincou não localmente durante o tempo do sonho, com consequências impressionantes.[5] Ele relatou que, no início do século XX, o pesquisador Edmond Maillet enviou um questionário a um grupo de matemáticos que já trabalhavam em sua profissão havia, pelo menos, dez anos. Quatro dos respondentes relataram "sonhos matemáticos" nos quais uma solução realmente lhes ocorreu durante o sonho, oito admitiram ter encontrado o início de uma solução ou ideia útil enquanto sonhavam, e outros quinze descreveram como, ao despertar, haviam chegado a soluções parciais ou completas a perguntas formuladas na noite anterior.[6]

Srinivasa Ramanujan, o matemático do século XX, é considerado um gigante em seu campo de estudo. Certamente, Ramanujan desfrutava de uma vantagem sobre os colegas: seus sonhos contavam com um mentor de outro mundo. Em um artigo intitulado "Mathematics and the Imagination" [Matemática e a Imaginação], publicado em 1948 na *Scientific American*, ele relatou como a deusa hinduísta Namakkal aparecia em seus sonhos e revelava-lhe fórmulas matemáticas que ele verificava ao despertar, padrão que persistiria durante toda a sua vida.

Um sonho que mudaria o mundo ocorreu em 1869 a Dmitri Mendeleyev, professor de química em São Petersburgo, depois que ele foi dormir, frustrado em suas inúmeras tentativas de categorizar os elementos químicos de acordo com seus pesos atômicos. Em suas palavras:

"Vi em um sonho uma tabela em que todos os elementos ocupavam os lugares que realmente deveriam ocupar. Ao despertar, imediatamente a anotei em um pedaço de papel. Só em um dos lugares tive de fazer uma correção posteriormente". O resultado foi a tabela periódica dos elementos. Além disso, o sonho permitiu a Mendeleyev prever a existência e as propriedades de três novos elementos, que foram descobertos ao longo dos quinze anos seguintes.[7]

Talvez o exemplo mais famoso de cientista sonhador seja o de Friedrich A. von Kekulé, professor de química em Ghent, na Bélgica. Kekulé vinha tentando em vão determinar a estrutura da molécula do benzeno. Caiu no sono sentado em uma cadeira e viu átomos esvoaçando à sua frente em diversas estruturas e padrões. Logo depois, longas fileiras de átomos se formaram, adquirindo um padrão retorcido, serpenteante. De repente, uma dessas "cobras" agarrou com a boca sua própria cauda e começou a rodopiar em um círculo. "Como se atingido por um raio", Kekulé despertou e começou a pensar nas implicações das imagens do sonho. Isso o levou à ideia, que revolucionou a química orgânica, de que o benzeno era uma estrutura em forma de *anel* composta por seis átomos de carbono. Em discurso feito em um encontro científico em 1890, ele concluiu sua palestra aos colegas honrando seu processo de descoberta: "Aprendamos a sonhar, cavalheiros, e assim talvez possamos encontrar a verdade".[8]

Uma das descobertas lendárias da moderna pesquisa médica, a da insulina, está relacionada ao sonho. O médico canadense Frederick Banting conduzia uma pesquisa sobre o diabetes. Certa noite, ao despertar depois de um sonho, escreveu as seguintes palavras: "Amarre o duto do pâncreas de um cão. Aguarde algumas semanas até que as glândulas se desidratem. Corte-o em seguida, lave-o e filtre o precipitado". Esse procedimento o levou à descoberta do hormônio insulina, responsável por salvar a vida de milhões de diabéticos. E também valeu a Banting o título de cavaleiro – palavra interessante, considerando sua revelação noturna.*[9]

---

* A palava *knighted* (nomeado cavaleiro) contém a palavra *night* (noite) e foneticamente ambas se equivalem. (N. do R.)

A lista de descobertas científicas influenciadas por sonhos é muito longa: James Watt descobriu como fazer bolinhas metálicas que poderiam ser usadas como munição; David Parkinson, do Bell Laboratories [Laboratórios Bell], descobriu um sistema inteiramente elétrico de controle de tiro conhecido como dispositivo M-9, precursor dos sistemas de guiamento que posteriormente passaram a ser usados em mísseis antiaéreos e antibalísticos; Ernst Chladni inventou o eufônio, um novo instrumento musical, e esses são apenas alguns exemplos.[10]

O sonho continua sendo um dos caminhos mais comuns para se obter o acesso à Mente Una. À medida que a ciência começar a apreciar mais plenamente a natureza coletiva da consciência, os cientistas céticos entenderão que ser chamado de sonhador é de fato um enorme elogio.

Premonições Oníricas

Quando as pessoas sonham com coisas que jamais haviam conhecido e com fatos antes de seu acontecimento, o papel dos sonhos como um caminho de ingresso em um possível depósito de informações como a Mente Una atemporal parece especialmente plausível. Um exemplo histórico está no diário de Stephen Grellet, um missionário *quaker* francês.[11] Três meses antes de o exército de Napoleão invadir a Rússia, a mulher do conde Toutschkoff, que era general russo, teve um sonho que se repetiu uma segunda e uma terceira vez na mesma noite. Nele, a condessa Toutschkoff estava em um albergue que nunca vira antes, em uma cidadezinha que não conhecia, quando seu pai entrou no quarto, trazendo pela mão seu filho pequeno. Em um tom triste, disse-lhe: "Sua felicidade está perto do fim. Ele [referindo-se ao general Toutschkoff] caiu. Ele caiu em Borodino".

A condessa acordou angustiada, despertou o marido e perguntou-lhe onde era Borodino. Ele nunca tinha ouvido falar do lugar. Procuraram Borodino em um mapa e não conseguiram encontrá-la. Antes que as forças francesas atingissem Moscou, o general Toutschkoff foi encarregado de liderar o exército de reserva da Rússia. Pouco depois disso, certa manhã, o pai da condessa entrou no quarto do albergue em que ela estava hospedada, trazendo pela mão o neto, gritando aflito: "Ele caiu! Ele caiu!". A condessa percebeu então que estava no mesmo quarto do sonho; até a cena do lado de fora das janelas era como havia sonhado. Depois ela soube que a batalha em que o marido morrera se travara em uma obscura aldeia chamada Borodino.

Sonhos Coletivos

Os sonhos coletivos ou mútuos são aqueles em que duas ou mais pessoas relatam sonhos semelhantes na mesma noite. Os sonhos *compartilhados* são aqueles em que duas ou mais pessoas sonham umas com as outras em um espaço e em um tempo comuns, relatando independentemente ambientes, conversas e interações semelhantes no sonho.[12]

Stanley Krippner, pesquisador dos fenômenos psi, em um estudo transcultural sobre os sonhos, relatou um exemplo único de sonho mútuo que envolvia duas mulheres japonesas. A primeira sonhou: "Estou no saguão de um grande hotel. Nele, há um grande pilar de mármore. Minha amiga Aiko está lá, e eu a golpeio com uma faca. Não sei por que a esfaqueio. Aparentemente, ninguém percebe o que eu fiz". A segunda mulher sonhou: "Estou no saguão de um hotel. Estou de pé ao lado de um grande pilar. Minha irmã mais nova Tomoko entra. Ela vem até o lugar em que estou e me golpeia com uma faca. Eu morro em decorrência disso".[13]

Sem dúvida, esses sonhos quase idênticos poderiam dever-se ao acaso, a uma coincidência ou à imprecisão do relato. Mas, em exemplos como esse, em que não há nenhum evento óbvio compartilhado, pistas sensoriais ou experiências comuns óbvias que induzissem as duas mulheres a ter o mesmo sonho (excetuada a identidade da agressora), devemos buscar outras explicações. Para mim, é possível que estejamos vendo a Mente Una em ação. Em outras palavras, os sonhos podem coincidir não pelo fato de duas pessoas estarem sonhando, mas porque apenas uma mente está em ação.

O neuroantropólogo Charles D. Laughlin, da Universidade Carleton de Ottawa, Canadá, é especialista em sonhos compartilhados ou mútuos.[14] Ele relatou que, quando a antropóloga Marianne George fazia trabalho de campo com os barok da Nova Guiné, ela desenvolveu um estreito relacionamento com uma importante líder que se tornou sua "patrocinadora" na tribo. Marianne começou a ter sonhos em que sua anfitriã lhe ordenava que fizesse certas coisas. De manhã, os filhos da anfitriã procuravam Marianne para garantir que esta entendera as instruções dadas pela velha mulher durante a noite e repetiam-lhe palavra por palavra o que a velha lhe dissera em sonhos. Os filhos contaram a Marianne que pouco importava quão longe pudessem estar, pois, quando a mãe queria comunicar-se, eles sonhavam com ela de qualquer modo. A velha mulher morreu, mas os sonhos compartilhados continuaram acontecendo. Como ocorria quando ela estava viva, seus filhos continuaram verificando a visitação e a mensagem transmitida nos sonhos. Em um dos casos, a mensagem indicava o lugar exato de uma antiga casa comunitária que Marianne estava tentando localizar para fins de datação por carbono.[15]

As ansiedades e os sonhos compartilhados às vezes penetram pelas brechas noturnas nas culturas modernas, apesar de insistirmos na impossibilidade disso. Em 1882, o reverendo A. B. McDougall, de Hemel Hempstead, em Hertfordshire, no sudeste da Inglaterra, hospedou-se com amigos em Manchester, a cerca de 230 quilômetros de distância. Ao despertar, encontrou um rato em sua cama e informou seu anfitrião. Na mesma manhã, uma prima que estava passando alguns dias na casa de McDougall, em Hemel Hempstead, relatou, ao descer para o café da manhã, que tivera um sonho estranho no qual "um rato parecia estar roendo as extremidades da minha infeliz pessoa". A mãe de McDougall recebeu do filho uma carta em que ele contava o que ocorrera em Manchester. Ela escreveu-lhe de volta para contar o sonho da prima, dizendo por que a consideravam uma bruxa: "Ela sempre sabe de tudo quase antes que aconteça".[16]

Os sonhos coletivos ou mútuos são um cartão de visita para a Mente Una. Eles são lembretes de que as fronteiras que separam as mentes isoladas não são absolutas. Quando se estabelecem conexões com outras pessoas em sonhos, alguns sonhadores as descrevem como epifanias, constatações dramáticas de que sua consciência é infinita, transcendente, ilimitada e una com a consciência de outras pessoas.

Uma Advertência, ou Como Ser Preso

Embora possam ser emocionantes, os sonhos coletivos também podem causar problemas, como no caso de Steve Linscott, despertado por um sonho em Chicago em outubro de 1980. Ele sonhou que um homem que empunhava um objeto cortante se aproximava de uma garota. Ao tornar a dormir, sonhou que o homem "a golpeava na cabeça [...]. Ela estava de quatro [...] e não resistia [...]; sangue jorrava por toda parte". Mais tarde, naquele mesmo dia, viu carros da polícia perto de sua casa. Uma jovem fora brutalmente espancada até a morte em um edifício da vizinhança. Linscott relatou o sonho à mulher e aos colegas de trabalho; todos o incitaram a contá-lo à polícia. Ele seguiu o conselho e, algumas semanas depois, foi acusado de ter assassinado a jovem. A polícia disse que a precisão com que ele descrevera os detalhes do crime era demasiadamente grande para uma simples coincidência. Linscott foi preso e condenado a quarenta anos de prisão. Só depois que seus advogados interpuseram diversos recursos foi que os promotores concordaram em arquivar o processo.[17]

Esse caso nos propicia uma percepção reveladora da incredulidade de nossa cultura diante do conhecimento não local, ou seja, da obtenção de informações que escapam aos sentidos físicos. Não só temos dificuldade em reconhecer essa antiga forma de conhecimento como, na verdade, nos dispomos a aprisionar pessoas que a utilizam. Não estamos tão longe quanto gostaríamos dos dias da caça às bruxas e da Santa Inquisição espanhola, quando se assassinavam entusiasticamente aqueles que admitiam em público o dom da vidência, da "segunda visão".

Randomania, Estatisticalite e Coincidentite

Provavelmente nenhum dos exemplos precedentes será levado a sério por quem está convencido de que a mente se limita a cérebros, a corpos e ao aqui e agora. Sei, por experiência própria, que nenhum sonho, por mais dramático ou improvável que seja, pode abalar a fé daqueles que "sabem" de antemão que essas coisas são impossíveis. Qualquer sonho que corresponda à realidade pode ser rejeitado como coincidência. Essa devoção à coincidência e à aleatoriedade foi chamada de *randomania* pelo britânico David Luke, pesquisador da consciência da Universidade de Greenwich, em Londres.[18]

Uma das críticas mais inteligentes já feitas à leviandade com que os céticos tratam a coincidência foi feita pelo renomado romancista e dramaturgo britânico J. B. Priestley, em seu livro magistral *Man & Time*. Ao discutir os sonhos precognitivos, ele afirma:

> Existe um ponto após o qual as coincidências se transformam em outra coisa, obrigando-nos a exigir uma explicação, assim como existe um ponto após o qual o distanciamento científico pode se transformar em preconceito obstinado [...]. Quem adota [esse] ponto de vista finge estar escrevendo sobre um distanciamento científico cuja pureza atinge as raias do impossível. Eles só querem, dizem-nos, é que nós, que somos tolos o bastante para acreditar em tais experiências, as sujeitemos a "estudos bem controlados", testes de laboratório e coisas parecidas.
>
> Só que podemos estar lidando aqui com uma gama de experiências que simplesmente não podem ser controladas e testadas, que se desvanecem quando são levadas ao campo dos experimentos e das provas científicas [...]. E não me surpreende que os psicólogos experimentais – alguns dos quais tentam lidar com a psique como se lida com um torrão de sal – não tenham sonhos precognitivos: suas mentes estão construídas contra o acesso por tais sonhos.[19]

Priestley era fascinado pelos sonhos precognitivos. Em 1963, em uma entrevista à BBC, pediu ao público britânico que lhe enviasse relatos desse tipo de sonho. E foi inundado por um dilúvio de respostas.

Uma mulher contou às três pessoas com as quais estava tomando o café da manhã que acabara de sonhar que, quando estivessem terminando o café, chegaria um fazendeiro com 33 ovos em uma cesta. Depois, quando ela já tivesse subido a metade da escada, três outros ovos lhe seriam entregues. Esse era o sonho. Logo depois de terminado o café da manhã real, chegou um fazendeiro e lhe entregou uma cesta, dizendo que nela havia três dúzias de ovos. Ela os transferiu para outra cesta e pagou ao homem. Alguns minutos depois, seu marido a informou de que contara os ovos e vira que eram 33, e não três dúzias. Enquanto conferia ela mesma o total, foi chamada por uma pessoa que a encontrou na metade da escada. A pessoa explicou que três ovos haviam sido retirados da cesta por engano e lhe deu os três ovos que faltavam para inteirar as três dúzias.

Priestley escreve: "Trinta e três e, depois, três ovos no sonho; 33 e, depois, três ovos no evento real. Você pode chamar isso de coincidência, de *boojum*[*] ou do que bem entender [...]. Mas, se parasse de se apegar à coincidência e de tentar explicar esse *affair* que o enganou com um brilho falso, você poderia estilhaçar uma espécie de mundo."[20] O substituto desse mundo estilhaçado é outro mundo, no qual o tempo linear deixa de ser um tirano e as causas nem sempre precedem os efeitos.

---

[*] Palavra sem sentido que Lewis Carroll usou no último verso de seu poema "The Hunting of the Snark", escrito em 1874, e que diz: "O Snark era um Boojum, veja você". (N. do R.)

27

O amor é a última palavra

"Não há senão dois caminhos: o amor e a falta de amor."

– Mêncio, 300 a.C.

O amor é uma porta para a Mente Una porque equilibra as forças do isolamento, da separação e da individualidade. A individualidade é um complemento valioso ao estado de conexão e à unidade. Mas, em excesso, ela pode levar a um sentido excessivamente inflado do eu e obstruir a constatação de que estamos unidos uns com os outros e com todas as coisas. Como incisivamente afirmou D. H. Lawrence: "O ódio não é o contrário do amor; o contrário do amor é a individualidade".[1]

Isso é mais do que especulação ociosa. A superação do estado de separação resulta em efeitos que podem ser medidos em estudos de laboratório. Em três décadas de pesquisas experimentais no laboratório Princeton Engineering Anomalies Research (PEAR), Robert G. Jahn, ex--diretor de engenharia em Princeton, e seus colegas demonstraram que os casais emocionalmente conectados são dotados de uma capacidade mental singular para imprimir ordem nas cadeias de uns e zeros produzidas por geradores de eventos aleatórios. Além disso, pares de pessoas afetivamente próximas podem trocar informações mentalmente mesmo quando separadas por distâncias continentais ou globais. Resumindo como tudo isso acontece, Jahn declarou: "[A] estratégia bem-sucedida [...] envolve certa diluição de identidades entre o operador e a máquina, ou entre o percebedor e o agente [receptor e emissor]. E, sem dúvida, essa é também a receita para qualquer forma de amor: a renúncia a interesses autocentrados, egoístas, dos parceiros em favor do par".[2] Ou, em palavras mais simples: o amor pode alterar o estado do mundo físico.

Superando a Solidão

Uma vez que o amor transcende a individualidade, como observou Lawrence, ele pode ajudar a superar o isolamento e a solidão, fatores associados a um grande número de problemas de saúde.[3] Na superfície, a intensa predominância da solidão não faz sentido. Em nossa era de obsessão eletrônica, não estaríamos mais intimamente conectados do que nunca? Não necessariamente. "Em um mundo superpovoado", diz a médica Eva Bell, "no qual bilhões de pessoas se conectam estreitamente umas com as outras por meios impressos ou eletrônicos, parece paradoxal que a solidão esteja se tornando uma doença do século XXI que cresce rapidamente. Arranha-céu[s], apartamentos claustrofóbicos como caixas, empregos estressantes e a impessoalidade da vida urbana não estimulam a afetuosidade."[4] A definição de Thoreau ainda vale: "Uma cidade é um lugar em que vivem juntas centenas de pessoas solitárias".[5]

Embora os celulares sejam vistos como dispositivos que conectam as pessoas, eles podem ter a consequência inesperada de diminuir o desejo de conexão social com outras pessoas, contribuindo, no longo prazo, para a solidão e o isolamento. Em um estudo realizado junto à Universidade de Maryland, os pesquisadores realizaram uma série de experimentos em grupos de teste de usuários de celulares, cujos resultados são descritos em seu artigo "The Effects of Mobile Phone Use on Prosocial Behavior" [Os Efeitos do Uso do Celular no Comportamento Pró-social]. O comportamento pró-social foi definido como ação destinada a beneficiar outra pessoa ou a sociedade como um todo. Esses pesquisadores descobriram que, depois de um breve período de uso do celular, os sujeitos tinham menos probabilidade de oferecer-se como voluntários para alguma atividade de serviço comunitário quando solicitados a fazer isso, em comparação com um grupo de controle. Além disso, os usuários de celulares apresentavam menos persistência na resolução de problemas traduzidos em palavras, mesmo quando sabiam que suas respostas corresponderiam a uma doação monetária para caridade. A redução do foco em outras pessoas manteve-se mesmo quando se pediu aos usuários de celulares para que desenhassem seus aparelhos e pensassem que os estavam usando. Os motivos disso? Segundo os pesquisadores, "o celular evoca diretamente sentimentos de conectividade com outras pessoas, preenchendo por meio disso a necessidade humana básica de pertencimento e aceitação". Eles sugeriram que isso tem como resultado a redução do desejo de se conectar efetivamente, no nível social, com outras pessoas ou se empenhar em comportamentos empáticos e pró-sociais.[6]

A solidão também apresenta uma correlação com o uso da internet.[7] De acordo com um estudo, conversar em salas de bate-papo *on-line* resulta no aumento da solidão, em vez de reduzi-la.[8] Isso ficou especialmente óbvio com o sucesso do site "I am lonely will anyone speak to me" [Estou solitário, alguém fale comigo], cujo fórum se tornou o principal ponto de encontro virtual para pessoas solitárias em 2004.[9] Graças à sua enorme popularidade, o site ganhou matérias na *Wired*, no *The Guardian* e na *The New Yorker*.[10]

Jacob Needleman, professor de filosofia da Universidade Estadual de São Francisco, se deparou com o problema da solidão de maneira totalmente imprevista. Ele perguntou aos alunos de uma de suas turmas o que eles consideravam os principais problemas de nossa sociedade. E recebeu as respostas habituais: o colapso da família, a guerra nuclear, o meio ambiente, e assim por diante. Então um aluno disse: "Solidão". Needleman resolveu perguntar à turma: "Quantas pessoas aqui se sentem basicamente solitárias?" Todos levantaram a mão. "Levei um susto", disse ele. Depois Needleman fez a mesma pergunta a uma turma maior, bem mais diversificada, e só duas pessoas deixaram de levantar a mão. Então um aluno nigeriano de 35 anos afirmou: "Sabe, logo que fui da Nigéria para a Inglaterra, eu não entendia o que as pessoas queriam dizer quando falavam que se sentiam sós. Só agora, que estou morando há dois anos nos Estados Unidos, é que sei o que significa ser solitário". E explicou que, em sua cultura, a solidão simplesmente não existia. Não havia sequer uma palavra que a designasse. Embora houvesse muito sofrimento e aflição, não havia solidão, disse ele.

"Então, o que é essa solidão que estamos vivenciando?", pergunta Needleman. "As pessoas estão isoladas, não apenas umas das outras, mas também de alguma força harmonizadora dentro de si mesmas. Não se trata apenas do fato de que 'eu estou sozinho', pois é o 'eu' que é sozinho. Falta-nos uma relação harmoniosa essencial com alguma força universal."[11]

Essa "relação harmoniosa essencial" que está faltando não é uma relação que será obtida por meio do Twitter ou do Facebook, nem por meio de nenhuma das centenas de websites de redes sociais disponíveis.[12] Porém, uma boa candidata que está *pronta* para a tarefa de desempenhar o papel de força de conexão universal é a Mente Una. Não é preciso computador, nem smartphone e nem taxa de inscrição. A Mente Una já está instalada como parte de nosso equipamento original.

O Retorno do Amor

O filósofo Neal Grossman, ex-professor da Universidade de Illinois em Chicago, passou décadas analisando experiências de quase morte (EQMs). Como vimos, essas experiências sugerem que um elemento de consciência existe fora do cérebro e pode persistir depois da morte física. As pessoas que conseguem se recuperar de uma EQM frequentemente relatam que vivenciaram uma experiência que transcende a consciência individual. Essa percepção se faz acompanhar universalmente de uma profunda sensação de amor que permanece depois da EQM. Grossman: "Há uma mensagem oculta em toda essa pesquisa [sobre EQMs] [...]. A mensagem é a do amor universal. Todos os que já passaram por uma experiência de quase morte se convenceram de que o propósito da vida é crescermos em nossa capacidade de dar e de receber amor".[13] As EQMs são um ponto de entrada na Mente Una, cujo cartão de visita é o amor.

Para alguns, injetar amor na ciência – como Jahn, Grossman e outros tentam fazer – seria o golpe de misericórdia. Seria a prova suprema de que estamos decididos a arrastar a ciência para a sarjeta do sentimentalismo e que isso será a sua ruína. Mas existe uma outra visão – a de que o amor *redime* a vida e, por extensão, também redime a própria ciência. Aldous Huxley afirma:

> De todas as palavras desgastadas, maculadas e mal usadas de nosso vocabulário, "amor" é sem dúvida a mais imunda, fedorenta e nojenta. Berrada em um milhão de púlpitos, cantada lascivamente em centenas de milhões de alto-falantes, ela se transformou em um ultraje ao bom gosto e à decência, uma obscenidade que se hesita em pronunciar. E, no entanto, ela precisa ser pronunciada porque, afinal, o Amor é a última palavra.[14]

E também é a *primeira* palavra na medicina, o meu campo de estudo e de trabalho. Considere a arte do diagnóstico, na qual tudo mais se baseia. *Diagnóstico* deriva de palavras gregas que significam, *grosso modo*, "um conhecimento que existe entre duas pessoas". Não é um evento que diga respeito a apenas uma pessoa, não é algo executado apenas por alguém de roupa branca e estetoscópio. Funciona melhor quando médico e paciente se unem conjuntamente no que Walt Whitman chamou de "similitude". O diagnóstico envolve aquela "diluição de identidades" que Jahn reconhece em seus bem-sucedidos experimentos de laboratório.

Ao longo de toda a história, a primazia do amor tem sido confirmada vezes sem conta pelos que vivenciaram várias versões da Mente Una, seja em estados alterados, experiências místicas, devaneios, epifanias ou momentos altamente criativos. O psicólogo Carl Rogers chamava essas experiências de uma "delicada e sensível ternura pelos outros", ao que Huxley acrescentou "e não só a *sua* ternura, mas a ternura cósmica, o bem-estar (*all-rightness*) fundamental do universo, apesar da morte, apesar do sofrimento".[15]

Huxley reconhecia que, do ponto de vista do senso comum, a afirmação de que o universo desfruta fundamentalmente de bem-estar é "o delírio de um lunático". A afirmação de que Deus é amor "contradiz toda experiência e é totalmente inverídica. Mas o senso comum não se baseia na percepção total; é produto da convenção, de lembranças organizadas das palavras de outras pessoas, de experiências pessoais limitadas pela paixão e por juízos de valor, de ideias consagradas e de flagrantes interesses próprios".[16]

As tentativas de expurgar da vida o amor levam a situações que seriam cômicas se não fossem tão sérias. Isso fica particularmente óbvio na área da assistência à saúde. Um grupo de enfermeiras da equipe de um grande hospital que conheço se interessou em acrescentar uma nova dimensão às suas habilidades profissionais convencionais. Para isso, elas saíram da cidade em um fim de semana e fizeram um curso de toque terapêutico, uma técnica de cura que envolve intenções amorosas, compassivas. Quando a diretora da enfermagem soube disso, ficou furiosa. Na segunda-feira seguinte, ao se apresentarem para o trabalho, as enfermeiras depararam-se com o seguinte cartaz em seu departamento: É PROIBIDO PRATICAR A CURA NESTE HOSPITAL!

Em outro exemplo, uma enfermeira de projeção nacional conhecida por mim foi convidada a proferir uma palestra em um grande hospital. Mas quando souberam que ela pretendia discutir técnicas terapêuticas variadas, os responsáveis pelo convite cancelaram a palestra dizendo: "Ainda não estamos prontos para sua visita, mas voltaremos a convidá-la quando começarmos a lidar com a cura". A "desconvidada" comentou com ironia: "Eu me pergunto com que será que eles estão lidando agora".

Em outro grande hospital, as enfermeiras foram proibidas de tocar os pacientes, exceto em procedimentos como a verificação dos batimentos cardíacos e da pressão arterial. O "toque excessivo", como massagem nas costas e nos pés, estava fora de cogitação. O objetivo dessa norma era impedir que as enfermeiras usassem técnicas terapêuticas manuais, como as de imposição das mãos, as quais estão se tornando cada vez mais populares na enfermagem praticada nos Estados Unidos.

Tenho muito orgulho em poder dizer que as enfermeiras norte-americanas estão à frente na reintrodução de técnicas alternativas de cura na assistência à saúde.[17] Se não fosse por sua corajosa persistência e sabedoria, a situação da assistência à saúde nos Estados Unidos seria ainda mais deplorável do que é atualmente.

Alguns dos fundadores da medicina moderna sabiam que o amor cura, não importa que o chamem de carinho, empatia, compaixão ou boa atitude à cabeceira do paciente. *Sir* William Osler é considerado por muitos o pai da medicina científica ocidental. Depois de ter revolucionado o ensino e a prática da medicina no Canadá e nos Estados Unidos, em 1905, no auge da fama, Osler deixou-se atrair pela Inglaterra, onde assumiu a Egrégia Cátedra de Medicina em Oxford.

Certo dia, vestiu sua beca para ir a uma solenidade de formatura. No caminho, parou na casa do amigo e colega Ernest Mallam, cujo filho pequeno, acometido de coqueluche, estava gravemente enfermo. A criança não reagia aos cuidados dos pais nem das enfermeiras e parecia estar caminhando para a morte. Osler adorava crianças e tinha um jeito especial de tratá-las. Costumava brincar com elas, que invariavelmente reagiam deixando-o entrar em seu mundo. Por isso, quando Osler, velho amigo da família, apareceu vestido naqueles trajes cerimoniais impressionantes, o garoto ficou encantado. Nunca vira um espetáculo assim antes! Depois de examinar rapidamente a criança, Osler descascou lentamente um pêssego, polvilhou-o com açúcar e o ofereceu, pedaço por pedaço, ao fascinado paciente. Embora sentisse que a recuperação era improvável, Osler voltou cada um dos quarenta dias seguintes, sempre vestido em sua beca, inspiradora de assombro, e alimentou pessoalmente a criança. Em apenas alguns dias, a maré deu uma virada, e a recuperação do garoto tornou-se evidente.[18]

Suspeito que Osler sabia que os pensamentos amorosos e compassivos de um agente de cura geram mudanças físicas mensuráveis nos pacientes, como mostram os experimentos de Jeanne Achterberg e outros estudos sobre os processos de cura.[19] As pessoas podem responder fisicamente aos nossos pensamentos, como revelam os exames de eletroencefalografia e ressonância magnética funcional de cérebros distantes, mesmo que o indivíduo distante não saiba o que estamos pensando. A tentativa de retirar da cura as intenções amorosas com o propósito de sanitizá-la e torná-la objetiva se baseia em uma concepção errônea daquilo em que consiste o atendimento médico adequado.

Um Maravilhoso Clichê

Dizer que "Deus é amor" é um clichê, mas um bom clichê. Assim pensava Jung. Em sua autobiografia, *Memórias, Sonhos e Reflexões*, ele afirma: "[O homem] pode tentar dar ao amor todos os nomes possíveis e imagináveis de que dispõe, e mesmo assim irá se envolver em uma infinidade de ilusões. Mas se ele possuir um grão de sabedoria, deporá suas armas e chamará [...] o desconhecido pelo que é ainda mais desconhecido, isto é, pelo nome de Deus".[20]

O universo inteiro pode estar impregnado de amor. Pode ser até mesmo possível detectar expressões rudimentares de amor, uma espécie de protoamor, no domínio subatômico. Quando saímos desse domínio e passamos a sistemas de complexidade crescente, o amor se torna mais reconhecível, atingindo sua expressão mais plena nos seres humanos, com nossa participação na Mente Una. Ilustrei este Espectro Universal do Amor na seguinte figura:

O Espectro Universal do Amor

Sistemas interagentes	Evidência da interação	Expressão da interação
Seres humanos e seres humanos	Os seres humanos interagem uns com os outros não localmente: a distância, sem o benefício de intercâmbios de informação operados sensorial ou energeticamente. Muitos estudos controlados de intenções de cura a distância e centenas de eventos telessomáticos e de visão remota foram relatados.	Amor, empatia, compaixão, cuidado, unidade; consciência coletiva; a Mente Una ou Mente Universal; Deus, Deusa, Alá, Tao, o Absoluto.
Seres humanos e animais	Foram realizados muitos estudos envolvendo vários tipos de intenções de cura a distância tendo como sujeitos animais superiores. Animais de estimação perdidos retornam aos seus donos depois de percorrer enormes distâncias, passando por lugares onde nunca estiveram.	Amor, empatia.

↑ Complexidade biológica

Sistemas interagentes	Evidência da interação	Expressão da interação
Seres humanos e organismos vivos	Grande número de estudos controlados constatam os efeitos a distância da prece e de outros tipos de intenções positivas de cura a distância, nos quais os sujeitos são várias espécies de organismos "inferiores" (bactérias, fungos e levedos), bem como de sementes, plantas e células de diversos tipos.	Amor, empatia.
Seres humanos e máquinas complexas	Os seres humanos podem influenciar mentalmente o comportamento de sofisticados dispositivos eletrônicos de *biofeedback*, constatação confirmada pelo total de registros de mais de quarenta anos de pesquisas sobre *biofeedback* em centenas de laboratórios. Os seres humanos também podem influenciar mentalmente geradores de eventos aleatórios e outros dispositivos eletrônicos a distância, o que foi demonstrado no laboratório Princeton Engineering Anomalies Research (PEAR) e em outras instituições.	"Tornar-se uno" com a máquina ou "apaixonar-se" pela máquina; interconexão; unidade.
Seres humanos e máquinas simples	Os seres humanos podem interagir a distância no comportamento de pêndulos que balançam livremente, de dispositivos mecânicos em cascata e de outros aparelhos relativamente simples, podendo, portanto, influenciar a distância o comportamento desses dispositivos, o que foi demonstrado por estudos conduzidos no laboratório Princeton Engineering Anomalies Research (PEAR) e outras instituições.	"Tornar-se uno" com a máquina ou "apaixonar-se" pela máquina; interconexão; unidade.

↑ Complexidade biológica

Sistemas interagentes	Evidência da interação	Expressão da interação
Sistemas/ dispositivos físicos complexos	De acordo com princípios da física comumente aceitos, osciladores harmônicos acoplados, todos os instrumentos musicais comuns e circuitos de rádio e de televisão interagem e entram em ressonância uns com os outros. De modo geral, todos os tipos de sistemas físicos (sejam eles mecânicos, eletromagnéticos, fluidodinâmicos, quantomecânicos ou nucleares) exibem vibrações sinergisticamente interativas com sistemas semelhantes ou com o ambiente em que se encontram imersos.	Ressonância harmônica ou simpática.
Partículas subatômicas	Depois que entram em contato, as partículas subatômicas, como os elétrons, demonstram que as mudanças imprimidas a uma das partículas também ocorrem simultaneamente em todas as outras e no mesmo grau, independentemente do quanto possam estar distantes umas das outras. O teorema de Bell, o experimento de Aspect e muitos outras evidências afirmam a realidade desses fenômenos.	Comportamento não localmente correlacionado; amor rudimentar ou protoamor?

↑ Complexidade biológica

"Todos os tipos de sistemas físicos", escreveu Robert G. Jahn, sejam eles mecânicos, eletromagnéticos, fluidodinâmicos, quantomecânicos ou nucleares, exibem capacidade para vibrar interativa e sinergisticamente com sistemas semelhantes ou com o ambiente em que se encontram imersos. Os osciladores harmônicos acoplados, todos os instrumentos musicais comuns, os circuitos de rádio e de televisão, e os componentes atômicos das moléculas envolvem, todos eles, essa ressonância 'simpática', da qual emergem propriedades surpreendentemente distintas daquelas que caracterizam seus componentes isolados".[21]

O que significa dizer que todos os tipos de sistemas físicos estão em "ressonância simpática" uns com os outros ou com o ambiente? "Simpatia" vem do grego *sympatheia*, "sentimento conjunto" ou "comunhão de sentimentos"; "ressonância" deriva do latim *resonantia*, "eco". Seria o universo um imenso eco de sentimento e sensibilidade? De amor?

Um espectro universal de sentimento, sensibilidade e amor que culmina na Mente Una. Walt Whitman, o bardo da América, viu esse espectro, escreveu sobre ele e o vivenciou. E, por isso, dou-lhe a última palavra a respeito desse tema:

Vasta similitude a tudo entrelaça [...],
Todas as almas, todos os corpos vivos, por mais diferentes que sejam [...],
Todas as identidades que já existiram ou podem existir
Neste ou em qualquer outro globo,
Todas as vidas e mortes, todo o passado, presente e futuro,
Essa vasta similitude os abarca, sempre os abarcou
E para sempre os abarcará, e num estreito
E firme abraço os envolve.[22]

A expansão da ciência

Se as evidências que apresentei até agora são tão abundantes e convincentes como sugiro, e quero sugerir, por que as controvérsias em torno da consciência persistem? Por que há tanta resistência à premissa de que as mentes individuais podem agir além do corpo, violando as limitações do espaço e do tempo, e à possibilidade de que elas poderiam reunir-se conjuntamente na Grande Conexão, na Mente Una? Por que todos os cientistas veteranos não estão de acordo a respeito desses assuntos? As razões são extremamente complexas e variadas demais para serem analisadas em detalhes aqui. Entretanto, sob o risco de parecer meramente provocativo, gostaria de examinar algumas das razões mais óbvias para o fato de esses conflitos nunca parecerem acabar. É importante examiná-las porque tais razões constituem bloqueios, congestionamentos provocados por obstáculos de difícil remoção. Para que a ciência possa crescer, para que ela possa se expandir, esses obstáculos precisam ser removidos de algum modo.[1]

A ciência tem, com regularidade, escolhido seletivamente o que aceitar, admitindo os dados que a comunidade científica aprova e ignorando os dados que ela julga inconvenientes ou objetáveis. Thomas Kuhn, filósofo e historiador da ciência que introduziu o termo *mudança de paradigma*, descreveu esse padrão em seu influente *A Estrutura das Revoluções Científicas*.² O que não é aceito para publicação em periódicos especializados às vezes pouco ou nada tem a ver com a veracidade dos próprios dados. Decisões a respeito da concessão de bolsas de pesquisa e autorizações sobre a publicação de artigos muitas vezes parecem ser tomadas com base no velho critério das "panelinhas."*³ Entre as informações deixadas de lado, há um vasto corpo de evidências, um enorme conjunto de provas que abordam como a consciência se manifesta não localmente no mundo, livre das restrições do espaço e do tempo, bem como das limitações físicas do cérebro e do corpo.

Essas acusações podem parecer excessivas e injustas para aqueles que não estão familiarizados com as formas rotineiras com que efetivamente é feita a ciência. Os cientistas preferem ver-se como pessoas de mentalidade aberta, dispostas a aceitar qualquer prova, contanto que *seja* prova. Porém, muitas vezes esse não é o caso. A ciência é como linguiça: embora você goste de comê-la, você talvez não queira visitar a fábrica para ver como ela é feita.⁴

Para que você tenha uma boa ideia das reações arbitrárias, caprichosas e às vezes maliciosas dos cientistas a novas ideias, recomendo a leitura do divertido relato, por Hal Hellman, de "dez das mais acaloradas polêmicas de todos os tempos", que ele narra em cada um de seus livros gêmeos *Great Feuds in Science* e *Great Feuds in Medicine*.⁵ Rixas gigantescas entre cientistas e médicos não são nenhuma novidade. Às vezes, elas são ferozes. Quando apresentou provas detalhadas da circulação sanguínea na Inglaterra do século XVII, o médico William Harvey foi acusado, afirma o historiador Roger French, de "tentar subverter a racionalidade e a providência, não só da natureza, mas também de Deus".⁶ E, quase tão

---

* No original: "the GOBSAT method – good old boys sat around the table", isto é, o método dos "bons velhos garotos sentados ao redor da mesa". (N. do R.)

grave quanto isso, Harvey teve a audácia de contradizer os grandes. "Quanto a Aristóteles", bufou um médico contemporâneo, "ele realizou observações sobre todas as coisas, e ninguém deveria ousar contestar suas conclusões."[7] Harvey sempre levava consigo uma adaga, talvez por temer que ocorresse retribuição por suas ideias de apóstata, consideradas, por alguns, heresia não apenas científica, mas também teológica. Seria como ver Jonas Salk andar por aí com uma pistola .45 depois de desenvolver a vacina contra a pólio.

Um instantâneo do ridículo que então prevalecia é o comentário do distinto Leopold Auenbrugger, médico alemão do século XVIII: "A sina dos que esclareceram ou aperfeiçoaram as artes e as ciências com suas descobertas sempre foi a de serem atormentados pela inveja, pela maldade, pelo ódio, pela calúnia e pela destruição".[8]

Auenbrugger sabia do que estava falando. Em 1761, ele inventou a arte da percussão, que permite ao médico determinar a densidade e o tamanho dos tecidos e dos órgãos internos do corpo por meio de leves batidas na área do corpo sob a qual eles se situam. Sua técnica era a radiografia e o escaneamento computadorizado de sua época, quando a palavra "digital" se referia apenas aos dedos. Ele a descobriu por acaso, quando testava o nível do vinho nos tonéis da adega do albergue do seu pai. Embora, atualmente, sua técnica percutiva de dar tapinhas com o dedo ainda seja ensinada a todos os estudantes de medicina e constitua um dos esteios do diagnóstico físico, a princípio ninguém lhe deu importância. A descoberta de Auenbrugger foi recebida com tamanha indiferença que nasceu morta. Foi preciso que Jean-Nicolas Corvisart, médico pessoal de Napoleão e o mais famoso da França em sua época, reintroduzisse a técnica em 1808, um ano antes da morte de seu inventor. A contribuição de Auenbrugger foi muito importante. Ela possibilitou ao médico francês René Laennec inventar o estetoscópio em 1816 e desenvolver a arte da auscultação.[9] Por isso, na próxima vez em que seu médico auscultar seu coração ou seu peito, diga: "Graças ao injustiçado* Auenbrugger".

---

* A tradução perde a graça que o original transmite foneticamente: "Thanks to the thankless". (N. do R.)

Mas Auenbrugger até que se deu bem em comparação com o médico húngaro Ignaz Semmelweiss. Em 1848, quando ele apresentou provas incontestáveis da eficácia da lavagem das mãos pelos obstetras na redução da mortalidade materna após o parto, seus colegas não conseguiram acreditar nele. Na época, a teoria que associa os germes a doenças não existia, e a ideia de que um médico deveria lavar as mãos antes de fazer um parto foi considerada absurda. As evidências não importavam. Semmelweiss caiu em desgraça, foi escorraçado de Viena e fugiu para Budapeste, onde acabou se suicidando.

Fatos semelhantes aconteceram nos Estados Unidos. Quando o famoso médico Oliver Wendell Holmes, de Boston, propôs a lavagem das mãos e asseio rigoroso aos colegas em 1843, encontrou violenta oposição da parte de vários dos mais proeminentes obstetras da época.[10]

A imagem do cientista como o buscador da verdade, de mentalidade aberta, foi demolida por algumas das maiores figuras da ciência moderna. Esse fato foi apontado sem rodeios – e arrogantemente – por uma pessoa que conhece a ciência melhor do que ninguém, James Watson,* que recebeu um Prêmio Nobel por ser um dos codescobridores da estrutura do DNA: "Não se pode ser um cientista de sucesso sem entender que, ao contrário da popular concepção respaldada pelos jornais e pelas mães de cientistas, há um número respeitável de cientistas não só bitolados e

---

* A propósito, o próprio James Watson já fora creditado com um belo exemplo de Mente Una: nas palavras de Richard Grossinger, no ensaio que dá nome ao seu livro *Alchemy: Pre-Egyptian Legacy, Millennial Promise*, ele escreve: "James Watson observa que seu sonho com Hedy Lamarr no filme *Ecstasy* lhe deu um *insight* sobre a dupla hélice do DNA". Na verdade, quebrando a expectativa do público (em boa parte, de estudantes universitários) na sessão de estreia, o censor britânico havia mutilado, entre outras, a cena em que a atriz nadava nua no lago, o que provocou justificados protestos por parte de toda a plateia, mas naquela mesma noite o jovem Watson sonhou com a estrutura molecular do DNA, e talvez seja mais do que meramente anedótica a suposição de que ele, frustrado como todos na plateia, deve ter ficado, em sua mente, com a expectativa de ver Hedy Lamarr rolando sobre as águas desse lago em um movimento helicoidal! (N. do R.)

maçantes, como também simplesmente estúpidos".[11] Ou, como observou o ilustre psicólogo Hans Eysenck, "os cientistas, principalmente quando se afastam do campo de estudo em que se especializaram, são tão prosaicos, teimosos e nada razoáveis quanto qualquer um, e sua extraordinária inteligência só faz com que seus preconceitos tornem-se ainda mais perigosos [...]".[12] Eu bem que o avisei de que posso ser briguento.

O preconceito contra as pesquisas sobre a consciência, que viemos examinando ao longo de todo este livro, é admitido abertamente. Um exemplo disso é Ray Hyman, psicólogo da Universidade de Oregon, que regularmente denuncia as descobertas decorrentes das pesquisas sobre fenômenos não locais e sobre a realidade além do corpo. Hyman admite: "O nível do debate [neste campo] nos últimos cento e trinta anos tem sido constrangedor para quem quer que gostaria de acreditar que acadêmicos e cientistas obedecem a algum padrão de racionalidade e fazem as coisas de acordo com as regras claras e justas".[13]

As tentativas para ignorar a consciência não a baniram. Em vez disso, paradoxalmente, a transformaram no elefante que adorna a sala de estar da ciência, ou seja, em um problema tão grande que a ciência não pode ignorar.[14] Os futuros pesquisadores da consciência deveriam prestar atenção nas palavras do astrônomo Carl Sagan: "É responsabilidade dos cientistas jamais reprimir o conhecimento, independentemente do quão extravagante ele seja e por mais que ele possa incomodar aqueles que estão no poder. Nós não somos tão inteligentes assim para decidir quais tipos de conhecimento são permissíveis e quais não são [...]".[15]

29

Transcendência

"E nesse dia os homens estarão cansados da vida e deixarão de pensar que o universo merece que nos maravilhemos e o adoremos com reverência [...]. Eles já não amarão este mundo que nos cerca, [...] esta gloriosa estrutura [...]. Quanto à alma e à crença em que ela é imortal por natureza ou que pode esperar atingir a imortalidade, [...] de tudo isso eles zombarão e até se convencerão de que é falso."

– Hermes Trismegisto, século II a.C.[1]

"Qualquer coisa que amemos pode ser salva."

– Alice Walker[2]

"Conheço uma maneira de sair do inferno." Essa declaração impressionante está em uma cena comovente do filme de Richard Attenborough sobre a vida de Mahatma Gandhi lançado em 1982. O cenário é a Índia de 1947. O país está imerso em uma feroz guerra civil entre hinduístas e muçulmanos depois que obteve a independência com relação ao governo colonial britânico, liderada pelo movimento da resistência não violenta encabeçado por Gandhi. Corre sangue pelas ruas de Calcutá e a cidade está em chamas. Enlouquecido, um pai hinduísta vai até a cabeceira de Gandhi. O Mahatma está muito debilitado pela greve de fome (jejum), sua tentativa de pôr fim ao banho de sangue que dividia o país. Sua morte está próxima. O homem oferece comida a Gandhi. "Aqui! Coma! Coma! Irei para o inferno, mas não com sua morte em minha alma!" Gandhi, calmamente, responde-lhe: "Só Deus decide quem vai para o inferno". Atormentado pela culpa, o homem então confessa que matou uma criança muçulmana: "Esmaguei sua cabeça contra um muro!" Gandhi pergunta-lhe por que matara a criança. "Porque eles mataram nosso filho [...], meu menino! Os muçulmanos mataram meu filho!" Entretanto, para tão hediondo ato de vingança não há solução fácil. A saída do inferno que Gandhi propõe ao homem é severa: "Procure uma criança", aconselha Gandhi gentilmente, "cujos pais tenham sido mortos, um garotinho, e crie-o como se fosse seu próprio filho, mas esse menino precisa ser muçulmano [...]. E você precisa criá-lo como tal". O hinduísta fica horrorizado; não havia contado com uma pena tão extrema para reparar seu ato. Mas, golpeado pela verdade presente na prescrição de Gandhi, cai de joelhos e soluça copiosamente.

Concebi este livro como uma espécie de saída do inferno, o inferno pelo qual passa o nosso mundo neste exato momento da história, quando nos vemos diante de ameaças à nossa existência, ameaças que nossos predecessores jamais imaginaram, em uma situação na qual a degradação da terra ocorre pelo simples fato de existirmos e de fazermos escolhas resultantes de uma total falta de visão. É um inferno do qual, além de um certo ponto, talvez não haja mais saída, nem possibilidade de fugir, nem reparação, ao contrário do que ocorreu em Calcutá.

As evidências de que os apuros em que o mundo contemporâneo se envolveu, e que atiraram o planeta em uma situação extremamente grave, resultam de dados científicos abundantes. Não são advertências proclamadas pelos lunáticos que carregam cartazes-sanduíche e gritam pelas calçadas: "O fim está próximo!" Só elegendo deliberadamente a cegueira podemos *não* ver os terríveis desafios que enfrentamos: mudança climática global, poluição do ar e da água, explosão populacional, desaparecimento de *habitats* e de espécies, escassez de água, desertificação, ideologias sanguinárias, esgotamento de recursos, pobreza extrema, guerras de escolha (as que não são inevitáveis), ódios étnicos e religiosos, e outras desgraças que se perpetuam, todas elas instigadas pela filosofia do "cada um por si", que atualmente infecta a nossa sociedade. Porém decidi não me deter especificamente nas próprias ameaças; muitos outros autores já o fizeram de maneira brilhante. Prefiro que minha abordagem seja indireta e lateral, seguindo a recomendação da poetisa Emily Dickinson: "Diga toda a verdade, mas a diga de maneira oblíqua".

Minha mensagem é a de que existe uma maneira de recalibrar nossa reação coletiva a *todos* esses problemas – um movimento que, assim, permite que uma cascata de soluções se encaixem. Mas, para isso, precisamos reinicializar nossa postura ética e moral diante da Terra e diante de nossos semelhantes. Trata-se de mudarmos de canais, ressintonizando nossos conceitos básicos com relação a quem nós somos e como nós estamos relacionados uns com os outros e com o crisol de nossas provações na Terra. Creio que o conceito da Mente Una coletiva e unitária, um nível de inteligência do qual fazem parte todas as mentes individuais de todas as criaturas sencientes, é uma visão poderosa o bastante para fazer uma diferença em nossa maneira de abordar todos os desafios que enfrentamos – não como um mero conceito intelectual, mas como algo que sentimos da maneira mais profunda possível. Como disse Hermann Hesse no prólogo a *Demian*: "Sempre fui, e ainda sou, um homem que busca, mas agora já não busco mais nas estrelas e nos livros: começo a ouvir os ensinamentos que meu sangue murmura para mim".[3]

A Responsabilidade para com Alguma Coisa Superior

Václav Havel, escritor, poeta e dramaturgo que foi o primeiro presidente da República Tcheca, viu o inferno assomando sobre o nosso mundo e teve a coragem de dizer isso no palco internacional. Como solução, endossou a entrada coletiva em uma percepção do tipo Mente Una, que ele chamava de "responsabilidade para com alguma coisa superior". Como declarou em discurso pronunciado em uma reunião conjunta do Congresso dos Estados Unidos em 21 de fevereiro de 1990:

> A Consciência precede o Ser, e não o contrário [...]. Por isso, a salvação neste mundo humano não está em outro lugar senão no coração humano [...]. Sem uma revolução global na esfera da consciência humana, nada mudará para melhor na esfera de nossa existência como seres humanos, e a catástrofe – seja ela ecológica, social, demográfica ou um colapso geral da civilização – para a qual este mundo se encaminha será inevitável. Se já não estamos sob a ameaça de uma guerra mundial nem sob o risco de que as montanhas absurdas de armas nucleares acumuladas façam o mundo voar pelos ares, isso não quer dizer, de modo algum, que vencemos. Ainda somos capazes de compreender que o único esteio genuíno de todos os nossos atos, para serem morais, é a responsabilidade. A responsabilidade para com algo superior à minha família, ao meu país, à minha empresa, ao meu sucesso – responsabilidade para com a ordem do ser, onde todos os nossos atos são registrados de maneira indelével e apenas onde serão devidamente julgados.[4]

Transcendência

Em um pronunciamento subsequente, no Independence Hall, na Filadélfia, em 1994, intitulado "A necessidade de transcendência", Havel falou de uma humanidade unificada, unida por um estado de consciência que chamou de *transcendência*:

> No mundo multicultural de hoje, o caminho verdadeiramente confiável para a coexistência, para a coexistência pacífica e a cooperação criativa, precisa começar a partir daquilo que está na raiz de todas as culturas e que se situa infinitamente mais fundo no coração e na mente das pessoas que nas opiniões, convicções, antipatias ou simpatias políticas. Esse caminho precisa estar arraigado na autotranscendência: transcendência como uma mão estendida para os que estão perto de nós, para estrangeiros, para a comunidade humana, para todas as criaturas vivas, para a natureza, para o universo. Transcendência como uma necessidade, profunda e alegremente sentida, de estar em harmonia até mesmo com aquilo que nós mesmos não somos, com o que não entendemos, com o que parece distante de nós no tempo e no espaço, mas que, apesar disso, está misteriosamente ligado a nós

porque, conosco, tudo isso constitui um só mundo. *Transcendência como a única alternativa real à extinção* [o itálico é nosso].[5]

Nas páginas precedentes, exploramos muitas maneiras de promover um compromisso transformador com um estado do ser unificador e transcendente a que chamei de Mente Una.

Essas experiências transcendentes costumam nos sacudir, nos virar do avesso e, momentaneamente nos "atordoar a mente até que percamos o foco", como diz Frederick Turner.

O astronauta Edgar Mitchell, a quem conheço e admiro há anos, é um exemplo emblemático do que pode acontecer em decorrência de uma colisão com a plenitude. Como piloto do módulo lunar da Apollo 14, Mitchell foi o sexto homem a pisar na Lua. Em seu trajeto de volta à Terra, ele sentiu uma conexão extraordinária com o planeta: "Era um planeta de aparência linda, harmoniosa, pacífica, azul com nuvens brancas, que transmitia uma profunda sensação [...] de lar, de ser, de identidade. É o que prefiro chamar de consciência global instantânea".[6] Ao falar de outros astronautas, ele observou: "Todos voltam com a sensação de não ser mais cidadãos norte-americanos – voltam como cidadãos planetários". O astronauta Russell Schweickart, piloto do módulo lunar da Apollo 9, disse basicamente a mesma coisa: "Você reconhece que é uma parte dessa vida total [...]. E, quando volta, percebe que agora há uma diferença neste mundo. Há uma diferença nessa relação entre você e este planeta, e entre você e todas as outras formas de vida que existem neste planeta porque você teve esse tipo de experiência".[7]

Naturalmente, não precisamos ir para o espaço sideral para vivenciar esses momentos transformadores de transcendência; podemos viajar pelo espaço *interior*. Como vimos, essas experiências estão sempre forçando a porta da percepção, aguardando apenas uma oportunidade de irromper na sala de estar de nossa vida consciente. Sua intromissão se processa sob uma incrível variedade de maneiras – situações prosaicas, como sentar-se em silêncio, ouvir música, desfrutar a arte, meditar, praticar uma devoção, orar, lavar pratos, cuidar do jardim ou não fazer nada;

ou pode ocorrer em momentos dramáticos, de desespero, como situações de quase morte ou de risco de vida.

O Lado Espiritual das Experiências com a Mente Una

Mas como podem experiências com a Mente Una como essas que analisamos neste livro livrar-nos do futuro sombrio que temos diante de nós? Como funciona o processo?

A maioria dessas experiências é considerada paranormal ou parapsicológica por envolver formas não locais de conhecimento que "dão a volta por cima" dos sentidos físicos, sendo que a ciência ainda não tem uma explicação satisfatória para o fenômeno, apesar das pesquisas em laboratório não deixarem margem para dúvida quanto à sua existência. Essas experiências revelam vínculos e conexões entre indivíduos distantes. Mas as conexões entre pessoas distantes são comuns (basta pensarmos nos telefones fixos e nos celulares), de modo que não há nada de *necessariamente* transformador no estado de conexão. Até mesmo as experiências com a Mente Una podem ser banais e entediantes. Como afirma Hoyt L. Edge, professor de filosofia do Rollins College, na Flórida: "Em si mesmos, os fenômenos parapsicológicos não são mais espirituais do que qualquer outro fenômeno [...]". Mas essa não é toda a história: "Há no paranormal uma implicação que é profunda: os dados da parapsicologia fornecem evidências para a visão segundo a qual existe um estado de conexão entre todas as coisas e de que essa relação é natural, ela não resulta de um artefato humano (como o telefone) [...]. Se os fenômenos psi indiretamente sugerem que todos os aspectos do cosmos estão intimamente inter-relacionados e que, de alguma maneira significativa, sou parte dessa unidade, então é possível derivar e desenvolver sentido espiritual a partir dessa visão".

O professor Edge reconhece que há um imenso significado, uma enorme importância nessa visão maior porque ela pode transformar nossa maneira de estar no mundo, e nossa maneira de ser: "O ponto essencial da espiritualidade não consiste em nos separarmos do mundo natural nem das outras pessoas, mas sim em tornar sagradas nossas ações no mundo fenomênico e nossas interações com nossos semelhantes. A parapsicologia fornece evidências que dão apoio a uma visão do mundo que é mais relacional e mais conectada [...]". O professor Edge cita os sentimentos de um de seus alunos em um experimento planejado para produzir experiências místicas. O aluno descreveu: "Eu estava na fonte da percepção, da iluminação e da existência, que se manifestava em uma forma de energia que ligava todos os objetos animados e inanimados [...]. Eu me sentia moralmente elevado até um estado de existência pura e simples que fluía como uma corrente contínua em uma cascata, entrando cada vez mais profundamente em toda a existência e, ao mesmo tempo, sentindo cada vez mais paz e satisfação [...]. Eu estava circundado por significado, livre do desespero que nasce do estado da ausência de sentido, da culpa e do tempo".[8]

O pesquisador da consciência e psicólogo experimental William Braud reconhece nas experiências com a Mente Una uma potencial saída do inferno: "Sem dúvida, poderíamos tratar-nos uns aos outros com gentileza, compreensão e compaixão, mesmo que não fôssemos profunda e intimamente interconectados por vias não triviais", ele escreveu. "Porém, o fato de termos conhecimento direto e experiência direta de nossas interconexões pode aumentar em muito nosso amor por outras pessoas e intensificar nossos comportamentos éticos com relação a elas."

Outra maneira pela qual as experiências do tipo Mente Una podem nos ajudar em nosso crescimento espiritual está em chocar-nos a ponto de nos fazer perceber que a visão de mundo restritiva proporcionada pela ciência convencional, que proíbe esses fenômenos, é inadequada. O filósofo Donald Evans escreveu: "Às vezes, a única maneira pela qual essa visão de mundo cética pode ser solapada é uma experiência paranormal poderosamente impressionante. Já vi isso ocorrer em *workshops* destinados a evocar diversos poderes intuitivos paranormais. Todo o tema da realidade muda [...]. Às vezes, evidentemente, isso acontece de maneira espontânea".

Para Evans, há duas maneiras adequadas de interpretarmos essas experiências: "Por um lado, sei que não estou separado de ninguém nem de nada graças a experiências místicas nas quais meu próprio espírito está conectado com todos e com tudo por meio de um *espírito cósmico* que é um *meio* penetrante e difundido por toda parte. Por outro lado, sei que não estou separado de ninguém nem de nada graças a experiências místicas nas quais minha própria alma consciente está unida à *Fonte consciente* de todos e de tudo, que *simultaneamente* vive em nós e como nós".[9]

Há perigos? Claro. Qualquer experiência humana sublime pode ser sequestrada pelo narcisismo e pelo egoísmo e convertida em uma *ego trip*, isto é, em uma mera viagem egoica. Por isso, algumas tradições espirituais desvalorizaram e até ridicularizaram os *siddhis*, ou poderes paranormais, que não raro surgem em um processo de transformação pessoal. Mas, sem dúvida, uma absoluta proibição dessas experiências é imprópria porque elas podem ser vigorosas indicadoras do estado de conexão subjacente ao mundo de que fazemos parte. Como afirma Evans, essas experiências podem propiciar "a base necessária, apesar de sua natureza elementar, para o que pode vir depois: o árduo processo de transformação ou transfiguração radical em que gradualmente nos desnudamos e abandonamos tudo aquilo que nos impede de ser vividos por Deus, ressoando e canalizando o amor divino".[10] Por meio dessas experiências com a Mente Una, aprendemos a nos tornar "transparentes para a transcendência", como afirma Karlfried Graf Dürkheim, psicólogo e mestre zen alemão.[11] Passamos a atuar como transmissores dos circuitos da consciência, da vida, da empatia e do amor. Com essa realização, já não *temos* experiências com a Mente Uma – nós passamos a *viver* a Mente Una.

Russell Targ, cujos experimentos contribuíram para colocar a visão remota no mapa da ciência, escreve em *A Realidade da Percepção Extrassensorial*:* "A ciência ocidental nos deu grandes realizações e nos mostrou os confins do espaço sideral. Porém, reduziu o nosso espaço mental ao tamanho de um coco. Acho que já passou da hora de começarmos a questionar essa realidade e a reivindicarmos a realidade desobstruída que está disponível a nós".[12] Nosso futuro provavelmente depende do nosso reconhecimento dessa "realidade desobstruída" que se define pelas estreitas conexões não locais que mantemos uns com os outros e com nosso mundo.

---

* Publicado pela Editora Cultrix, São Paulo, 2014.

Targ acredita que a espiritualidade e as experiências da Mente Una estão intimamente relacionadas e, para comprová-lo, citou a descrição da telepatia e da precognição existente em um importante texto budista, o *Sutra da Guirlanda de Flores*, que data do ano 100 d.C.[13] Diz ele: "Esse compêndio budista ensina que não há paradoxo algum na precognição ou na comunicação com os mortos porque passado, presente e futuro são infinitos em extensão e sujeitos à *originação codependente*. Desse modo, o futuro pode afetar o passado e, uma vez que a nossa percepção é atemporal e não local, não deve nos causar surpresa o fato de podermos vivenciar manifestações, como efetivamente acontece, dos mortos ou comunicações vindas do futuro em sonhos precognitivos". Para Targ, "deveríamos esperar que todas essas formas de superconhecimento emergissem em nossa vida como o desfecho natural da consciência não local". E elas podem nos ajudar em nossa jornada espiritual se forem vivenciadas por meio de uma mente lúcida e discriminativa, refinada por disciplinas espirituais como meditação, contemplação e atividades semelhantes.

Targ mostrou que esses mesmos exemplos de "superconhecimento" também se encontram no hinduísmo, em especial nos escritos dos sábios Patanjali (século II a.C.) e Shankara (século VIII d.C.). E concluiu: "Espero que meus amigos budistas nunca mais me digam que os budistas não se interessam por capacidades paranormais".[14]

Eu também espero que meus amigos cristãos parem de insinuar que essas formas não locais de conhecimento são teologicamente suspeitas. O cristianismo ainda sofre de uma ressaca dos séculos passados, quando fenômenos não locais como a telepatia, a clarividência e a precognição eram considerados obra do demônio e aqueles que os professavam costumavam ser executados em nome de Deus. Essas suspeitas já não convêm à nossa espécie. Pelo contrário, essas capacidades precisam ser estimuladas porque nossa aguerrida espécie precisa de todo o espectro da consciência para conseguir sobreviver.

O Buraco da Agulha

O caminho comum a todos os momentos da Mente Una é a experiência de um nível hiper-real de percepção, conexão, intimidade e comunhão com um todo maior, independentemente da maneira como é concebido – o Absoluto, Deus, Deusa, Alá, o Universo, e assim por diante –, todas as quais são impregnadas em uma experiência de amor intenso. Segue-se uma profunda mudança nas premissas existenciais em que nossa vida se baseia. Deixamos de ser "uma coisa ou um processo para nos tornar uma abertura ou clareira através da qual o Absoluto pode se manifestar".[15]

Esse é o buraco da agulha que, uma vez atravessado, não admite volta. Embora seja nossa melhor esperança, ele é mais do que esperança: é uma possibilidade que está ao alcance de todos, e que muitos já experimentaram.

Se esta grande Terra nos falasse, ela poderia nos convocar com as palavras de Rumi, o iluminado poeta sufi da Pérsia do século XIII: "Vem, vem, sejas tu quem fores, caminhante, adorador do fogo, amante das partidas. Esta não é uma caravana de desespero. Não importa que tenhas descumprido teu voto mil vezes, vem mesmo assim e, mais uma vez, vem".[16]

E se formos convocados pela Terra, como deveremos responder? Cada um de nós deixou mil vezes de cumprir nossas responsabilidades com relação à Terra e ao meio ambiente e, assim, com relação a nós mesmos e a todas as outras pessoas. Entretanto, está em nosso poder redimir-nos de nossas faltas recuperando nossa natureza não local – a Mente Una que nos une com tudo o mais, inclusive com nossa Terra; a Mente Una, cujo cartão de visita é o amor, o cuidado e o afeto. Quando compreendemos qual é nosso lugar nessa Grande Conexão, nossa reação é honrar aquilo com que estamos ligados, como se fosse nosso amante. Essa conexão é eterna, não carece de mais nada. Para citar Rumi mais uma vez: "Os amantes não se encontram finalmente em um determinado lugar: eles sempre estão um no outro".[17]

NOTAS

Agradecimentos
1. Krishna, *The Biological Basis of Religion and Genius*: 35-6.
2. Baldwin, *Edison*: 376.

Nota do autor
1. Yu, *The Great Circle*: 160.
2. Rao, *Cognitive Anomalies, Consciousness, and Yoga*: 352.
3. Ibid., 335; Emerson. *Self-Reliance and Other Essays*: 53. Compare a linguagem do professor Rao à de Emerson: "A alma, no homem, [...] não é uma faculdade, mas sim uma luz [...] que provém de dentro de nós ou do além, uma luz [que] brilha através de nós sobre as coisas e nos lembra de que nada somos e que a luz é tudo". (Emerson, *Self-Reliance and Other Essays*: 53.)
4. Lao-Tzu, *Tao Te Ching*. [*Tao-Te King*, Editora Pensamento, São Paulo, 1987.]
5. E assim como é no Oriente, também é no Ocidente, como em Emerson: "Ela [a alma] é demasiadamente sutil. Ela é indefinível, imensurável, mas sabemos que nos permeia e nos contém". (Emerson, *Self-Reliance and Other Essays*: 53.)
6. Heisenberg, *Physics and Beyond*: 137.
7. Planck, *Where is Science Going?*: 217.

Introdução
1. Schiller, "The Progress of Psychical Research".
2. Para os que quiserem consultar apenas uma fonte adicional que examine em detalhes muitos dos fenômenos que discuto, recomendo o erudito *Irreducible Mind*, do psicólogo Edward F. Kelly, da Universidade da Virgínia, e seus colegas. Esse livro é um divisor de águas que merecidamente foi chamado de "brilhante, heroico, [...] espantoso [...] [e] cientificamente rigoroso [...]". Comentário de Richard Shweder na quarta capa de: Kelly *et al.*, *Irreducible Mind*.
3. Dossey, *Recovering the Soul*: 1-11. [*Reencontro com a Alma: Uma Investigação Científica e Espiritual*, Editora Cultrix, São Paulo, 1992, fora de catálogo.]
4. Thomas, *The Medusa and the Snail*: 174-75.
5. Raffensperger, "Moral Injuries and the Environment".
6. Karpf, "Climate Change".
7. Mead, Quotationspage.com.
8. Barasch, Green World Campaign.
9. Rifkin, *The Empathic Civilization*: 599-600.
10. Josephson, "Pathological Disbelief".
11. Sturrock, *A Tale of Two Sciences*: 95.
12. Milton, *Alternative Science*: 3; Lindsay, "Maskelyne and Meteors"; "History of

Meteoritics"; Ensisheim meteorite, Encyclopedia of Science.
13. Einstein, *The New York Times*; Wikiquote.
14. Johnson, "The Culture of Einstein".
15. Emerson, *Essays: First Series*: 1.
16. Ibid., 96.
17. Lovejoy, *The Great Chain of Being*.
18. Akashic Records, Wikipedia; Laszlo, *Science and the Akashic Field*. [*A Ciência e o Campo Akáshico*, Editora Cultrix, São Paulo, 2008, fora de catálogo.]
19. Lucas 17:21.
20. João 10:34.
21. Trismegisto, *Hermetica*: 203.
22. Plato, *Collected Dialogues of Plato*: 520-25.
23. Pierce, *Irish Writing in the Twentieth Century*: 62.
24. Kerouac, *Scattered Poems*: 54.
25. Há três formas comuns de materialismo: (1) o epifenomenalismo diz que a consciência, de algum modo, emerge do cérebro, como o vapor emerge de uma chaleira (removendo-se a chaleira, não há vapor); (2) a teoria da identidade alega que os estados da consciência e os estados do cérebro são idênticos; (3) o materialismo eliminativo é a visão segundo a qual a consciência não existe.
26. Hoffman, "Conscious Realism and the Mind-Body Problem".
27. Pinker, *How the Mind Works*: 146.
28. Huxley, *Tomorrow and Tomorrow and Tomorrow*: 32; a observação de Huxley não deve ser interpretada como uma defesa da preguiça intelectual nem da anticiência. Ele presta homenagem a uma espécie de sabedoria que não está em conformidade com a linguagem nem com as equações da ciência; uma sabedoria que, como afirma Emerson, vem da "revelação [...], do desvelamento da alma". Emerson afirmava que essa espécie de conhecimento se degrada quando usada para responder a perguntas triviais.

"Precisamos restringir essa curiosidade vulgar", disse ele. "Não podemos arrombar nenhuma porta." (Emerson, *Self-Reliance and Other Essays*: 58.)
29. Thomas, *The Medusa and the Snail*: 73.
30. Ibid., 174-75.
31. Sheldrake, *Science Set Free*.
32. Nisker, *Inquiring Mind*: 1.

Capítulo 1: Salvando Outras Pessoas

1. Buckley, "Man is Rescued by Stranger on Subway Tracks".
2. Trump, "The Time 100".
3. Campbell e Toms, *An Open Life*: 53.
4. Ryder, *Animal Revolution*: 57.
5. Campbell, *The Inner Reaches of Outer Space*: 84.
6. Dossey, *Healing Beyond the Body*: 79-104.
7. Pearce, *Evolution's End*: 221.
8. Huxley, *The Perennial Philosophy*: 6.
9. Ibid., 9.

Capítulo 2: O Santo Padroeiro da Mente Una

1. Schrödinger, *What is Life?* e *Mind and Matter*: 145.
2. Moore, *Schrödinger: Life and Thought*: 107-10.
3. Ibid., 111.
4. Koestler, *The Roots of Coincidence*: 107-08.
5. Moore, *Schrödinger: Life and Thought*: 112.
6. Schopenhauer, *Sämtliche Werke*: 224-25; Koestler, *The Roots of Coincidence*: 107-08.
7. Moore, *Schrödinger: Life and Thought*: 113.
8. Schrödinger, *What is Life?* e *Mind and Matter*: 139.
9. Ibid., 133.
10. Ibid., 145.
11. Ibid., 165.
12. Schrödinger, *My View of the World*: 21-2.
13. Ibid., 22.
14. Moore, *Schrödinger: Life and Thought*: 348-49.

15. Ibid., 173.
16. Huxley, *The Perennial Philosophy*. [*A Filosofia Perene*, Editora Cultrix, São Paulo, 1991, fora de catálogo.]
17. Underhill, *Mysticism*: 80.
18. Moore, *Schrödinger: Life and Thought*: 114.
19. Gandhi, *The Evolution of Consciousness*: 215-51.
20. Dossey, *Space, Time & Medicine*. [*Espaço, Tempo e Medicina*, Editora Cultrix, São Paulo, 1998.]
21. Dossey, *Recovering the Soul*: 1-11.

Capítulo 3: Experiências da Mente Una

1. Stein, *Everybody's Autobiography*: 289.
2. Van Oss, "Hunch Prompted Dutch Man to Cancel Flight on Air France 447".
3. Winkler, correspondência pessoal ao autor.
4. Beloff, *Parapsychology*: xiv.

Capítulo 4: A Mente Una não É uma Bolha Infinita

1. Pearce, *Evolution's End*: 30. [*O Fim da Evolução: Reivindicando Nossa Inteligência em Todo o seu Potencial*, Editora Cultrix, São Paulo, 2002.]
2. Ibid., 95.
3. Grann, *The Lost City of Z*: 122-23.
4. Walach e Schneider, *Generalized Entanglement From a Multidisciplinary Perspective*.
5. Nadeau e Kafatos, *The Non-Local Universe*: 65-82.
6. Herbert, *Quantum Reality*: 214.
7. Einstein, Podolsky e Rosen, "Can Quantum-Mechanical Description of Physical Reality Be Considered Complete?"
8. Kafatos e Nadeau, *The Conscious Universe*: 71.
9. "How old is the universe?", Universe 101.
10. Vedral, "Living in a Quantum World"; Thaheld, "Biological Nonlocality and the Mind-Brain Interaction Problem"; Thaheld, "A Method to Explore the Possibility of Nonlocal Correlations Between Brain Electrical Activities of Two Spatially Separated Animal Subjects".
11. Bohm, *Wholeness and the Implicate Order*: 145. [*A Totalidade e a Ordem Implicada*, Editora Cultrix, São Paulo, 1992, fora de catálogo.]
12. Cook, *Hua-Yen Buddhism*: 2.
13. Bohm, *Wholeness and the Implicate Order*: 149.
14. Bohm e Krishnamurti, *The Limits of Thought*.
15. Lachman, Lachman e Butterfield, *Cognitive Psychology and Information Processing*: 137.
16. Sheldrake, McKenna e Abraham, *The Evolutionary Mind*: 109-21.
17. Turner, *Natural Religion*: 213.
18. Best, *Five Days That Shocked the World*: 79.
19. Gonin, "Extract from the Diary of Lieutenant Colonel Mervin Willett Gonin".
20. Bohm, *Wholeness and the Implicate Order*.
21. Eckhart, "Spiritual Practices: Silence".
22. Keating, "Spiritual Practices: Silence".
23. Vivekananda, "Spiritual Practices: Silence".
24. Alexander, *Proof of Heaven*; Alexander, "Neurosurgeon Eben Alexander's Near-Death Experience Defies Medical Model of Consciousness".
25. Eckhart, *Mestre Eckhart*: 243.

Capítulo 5: A Sensação de Estar Sendo Observado

1. Longworth, *Churchill by Himself*: 322.
2. Sheldrake, *The Sense of Being Stared At*; Braud, Shafer e Andrews, "Electrodermal Correlates of Remote Attention"; Cottrell, Winer e Smith, "Beliefs of Children and

Adults About Feeling Stares of Unseen Others". [*A Sensação de Estar Sendo Observado e Outros Aspectos da Mente Expandida*, Editora Cultrix, São Paulo, 2004, fora de catálogo.]
3. Sheldrake, *The Sense of Being Stared At*: 5.
4. Ibid., xiii.
5. Matthew, "Sixth Sense Helps You Watch Your Back".
6. Sheldrake, *The Sense of Being Stared At*. Londres, Arrow, 2003: 139.
7. Ibid., 139-40.
8. Ibid., 157.
9. Cottrell, Winer e Smith, "Beliefs of Children and Adults about Feeling Stares of Unseen Others".

Capítulo 6: Eles Moviam-se como se Fossem uma Única Pessoa

1. Sandoz, *The Buffalo Hunters*: 3-5.
2. Ibid., 102.
3. Ibid., 103-04.
4. "Project Passenger Pigeon: Lessons from the Past for a Sustainable Future".
5. Winter, Starlings at Otmoor, para outro relato impressionante sobre os estorninhos, consulte: Clive, *Murmuration*.
6. Shadow, Dailygrail.com.
7. Ibid.
8. Miller, "The Genius of Swarms".
9. "Planes, Trains, and Ant Hills", Science-Daily.com.
10. Miller, "The Genius of Swarms".
11. "Caribou", U. S., Fish and Wildlife Service.
12. Miller, "The Genius of Swarms".
13. Sheldrake, *The Sense of Being Stared At*: 113-21.
14. Potts, "The Chorus-Line Hypothesis of Manoeuvre in Avian Flocks".
15. Sheldrake, *The Sense of Being Stared At*: 115; Selous, *Thought Transference (or What?) in Birds*: 931; Long, *How Animals Talk*.
16. Sheldrake, *The Sense of Being Stared At*: 119.
17. Ibid., 83.

Capítulo 7: A Mente Una de Animais e Seres Humanos

1. Watson, "Natural Harmony".
2. Alexander, *Bobbie, a Great Collie*: 103-13.
3. Harness, "The Most Famous Mutts Ever"; a história de Rin Tin Tin é contada em Orlean, *Rin Tin Tin*; Stelljes, *Wonder Dog, the Story of Silverton Bobbie*; Schul, *The Psychic Power of Animals*: 52; Rhine e Feather, "The Study of Cases of 'Psi-Trailing' in Animals".
4. Scheib, "Timeline".
5. Trapman, *The Dog, Man's Best Friend*.
6. Rhine e Feather, "The Study of Cases of 'Psi-Trailing' in Animals".
7. "Of all the Pigeon Lofts in the World."
8. Rhine e Feather, "The Study of Cases of 'Psi-Trailing' in Animals".
9. Sheldrake, *Dogs That Know When Their Owners Are Coming Home*; Sheldrake, comentário sobre um artigo de Wiseman, Smith e Milton a respeito do fenômeno dos "animais de estimação paranormais".
10. Armstrong, "Souls in Process: a Theoretical Inquiry into Animal Psi"; *Critical Reflections on the Paranormal*: 134.
11. Ibid., 135.
12. Ibid.
13. Sheldrake e Smart, "Psychic Pets".
14. Scheltema, *Something Unknown Is Doing We Don't Know What*.
15. Wiseman, Smith e Milton, "Can animals Detect When Their Owners Are Returning Home?"
16. Wilson, citado em GoodReads.com.
17. Schul, *The Psychic Power of Animals*: 142-43; Telepathy, *Gale Encyclopedia of Occultism and Parapsychology*.
18. Kane, "Do Dogs Mourn?"

19. Harrison, *Off to the Side*: 47-8.
20. Ibid., 48.
21. "NZ Dolphin Rescues Beached Whales", BBC News online.
22. Gessler, "Couple Alerted by Dolphins about Tired Dog Tells Story".
23. Cellzic, "Dolphins Save Surfer from Becoming Shark's Bait".
24. "Dolphins Save Lifeguards from Circling Great White Shark", www.joe-ks.com; Thomson, "Dolphins Saved Us From Shark, Lifeguards Say".
25. "Amazing Moment: Mila the Beluga Whale Saved a Stricken Diver's Life by Pushing Her to the Surface".
26. "Heroic Horse Halted Cow's Attack", BBC News online.
27. "Gorilla Rescues Child", Year in Review: 1996; "Gorilla at an Illinois Zoo Rescues a 3-Year-Old Boy", arquivos do *The New York Times*; "Gorilla's Maternal Instinct Saves Baby Boy Who Fell into Zoo Enclosure from Coming to Harm", *The Independent* online.
28. Buchmann, *Letters from the Hive*: 123.
29. Anônimo, "Telling the Bees", Dailygrail.com.
30. Schul, *The Psychic Power of Animals*: 146; "Telling the Bees", SacredTexts.com.
31. Whittier, "Telling the Bees": 167.
32. Shadow, "Telling the Bees", Dailygrail.com; é possível que J. K. Rowling não conhecesse o costume de "contar às abelhas" nem a reverência que as culturas antigas lhes dedicavam. Uma fonte afirma que Rowling sabia que *dumbledore* é uma palavra do inglês antigo que significa "zangão" e que, como seu personagem Albus Dumbledore é um grande apreciador da música, ela sempre o imaginou cantarolando para si mesmo. Consulte: Rowling, "What Jo says about Albus Dumbledore".
33. Rogers, citado em GoodReads.com.
34. Twain, citado em "Dogs", GoodReads.com.
35. De Gaulle, citado em GoodReads.com.
36. Schulz, citado em GoodReads.com.
37. Kundera, citado em GoodReads.com.
38. "Cat Heroes", Squidoo.com.
39. Dosa, "A Day in the Life of Oscar the Cat".
40. Twain, citado em "Cats", GoodReads.com.
41. Da Vinci, citado em GoodReads.com.

Capítulo 8: Átomos e Ratos
1. Feynman, *Six Easy Pieces*: 20.
2. Radin, *Entangled Minds*: 19.
3. Vedral, "Living in a Quantum World".
4. Mermin, "Extreme Quantum Entanglement in a Superposition of Macroscopically Distinct States".
5. Kafatos e Nadeau, *The Conscious Universe*: 71.
6. Nadeau e Kafatos, *The Non-Local Universe*: 65-82; Kafatos e Nadeau, *The Conscious Universe*.
7. Kelly *et al.*, *Irreducible Mind*; Carter, *Parapsychology and the Skeptics*; Tart, *The End of Materialism*.
8. Vedral, "Living in a Quantum World".
9. Wilber, *Quantum Questions*: citação da quarta capa.
10. Socrates, QuotesEverlasting.com.
11. Dawkins, *The Selfish Gene*.
12. Ibid., 3.
13. Ibid.
14. Bartal, Decety e Mason, "Empathy and Pro-Social Behavior in Rats".
15. Kane, "Study Shows Lab Rats Would Rather Free a Friend than Eat Chocolate".

16. Mitchum, "Rats Free Trapped Companions, Even When Given Choice of Chocolate Instead".

Capítulo 9: A Mente Além do Cérebro
1. Brunton, Network Newsletter: 18.
2. Lashley, "In Search of the Engram": 478.
3. Lorber, "Is Your Brain Really Necessary?"
4. Brian, Genius Talk: 367.
5. Wigner, "Are We Machines?"
6. Maddox, "The Unexpected Science to Come".
7. Hippocrates, Hippocrates: 179.
8. Carter, Science and the Near-Death Experience: 14.
9. Bergson, The Creative Mind.
10. Carter, Science and the Near-Death Experience: 15.
11. Bergson, discurso presidencial.
12. James, Human Immortality: 15.
13. Ibid., 1.113.
14. Huxley, The Doors of Perception: 22-4.
15. Fenwick e Fenwick, The Truth in the Light: 235-36.
16. Ibid., 260.
17. Ibid.

Capítulo 10: A Imortalidade e as Experiências de Quase Morte
1. Ramachandran, "The Limbic Fire".
2. Dickinson, The Complete Poems of Emily Dickinson: 708.
3. Benedict, "Mellen-Thomas Benedict's Near-Death Experience".
4. Ibid.
5. Benedict, Wisdom.
6. Benedict, "Mellen-Thomas Benedict's Near-Death Experience".
7. Plato, "The Myth of Er".
8. Jung, The Collected Works of C. G. Jung. Princeton University Press; 1969: 43.
9. Jung, The Symbolic Life.
10. Jung, Memories, Dreams, Reflections: 325.
11. Taylor, Orwell: 239.
12. Bohm, Omni.
13. De Beauregard, pronunciamento ao terceiro encontro anual da Society for Scientific Exploration.
14. Stevenson, Where Reincarnation and Biology Intersect; Tucker, Life Before Life.
15. Darling, Soul Search: 179.
16. Gefter, "Near-Death Neurologist".
17. Russell, The Basic Writings of Bertrand Russell: 370.
18. Thomas, "The Long Habit".
19. Alexander, Proof of Heaven.
20. Alexander, "Life Beyond Death".
21. Alexander, Entrevista com Alex Tsakiris.
22. Moody, Life After Life.
23. Levantamento do Gallup, "New Poll Gauges Americans' General Knowledge Levels".
24. Flat Earth Society.
25. Gallup e Proctor, Adventures in Immortality; Perera et al., "Prevalence of Near-Death Experiences in Australia": 109; Knoblauch, et al., "Different Kinds of Near-Death Experience": 15-29.
26. Van Lommel et al., "Near-Death Experience in Survivors of Cardiac Arrest": a morte clínica é "inconsciência causada pela perda dos batimentos cardíacos e da respiração. Se não forem ressuscitados dentro de cinco a dez minutos, os pacientes morrerão"; Van Lommel, Consciousness Beyond Life: 398.
27. Gallup e Proctor, Adventures in Immortality: 198-200.
28. "Key Facts about Near-Death Experiences", prevalência de EQMs.
29. Clark, Divine Moments: 54.
30. Ibid., 51.
31. Moody, Life After Life.
32. Clark, Divine Moments: 34-40.

33. Emerson, *Essays: First Series*: 1.
34. Clark, *Divine Moments*: 45.
35. Ibid.,188.
36. Ibid., 212.
37. Ibid., 23-7.
38. Van Lommel, *Consciousness Beyond Life*: 8-9.
39. Van Lommel, *Consciousness Beyond Life*: 9; Van Lommel et al., "Near-Death Experiences in Survivors of Cardiac Arrest"; Greyson, "Incidence and Correlates of Near-Death Experiences in a Cardiac Care Unit".
40. Hoffman, "Disclosure Needs and Motives after Near-Death Experiences".
41. Van Lommel, *Consciousness Beyond Life*: 10.
42. Clark, *Divine Moments*: 53.
43. Moody, *Paranormal*: 227-42.
44. Borysenko, "Shared Deathbed Visions".
45. Moody, *Paranormal*: 239-41.
46. Rominger, "An Empathic Near-Death Experience".
47. "Group Near-Death Experiences"; esse relato também está disponível em Gibson, *Fingerprints of God*: 128-30.
48. Moody, *Paranormal*: 227-42.
49. Clark, *Divine Moments*: 177.
50. Ibid., 103-04.
51. Ibid., 157-58.
52. Ibid., 137.
53. Ibid., 187.
54. Ibid., 193.
55. Ibid., 221.
56. Greyson, "Increase in Psychic Phenomena Following Near-Death Experiences"; Sutherland, "Psychic Phenomena Following Near-Death Experiences".
57. Clark, *Divine Moments*: 244-47.

Capítulo 11: Reencarnação
1. Voltaire, "La Princesse de Babylone": 366.
2. Tucker, *Life Before Life*: 211.
3. Schopenhauer, *Parerga and Paralipomena*: 368.
4. Pew Forum, "Many Americans Mix Multiple Faiths".
5. Stevenson, *Where Reincarnation and Biology Intersect*: 9.
6. Ibid., 7.
7. Ibid., 12.
8. Stevenson, *Telepathic Impressions*.
9. Schmicker, *Best Evidence*: 223.
10. Stevenson, *Where Reincarnation and Biology Intersect*: 180-81.
11. Ibid., 3.
12. Ibid., 180.
13. Ibid., 181.
14. Ibid.
15. Thomas, *The Lives of a Cell*: 52.
16. Stevenson, *Where Reincarnation and Biology Intersect*: 181.
17. Ibid.
18. Ibid., 181-83.
19. Ibid., 182.
20. Kelly et al., *Irreducible Mind*.
21. Nan Huaijin, *Basic Buddhism*: 46.
22. Bernstein, *Quantum Profiles*: 82.

Capítulo 12: Comunicação com os Mortos
1. Mitchell, "The Case of Mary Reynolds"; Putnam, *A History of Multiple Personality Disorder*: 357.
2. Barrington, Mulacz e Rivas, "The Case of Iris Farczády".
3. Warcollier, "Un Cas de Changement de Personnalité avec Xénoglossie": 121-29.
4. Kelly et al., *Irreducible Mind*: 282.
5. Ibid., 283.
6. Beischel e Rock, "Addressing the Survival vs. Psi Debate Through Process-Focused Mediumship Research"; Rock, Beischel e Cott, "Psi vs. Survival".

7. Beischel e Schwartz, "Anomalous Information Reception by Research Mediums Demonstrated Using a Novel Triple-Blind Protocol".
8. Tart, "Who or What Might Survive Death?", em *Body Mind Spirit*: 182.
9. Barnum, "Expanded Consciousness".
10. Ibid., 264.
11. Rees, "The Bereaved and Their Hallucinations".

Capítulo 13: A Unicidade da Mente em Sociedades Tradicionais

1. Ainsworth, "Deprivation of Maternal Care"; Geber, "The Psycho-motor Development of African Children in the First Year and the Influence of Maternal Behavior".
2. Inglis, *Natural and Supernatural*: 34.
3. Rose, *Primitive Psychic Power*: 49-50.
4. Inglis, *Natural and Supernatural*: 33; Sinel, *The Sixth Sense*.
5. Pearce, *Evolution's End*: 149.
6. Sheldrake e Wolpert, *Telepathy Debate*.
7. Gersi, *Faces in the Smoke*: 84-6.
8. Ibid., 86-91.

Capítulo 14: Gênios *Savants*

1. Dossey, *Healing Beyond the Body*: 265-68.
2. Pearce, *Evolution's End*: 3-5.
3. Treffert e Wallace, "Islands of Genius".
4. Ibid.
5. Pearce, *Evolution's End*: 4.
6. Feinstein, "At Play in the Fields of the Mind".
7. Treffert, *Extraordinary People*.
8. Ibid., 1-2.
9. Pearce, *Evolution's End*: 4.
10. Treffert, *Extraordinary People*: 59-68.
11. Rimland, "Savant Capabilities of Autistic Children, and Their Cognitive Implications".
12. Treffert, *Extraordinary People*: 396.
13. Ibid., 396-97.

14. Ibid., 196-97; Treffert e Wallace, "Islands of Genius".
15. Treffert e Christensen, "Inside the Mind of a Savant".
16. Treffert, *Extraordinary People*: 163.
17. Duckett, "Adaptive and Maladaptive Behavior of Idiot Savants"; Duckett, "Idiot Savants".
18. Treffert e Wallace, "Islands of Genius".

Capítulo 15: Gêmeos

1. Swinburne, "The Higher Pantheism in a Nutshell": 14.
2. Dossey, "Lessons from Twins".
3. Allen, "The Mysteries of Twins".
4. Jackson, "Reunion of Identical Twins, Raised Apart, Reveals Some Astonishing Similarities": 48-56.
5. Wright, "Double Mystery".
6. Holden, "Identical Twins Reared Apart": 1.323-1.328.
7. Jackson, "Reunion of Identical Twins, Raised Apart, Reveals Some Astonishing Similarities": 50.
8. Allen, "The Mysteries of Twins".
9. Jackson, "Reunion of Identical Twins, Raised Apart, Reveals Some Astonishing Similarities": 56.
10. Holden, "Identical Twins Reared Apart": 1.324.
11. Jackson, "Reunion of Identical Twins, Raised Apart, Reveals Some Astonishing Similarities": 48-56.
12. Wright, "Double Mystery": 62.
13. LeShan, *Landscapes of the Mind*: 186-87.
14. Jackson, "Reunion of Identical Twins, Raised Apart, Reveals Some Astonishing Similarities": 55-6.
15. Playfair, *Twin Telepathy*: 69.
16. Ibid., 77.
17. Ibid.
18. Ibid., 81.

Capítulo 16: Eventos Telessomáticos
1. Schwarz, "Possible Telesomatic Reactions".
2. Gurney, Myers e Podmore, *Phantasms of the Living*: 188-89.
3. Ibid., 132.
4. Stevenson, *Telepathic Impressions*: 5-6.
5. Rush, "New Directions in Parapsychological Research".
6. Rhine, "Psychological Processes in ESP Experiences".
7. Playfair, *Twin Telepathy*: 11-35.
8. Ibid., 52-5.
9. Ibid., 55-6.
10. Vanderbilt e Furness, *Double Exposure*: xi-xii.
11. Playfair, *Twin Telepathy*: 16.
12. Ibid., 51.
13. Kincheloe, "Intuitive Obstetrics".
14. Dean, Plyler e Dean, "Should Psychic Studies Be Included in Psychiatric Education?"
15. *Survey of Physicians' Views on Miracles*; Schwartz, "An American Profile".
16. Schwartz, "An American Profile".
17. Evans, "Parapsychology – What the Questionnaire Revealed".
18. Bem e Honorton, "Does Psi Exist?"
19. Hansen, *The Trickster and the Paranormal*: 148-61; Hansen, "CSICOP and the Skeptics"; Carter, *Parapsychology and the Skeptics*.

Capítulo 17: Absolutamente Convencido
1. Radin, *The Conscious Universe*; Radin, *Entangled Minds*.
2. As seguintes publicações são importantes para as pesquisas de Russell Targ: Targ, *Do You See What I See?*; Targ, *Limitless Mind*; Targ e Puthoff, *Mind-Reach*; Targ e Puthoff, "Scanning the Issue"; Targ e Puthoff, "Information Transmission under Conditions of Sensory Shielding"; Targ, "Remote Viewing at Stanford Research Institute in the 1970s".
3. Targ, "Why I Am Absolutely Convinced of the Reality of Psychic Abilities and Why You Should Be Too".
4. Dossey, "Making Money": 49-59.
5. Puthoff, "CIA-Initiated Remote Viewing Program at Stanford Research Institute".
6. Targ, "Why I Am Absolutely Convinced of the Reality of Psychic Abilities and Why You Should Be Too".
7. Targ, *Limitless Mind*: 7-8. [*Mente sem Limites: Como Desenvolver a Visão Remota e Aplicá-la na Cura a Distância e na Transformação da Consciência*, Editora Cultrix, São Paulo, 2010.]
8. Ibid., 83.
9. Vedral, "Living in a Quantum World"; Dossey, "All Tangled Up".
10. Targ, *Limitless Mind*: 8; Bohm e Hiley, *The Undivided Universe*: 382-86.
11. Targ, *Limitless Mind*: 8.

Capítulo 18: Aviões Derrubados e Navios Afundados
1. Targ e Puthoff, *Mind Reach*.
2. Schnabel, *Remote Viewers*: 215 e seguintes; Swanson, *The Synchronized Universe*: 33.
3. Schwartz, "Nonlocal Awareness and Visions of the Future".
4. *Psychic Sea Hunt*.
5. Schwartz, *Opening to the Infinite*: 180-201.
6. Ibid., 199.
7. Ibid., 197-98.
8. Ibid., 198-99.
9. Schwartz, *The Secret Vaults of Time*.

Capítulo 19: A Harpa Roubada e o Anjo da Biblioteca

1. Gallagher, "Psychoanalyst and Clinical Professor Elizabeth 'Lisby' Mayer Dies Jan. 1 at age 57".
2. McCoy, *Power of Focused Mind Healing*: 1-3.
3. Mayer, *Extraordinary Knowing*: 1-3.
4. Ozark Research Institute.
5. Miller, *Emerging Issues in the Electronic Environment*: 24.
6. Combs e Holland, *Synchronicity*: 21.
7. Jordan, "In the Footnotes of Library Angels".
8. Wilson, *The Occult*: xxxix.
9. Bryson, *Notes From a Small Island*: 181.
10. Olson, "Is the Universe Friendly?"
11. Bull, Thinkexist.com.

Capítulo 20: A Cura e a Mente Una

1. Achterberg *et al.*, "Evidence for Correlations Between Distant Intentionality and Brain Function in Recipients".
2. Graham, *Sit Down Young Stranger*: 179-94.
3. Ibid., 186.
4. Ibid., 190.
5. Hawkes, website.

Capítulo 21: O Lado Escuro

1. Stevenson, *Telepathic Impressions*: 131-32.
2. "Romania's murderous twins"; Playfair, 79-80.
3. Dossey, "Lessons from Twins".
4. "Propaganda in Nazi Germany"; History Learning Site.
5. Mackay, *Extraordinary Popular Delusions and the Madness of Crowds*: xix.
6. Janis, *Victims of Groupthink*.
7. Will Rogers, citado em Dartmouth.org.

Capítulo 22: A Sopa Cósmica

1. Frost, *The Poetry of Robert Frost*: 33.
2. Pearce, *Evolution's End*: 8-9.
3. Ibid., 10-1.
4. Keller, *A Feeling for the Organism*: 48.
5. Briggs, *Fire in the Crucible*: 68.
6. Laszlo, *The Interconnected Universe*: 129.
7. Ibid., 130; Dossey, *Healing Beyond the Body*: 268-69.
8. Conrad, *Typhoon and Other Tales*: 21.
9. Ross, *Art and Its Significance*: 555.
10. Herbert, *Modern Artists on Art*: 77.
11. Fromm, *Creativity and Its Cultivation*: 51.
12. Hollander, "Child's Play".
13. Hollander, comunicação pessoal.
14. Valletin, *Leonardo da Vinci*: 151-52 e 111.
15. Dickinson, "There's a Certain Slant of Light": 248.
16. Hadamard, *The Psychology of Invention in the Mathematical Field*: 142-43; Koestler, *The Act of Creation*: 171.
17. Greene, "Toward a Unity of Knowledge".
18. Hadamard, *The Psychology of Invention in the Mathematical Field*: 85.
19. Koestler, *The Act of Creation*: 170.
20. Ibid., 208.
21. Laszlo, *The Interconnected Universe*: 131.
22. Ibid.
23. Boswell, *Life of Samuel Johnson*.
24. Koestler, *Janus*: 284-85.
25. Smith, *Forgotten Truth*: 113.
26. Ibid., 113-14.
27. Ibid., 114.
28. Erdoes, *Lame Deer – Seeker of Visions*: 217.

Capítulo 23: O Eu

1. Deikman, "'I' = Awareness".
2. Einstein, *Ideas and Opinions*: 12.
3. Crick, *The Astonishing Hypothesis*: 271.
4. Ibid., 3.
5. Dennett, *Consciousness Explained*: 406.

6. Baggini, "The Self: Why Science Is Not Enough", 34-5.
7. Vernon, blog Philosophy and Life.
8. João 3:30.
9. Jung, *Psychology and Religion*: 12.
10. Levin, *God, Faith, and Health*; Hummer, Rogers, Nam e Ellison, "Religious Involvement and U. S. Adult Mortality".
11. Jauregui, *Epiphanies*: 70.
12. Merleau-Ponty, "Primordial Wholeness".
13. Keller, *A Feeling for the Organism*: 101.
14. Goethe, *Maximen und Reflexionen*: 435.
15. Kohut, *The Search for the Self*: 82.
16. Ibid., 174.
17. Ibid., 609.
18. Briggs, *Fire in the Crucible*: 68.
19. Segal, *Collision with the Infinite*: 49.
20. Simeon e Abugel, *Feeling Unreal*: 143-45.
21. Ibid., 63.
22. Segal, *Collision with the Infinite*: 122.
23. Ibid., 49.
24. Forman, *Enlightenment Ain't What It's Cracked Up to Be*.
25. Lanier, "From Having a Mystical Experience to Becoming a Mystic".
26. Ibid.
27. Syfransky, *Sunbeams*: 45.
28. Lara, *The Sun*.
29. Eckhart, *The Sun*.
30. Tillich, *The Courage to Be*: 179-80.
31. Cook, *The Life of Florence Nightingale*: 481.
32. Atribuído a Jung.
33. Alan Watts, citado em Secondattention.com.

Capítulo 24: Será que a Mente Una É Deus?

1. Emerson, *Self-Reliance and Other Essays*: 108.
2. João 10:34.
3. Lucas 17:21.
4. Eckhart, *Mestre Eckhart: A Modern Translation*: 233-50.
5. Wilber, *Quantum Questions*: 92.
6. Smith, *Beyond the Post-Modern Mind*: 36.
7. Koestler, *Janus*: 289-91.
8. Smith, *Beyond the Post-Modern Mind*: 37.
9. Ibid., 38-9.
10. Ibid., 40.
11. Falk, *The Science of the Soul*: 2.
12. Lovejoy, *The Great Chain of Being*: 59.
13. Blackburn, *The Oxford Dictionary of Philosophy*: 55-6.
14. Wilber, *Eye to Eye*: 219.
15. Ibid., 243.
16. Wilber, *A Brief History of Everything*: 42-3.
17. Mason, *Al-Hallaj*: 30-96.
18. Mestre Eckhart, citado em Goodreads.com.
19. Brown, "The Man from Whom God Hid Nothing".

Capítulo 25: A Desobstrução do Buraco da Fechadura

1. John Milton, *The Oxford Book of English Verse*: nº 322, linhas 51-5.
2. Koestler, *Janus*: 282.
3. Merrill, entrevista a Helen Vendler.
4. Grosso, "The Advantages of Being Multiplex": 225-46.
5. Hall e Metcalf, *The Artist Outsider*.
6. Grosso, "The Advantages of Being Multiplex": 225-46.
7. Wölfli, recitado e musicado.
8. Breton, citado no website da Fundação Adolf Wölfli.
9. Grosso, "The Advantages of Being Multiplex": 241.
10. Posey e Losch, "Auditory Hallucinations of Hearing Voices in 375 Subjects".
11. The Week Staff, "Should Yoga Be an Olympic Sport?"

Capítulo 26: Caminhos Oníricos
1. Lessing, *The Making of the Representative for Planet 8*.
2. Dossey, *The Power of Premonitions*.
3. Koestler, *The Act of Creation*: 181.
4. Chesterman, *An Index of Possibilities*: 187.
5. Van de Castle, *Our Dreaming Mind*: 34-9.
6. De Becker, *The Understanding of Dreams and Their Influence on the History of Man*: 85.
7. Kedrov, *Voprosy Psikologii*.
8. Van de Castle, *Our Dreaming Mind*: 35-36.
9. Ibid., 36.
10. Ibid., 34-9.
11. Grellet, Wikipedia; Seebohm, *Memoirs of the Life and Gospel Labors of Stephen Grellet*: 434; Maeterlink, *The Unknown Guest*: 98-9.
12. Krippner, Bogzaran e Percia de Carvalho, *Extraordinary Dreams and How to Work with Them*: 6.
13. Krippner e Faith, "Exotic Dreams: A Cross-Cultural Survey".
14. Laughlin, "Transpersonal Anthropology"; Laughlin, "Transpersonal Anthropology, Then and Now".
15. George, "Dreams, Reality, and the Desire and Intent of Dreamers as Experienced by a Fieldworker".
16. Inglis, *Natural and Supernatural*: 333.
17. Wagner-Pacifici e Bershady, "Portents or Confessions".
18. Luke, "Experiential Reclamation and First Person Parapsychology".
19. Priestley, *Man & Time*: 190-91.
20. Ibid., 211-12.

Capítulo 27: O Amor É a Última Palavra
1. Bell, *D. H. Lawrence*: 51.
2. Jahn e Dunne, *Margins of Reality*: 343.
3. Marano, "The Dangers of Loneliness".
4. Ibid.
5. Ibid.
6. Pocheptsova, Ferraro e Abraham, "The Effect of Mobile Phone Use on Prosocial Behavior".
7. Hu, "Will Online Chat Help Alleviate Mood Loneliness?": 219-23.
8. Hu, "Social Use of the Internet and Loneliness".
9. "I am Lonely Will Anyone Speak to Me."
10. Andrews, "Misery Loves (Cyber) Company"; Burkeman, "Anybody There?"; Ratliff, "Hello, Loneliness".
11. Needleman, "The Heart of Philosophy".
12. Lista de websites de redes sociais, Wikipédia.
13. Carter, *Science and the Near-Death Experience*: xv-xvi.
14. Huxley, *Tomorrow and Tomorrow and Tomorrow*: 57.
15. Ibid., 56.
16. Ibid., 56-7.
17. Dossey e Keegan, *Holistic Nursing*.
18. Golden, "William Osler at 150".
19. Achterberg *et al.*, "Evidence for Correlations Between Distant Intentionality and Brain Function in Recipients".
20. Jung, *Memories, Dreams, Reflections*: 354.
21. Jahn, "Report on the Academy of Consciousness Studies".
22. Whitman, *The Complete Poems*: 288-89.

Capítulo 28: A Expansão da Ciência
1. Aos que quiserem uma análise detalhada das incessantes divergências a respeito do que se pensa sobre a natureza da consciência, recomendo a discussão sobre o tema promovida pelo filósofo Chris Carter em seu livro *Science and the Near-Death Experience*.
2. Kuhn, *The Structure of Scientific Revolutions*.

3. Greenhalgh, *How to Read a Paper*: 6.
4. Não estou, de modo algum, denegrindo as grandes realizações da ciência nem os muitos grandes periódicos especializados que desempenharam um papel nessas realizações. Eu mesmo trabalhei durante quinze anos como editor-executivo de periódicos médicos.
5. Hellman, *Great Feuds in Science*; Hellman, *Great Feuds in Medicine*.
6. French, *William Harvey's Natural Philosophy*: 233-34.
7. Chauvois, *William Harvey*: 222-23.
8. Hellman, *Great Feuds in Medicine* comentado na *Publishers Weekly*.
9. Nuland, *Doctors*: 168.
10. Garrison, *An Introduction to the History of Medicine*: 435-37.
11. Watson, *The Double Helix*: 14.
12. Koestler, *The Roots of Coincidence*: 15.
13. Kurtz, *A Skeptic's Handbook of Parapsychology*: 89.
14. Um dos exemplos mais recentes desses espasmos periódicos de intolerância contra a chamada ciência paranormal ocorreu há pouco tempo no *New York Times*. (Dossey, "Why are Scientists Afraid of Daryl Bem?")
15. Splane, *Quantum Consciousness*: 80.

Capítulo 29: Transcendência

1. Trismegisto, *Hermetica*: 344; compare suas palavras com as de Emerson: "Com o esquecimento da doutrina da natureza divina, uma doença infecta e apequena a constituição. Antes, o homem era tudo; agora é um apêndice, um inconveniente [...]. A doutrina da inspiração se perdeu [...]. A doutrina da alma [...] existe apenas como história antiga [...] [e], quando mencionada, parece ridícula. A vida é cômica ou lastimável tão logo se perca de vista os fins sublimes do ser e o homem se torne míope, só podendo voltar a atenção para o que fala aos sentidos". (Emerson, *Self-Reliance and Other Essays*: 106-07.)
2. Walker, *Anything We Love Can Be Saved*: 5.
3. Hesse, *Demian*: introdução.
4. Havel, pronunciamento ao Congresso dos Estados Unidos.
5. Havel, "The Need for Transcendence in the Postmodern World".
6. Russell, *The Global Brain*: 18.
7. Ibid.
8. Edge, "Spirituality in the Natural and Social Worlds".
9. Evans, *Spirituality and Human Nature*: 166.
10. Ibid., 266.
11. Campbell, *The Hero's Journey*: 40.
12. Targ, *The Reality of ESP*: 248. [*A Realidade da Percepção Extrassensorial: A Comprovação Científica, por um Físico, de Nossas Capacidades Paranormais*, Editora Cultrix, São Paulo, 2014.]
13. Cleary, *The Flower Ornament Scripture*.
14. Targ, *The Reality of ESP*: 248.
15. A frase é de Martin Heidegger: "Uma pessoa não é uma coisa nem um processo, mas sim uma abertura ou clareira através da qual o Absoluto pode se manifestar". Website da University of Arizona Computer Science. Disponível em: www.cs.arizona.edu/~kece/Personal/quotes.html, acesso em 24 de março de 2012.
16. Rumi, *Rumi: The Big Red Book*: 28.
17. Rumi, *Rumi: The Book of Love*: 169.

REFERÊNCIAS BIBLIOGRÁFICAS

Aanstoos, Christopher, "Psi and the Phenomenology of the Long Body", *Theta*, 1986, 13-14: 49-51.

Achterberg, J. et al., "Evidence for Correlations Between Distant Intentionality and Brain Function in Recipients: a Functional Magnetic Resonance Imaging Analysis", *Journal of Alternative and Complementary Medicine*, 2005, 11(6): 965-71.

Ainsworth, Mary D., "Deprivation of Maternal Care: a Reassessment of its Effects", *Public Health Papers* nº 14, Genebra, World Health Organization, 1962, 14: 97-165.

Akashic Records. Wikipedia, http://en.wikipedia.org/wiki/akashic_records, acesso em 3 de dezembro de 2011.

Albert, David Z. e Rivka Galchen, "Was Einstein Wrong? A Quantum Threat to Special Relativity", *Scientific American*. www.scientificamerican.com/article.cfm?id=was-einstein-wrong-about-relativity, 18 de fevereiro de 2009, acesso em 21 de janeiro de 2012.

Alderton, David, *Animal Grief: How Animals Mourn*, Dorcester, Reino Unido: Hubble & Hattie, 2011.

Alexander, Charles D., *Bobbie, A Great Collie*, Nova York: Dodd, Mead and Company, 1926.

Alexander III, Eben, "Life Beyond Death: Consciousness is the Most Profound Mystery in the Universe", www.lifebeyonddeath.net, acesso em 1º de dezembro de 2011.

―――. "Neurosurgeon Eben Alexander's Near-Death Experience Defies Medical Model of Consciousness", entrevista a Alex Tsakaris, Skeptiko.com, www.skeptiko.com/154-neurosurgeon-dr-eben-alexander-near-death-experience/, acesso em 2 de dezembro de 2011.

―――. *Proof of Heaven: A Neurosurgeon's Journey into the Afterlife*, Nova York: Simon & Schuster, 2012.

Al-Hallaj, Mansur, Wikipedia, http://en.wikipedia.org/wiki/Mansur_al-Hallaj, acesso em 5 de dezembro de 2011.

Allen, Arthur, "The Mysteries of Twins", *The Washington Post*, 11 de janeiro de 1998, www.washingtonpost.com/wp-srv/national/longterm/twins/twins1.htm, acesso em 23 de dezembro de 2010.

Almeder, Robert, *Death and Personal Survival: The Evidence for Life after Death*, Lanham, MD: Rowman & Littlefield, 1992.

"Amazing Moment: Mila the Beluga Whale Saved a Stricken Diver's Life by Pushing Her to the Surface", *Daily Mail* on-line, www.dailymail.co.uk/news/worldnews/article-1202941/Pictured-The-moment-Mila-brave-Beluga-whale-saved-stricken-divers-life-pushing-surface.html, acesso em 16 de maio de 2011.

Andrews, Robert, "Misery Loves (Cyber) Company", Wired.com, 30 de junho de 2005, http://www.wired.com/culture/lifestyle/news/2005/06/68010, acesso em 24 de novembro de 2011.

Anônimo, "Telling the Bees", Dailygrail.com, www.dailygrail.com/blogs/shadow/2005/7/Telling-Bees, acesso em 10 de janeiro de 2011.

Apollo 14, Wikipedia, http://en.wikipedia.org/wiki/apollo_14, acesso em 26 de dezembro de 2011.

Armstrong, Susan J., "Souls in Process: a Theoretical Inquiry into Animal Psi", in Michael Stoeber e Hugo Meynell (orgs.), *Critical Reflections on the Paranormal*, Albany, NY: SUNY Press, 1996.

Autrey, Wesley, Wikipedia, http://en.wikipedia.org/wiki/Wesley_autrey, acesso em 1º de janeiro de 2012.

Ayer, A. J., "Ayer's Intimations of Immortality: What Happens When the World's Most Eminent Atheist Dies", *National Review*, 14 de outubro de 1988.

——. "Postscript to a Postmortem", *The Spectator*, 15 de outubro de 1988.

——. "What I Saw When I Was Dead", *Sunday Telegraph*, 28 de agosto de 1988.

——. "What I Saw When I Was Dead", in Paul Edwards (org.), *Immortality*, Amherst, NY: Prometheus, 1997.

Baggini, Julian, *The Ego Trick*, Londres: Granta, 2012.

——. "The Self: Why Science Is Not Enough", *New Scientist*, 12 de março de 2011, 209(2803): 34-5.

Baker, Carlos. *Emerson Among the Eccentrics*, Nova York: Penguin, 1996.

Baldwin, Neil, *Edison: Inventing the Century*, Nova York: Hyperion, 1995.

Banville, John, "The Most Entertaining Philosopher", *The New York Review of Books*, 27 de outubro de 2011, 40-2.

Barasch, Marc, Green World Campaign, http://greenworld.org, acesso em 2 de janeiro de 2013.

Bardens, Dennis e David Bellamy, *Psychic Animals*, Nova York: Holt, 1989.

Barnum, Barbara S., "Expanded Consciousness: Nurses' Experiences", *Nursing Outlook*, 1989, 37(6): 260-66.

Barrington, Mary Rose, Peter Mulacz e Titus Rivas, "The Case of Iris Farczáday – A Stolen Life", *Journal of the Society for Psychical Research*, 2005, 69(879): 49-77.

Bartal, Inbal Ben-Ami, Jean Decety e Peggy Mason, "Empathy and Pro-Social Behavior in Rats", *Science*, 9 de dezembro de 2011, 334 (6061): 1.427-30.

Bateson, Gregory, *Steps to an Ecology of Mind*, São Francisco: Chandler Press, 1972.

Beauregard, Mario, *Brain Wars: The Scientific Battle Over the Existence of the Mind and the Proof That Will Change the Way We Live Our Lives*, Nova York: HarperOne, 2012.

Becker, Carl, *Paranormal Experience and the Survival of Death*, Albany, NY: State University of New York Press, 1993.

Bee, Wikipedia, http://en.wikipedia.org/wiki/Bee_(mythology), acesso em 9 de janeiro de 2011.

Beischel, Julie e A. J. Rock. "Addressing the Survival vs. Psi Debate Through Process-Focused Mediumship Research." *Journal of Parapsychology*, 2009, 73: 71-90.

Beischel, Julie e Gary E. Schwartz, "Anomalous Information Reception by Research Mediums Demonstrated Using a Novel Triple-Blind Protocol", *Explore: The Journal of Science and Healing*, 2007, 3(1): 23-27.

Bell, Eva, "Ways of Overcoming Loneliness", Ezinearticles.com, http://ezinearticles.com/?Ways-of-Overcoming-Loneliness&id=4417336, acesso em 24 de novembro de 2011.

Bell, Michael, *D. H. Lawrence: Language and Being*, Nova York: Cambridge University Press, 1992.

Bell, Thia, entrevista com David Bohm, *Ojai Valley News*, 30 de dezembro de 1987.

Belluck, Pam, "Strangers May Cheer You Up, Study Shows", *The New York Times* on-line, www.nytimes.com/2008/12/05/health/05happy-web.html, 4 de dezembro de 2008, acesso em 17 de janeiro de 2012.

Beloff, John, *Parapsychology: A Concise History*, Nova York: St. Martin's Press, 1993.

Bem, Daryl J. e Charles Honorton, "Does Psi Exist? Replicable Evidence for an Anomalous Process of Information Transfer", *Psychological Bulletin*, 1994, 115: 4-8.

Benedict, Mellen-Thomas, entrevista a E. W. Moser, *Wisdom*, http://wisdom-magazine.com/article.aspx/1164, acesso em 5 de janeiro de 2011.

———. "Insights from the Other Side: Mellen-Thomas Benedict's Near-Death Experience", http://www.near-death.com/experiences/reincarnation04.html, acesso em 20 de janeiro de 2011.

Bengston, William F., *The Energy Cure*, Louisville, CO: Sounds True, 2010.

Bengston, William F. e David Krinsley, "The Effect of the 'Laying-on of Hands' on Transplanted Breast Cancer in Mice", *Journal of Scientific Exploration*, 2000, 14 (3): 353-64.

Benson, Herbert et al., "Study of the Therapeutic Effects of Intercessory Prayer (STEP) in Cardiac Bypass Patients: A Multicenter Randomized Trial of Uncertainty and Certainty of Receiving Intercessory Prayer", *American Heart Journal*, 2006, 151: 934-42.

Benson, Michael, *Beyond: Visions of the Interplanetary Probes*, Nova York: Abrams, 2008.

———. *Far Out: A Space-Time Chronicle*, Nova York: Abrams, 2009.

Berg, Elizabeth, *The Sun*, novembro de 1995, 239: 40.

Berger, Hans, *Psyche*, Jena: Gustav Fischer, 1940.

———. Wikipedia, http://en.wikipedia.org/wiki/Hans_Berger, acesso em 12 de dezembro de 2011.

Bergson, Henri-Louis, *The Creative Mind*, Nova York: Citadel Press, 1946.

———. Discurso presidencial, *Proceedings of the Society for Psychical Research*, 1913, 26: 462-79.

Bernstein, Jeremy, *Quantum Profiles*, Princeton, NJ: Princeton University Press, 1990.

Best, Nicholas, *Five Days That Shocked the World*, Nova York: Thomas Dunne Books, 2011.

Bischof, M., "Introduction to Integrative Biophysics", in Fritz-Albert Popp e Lev Beloussov (orgs.), *Integrative Biophysics: Biophotonics*, Dordrecht, Holanda: Kluwer Academic Publishers, 2003.

Black, Edwin, "Eugenics and the Nazis – the California Connection", *San Francisco Chronicle*, 9 de novembro de 2003, http://articles.sfgate.com/2003-11-09/opinion/17517477_1_eugenics-ethnic-cleansing-master-race, acesso em 18 de janeiro de 2011.

Blackburn, Simon, *The Oxford Dictionary of Philosophy*, Oxford, Reino Unido: Oxford University Press, 1994.

Blum, Deborah, *Ghost Hunters: William James and the Search for Scientific Proof of Life After Death*, Nova York: Penguin, 2006.

Bobrow, Robert S., "Evidence for a Communal Consciousness", *Explore: The Journal of Science and Healing*, 2011, 7(4): 246-48.

———. *The Witch in the Waiting Room*, Nova York: Thunder's Mouth Press, 2006.

Bohm, David, *Wholeness and the Implicate Order*, Londres: Routledge and Kegan Paul, 1980. [*A Totalidade e a Ordem Implicada*, Editora Cultrix, São Paulo, 1992, fora de catálogo.]

———. Entrevista a John Briggs, F. David Peat, *Omni*, janeiro de 1987, 9(4): 68.

Bohm, David e Basil Hiley, *The Undivided Universe*, Londres: Routledge, 1993.

Bohm, David e Jiddu Krishnamurti, *The Limits of Thought: Discussions between J. Krishnamurti and David Bohm*, Londres: Routledge, 1999.

Bond, Michael, "Three Degrees of Contagion", *New Scientist*, 2009, 201(2689): 24-7.

Borysenko, Joan, "Shared Deathbed Visions", Near-death.com., www.near-death.com/experiences/evidence09.html, acesso em 6 de março de 2012.

Boswell, James, *Life of Samuel Johnson*, Londres, 1777.

Boulding, Kenneth, "The Practice of the Love of God", Palestra do ciclo William Penn, proferida na Arch Street Meetinghouse, Filadélfia, 1942.

Boycott, B. B., "Learning in the Octopus", *Scientific American*, 1965, 212(3): 42-50.

Braud, William, "Wellness Implications of Retroactive Intentional Influence: Exploring an Outrageous Hypothesis", *Alternative Therapies in Health & Medicine*, 2000, 6(1): 37-48, http://inclusivepsychology.com/uploads/WellnessImplicationsOfRetroactiveIntentionalInfluence.pdf, acesso em 5 de janeiro de 2011.

Braud, William e Marilyn Schlitz, "A Methodology for the Objective Study of Transpersonal Imagery", *Journal of Scientific Exploration*, 1989, 3(1): 43-63.

Braud, William, D. Shafer e S. Andrews, "Electrodermal Correlates of Remote Attention: Autonomic Reactions to an Unseen Gaze", *Proceedings of the Presented Papers, Parapsychology Association 33rd Annual Convention*, Chevy Chase, MD, 1990: 14-28.

———. "Possible Role of Intuitive Data Sorting in Electrodermal Biological Psychokinesis (bio-PK)", in *Research in Parapsychology 1987*, Metuchen, NJ: Scarecrow Press, 1988.

Braude, Stephen E., "The Creativity of Dissociation", *Journal of Trauma and Dissociation*, 2002, 3(5): 5-26.

———. *Immortal Remains: The Evidence for Life after Death*, Lanham, MD: Rowman & Littlefield, 2003.

Brazier, G. F., "Bobbie: The Wonder Dog of Oregon", in Curtis Wager-Smith (org.), *Animal Pals*, Filadélfia: Macrae Smith Company, 1924. Consulte http://silvertonor.com/murals/bobbie/bobbie_wonder_dog2.htm, acesso em 7 de janeiro de 2011.

Breton, André, citado em *Adolf Wölfli*, Adolf Wölfli Foundation, www.adolfwoelfli.ch/index.php?c=e&level=17&sublevel=0, acesso em 24 de março de 2011.

Brian, Dennis, *Genius Talk: Conversations with Nobel Scientists and Other Luminaries*, Dordrecht, Holanda: Kluwer Academic Publishers, 1995.

Briggs, John, *Fire in the Crucible*, Los Angeles: Jeremy P. Tarcher, 1990.

Broad, C. D., *Lectures in Psychical Research*, edição comemorativa da Routledge, Londres: Routledge, 2010.

Brown, Arthur, "The Man from Whom God Hid Nothing", www.philosophos.com/philosophy_article_105.html, acesso em 4 de dezembro de 2011.

Brown, Dan, *The Lost Symbol*, Nova York: Doubleday, 2009.

Brunton, Paul, citado em *Network Newsletter* (da Scientific and Medical Network, Reino Unido), abril de 1987, 33: 18.

Bryson, Bill, *Notes from a Small Island*, Nova York: William Morrow, 1997.

Buchmann, Stephen, *Letters from the Hive: An Intimate History of Bees, Honey, and Humankind*, Nova York: Bantam, 2006.

Bucke, R. M., *Cosmic Consciousness*, Filadélfia: Innes & Sons, 1901.

Buckley, Cara, "Man is Rescued by Stranger on Subway Tracks", *The New York Times* on-line, 3 de janeiro de 2007, www.nytimes.com/2007/01/03/nyregion/03life.html, acesso em 8 de janeiro de 2012.

Bull, Emma, *Bone Dance: A Fantasy for Technophiles*, reimpressão, Nova York: Orb, 2009.

———. Thinkexist.com, http://69.59.157.161/quotes/emma_bull, acesso em 14 de dezembro de 2011.

Burkeman, Oliver, "Anybody There?", *The Guardian* on-line, http://www.guardian.co.uk/technology/2005/aug/30/g2.onlinesupplement, 29 de agosto de 2005, acesso em 25 de novembro de 2011.

Burt, Cyril, *Psychology and Psychical Research. The Seventeenth Frederick W. H. Myers Memorial Lecture*, Londres, 1968; 50: 58-9.

Campbell, Joseph, Phil Cousineau (org.), *The Hero's Journey: Joseph Campbell on His Life and Work*, terceira edição, Novato, CA: New World Library, 2003.

———. *The Inner Reaches of Outer Space*, Novato, CA: New World Library, terceira edição (revista), 2002.

Campbell, Joseph e Michael Toms, *An Open Life: Joseph Campbell in Conversation with Michael Toms*, Burdett, NY: Larson Publications, 1988.

Cardeña, Etzel, S. J. Lynn e S. Krippner (orgs.), *Varieties of Anomalous Experience: Examining the Scientific Evidence*, Washington, DC: American Psychological Association, 2000.

Carey, Benedict, "Journal's Paper on ESP Expected to Prompt Outrage", *The New York Times* on-line, http://www.nytimes.com/2011/01/06/science/06esp.html?pagewanted=all&_r=0, acesso em 22 de janeiro de 2012.

Caribou, U. S. Fish and Wildlife Service, Arctic National Wildlife Refuge, http://arctic.fws.gov/caribou.htm, acesso em 5 de dezembro de 2010.

Carpenter, James C., *First Sight: ESP and Parapsychology in Everyday Life*, Latham, MD: Rowman & Littlefield, 2012.

———. "First Sight: Part One. A Model of Psi and the Mind", *Journal of Parapsychology*, 2004, 68(2): 217-54.

———. "First Sight: Part Two. Elaboration of Model of Psi and the Mind", *Journal of Parapsychology*, 2004, 69(1): 63-112.

Carter, Chris, *Parapsychology and the Skeptics*, Pittsburgh, PA: Sterlinghouse, 2007.

———. *Science and the Afterlife Experience*, Rochester, VT: Inner Traditions, 2012.

———. *Science and the Near-Death Experience: How Consciousness Survives Death*, Rochester, VT: Inner Traditions, 2010.

"Cat Heroes", Squidoo.com, www.squidoo.com/catheroes#module9861309, acesso em 6 de fevereiro de 2013.

Cellzic, M., "Dolphins Save Surfer from Becoming Shark's Bait", Today.com, http://today.msnbc.msn.com/id/21689083/, acesso em 14 de maio de 2011.

Chang, Richard S., "Texting is More Dangerous Than Driving Drunk", *The New York Times* on-line, 25 de julho de 2009, http://wheels.blogs.nytimes.com/2009/06/25/texting-is-more-dangerous-than-driving-drunk/, acesso em 20 de março de 2011.

Charman, R. A., "Minds, Brains and Communication", *Network Review* (Reino Unido), primavera de 2007, 11-5.

Chauvois, Louis, *William Harvey: His Life and Times, His Discoveries, His Methods*, Nova York: Philosophical Library, 1957.

Chesterman, J., *An Index of Possibilities: Energy and Power*, Nova York: Pantheon, 1975.

Christakis, Nicholas A. e James H. Fowler, *Connected: The Surprising Power of Our Social Networks and How They Shape Our Lives*, Boston: Little, Brown, 2009.

——. "The Spread of Obesity in a Large Social Network over 32 Years", *New England Journal of Medicine*, 2007, 357: 370-79.

Churchill, Winston, Wikiquote, http://en.wikiquote.org/wiki/Winston_Churchill, acesso em 2 de fevereiro de 2012.

Clark, Glenn, *The Man Who Tapped the Secrets of the Universe*, Minneapolis: Filiquarian Publishing, 2007.

Clark, Nancy, *Divine Moments*, Fairfield, IA: 1st World Publishing, 2012.

Cleary, Thomas (org.), *The Flower Ornament Scripture*, Boston: Shambhala, 1993.

Clive, Sophie Windsor, Murmuration, http://vimeo.com/31158841, acesso em 29 de dezembro de 2011.

Cole, David (org.), *The Torture Memos: Rationalizing the Unthinkable*, Nova York: The New Press, 2009.

Combs, Allan e Mark Holland, *Synchronicity: Through the Eyes of Science, Myth and the Trickster*, Nova York: Marlowe/Avalon, 1996.

Conrad, Joseph, *Typhoon and Other Tales*, Nova York: New American Library, 1925.

Cook, Edward, *The Life of Florence Nightingale*, Volume 1, Londres: Macmillan, 1913.

Cook, Francis H., *Hua-Yen Buddhism: The Jewel Net of Indra*, University Park, PA: Penn State University Press, 1977.

Cottrell, J. E., G. A. Winer e M. C. Smith, "Beliefs of Children and Adults about Feeling Stares of Unseen Others", *Developmental Biology*, 1996, 32: 50-61.

Cox, Craig. "If You Market 'Nothing,' Everyone Will Want It", *Utne Reader*, julho-agosto de 1999, www.utne.com/1999-07-01/NothingQuiteLikeIt.aspx, acesso em 12 de novembro de 2011.

Crick, Francis, *The Astonishing Hypothesis: The Scientific Search for the Soul*, Nova York: Simon & Schuster, 1994.

Da Vinci, Leonardo, citado em Goodreads.com, www.goodreads.com/quotes/tag/cats, acesso em 24 de novembro de 2012.

Darling, David, *Soul Search*, Nova York: Villard, 1995.

——. "Supposing Something Different: Reconciling Science and the Afterlife", *OMNI*, 1995, 17(9): 4.

Davenport, Richard, *An Outline of Animal Development*, Reading, MA: Addison-Wesley, 1979.

Dawkins, Richard, *The God Delusion*, Nova York: Mariner, 2008.

——. *The Selfish Gene*, edição comemorativa do 30º aniversário, Oxford, Reino Unido: Oxford University Press, 2006.

De Beauregard, O. Costa, pronunciamento ao terceiro encontro anual da Society for Scientific Exploration, 11-13 de outubro de 1996, Freiburg, Alemanha.

De Becker, Raymond, *The Understanding of Dreams and Their Influence on the History of Man*, Nova York: Hawthorn Books, 1968.

De Chardin, Pierre Teilhard, *The Future of Man*, Nova York: HarperCollins, 1964.

De Gaulle, Charles, citado em Goodreads.com, www.goodreads.com/quotes/tag/dogs, acesso em 24 de novembro de 2012.

Dean, Douglas e John Mihalasky, *Executive ESP*, Englewood Cliffs, NJ: Prentice-Hall, 1974.

Dean, Stanley R., C. O. Plyler, Jr. e M. L. Dean, "Should Psychic Studies Be Included in Psychiatric Education? An Opinion Survey", *American Journal of Psychiatry*, 1980, 137(10): 1.247-49.

Dennett, Daniel C., *Breaking the Spell: Religion As a Natural Phenomenon*, Nova York: Penguin, 2007.

———. *Consciousness Explained*, Boston: Back Bay Books, 1992.

Deonna, Waldemar, *De la Planète Mars en Terre Sainte: Art et Subconscient, Un Médium Peintre: Hélène Smith*, Paris: De Boccard, 1932.

Devorkin, David e Robert Smith, *Hubble: Imaging Space and Time*, Washington, DC: National Geographic, 2008.

Diamond, Jared, *Collapse: How Societies Choose to Fail or Succeed*, Nova York: Penguin, 2005.

Dickinson, Emily, Thomas H. Johnson (org.), *The Complete Poems of Emily Dickinson*, Boston: Little, Brown, 1960.

———. Thomas H. Johnson (org.), "There's a Certain Slant of Light", in *Final Harvest: Emily Dickinson's Poems*, Boston: Little, Brown, 1961.

Diekman, Arthur J., "'I' = awareness", *Journal of Consciousness Studies*, 1996, 3(4): 350-56.

Dobzhansky, Theodosius, *Genetics and the Origin of Species*, 3ª edição, Nova York: Columbia University Press, 1951.

"Dolphins Save Lifeguards from Circling Great White Shark", www.joe-ks.com, http://joe-ks.com/archives_nov2004/Dolphins_Save_Lifeguards.htm, acesso em 15 de maio de 2011.

Donne, John, John Carey (org.), *John Donne: The Major Works*, Oxford, Reino Unido: Oxford University Press, 1990.

Doore, Gary (org.), *What Survives?*, Los Angeles: Jeremy P. Tarcher, 1990. [*Explorações Contemporâneas da Vida Depois da Morte*, Editora Cultrix, São Paulo, 1992, fora de catálogo.]

Dosa, David, "A Day in the Life of Oscar the Cat", *New England Journal of Medicine*, 2007, 357(4): 328-29.

Dossey, Barbara e Lynn Keegan, *Holistic Nursing: a Handbook for Practice*, 6ª edição, Burlington, MA: Jones & Bartlett Learning, 2013.

Dossey, Larry, "All Tangled Up: Life in a Quantum World", *Explore: The Journal of Science and Healing*, 2011, 7(6): 335-44.

———. "Distance Healing: Evidence", in R. M. Schoch, L. Yonavjak (orgs.), *The Parapsychology Revolution: A Concise Anthology of Paranormal and Psychical Research*, Nova York: Tarcher/Penguin, 2008: 216-23.

———. *Healing Beyond the Body*, Boston: Shambhala, 2003. [*A Cura Além do Corpo*, Editora Cultrix, São Paulo, 2004, fora de catálogo.]

———. "Healing Research: What We Know and Don't Know", *Explore: The Journal of Science and Healing*, 2008, 4(6): 341-52.

———. "Lessons from Twins: Of Nature, Nurture, and Consciousness", *Alternative Therapies in Health and Medicine*, 1997, 3(3): 8-15.

———. *The Power of Premonitions*, Nova York: Dutton, 2009.

———. *Recovering the Soul*, Nova York: Bantam, 1989. [*Reencontro com a Alma: Uma Investigação Científica e Espiritual*, Editora Cultrix, São Paulo, 1992, fora de catálogo.]

———. *Space, Time & Medicine*, Boston: Shambhala, 1982. [*Espaço, Tempo e Medicina*, Editora Cultrix, São Paulo, 1998.]

———. "Strange Contagions: Of Laughter, Jumps, Jerks, and Mirror Neurons", *Explore: The Journal of Science and Healing*, maio de 2010, 6(3): 119-28.

Dossey, Larry, "Why are Scientists Afraid of Daryl Bem?", *Explore: The Journal of Science and Healing*, 2011, 7(3): 127-37.

Duane, T. D. e T. Behrendt, "Extrasensory Electroencephalographic Induction Between Identical Twins", *Science*, 1965, 150(3694): 367.

Duckett, Jane, "Adaptive and Maladaptive Behavior of Idiot Savants", *American Journal of Mental Deficiency*, 1977, 82: 308-11.

———. "Idiot Savants: Super-Specialization in Mutually Retarded Persons", tese de doutoramento inédita, Universidade do Texas em Austin, Departamento de Educação Especial, 1976.

Dutton, Diane e Carl Williams, "Clever Beasts and Faithful Pets: A Critical Review of Animal Psi Research", *Journal of Parapsychology*, 2009, 73(1): 43, disponível em: Thefreelibrary.com, www.thefreelibrary.com/Clever+beasts+and+faithful+pets%3a+a+critical+review+of+animal+psi-a0219588957, acesso em 22 de janeiro de 2011.

Dyson, Freeman, *Infinite in All Directions*, Nova York: Harper and Row, 1988.

Eccles, Sir John e Daniel N. Robinson, *The Wonder of Being Human*, Boston: Shambhala, 1985.

Eckhart, Mestre, Raymond B. Blakney (trad.), *Mestre Eckhart, A Modern Translation*, Nova York: Harper & Row, 1941.

———. Citado em Goodreads.com, www.goodreads.com/author/quotes/73092.Mestre_Eckhart, acesso em 3 de dezembro de 2011.

———. Edmund Colledge e Bernard McGinn (trads.), *Mestre Eckhart: The Essential Sermons*, Mahwah, NJ: Paulist Press, 1981: 204-05.

———. "Spiritual Practices: Silence", www.spiritualityandpractice.com/practices/practices.php?id=28&g=1, acesso em 7 de janeiro de 2012.

Eddington, Sir Arthur, *The Nature of the Physical World*, Nova York: Macmillan, 1928.

Edge, Hoyt L., "Spirituality in the Natural and Social Worlds", in Charles T. Tart (org.), *Body, Mind, Spirit: Exploring the Parapsychology of Spirituality*, Charlottesville, VA: Hampton Roads, 1997.

Edwards, Paul (org.), *Immortality*, Amherst, NY: Prometheus Books, 1997.

Einstein, Albert, *Ideas and Opinions*, Nova York: Crown, 1954: 12.

———. Citado em *The New York Times*, 29 de março de 1972.

———. Wikiquote, http://en.wikiquote.org/wiki/albert_Einstein, acesso em 4 de fevereiro de 2012.

Einstein, Albert, Boris Podolsky e Nathan Rosen, "Can Quantum-Mechanical Description of Physical Reality Be Considered Complete?", *Physical Review*, 1935, 47 (10): 777-80.

Emerson, Ralph Waldo, *Essays: First Series*, Reimpressão, Seattle, WA: CreateSpace, 2011.

———. *Essays and Lectures*, Lawrence, KS: Digireads.com Publishing, 2009.

———. Stanley Applebaum (org.), *Self-Reliance and Other Essays*, Nova York: Dover, 1993.

———. David M. Robinson (org.), *The Spiritual Emerson: Essential Writings*, Boston: Beacon Press, 2004.

Ensisheim Meteorite, Encyclopedia of Science, www.daviddarling.info/encyclopedia/E/Ensisheim_meteorite.html, acesso em 17 de fevereiro de 2012.

Erdoes, Richard, *Lame Deer – Seeker of Visions*, Nova York: Simon & Schuster, 1972.

Evans, Christopher. "Parapsychology – What the Questionnaire Revealed", *New Scientist*, 25 de janeiro de 1973, 57(830): 209.

Evans, Donald, *Spirituality and Human Nature*, Albany, NY: SUNY Press, 1993.

Falk, Geoffrey D., *The Science of the Soul*, Nevada City, CA: Blue Dolphin Publishing, 2004. [*Mundos em Conexão: A Estrutura Oculta da Realidade que nos Cerca e a Essência da Criação*, Editora Cultrix, São Paulo, 2012.]

Feinstein, David, "At Play in the Fields of the Mind: Personal Myths as Fields of Information", *Journal of Humanistic Psychology*, verão de 1998, 38(3): 71-109.

Fenwick, Peter e Elizabeth Fenwick, *The Truth in the Light*, Nova York: Berkley, 1997.

Feynman, Richard P., *Six Easy Pieces*, 4ª edição, Nova York: Basic Books, 2011.

"Final Report of the Tuskegee Syphilis Study Legacy Committee – May 20, 1996", Claude Moore Health Sciences Library, Sistema de Saúde da Universidade da Virgínia, www.hsl.virginia.edu/historical/medical_history/bad_blood/report.cfm, acesso em 5 de janeiro de 2011.

Finocchiaro, Maurice A. (org. e trad.), *The Galileo Affair: A Documentary History*, Disponível on-line em: http://web.archive.org/web/20070930013053/http://astro.wcupa.edu/mgagne/ess362/resources/finocchiaro.html#sentence, acesso em 1º de janeiro de 2011.

Fiol, C. Marlene e Edward J. O'Connor, "The Power of Mind: What If the Game Is Bigger than We Think?", *Journal of Management Inquiry*, 2004, 13(4): 342-52.

Flat Earth Society, www.theflatearthsociety.org/forum/index.php, acesso em 10 de dezembro de 2011.

Flutterofwings, www.yourghoststories.com/real-ghost-story.php?story=2832, acesso em 25 de dezembro de 2011.

Fodor, Jerry A., "The Big Idea: Can There Be a Science of Mind?", *Times Literary Supplement*, 3 de julho de 1992.

Fodor, Nandor e Oliver Lodge, *Encyclopedia of Psychic Science*, Whitefish, MT: Kessinger Publishing, 2003.

Forman, Robert, *Enlightenment Ain't What It's Cracked Up To Be*, Alresford, Hants, Reino Unido: O-Books/John Hunt Publishing, 2011.

Foster, Charles, *The Selfless Gene: Living with God and Darwin*, Nashville, TN: Thomas Nelson, Inc., 2010.

Fowler, James H. e Nicholas Christakis, "Dynamic Spread of Happiness in a Large Social Network: Longitudinal Analysis Over 20 Years in the Framingham Heart Study", *British Medical Journal*, 2008, 337: a2338.

French, Roger, *William Harvey's Natural Philosophy*, Cambridge, Reino Unido: Cambridge University Press, 1994.

Fromm, Erich, *Creativity and Its Cultivation*, Nova York: Harper & Row, 1959.

Frost, Robert, extraído de "Mending Wall," *The Poetry of Robert Frost*, Nova York: Henry Holt, 1979.

Gallagher, N., "Psychoanalyst and Clinical Professor Elizabeth 'Lisby' Mayer Dies Jan. 1 at Age 57", *UC Berkeley News*, 6 de janeiro de 2005, www.berkeley.edu/news/media/releases/2005/01/06_lisby.shtml, acesso em 21 de fevereiro de 2007.

Gallup, Jr., George e W. Proctor, *Adventures in Immortality: A Look Beyond the Threshold of Death*, Nova York: McGraw-Hill, 1982.

Pesquisa de Opinião do Gallup, "New Poll Gauges Americans' General Knowledge Levels", www.gallup.com/poll/3742/new-poll-gauges-americans-general-knowledge-levels.aspx, acesso em 10 de dezembro de 2011.

Galton, Francis, *Memories of My Life*, Londres: Methuen, 1908.

———. Vox populi, *Nature*, 1907, 75: 450-51.

Gandhi, Kishore (org.), *The Evolution of Consciousness*, Nova York: Paragon House, 1986.

Garrison, Fielding H., *An Introduction to the History of Medicine*, 4ª edição, Filadélfia: W. B. Saunders, 1929.

Geber, Marcelle, "The Psycho-motor Development of African Children in the First Year and the Influence of Maternal Behavior", *Journal of Social Psychology*, 1958, 47: 185-95.

Gefter, Amanda, "Near-Death Neurologist: Dreams on the Border of Life", *New Scientist*, 22 de dezembro de 2010, 2.792: 80-81.

George, Marianne, "Dreams, Reality, and the Desire and Intent of Dreamers as Experienced by a Fieldworker", *Anthropology of Consciousness*, 1995, 6(3): 17-33.

Gersi, Douchan, *Faces in the Smoke*, Nova York: Tarcher, 1991.

Gessler, Paul, "Couple Alerted by Dolphins about Tired Dog Tells Story", *ABC7 News* on-line, www.abc-7.com/Global/story.asp?S=14145484, acesso em 16 de maio de 2011.

Giberson, Karl, "The Man Who Fell to Earth", entrevista com Sir Roger Penrose, *Science & Spirit*, março e abril de 2003: 34-41.

Gibson, Arvin, *Fingerprints of God*, Bountiful, UT: Horizon Publishers, 1999.

Gizzi, Martin S. e Bernard Gitler, "Coronary Risk Factors: The Contemplation of Bigamy. Letter", *Journal of the American Medical Association*, 1986, 256: 1.138.

Goethe, J. W. V., *Maximen und Reflexionen*, Colônia, Alemanha: Anaconda Verlag GmbH, 2008.

Golden, R. L., "William Osler at 150: An Overview of a Life", *Journal of the American Medical Association*, 15 de dezembro de 1999, 282(23): 2.252-58.

Goleman, Daniel, *Vital Lies, Simple Truths*, Nova York: Simon & Schuster, 1996.

Gonin, Mervin Willett, "Extract from the Diary of Lieutenant Colonel Mervin Willett Gonin", www.bergenbelsen.co.uk/pages/Database/ReliefStaffaccount.asp?HeroesID=17&=17, acesso em 1º de julho de 2012.

"Gorilla at an Illinois Zoo Rescues a 3-Year-Old Boy", *The New York Times* on-line, 17 de agosto de 1996, www.nytimes.com/1996/08/17/us/gorilla-at-an-illinois-zoo-rescues-a-3-year-old-boy.html, acesso em 7 de junho de 2011.

"Gorilla Rescues Child: The World Goes Ape", Year in Review: 1996, www.cnn.com/EVENTS/1996/year.in.review/talk/gorilla/gorilla.index.html, acesso em 7 de junho de 2011.

"Gorilla's Maternal Instinct Saves Baby Boy Who Fell into Zoo Enclosure from Coming to Harm", *The Independent* on-line, 19 de agosto de 1996. www.independent.co.uk/news/world/gorillas-maternal-instinct-saves-baby-boy-who-fell-into-zoo-enclosure-from-coming-to-harm-1310456.html, acesso em 7 de junho de 2011.

Gottlieb, Anthony, "A Miracle, If True", *The New York Times* on-line, www.nytimes.com/roomfordebate/2011/01/06/the-esp-study-when-science-goes-psychic/esp-findings-a-miracle-if-true, 7 de janeiro de 2011, acesso em 6 de fevereiro de 2012.

Govinda, Anagarika Brahmacari, *Creative Meditation and Multi-Dimensional Consciousness*, Wheaton, IL: Theosophical Publishing House, 1976.

Graham, John, *Sit Down Young Stranger: One Man's Search for Meaning*, Langley, WA: Packard Books, 2008.

Grann, David, *The Lost City of Z*, Nova York: Vintage, 2010.

Graves, Robert James, "Newly Observed Affection of the Thyroid Gland in Females", *London Medical & Surgical Journal*, 1835, 8(2): 516-17.

Greene, M. (org.), "Toward a Unity of Knowledge", *Psychological Issues*, 1969, 22: 45.

Greenhalgh, Trisha, *How to Read a Paper: The Basics of Evidence-Based Medicine*, 4ª edição, Londres: BMJ Books, 2001.

Grellet, Stephen, Wikipedia, http://en.wikipedia.org/wiki/Stephen_Grellet, acesso em 1º de março de 2012.

Greyfriars Bobby, www.imdb.com/title/tt0435597/, acesso em 9 de janeiro de 2011.

Greyson, Bruce, "Incidence and Correlates of Near-Death Experiences in a Cardiac Care Unit", *General Hospital Psychiatry*, 2003, 25: 269-76.

———. "Increase in Psychic Phenomena Following Near-Death Experiences", *Theta*, 1983, 11: 26-9.

Grinberg-Zylberbaum, J., M. Delaflor, L. Attie e A. Goswami, "The Einstein-Podolsky-Rosen Paradox in the Brain: The Transferred Potential", *Physics Essays*, 1994, 7(4): 422-28.

Grinberg-Zylberbaum, J., M. Delaflor, M. E. Sanchez e M. A. Guevara, "Human Communication and the Electrophysiological Activity of the Brain", *Subtle Energies and Energy Medicine*, 1993, 3: 25-43.

Grinberg-Zylberbaum, J. e J. Ramos, "Patterns of Interhemispheric Correlation During Human Communication", *International Journal of Neuroscience*, 1987, 36(101.502): 41-53.

Grof, Stanislav, *The Holotropic Mind: The Three Levels of Human Consciousness and How They Shape Our Lives*, São Francisco: HarperCollins, 1992.

Grosso, Michael, "The Advantages of Being Multiplex", *Journal of Scientific Exploration*, 2010, 24(2): 225-46.

———. "Miracles: Illusions, Natural Events, or Divine Intervention?", *Journal of Religion and Psychical Research*, outubro de 1997, 20(4): 182.

"Group Near-Death Experiences: People Sharing the Same NDE", Near-death.com, www.near-death.com/group.html, acesso em 20 de fevereiro de 2012.

Groupthink, Wikipedia, http://en.wikipedia.org/wiki/Groupthink, acesso em 27 de julho de 2011.

Guiley, Rosemary Ellen, *Harper's Encyclopedia of Mystical and Paranormal Experience*, Edison, NJ: Castle, 1991.

Gurney, Edmund, F. W. H. Myers e F. Podmore, *Phantasms of the Living*, volume 1, Londres: Trübner, 1886.

Haanel, Charles, Anthony R. Michalski (org.), *The Master Key System*, volume I, Wilkes-Barre, PA: Kallisti Publishing, 2000.

Hadamard, Jacques, *The Psychology of Invention in the Mathematical Field*, Princeton, NJ: Princeton University Press, 1949.

Hafiz, Daniel Ladinsky (trad.), *I Heard God Laughing: Renderings of Hafiz*, Oakland, CA: Mobius Press, 1996.

Haisch, Bernard, *The Purpose-Guided Universe: Believing in Einstein, Darwin, and God*, Franklin Lakes, NJ: New Page Books, 2010.

Haldane, J. B. S., Wikiquote, http://en.wikiquote.org/wiki/J._B._S._Haldane, acesso em 17 de janeiro de 2012.

Hall, Michael D. e Eugene Metcalf (orgs.), *The Artist Outsider: Creativity and the Boundaries of Culture*, Washington, DC: Smithsonian Institute Press, 1992.

Hameroff, Stuart, "Quantum Coherence in Microtubules: A Neural Basis for Emergent Consciousness?", *Journal of Consciousness Studies*, 1994, 1(1): 91-118.

Hamilton, Craig, "Come Together", EnlightenNext.org, www.enlightennext.org/magazine/j25/collective.asp, acesso em 27 de março de 2011.

Hanh, Thich Nhat, "Interrelationship", Poetry-chaikhana.com, www.poetry-chaikhana.com/H/HanhThichNha/Interrelatio.htm, acesso em 1º de dezembro de 2011.

Hansen, George P. "CSICOP and the Skeptics: An Overview", *Journal of the Society for Psychical Research*, 1992, 86:19-63.

———. *The Trickster and the Paranormal*, Filadélfia: Xlibris, 2001.

Haraldsson, Erlundur, *The Departed Among the Living*, Guilford, Surrey, Reino Unido: White Crow Press, 2012.

Harness, Jill, "The Most Famous Mutts Ever", Neatorama.com, http://www.neatorama.com/2012/07/31/the-most-famous-mutts-ever/, 31 de julho de 2012, acesso em 29 de março de 2013.

Harris, Sam, *The End of Faith*, Nova York: Norton, 2005.

Harrison, Jim, *Off to the Side: A Memoir*, Nova York: Grove Press, 2002.

Hartong, Leo, *Awakening to the Dream*, Salisbury, Wiltshire, Reino Unido: Non-Duality Press, 2003. E-book disponível em www.awakeningtothedream.com.

Hastings, Arthur, *With the Tongues of Men and Angels: A Study of Channeling*, São Francisco: Holt, Rinehart and Winston, 1991.

Havel, Václav, "The Need for Transcendence in the Postmodern World", *The Futurist*, 1995; 29(4): 46. Disponível em: www.worldtrans.org/whole/havelspeech.html, acesso em 24 de março de 2012.

———. Pronunciamento ao Congresso dos Estados Unidos, 21 de fevereiro de 1990, in Jackson J. Spielvogel, *Western Civilization, Volume C: Since 1789*, 8ª edição, Boston: Wadsworth, 2012: 953, palestra disponível em Everything2.com, http://everything2.com/title/Vaclav+Havel%2527s+address+to+the+US+Congress%252C+21+February+1990, acesso em 24 de março de 2012.

Hawkes, Joyce W., *Cell-Level Healing: The Bridge from Soul to Cell*, Nova York: Atria Books, 2006.

———. Website, www.celllevelhealing.com/Author.html, acesso em 30 de março de 2011.

Hearne, Keith. "Visually Evoked Responses and ESP", *Journal of the Society for Psychical Research*, 1977, 49, 648-57.

Heidt, John, "The King of Terrors: The Theology of Henry Scott Holland", *Contemporary Review*, março de 2000, http://www.questia.com/library/1G1-61947811/the-king-of-terrors-the-theology-of-henry-scott-holland, acesso em 27 de março de 2011.

Heisenberg, Werner, *Physics and Beyond*, Nova York: Harper & Row, 1971.

Helfand, David, "An Assault on Rationality", *The New York Times* on-line, www.nytimes.com/roomfordebate/2011/01/06/the-esp-study-when-science-goes-psychic/esp-and-the-assault-on-rationality, 7 de janeiro de 2011, acesso em 2 de fevereiro de 2012.

Hellman, Hal, *Great Feuds in Medicine*, Nova York: Wiley, 2002.

———. *Great Feuds in Science*, Nova York: Wiley, 1999.

Henkel, Linda A. e Rick E. Berger (orgs.), *Research in Parapsychology 1988*, Metuchen, NJ: Scarecrow Press, 1989.

Herbert, Nick, *Elemental Mind*, Nova York: Dutton, 1993.

———. *Quantum Reality*, Garden City, NY: Anchor/Doubleday, 1987.

Herbert, Robert L. (org.), *Modern Artists on Art*, Englewood, NJ: Prentice-Hall, 1964.

"Heroic Horse Halted Cow's Attack", BBC News on-line, http://news.bbc.co.uk/2/hi/uk_news/scotland/south_of_scotland/6945914.stm, acesso em 16 de maio de 2011.

Hesse, Hermann, *Demian*, Berlim: S. Fischer Verlag, 1919.

Highwater, Jamake, *The Primal Mind*, Seattle: Replica Books, 2001.

Hillenbrand, Laura, *Unbroken*, Nova York: Random House, 2010.

Hippocrates, W. H. S. Jones (trad.). *Hippocrates*, volume 2, The Loeb Classical Library, Cambridge, MA: Harvard University Press, 1952.

Hirshberg, Caryle e Marc I. Barasch, *Remarkable Recovery: What Extraordinary Healings Tell Us About Getting Well and Staying Well*, Nova York: Riverhead, 1995.

Hirshberg, Caryle e Brendan O'Regan, *Spontaneous Remission: An Annotated Bibliography*, Petaluma, CA: Institute of Noetic Sciences, 1993.

"History of Meteoritics", Meteorite.fr, www.meteorite.fr/en/basics/meteoritics.htm, acesso em 3 de março de 2010.

"History of the Grandfather Clock", The Clock Depot, www.theclockdepot.com/history_of_the_grandfather_clock.html, acesso em 27 de março de 2008.

Hitchens, Christopher, *God Is Not Great: How Religion Poisons Everything*, Nova York: Twelve, 2009.

———. *The Portable Atheist*, Nova York: Da Capo, 2007.

Hobling, Hugo, "Refusing to Look Through Galileo's Telescope", The Galilean Library, http://academy.galilean-library.org/archive/index.php/t-6131.html, acesso em 2 de janeiro de 2011.

Hoffman, Donald, "Conscious Realism and the Mind-Body Problem", *Mind & Matter*, 2008, 6(1): 87-121.

Hoffman, R. M., "Disclosure Needs and Motives after Near-Death Experiences: Influences, Obstacles, and Listener Selection", *Journal of Near-Death Studies*, 1995, 14: 29-48.

Hofstadter, Douglas. "A Cutoff for Craziness", *The New York Times* on-line, www.nytimes.com/roomfordebate/2011/01/06/the-esp-study-when-science-goes-psychic/a-cutoff-for-craziness, 7 de janeiro de 2011, acesso em 2 de fevereiro de 2012.

Holden, Constance, "Identical Twins Reared Apart", *Science*, 1980, 207: 1.323-28.

Holden, Janice Miner, Bruce Greyson e Debbie James (orgs.), *Handbook of Near-Death Experiences: Thirty Years of Investigation*, Nova York: Praeger, 2009.

Hollander, Lorin, in "Child's Play: Prodigies and Possibilities", *Nova*, Boston: WGBH TV, 1985.

———. Comunicado pessoal de Lorin Hollander a Larry Dossey, junho de 1983.

Hornaday, William Temple, *Our Vanishing Wild Life. Its Extermination and Preservation*, edição original 1913, reimpressão: Whitefish, MT: Kessinger Publishing, 2009.

"How old is the universe?", Universe 101, http://map.gsfc.nasa.gov/universe/uni_age.html, acesso em 13 de julho de 2011.

Howes, David, *The Sixth Sense Reader*, Londres: Berg, 2009.

Hu, Mu, "Social Use of the Internet and Loneliness", tese de doutoramento de 2007, Universidade do Estado de Ohio, Ohiolink.edu, http://etd.ohiolink.edu/view.cgi/Hu%20Mu.pdf?osu1186168233, acesso em 25 de novembro de 2011.

———, "Will Online Chat Help alleviate Mood Loneliness?", *Cyberpsychology and Behavior*, 2009, 12(2): 219-223.

Hummer, R., R. Rogers, C. Nam e C. G. Ellison, "Religious Involvement and U. S. Adult Mortality", *Demography*, 1999; 36(2): 273–85.

Huxley, Aldous, *The Doors of Perception*, Nova York: Harper Perennial Modern Classics, 2004, publicação original: Nova York: Harper & Row, 1954.

———. *The Doors of Perception*, Londres: Chatto and Windus, 1954, reimpressão: Londres: Granada Publishing, 1984.

———. *The Perennial Philosophy*, Nova York: Harper & Row, 1945. [*A Filosofia Perene*, Editora Cultrix, São Paulo, 1991, fora de catálogo.]

———. *Tomorrow and Tomorrow and Tomorrow*, Nova York: Signet, 1964.

Huxley, Aldous, Wikiquote.com, http://en.wikiquote.org/wiki/Aldous_Huxley, acesso em 28 de janeiro de 2011.

"I Am Lonely Will Anyone Speak to Me", tópico que agora está disponível em "A Lonely Life", em: http://lounge.moviecodec.com/on-topic/i-am-lonely-will-anyone-speak-to-me-2420/, acesso em 24 de novembro de 2011.

Inglis, Brian, *Natural and Supernatural: A History of the Paranormal*, Bridport, Dorset, Reino Unido: Prism Press, 1992.

Jack, Fiona, "Nothing", http://fionajack.net/projects/nothing/, acesso em 12 de novembro de 2011.

———. "Nothing billboard", www.adbusters.org/content/nothing-you-want, acesso em 12 de novembro de 2011.

Jackson, Donald Dale, "Reunion of Identical Twins, Raised Apart, Reveals Some Astonishing Similarities", *Smithsonian*, outubro de 1980, 48-56.

Jahn, Robert G., "Report on the Academy of Consciousness Studies", *Journal of Scientific Exploration*, 1995, 9(3): 393-403.

Jahn, Robert G. e Brenda J. Dunne, *Consciousness and the Source of Reality*, Princeton, NJ: ICRL Press, 2011.

———. *Margins of Reality: The Role of Consciousness in the Physical World*, Nova York: Harcourt Brace Jovanovich, 1987.

James, William, "The Confidences of a Psychical Researcher", in F. H. Burkhardt (org.), *Essays in Psychical Research*, Cambridge, MA: Harvard University Press, 1986, publicação original: 1909.

———. *Human Immortality*, Nova York: Dover, 1956, publicação original: 1897.

———. *Principles of Psychology*, Nova York: Holt, 1890.

———. *The Varieties of Religious Experience*, Nova York: Library of America, 1987. [*As Variedades da Experiência Religiosa: Um Estudo sobre a Natureza Humana*, Editora Cultrix, São Paulo, 2ª edição, 2017.]

———. *The Will to Believe and Other Essays in Popular Philosophy*, Londres: Longmans, Green, 1910 (composto por segmentos originalmente publicados em 1890, 1892 e 1896).

Jameson, Robert. "Scientific Intelligence: Passenger Pigeon", *Edinburgh New Philosophical Journal*, outubro de 1835, XX: 209.

Janis, Irving L., *Victims of Groupthink: A Psychological Study of Foreign-Policy Decisions and Fiascoes*, Boston: Houghton Mifflin, 1972.

Jauregui, Ann, *Epiphanies: Where Science and Miracles Meet*, Nova York: Atria, 2007.

Jayakar, Pupul, *Krishnamurti: A Biography*, São Francisco: Harper & Row, 1986.

Jeans, *Sir* James, *Physics and Philosophy*, Nova York: Dover, 1981.

Johnson, M. Alex, "The Culture of Einstein", MSNBC.com, www.msnbc.msn.com/id/7406337/#.Ty2tbRxZ2jQ, 18 de abril de 2005, acesso em 4 de fevereiro de 2012.

Jordan, "In the Footnotes of Library Angels: a Bi(bli)ography of Insurrectionary Imagination", www.thisisliveart.co.uk/pdf_docs/SRG_Jordan.pdf, acesso em 14 de dezembro de 2011.

Josephson, Brian, "Pathological Disbelief", palestra proferida no encontro de ganhadores do prêmio Nobel em Lindau, Alemanha, em 30 de junho de 2004. www.lenr-canr.org/acrobat/JosephsonBpathologic.pdf, acesso em 26 de dezembro de 2011. Consulte também: www.lenr-canr.org/acrobat/JosephsonBabstractfo.pdf, acesso em 26 de dezembro de 2011.

Julian de Norwich, padre John-Julian (trad.), *Revelations of Divine Love*, Brewster, MA: Paraclete Press, 2011.

Jung, C. G., G. Adler e R. F. C. Hull (trads.), *The Archetypes and the Collective Unconscious*, volume 9, parte 1, de *The Collected Works of C. G. Jung*, Princeton, NJ: Princeton University Press, 1981.

―――. R. F. C. Hull (trad.), *The Archetypes and the Collective Unconscious*, Bollingen Series XX, *The Collected Works of C. G. Jung*, volume 9, parte I. Princeton, NJ: Princeton University Press, 1969.

―――. *Jung on Death and Immortality*, introdução de Jenny Yates, Princeton, NJ: Princeton University Press, 1999.

―――. Aniela Jaffé (org.), Richard e Clara Winston (trads.). *Memories, Dreams, Reflections*, Nova York: Random House, 1961.

―――. Joseph Campbell (org.), *The Mysteries: Papers from the Eranos Yearbooks*, volume 2, Princeton, NJ: Princeton University Press, 1978.

―――. Sir Herbert Read e Gerhard Adler (orgs.), R. F. C. Hull (trad.), *Psychology and Religion: West and East*, volume 11, *The Collected Works of C. G. Jung*, Princeton, NJ: Princeton University Press, 1975.

―――. Joseph Campbell (org.), R. F. C. Hull (trad.), "The Stages of Life", in *The Portable Jung*, Nova York: Penguin, 1976.

―――. R. F. C. Hull (trad.), *The Symbolic Life. Collected Works*, Princeton, NJ: Princeton University Press, 1977.

―――. R. F. C. Hull (trad.), *Synchronicity: An Acausal Connecting Principle*, 2ª edição, Bollingen Series XX, Princeton, NJ: Princeton University Press, 1973.

Kafatos, Menas e Robert Nadeau, *The Conscious Universe: Parts and Wholes in Physical Reality*, Nova York: Springer, 1991.

Kane, Muriel, "Study Shows Lab Rats Would Rather Free a Friend than Eat Chocolate", Rawstory.com, www.rawstory.com/rs/2011/12/09/study-shows-lab-rats-would-rather-free-a-friend-than-eat-chocolate/, 9 de dezembro de 2011, acesso em 5 de fevereiro de 2012.

Kane, Naomi, "Do Dogs Mourn?", Dogsincanada.com, http://www.lewenhart.com/mourning.htm, acesso em 9 de janeiro de 2011.

Kaplan, Karen, "Happiness Is Contagious, Research Finds", *Los Angeles Times* on-line, http://articles.latimes.com/2008/dec/05/science/sci-happy5, 5 de dezembro de 2008, acesso em 19 de janeiro de 2012.

Kaptchuk, Ted J., "The Double-Blind, Randomized, Placebo-Controlled Trial: Gold Standard or Golden Calf?", *Journal of Clinical Epidemiology*, 2001, 54(6): 541-49.

Karpf, Anne, "Climate Change: You Can't Ignore It", *The Guardian*, 20 de novembro de 2012, www.guardian.co.uk/environment/2012/nov/30/climate-change-you-cant-ignore-it, acesso em 14 de dezembro de 2012.

―――. *The Human Voice*, Nova York: Bloomsbury EUA, 2006.

Kauffman, Stuart, "God Enough", entrevista de Stuart Kauffman a Steve Paulson,

Salon.com, www.salon.com/env/atoms_eden/2008/11/19/stuart_kauffman/index1.html, acesso em 30 de janeiro de 2010.

Keating, Thomas, "Spiritual Practices: Silence", www.spiritualityandpractice.com/practices/practices.php?id=28&g=1, acesso em 7 de janeiro de 2012.

Kedrov, K., "On the Question of Scientific Creativity", *Voprosy Psikologii*, 1957, 3: 91-113.

Keller, Evelyn Fox, *A Feeling for the Organism*, Nova York: Times Books, 1984.

Kelly, Edward F. et al., *Irreducible Mind: Toward a Psychology for the 21st Century*, Lanham, MD: Rowman and Littlefield, 2009.

Kelly, E. F. e J. Lenz, "EEG Changes Correlated with a Remote Stroboscopic Stimulus: A Preliminary Study", in J. Morris, W. Roll, R. Morris (orgs.), *Research in Parapsychology 1975*, Metuchen, NJ: Scarecrow Press, 1975 (resenha publicada em *Journal of Parapsychology*, 1975, 39: 25).

Kerouac, Jack, *Scattered Poems*, São Francisco: City Lights Books, 1971.

"Key Facts about Near-Death Experiences", Prevalence of NDEs, IANDS.org, http://iands.org/about-ndes/key-nde-facts.html?showall=1, acesso em 3 de março de 2012.

Kiecolt-Glaser, Janice et al., "Hostile Marital Interactions, Proinflammatory Cytokine Production, and Wound Healing", *Archives of General Psychiatry*, 2005, 62(12): 1.377-84.

Kincheloe, Lawrence, "Intuitive Obstetrics", *Alternative Therapies in Health & Medicine*, 2003, 9(6): 16-7.

King, Jr., Martin Luther, aula inaugural no Oberlin College, www.oberlin.edu/external/EOG/BlackHistoryMonth/MLK/CommAddress.html, acesso em 28 de novembro de 2011.

Kittenis, M., P. Caryl e P. Stevens, "Distant Psychophysiological Interaction Effects Between Related and Unrelated Participants", *Proceedings of the Parapsychological Association Convention 2004*: 67-76, encontro em Viena, Áustria, 5-8 de agosto de 2004.

Knoblauch, H. et al., "Different Kinds of Near-Death Experience: A Report on a Survey of Near-Death Experiences in Germany", *Journal of Near-Death Studies*, 2001, 20: 15-29.

Knox, Sarah S., *Science, God and the Nature of Reality*, Boca Raton, FL: Brown Walker Press, 2010.

Koestler, Arthur, *The Act of Creation*, Nova York: Macmillan, 1964.

———. *Janus: A Summing Up*, Nova York: Vintage, 1979.

———. *The Roots of Coincidence*, Nova York: Random House, 1972.

Kohut, Heinz, Paul Ornstein (org.), *The Search for the Self: Selected Writings of Heinz Kohut: 1950--1978*, volume 1, Nova York: International Universities Press, 1978.

Krauss, Lawrence M., "No Sacred Mantle", *The New York Times* on-line, www.nytimes.com/roomfordebate/2011/01/06/the-esp-study-when-science-goes-psychic/publication-is-not-a-sacred-mantle, 7 de janeiro de 2011, acesso em 6 de fevereiro de 2012.

———. *Quantum Man: Richard Feynman's Life in Science*, Nova York: Norton, 2011.

Krippner, Stanley, "A Psychic Dream? Be Careful Whom You Tell!", *Dream Network*, 1995, 14(3): 35-6.

Krippner, Stanley, Fariba Bogzaran e André Percia de Carvalho, *Extraordinary Dreams and How to Work with Them*, Albany, NY: SUNY Press, 2002.

Krippner, Stanley e L. Faith, "Exotic Dreams: A Cross-Cultural Survey", *Dreaming*, 2000, 11: 72-83.

Krishna, Gopi, *The Biological Basis of Religion and Genius*, Nova York: Harper and Row, 1972.

Kuhn, Thomas, *The Structure of Scientific Revolutions*, 3ª edição, Chicago: University of Chicago Press, 1996.

Kundera, Milan, citado em Goodreads.com, www.goodreads.com/quotes/tag/dogs, acesso em 24 de novembro de 2012.

Kurtz, Paul (org.), *A Skeptic's Handbook of Parapsychology*, Buffalo, NY: Prometheus Books, 1985.

Lachman, Roy, Janet L. Lachman e Earl C. Butterfield, *Cognitive Psychology and Information Processing: An Introduction*, Hillsdale, NJ: Lawrence Erlbaum Associates, 1979.

Langworth, Richard (org.), *Churchill by Himself: The Definitive Collection of Quotations*, reimpressão, Nova York: PublicAffairs, 2011.

Lanier, Jean, "From Having a Mystical Experience to Becoming a Mystic", *ReVision*, 1989, 12(1): 41-4.

Lanza, Robert e Bob Berman, *Biocentrism: How Life and Consciousness are the Keys to Understanding the True Nature of the Universe*, Dallas, TX: BenBella Books, Inc., 2009.

Laozi, Wikiquote, http://en.wikiquote.org/wiki/Laozi, acesso em 18 de março de 2012.

Lara, Adair, *The Sun*, junho de 1994, nº 222: 40.

Larson, E., "Did Psychic Powers Give Firm a Killing in the Silver Market?", *Wall Street Journal*, 22 de outubro de 1984.

Lashley, Karl S., "In Search of the Engram", *Symposia of the Society for Experimental Biology*, 1950, 4: 454-82.

Laszlo, Ervin, *The Akashic Experience: Science and the Cosmic Memory Field*, Rochester, VT: Inner Traditions, 2009.

———. *The Interconnected Universe*, River Edge, NJ: World Scientific, 1995.

———. *Science and the Akashic Field: An Integral Theory of Everything*, Rochester, VT: Inner Traditions, 2007. [*A Ciência e o Campo Akáshico: Uma Teoria Integral de Tudo*, Editora Cultrix, São Paulo, 2008, fora de catálogo.]

Laughlin, Charles D., *Communing with the Gods*, Brisbane, Austrália: Daily Grail Publishing, 2011.

———. "Transpersonal Anthropology: Some Methodological Issues", *Western Canadian Anthropologist*, 1989, 5: 29-60.

———. "Transpersonal Anthropology, Then and Now", *Transpersonal Review*, 1994, 1(1): 7-10.

Lawrence, Tony, "Bringing Home the Sheep: A Meta-Analysis of Sheep/Goat Experiments", in *Proceedings of Presented Papers, 36th Annual Parapsychological Association Convention*, M. J. Schlitz (org.), Fairhaven, MA: Parapsychological Association, 1993.

Lemke, Leslie, Wikipedia, http://en.wikipedia.org/wiki/Leslie_Lemke, acesso em 4 de janeiro de 2011.

LeShan, Lawrence, *Landscapes of the Mind*, Guilford, CT: Eirini Press, 2012.

———. *A New Science of the Paranormal: The Promise of Psychical Research*, Wheaton, IL: Quest, 2009.

Lessing, Doris, *The Making of the Representative for Planet 8*, Londres: Flamingo/HarperCollins, 1994.

Levin, Jeffrey S., *God, Faith, and Health*, Nova York: Wiley, 2001. [*Deus, Fé e Saúde: Explorando a Conexão Espiritualidade-Cura*, Editora Cultrix, São Paulo, 2003.]

Lewis, C. S., citado em Thinkexist.com, http://thinkexist.com/quotation/you_don-t_have_a_soul-you_are_a_soul-you_have_a/202051.html, acesso em 22 de novembro de 2011.

Libet, Benjamin, "A Testable Field Theory of Mind-Brain Interaction", *Journal of Consciousness Studies*, 1994, 1(1): 119-26.

"Life of the Party: Study Shows that Socializing Can Extend Your Life", MedicineNet.com, www.medicinenet.com/script/main/art.asp?articlekey=50788, acesso em 12 de janeiro de 2011.

Lindsay, E. M., "Maskelyne and Meteors", *The Irish Astronomical Journal*, 1967, 8(3): 69.

Lista de websites de redes sociais, Wikipedia, http://en.wikipedia.org/wiki/List_of_social_networking_websites, acesso em 1º de dezembro de 2011.

Lloyd, D. H., "Objective Events in the Brain Correlating with Psychic Phenomena", *New Horizons*, 1973, 1: 69-75.

Lombardo, Paul, "Eugenic Sterilization Laws", Dolan DNA Learning Center, Cold Spring Harbor Laboratory, www.eugenicsarchive.org, acesso em 3 de janeiro de 2011.

Loneliness, Wikipedia, http://en.wikipedia.org/wiki/Loneliness#cite_note-19, acesso em 28 de novembro de 2011.

Long, William J., *How Animals Talk: And Other Pleasant Studies in Birds and Beasts*, Rochester, VT: Bear & Company, 2005.

Lorber, John, "Is Your Brain Really Necessary?", *Science*, 1980, 210:1.232-34.

Lorimer, David, *Whole in One*, Londres: Arkana/Penguin, 1990.

Lovejoy, Arthur, *The Great Chain of Being*, Cambridge, MA: Harvard University Press, 1936.

Luke, David, "Experiential Reclamation and First Person Parapsychology", *Journal of Parapsychology*, 2011, 75(2): 185-99.

Mackay, Charles, *Extraordinary Popular Delusions and the Madness of Crowds*, Nova York: Crown, 1980.

Maddox, Sir John, "The Unexpected Science to Come", *Scientific American*, dezembro de 1999, 281(6): 62-7.

Maeterlink, Maurice, *The Unknown Guest*, Nova York: Cosimo, Inc., 2005.

Maharshi, Ramana, "The End of Seeking: Quotations from the Teachings of Ramana Maharshi", Theendofseeking.net, www.theendofseeking.net/E%20-%20Is%20there%20Enlightenment.html, acesso em 3 de janeiro de 2011.

Major, Ralph H. (org.), *Classic Descriptions of Disease*, 3ª edição, Springfield, IL: Charles C. Thomas, 1945.

Mann, Charles C., *1491: New Revelations of the Americas Before Columbus*, 2ª edição, Nova York: Vintage, 2011.

Marano, Hara Estroff, "The Dangers of Loneliness", Psychologytoday.com, www.psychologytoday.com/articles/200308/the-dangers-loneliness, 1º de julho de 2003, acesso em 24 de novembro de 2011.

Margenau, Henry, *The Miracle of Existence*, Woodbridge, CT: Ox Bow Press, 1984.

Martin, Barclay, carta ao editor, resposta de John Searle, *The New York Review of Books*, 29 de setembro de 2011: 101.

Martin, Joel e William J. Birnes, *The Haunting of the Presidents*, Nova York: New American Library, 2003.

Mason, Herbert W., *Al-Hallaj*, Londres: Routledge, 1995.

Matthew, "Sixth Sense Helps You Watch Your Back", *Sunday Telegraph*, 14 de abril de 1996.

May, E. C., R. Targ e H. E. Puthoff, "EEG Correlates to Remote Light Flashes under Conditions of Sensory Shielding", in Charles Tart, Hal E. Puthoff, Russell Targ (orgs.), *Mind at Large: IEEE Symposia on the Nature of Extrasensory Perception*, Charlottesville, VA: Hampton Roads, 1979 e 2002.

Mayer, Elizabeth Lloyd, *Extraordinary Knowing: Science, Skepticism, and the Inexplicable Powers of the Human Mind*, Nova York: Bantam/Random House, 2007. [*Paranormalidade: Um Conhecimento Extraordinário*, Editora Cultrix, São Paulo, 2009.]

McCoy, Harold. *Power of Focused Mind Healing*, Fayetteville, AR: JTG Publishing, 2011.

McDermott, John J. (org.), *The Writings of William James: A Comprehensive Edition*, Chicago: University of Chicago Press, 1977.

McDermott, Robert A. (org.), *The Essential Steiner*, São Francisco: Harper & Row, 1984.

McEneaney, Bonnie, *Messages: Signs, Visits, and Premonitions from Loved Ones Lost on 9/11*, Nova York: Morrow, 2010.

McTaggart, Lynne, *The Field*, nova edição, Nova York: HarperCollins, 2008.

Mead, Margaret, quotationspage.com, www.quotationspage.com/quote/33522.html, acesso em 12 de dezembro de 2012.

Merleau-Ponty, Maurice, citado em Emilios Bouratinos, "Primordial Wholeness: Hints of Its Non-Local and Non-Temporal Role in the Co-Evolution of Matter, Consciousness, and Civilization", in Zachary Jones, Brenda Dunne, Elissa Hoeger e Robert Jahn (orgs.), *Filters and Reflections: Perspectives on Reality*, Princeton, NJ: ICRL Press, 2009.

Mermin, N. David, "Extreme Quantum Entanglement in a Superposition of Macroscopically Distinct States", *Physical Review Letters*, 1990, 65(15): 1.838-40.

Merrill, James e Helen Vendler, "James Merrill's Myth: an Interview", *The New York Review of Books*, 3 de maio de 1979, www.nybooks.com/articles/archives/1979/may/03/james-merrills-myth-an-interview, acesso em 23 de março de 2011.

Midgley, Mary, *Science as Salvation: A Modern Myth and Its Meaning*, Londres: Routledge, 1992.

———. "Thinking Matter", *New Scientist*, 2009, 201 (2.689): 16.

Millay, Jean, *Multidimensional Mind: Remote Viewing in Hyperspace*, Berkeley, CA: North Atlantic Books, 2000.

Miller, Jeannie P. (org.), *Emerging Issues in the Electronic Environment*, Binghamton, NY: Haworth Information Press, 2004.

Miller, Peter, "The Genius of Swarms," *National Geographic*, NGM.com, julho de 2007, http://ngm.nationalgeographic.com/2007/07/swarms/miller-text, acesso em 5 de dezembro de 2010.

Millet, David, "The Origins of the EEG", www.bri.ucla.edu/nha/ishn/ab24-2002.htm, acesso em 12 de dezembro de 2010.

Milton, John, Arthur Thomas Quiller-Couch (org.), *The Oxford Book of English Verse: 1250-1900*, Oxford, Reino Unido: Clarendon, 1919.

Milton, Richard, *Alternative Science: Challenging the Myths of the Scientific Establishment*, Rochester, VT: Park Street Press, 1996.

Mirandola, Pico della, *Opera Omnia*, Basel, 1557: 40.

Mitchell, Edgar, *The Way of the Explorer: An Apollo Astronaut's Journey Through the Material and Mystical Worlds*, edição revista, Franklin Lakes, NJ: New Page Books, 2008.

Mitchell, Weir, "The Case of Mary Reynolds", *Transactions of the College of Physicians of Philadelphia*, volume 1, abril de 1888, citado em William James, *Principles of Psychology*, Nova York: Holt, 1890.

Mitchum, Robert, "Rats Free Trapped Companions, Even When Given Choice of Chocolate Instead", UChicagoNews, http://news.uchicago.edu/article/2011/12/08/helping-your-fellow-rat-rodents-show-empathy-driven-behavior, 8 de dezembro de 2011, acesso em 5 de fevereiro de 2012.

Moody, Raymond, *Life After Life*, reimpressão, Nova York: HarperOne, 2001.

———. *Paranormal: My Life in Pursuit of the Afterlife*, Nova York: HarperOne, 2012.

Moore, Walter, *Schrödinger: Life and Thought*, Cambridge, Reino Unido: Cambridge University Press, 1989.

Morris, J. D., W. G. Roll e R. L. Morris (orgs.), *Research in Parapsychology 1975*, Metuchen, NJ: Scarecrow Press, 1975.

Moss, Lyndsay, "Simple MRI Brain Scan Offers Autism Diagnosis in 15 Minutes", News.csotsman.com, http://news.scotsman.com/health/Simple-MRI-brain-scan-offers.6467791.jp, 11 de agosto de 2010, acesso em 3 de janeiro de 2011.

Muir, John, Wikiquote, http://en.wikiquote.org/wiki/John_Muir, acesso em 1º de dezembro de 2011.

My Grandfather's Clock, Wikipedia, http://en.wikipedia.org/wiki/My_Grandfather's_Clock, acesso em 27 de março de 2008.

Myers, Frederic W. H., *Human Personality and Its Survival of Bodily Death*, Londres: Longman, Green, and Co., 1906.

Myth of Er, Wikipedia, http://en.wikipedia.org/wiki/Myth_of_Er, acesso em 27 de janeiro de 2011.

Nadeau, R. e M. Kafatos, *The Non-Local Universe: The New Physics and Matters of the Mind*, Nova York: Oxford University Press, 1999.

Nan Huaijin, *Basic Buddhism: Exploring Buddhism and Zen*, York Beach, ME: Weiser Books, 1997.

Needleman, Jacob, "The Heart of Philosophy", entrevista a Stephan Bodian, *Yoga Journal*, março de 1989, 58-61.

Nelson, Roger D., Dean I. Radin, Richard Shoup e Peter A. Bancel, "Correlations of Continuous Random Data with Major World Events", *Foundations of Physics Letters*, 2002, 15(6). Consulte: http://www.boundary.org/randomness.htm. acesso em 12 de junho de 2007.

Nielsen, K. M. et al., "Danish Singles Have a Twofold Risk of Acute Coronary Syndrome: Data from a Cohort of 138,290 Persons", *Journal of Epidemiology and Community Health*, 2006, 60(8): 721-28.

Nikhilananda, Swami, descrição do sábio hindu Sankaracharya, in Swami Nikhilananda, *Self-Knowledge*, Nova York: Ramakrishna-Vivekananda Center, 1980, citado em Karen Hall Siegel, "Is Fear Inevitable?", *Yoga Journal*, março e abril de 1988, 16.

Nisargadatta Maharaj, Wikiquote, http://en.wikiquote.org/wiki/Nisargadatta_Maharaj, acesso em 29 de novembro de 2011.

Nisbet, Lee, citado em Skepticalinvestigations.org. www.skepticalinvestigations.org/Organskeptics/index.html, acesso em 1º de janeiro de 2011.

Nisker, Wes, citado em *Inquiring Mind*, primavera de 2005.

Nuland, Sherwin B., *Doctors: The Biography of Medicine*, Nova York: Vintage, 1995.

Nuremberg Rally, Wikipedia, http://en.wikipedia.org/wiki/Nuremberg_Rally, acesso em 28 de julho de 2010.

"NZ Dolphin Rescues Beached Whales", BBC News on-line, http://news.bbc.co.uk/2/hi/7291501.stm, acesso em 12 de maio de 2011.

"Of All the Pigeon Lofts in the World", *Fortean Times*, julho de 1996, 88: 10. Também relatado pelo *London Daily Telegraph*, 23 de março de 1996.

Olson, Geoff, "Is the Universe Friendly?", http://geoffolson.com/page5/page11/page34/page34.html, acesso em 1º de dezembro de 2011.

Origen, *Liviticum Homilae*, citado em Laurens van der Post, *Jung and the Story of Our Time*, Nova York: Vintage, 1975.

Orlean, Susan, *Rin Tin Tin: The Life and Legend*, Nova York: Simon & Schuster, 2011.

Orme-Johnson, D. W., M. C. Dillbeck, R. K. Wallace e G. S. Landrith, "Intersubject EEG Coherence: Is Consciousness a Field?", *International Journal of Neuroscience*, 1982, (16): 203-09.

Oz2, Dailygrail.com, www.dailygrail.com/blogs/shadow/2005/7/Telling-Bees, acesso em 12 de janeiro de 2011.

Ozark Research Institute, www.ozarkresearch.org/Site/welcome.html, acesso em 12 de dezembro de 2011.

Panksepp, Jules B., "Feeling the Pain of Social Loss", *Science*, 2003, 302(5.643): 237-39.

Passenger Pigeon, Wikipedia, http://en.wikipedia.org/wiki/Passenger_Pigeon, acesso em 6 de novembro de 2011.

Pearce, Joseph Chilton, *Evolution's End*, São Francisco: HarperSanFrancisco, 1993: 3-11, 30, 95, 149, 221. [*O Fim da Evolução*, Editora Cultrix, São Paulo, 2002.]

Peek, Kim, Wikipedia, http://en.wikipedia.org/wiki/Kim_Peek, acesso em 20 de janeiro de 2011.

Penfield, Wilder, *The Mystery of the Mind: A Critical Study of Consciousness and the Human Brain*, Princeton, NJ: Princeton University Press, 1975.

Perera, M. *et al.*, "Prevalence of Near-Death Experiences in Australia", *Journal of Near-Death Studies*, 2005, 24: 109.

Pew Forum/Pew Research Center, "Many Americans Mix Multiple Faiths", http://pewforum.org/Other-Beliefs-and-Practices/Many-Americans-Mix-Multiple-Faiths.aspx, acesso em 10 de dezembro de 2011.

Pierce, David (org.), *Irish Writing in the Twentieth Century*, Cork, Irlanda: Cork University Press, 2000.

Pinker, Steven, *How the Mind Works*, Nova York: Norton, 1997.

Pizzi R. A. *et al.*, "Non-Local Correlation Between Separated Human Neural Networks", in E. Donkor, A. R. Pirick e H. E. Brandt (orgs.), *Quantum Information and Computation II*, Proceedings of SPIE5436, 2004:107–17. Resumo disponível em: The Smithsonian/NASA Astrophysics Data System http://adsabs.harvard.edu/abs/2004SPIE.5436.107P, acesso em 17 de janeiro de 2011.

Planck, Max, *Where is Science Going?*, reimpressão, Woodbridge, CT: Ox Bow Press, 1981, originalmente publicado por Allen & Unwin, 1933.

"Planes, Trains, and Ant Hills: Computer Scientists Simulate Activity of Ants to Reduce Airline Delays", ScienceDaily.com, www.sciencedaily.com/videos/2008/0406-planes_trains_and_ant_hills.htm, acesso em 5 de dezembro de 2010.

Plato, Benjamin Jowett (trad.),. *Collected Dialogues of Plato*, 4ª edição, Oxford, Reino Unido: Oxford University Press, 1953.

———. "The Myth of Er", *The Republic*, Davidson.edu, http://www.davidson.edu/academic/classics/neumann/CLa350/ErMyth.html, acesso em 29 de março de 2013.

Platt, Anthony, "The Frightening Agenda of the American Eugenics Movement", comentários feitos perante o California State Judiciary Committee, 24 de junho de 2003.

Playfair, Guy Lyon, *Twin Telepathy: The Psychic Connection*, Londres: Vega, 2002.

Pocheptsova A., R. Ferraro e A. T. Abraham, "The Effect of Mobile Phone Use on Prosocial Behavior", ScienceDaily.com, www.sciencedaily.com/releases/2012/02/120214122038.htm, 14 de fevereiro de 2012, acesso em 15 de maio de 2012.

Posey, T. B. e M. E. Losch, "Auditory Hallucinations of Hearing Voices in 375 Subjects", *Imagination, Cognition and Personality*, 1983-1984, 3(2): 99-113.

Potts, Wayne, "The Chorus-Line Hypothesis of Manoeuvre in Avian Flocks", *Nature*, 1984, 309: 344-45.

Priestley, J. B., *Man & Time*, Londres: W. H. Allen, 1978.

Project MKULTRA. Wikipedia. http://en.wikipedia.org/wiki/Project_MKULTRA, acesso em 1º de dezembro de 2011.

"Project MKULTRA, the CIA's Program of Research into Behavioral Modification", audiência conjunta perante o Seleto Comitê de Inteligência e o Subcomitê de Saúde e Pesquisa Científica do Comitê de Recursos Humanos, Senado dos Estados Unidos, nonagésimo-quinto congresso, primeira sessão. Disponível em: www.nytimes.com/packages/pdf/national/13inmate_ProjectMKULTRA.pdf, Escritório de Imprensa do Governo dos Estados Unidos, 8 de agosto de 1977, acesso em 2 de janeiro de 2011.

"Project Passenger Pigeon: Lessons from the Past for a Sustainable Future", http://www.passengerpigeon.org/, acesso em 6 de novembro de 2011.

"Propaganda in Nazi Germany", History Learning Site, http://www.historylearningsite.co.uk/propaganda_in_nazi_germany.htm, acesso em 29 de março de 2013.

Psychic Sea Hunt, Pyramid Direct Films, www.pyramiddirect.com/cart/productpage.html?title_id=1951&list=1948,1217,2132,1949,1221,1408,1950,1951,1952&alpha=P, acesso em 1º de janeiro de 2012.

Puthoff, Hal E., "CIA-Initiated Remote Viewing Program at Stanford Research Institute", *Journal of Scientific Exploration*, 1996, 10(1): 75.

Putnam, Frank W., *A History of Multiple Personality Disorder*, Nova York: Guilford, 1989: 357.

Quartz clock, Wikipedia, http://en.wikipedia.org/wiki/Quartz_clock, acesso em 25 de dezembro de 2011.

Radin, Dean, *The Conscious Universe*, São Francisco: HarperSanFrancisco, 1997.

———. *Entangled Minds: Extrasensory Perception in a Quantum Reality*, Nova York: Simon & Schuster, 2006.

———. "Event-Related Electroencephalographic Correlations Between Isolated Human Subjects", *Journal of Alternative and Complementary Medicine*, 2004, (10): 315-23.

———. "Predicting the Unpredictable: 75 Years of Experimental Evidence", *American Institute of Physics Conference Proceedings*, 2011, volume 1.408: 204-17. Título da palestra: "Quantum Retrocausation: Theory and Experiment", San Diego, CA, 13-14, junho de 2011. Resumo em: http://proceedings.aip.org/resource/2/apcpcs/1408/1/204_1?isauthorized=no, acesso em 22 de janeiro de 2012.

Rae, Colleen, *Tales of a Reluctant Psychic*, www.joyflow.com/reluctant-psychic.html, acesso em 26 de novembro de 2011.

Raffensperger, Carolyn, "Moral Injuries and the Environment: Healing the Soul Wounds of the Body Politic", SEHN.org, www.sehn.org/blog/?p=749, acesso em 14 de dezembro de 2012.

Ramachandran, V. S., entrevista a Chris Floyd, "The Limbic Fire: Neuroscience and the Soul", *Science & Spirit*, 1999, 10(3): 24-6.

Rao, K. Ramakrishna.,*Cognitive Anomalies, Consciousness and Yoga*, volume XVI, parte 1, *History of Science, Philosophy and Culture in Indian Civilization*, D. P. Chattopadhyaya (editor geral) Nova Délhi, Índia: Centre for Studies in Civilizations e Matrix Publishers (publicação conjunta), 2011.

Ratliff, Evan, "Hello, Loneliness", NewYorker.com, www.newyorker.com/archive/2005/08/22/050822ta_talk_ratliff, 22 de agosto de 2005, acesso em 24 de novembro de 2011.

Rawlence, Christopher (org.), *About Time*, Londres: Jonathan Cape, 1985.

Rebert, C. S. e A. Turner, "EEG Spectrum Analysis Techniques Applied to the Problem of Psi Phenomena", *Behavioral Neuropsychiatry*, 1974, (6): 18-24.

Rees, W. D., "The Bereaved and Their Hallucinations", in B. Schoenberg, A. H. Kutscher e A. C. Carr (orgs.), *Bereavement: Its Psychosocial Aspects*, Nova York: Columbia University Press, 1975.

Rhine, J. B. e S. R. Feather, "The Study of Cases of 'Psi-Trailing' in Animals", *Journal of Parapsychology*, 1962, 26(1): 1-21.

Rhine, Louisa E., "Psychological Processes in ESP Experiences. Part I. Waking Experiences", *Journal of Parapsychology*, 1962, 29: 88-111.

Rifkin, Jeremy, *The Empathic Civilization*, Nova York: Tarcher/Penguin, 2009.

Rimland, B., "Savant Capabilities of Autistic Children, and Their Cognitive Implications", in G. Serban (org.), *Cognitive Defects in the Development of Mental Illness*, Nova York: Brunner/Mazel, 1978.

Rin Tin Tin, Wikipedia, http://en.wikipedia.org/wiki/Rin_Tin_Tin, acesso em 21 de novembro de 2011.

Ring, Kenneth e Sharon Cooper, *Mindsight: Near-Death and Out-of-Body Experiences in the Blind*, segunda edição, Nova York: iUniverse, 2008.

Rock, A. J., Julie Beischel e C. C. Cott. "Psi vs. Survival: A Qualitative Investigation of Mediums' Phenomenology Comparing Psychic Readings and Ostensible Communication with the Deceased", *Transpersonal Psychology Review*, 2009, 13: 76-89.

Roe, C. A., C. Sonnex e E. Roxburgh, "Two Meta-Analyses of Distant Healing Studies", artigo apresentado à 55ª Convenção Anual da Parapsychological Association, 9 a 12 de agosto de 2012, Durham, Carolina do Norte.

Rogers, Will, citado em Dartmouth.org. www.dartmouth.org/classes/53/lighter_fare/FamousPeopleStatements.php, acesso em 2 de agosto de 2010.

———. Citado em Goodreads.com. www.goodreads.com/quotes/tag/dogs, acesso em 24 de novembro de 2012.

Roll, William G. *et al.*, "Case Report: A Prototypical Experience of 'Poltergeist' Activity, Conspicuous Quantitative Electroencephalographic Patterns, and sLORETA Profiles – Suggestions for Intervention", *Neurocase*, 2012, DOI:10.1080/13554794.2011.633532. Disponível em: http://dx.doi.org/10.1080/13554794.2011.633532, acesso em 25 de janeiro de 2012.

"Romania's Murderous Twins", *Fortean Times*, janeiro de 2000, 130: 10.

Rominger, Ryan, "An Empathic Near-Death Experience", *The Journal of Spirituality and Paranormal Studies*, 2012, 35(2): 73.

Rose, Ronald, *Primitive Psychic Power*, Nova York: Signet, 1968.

Rosenberg, Daniel, "Speaking Martian", *Cabinet*, 2000, nº 1. http://cabinetmagazine.org/issues/1/i_martian.php, acesso em 24 de março de 2011.

Ross, Stephen David, *Art and Its Significance: An Anthology of Aesthetic Theory*, Albany, NY: State University of New York Press, 1984.

Rowling, J. K., "What Jo says about Albus Dumbledore", www.accio-quote.org/themes/dumbledore.htm, acesso em 29 de dezembro de 2011.

Rucker, Rudy, *Infinity and the Mind*, Nova York: Bantam, 1983.

Rumi, Jalal al-Din, Coleman Barks (trad.), *Rumi: The Big Red Book*: Nova York: Harper-Collins, 2010.

———. Coleman Barks (trad.), *Rumi: The Book of Love*, Nova York: HarperCollins, 2003.

———. John Moyne e Coleman Barks (trad.), *Open Secret*, Putney, VT: Threshold, 1984.

———. Citado em Goodreads.com, www.goodreads.com/author/quotes/875661.Rumi, acesso em 24 de dezembro de 2013.

Rush, J. H., "New Directions in Parapsychological Research", *Parapsychological Monographs nº 4*, Nova York: Parapsychological Foundation, 1964.

Russell, Bertrand, *The Basic Writings of Bertrand Russell*, Londres: Routledge, 1961.

———. *The Collected Papers of Bertrand Russell*, volume 28, Londres: Routledge, 2005.

Russell, Peter, *The Global Brain*, 3ª edição, Edimburgo, Reino Unido: Floris Books, 2008. [*O Despertar da Terra: O Cérebro Global*, Editora Cultrix, São Paulo, 1991, fora de catálogo.]

Ryder, Richard, *Animal Revolution: Changing Attitudes Towards Speciesism*, Oxford, Reino Unido: Berg Publishers, 2000.

Sabell, A., C. Clarke e P. Fenwick, "Inter-Subject EEG Correlations at a Distance—the Transferred Potential", in C. S. Alvarado (org.), *Proceedings of the 44th Annual Convention of the Parapsychological Association*, Nova York: Parapsychological Association, 2001.

Sandoz, Mari, *The Buffalo Hunters*, Lincoln, NE: University of Nebraska Press, 1954.

Sato, Rebecca, "Space Euphoria: Do Our Brains Change When We Travel in Outer Space?", Dailygalaxy.com, www.dailygalaxy.com/my_weblog/2008/05/space-euphoria.html, 20 de maio de 2008, acesso em 18 de dezembro de 2011.

Scheib, R., "Timeline", *Utne Reader*, janeiro e fevereiro de 1996: 52-61.

Scheltema, Renée, *Something Unknown Is Doing We Don't Know What*, www.somethingunknown.com/about.php, acesso em 2 de janeiro de 2012.

Schiller, Ferdinand C. S., "The Progress of Psychical Research", *Fortnightly Review*, 1905, 77.1: 70

———. *Riddles of the Sphinx*, Londres: Swan Sonnenschein, 1891.

Schlitz, Marilyn e William Braud, "Distant Intentionality and Healing: Assessing the Evidence", *Alternative Therapies in Health and Medicine*, 1997, 3(6): 62-73.

Schmeidler, Gertrude, "Predicting Good and Bad Scores in a Clairvoyance Experiment: A Preliminary Report", *Journal of the American Society for Psychical Research*, 1943, 37: 103-10.

Schmicker, Michael, *Best Evidence*, Lincoln, NE: Writers Club Press, 2002.

Schmidt, Stefan, "The Attention-Focusing Facilitation Paradigm: Remote Helping for Meditation? A Meta-Analysis", artigo apresentado à 53ª Convenção Anual da Parapsychology Association, Paris, França, 22 a 25 de julho de 2010, publicada em *The Journal of Parapsychology*, 2010, 74(2): 259-60. Resumo disponível em: http://archived.parapsych.org/convention/2010_Pa_Convention_abstracts_and_Program.pdf, acesso em 26 de dezembro de 2011.

Schnabel, Jim, "Don't Mess with My Reality", hereticalnotions.com, http://hereticalnotions.com/2011/01/16/dont-mess-with-my-reality, acesso em 22 de janeiro de 2012.

———. *Remote Viewers: The Secret History of America's Psychic Spies*, Nova York: Dell, 1997.

Schopenhauer, Arthur, E. F. J. Payne (trad.), *Parerga and Paralipomena*, volume II, Nova York: Oxford University Press, 1974.

———. *Sämtliche Werke*, volume VIII, Stuttgart, Alemanha, 1850.

———. Citado em About.com. Hinduism, http://hinduism.about.com/od/reincarnation/a/quotes.htm, acesso em 25 de maio de 2012.

Schrödinger, Erwin, *My View of the World*, Woodbridge, CT: Ox Bow Press, 1983.

———. *What Is Life?* e *Mind and Matter*, Londres: Cambridge University Press, 1969.

Schul, Bill, *The Psychic Power of Animals*, Nova York: Fawcett, 1979.

Schulz, Charles M., citado em Goodreads.com, www.goodreads.com/quotes/tag/dogs, acesso em 24 de novembro de 2012.

Schuman, E. e D. Madison, "Locally Distributed Synaptic Potentiation in the Hypocampus", *Science*, 1994, 263: 532-36.

Schwartz, Gary, *The Afterlife Experiments: Breakthrough Scientific Evidence of Life After Death*, Nova York: Atria, 2003.

Schwartz, Stephan A., *The Alexandria Project*, Lincoln, NE: iUniverse.com, 2001, edição original: Nova York: Delacorte Press, 1983.

———. "An American Profile", *Explore: The Journal of Science and Healing*, 2005, 1(5): 338-39, Disponível em: http://download.journals.elsevierhealth.com/pdfs/journals/1550-8307/PIIS1550830705002958.pdf, acesso em 11 de janeiro de 2012.

Schwartz, Stephan A., "Nonlocal Awareness and Visions of the Future", entrevista de Stephan A. Schwartz a Daniel Redwood, Healthy.net, www.healthy.net/scr/interview.asp?id=305, acesso em 31 de novembro de 2011.

———. *Opening to the Infinite: The Art and Science of Nonlocal Awareness*, Buda, Texas: Nemoseen Media, 2007.

———. *The Secret Vaults of Time*, Charlottesville, VA: Hampton Roads, nova edição, 2005, edição original: Nova York: Grosset & Dunlap, 1978.

Schwartz, Stephan A. e Larry Dossey, "Nonlocality, Intention, and Observer Effects in Healing Studies: Laying a Foundation for the Future", *Explore: The Journal of Science and Healing*, 2010, 6(5): 295-307.

Schwarz, Berthold E., "Possible Telesomatic Reactions", *The Journal of the Medical Society of New Jersey*, 1967, 64(11): 600-03.

Scott, Sam, *Encounters with Beauty*, Albuquerque, NM: Fresco Fine Art Publications, 2007.

Searle, John, citação da capa, *Journal of Consciousness Studies*, 2(1): 1995.

Seebohm, Benjamin, *Memoirs of the Life and Gospel Labors of Stephen Grellet*, volume I, Filadélfia: Longstreth, 1867.

Segal, Suzanne, *Collision with the Infinite: A Life Beyond the Personal Self*, 2ª edição, San Diego, CA: Blue Dove Press, 1996.

———. Wikipedia, www.amazon.com/wiki/Suzanne_Segal/ref=ntt_at_bio_wiki#cite_note-7, acesso em 5 de dezembro de 2011.

Selous, Edmund, *Thought Transference (or What?) in Birds*, Londres: Constable, 1931.

Setion, Grandfather's clock, www.yourghoststories.com/real-ghost-story.php?story=2832, acesso em 25 de dezembro de 2011.

Shadow, Dailygrail.com, www.dailygrail.com/blogs/shadow/2005/7/Telling-Bees, acesso em 12 de janeiro de 2011.

Sheldrake, Rupert, "Commentary on a Paper by Wiseman, Smith and Milton on the 'Psychic Pet' Phenomenon", *Journal of the Society for Psychical Research*, 1999, 63: 306-11. Resumo disponível em www.sheldrake.org/D&C/controversies/wiseman.html, acesso em 1º de dezembro de 2011.

———. *Dogs That Know When Their Owners are Coming Home*, reimpressão, Nova York: Three Rivers Press, 1999.

———. *Morphic Resonance: The Nature of Formative Causation* (edição revista e ampliada de *A New Science of Life*), Rochester, VT: Park Street Press, 2009.

———. *A New Science of Life: The Nature of Formative Causation*, 4ª edição, Rochester, VT: Park Street Press, 2009. [*Uma Nova Ciência da Vida: A Hipótese da Causação Formativa e os Problemas Não Resolvidos da Biologia*, Editora Cultrix, São Paulo, 2014.]

———. *The Presence of the Past: Morphic Resonance and the Habits of Nature*, Nova York: Time/Life, 1988.

———. *The Science Delusion*, Londres: Coronet, 2012. [*Ciência sem Dogmas: A Nova Revolução Científica e o Fim do Paradigma Materialista*, Editora Cultrix, São Paulo, 2014.]

———. *Science Set Free*, Nova York: Crown, 2012.

———. *The Sense of Being Stared At: And Other Aspects of the Extended Mind*, Nova York: Random House, 2003. [*A Sensação de Estar Sendo Observado e Outros Aspectos da Mente Expandida*, Editora Cultrix, São Paulo, 2004, fora de catálogo.]

Sheldrake, Rupert, Terence McKenna e Ralph Abraham, *The Evolutionary Mind: Trialogues at the Edge of the Unthinkable*, Santa Cruz, CA: Trialogue Press, 1998.

Sheldrake, Rupert e A. Morgana, "Testing a Language – Using a Parrot for Telepathy", *Journal of Scientific Exploration*, 2003, 17: 601-15. Resumo disponível em: www.sheldrake.org/articles&Papers/papers/animals/parrot_telepathy_abs.html, acesso em 13 de março de 2011.

Sheldrake, Rupert e Pam Smart, "Psychic Pets: A Survey in Northwest England", *Journal of the Society for Psychical Research*, 1997, 61: 353-64.

Sheldrake, Rupert e Lewis Wolpert, "Telepathy Debate", *Royal Society of the Arts*, Londres, 15 de janeiro de 2005. Disponível em: SkepticalInvestigations.org, http://www.skepticalinvestigations.org/New/Mediaskeptics/telepathy_RSa.html, acesso em 2 de outubro de 2007.

Sherrington, Sir Charles, *The Integrative Action of the Nervous System*, New Haven, CT: Yale University Press, originalmente publicado em 1906.

———. Citado em Erwin Schrödinger, *What Is Life?* e *Mind and Matter*, Londres: Cambridge University Press, 1969.

Shoup, Richard, "Physics Without Causality – Theory and Evidence", artigo apresentado à Society for Scientific Exploration, 26º encontro anual, East Lansing, Michigan, 30 de maio a 2 de junho de 2007: 13.

Silverton, Bobbie, Wikipedia, http://en.wikipedia.org/wiki/Silverton_Bobbie, acesso em 7 de janeiro de 2011.

Simeon, Daphne e Jeffrey Abugel, *Feeling Unreal: Depersonalization Disorder and the Loss of the Self*, Nova York: Oxford University Press, 2008.

Simons, Daniel, *The Invisible Gorilla: And Other Ways Our Intuitions Deceive Us*, Nova York: Crown, 2010.

———. Entrevista, http://neuronarrative.wordpress.com/2010/07/27/did-you-see-the-gorilla-an-interview-with-psychologist-daniel-simons/, acesso em 20 de março de 2011.

Simpson, George Gaylord, *Life of the Past*, New Haven, CT: Yale University Press, 1953.

Sinel, Joseph, *The Sixth Sense*, Londres: T. W. Laurie, 1927.

Smith, Huston, *Beyond the Post-Modern Mind*, Wheaton, IL: Theosophical Publishing House, 1982.

———. *Forgotten Truth: The Primordial Tradition*, Nova York: Harper Colophon, 1976.

Socrates, citado em Wisdom, Wikiquote, http://en.wikiquote.org/wiki/Wisdom, acesso em 28 de novembro de 2011.

Socrates, QuotesEverlasting.com, http://quoteseverlasting.com/author.php?a=Socrates, acesso em 29 de março de 2013.

Splane, Lily, *Quantum Consciousness*, San Diego, CA: Anaphase II Publishing, 2004.

Standish, L., L. Kozak, L. C. Johnson e T. Richards, "Electroencephalographic Evidence of Correlated Event-Related Signals Between the Brains of Spatially and Sensory Isolated Human Subjects", *Journal of Alternative and Complementary Medicine*, 2004, 10(2): 307-14.

Standish, L., L. C. Johnson, T. Richards e L. Kozak, "Evidence of Correlated Functional MRI Signals Between Distant Human Brains", *Alternative Therapies in Health and Medicine*, 2003, 9: 122-25.

Stein, Gertrude, *Everybody's Autobiography*, Nova York: Random House, 1937.

Stein, Rob, "Happiness Can Spread Among People Like a Contagion, Study Indicates", *Washington Post* on-line, www.washingtonpost.com/wp-dyn/content/story/2008/12/04/ST2008120403608.html, 5 de dezembro de 2009, acesso em 18 de janeiro de 2012.

Steinbeck, John, *The Grapes of Wrath*, nova edição, Nova York: Penguin, 2002.

Stelljes, Susan, *Wonder Dog, the Story of Silverton Bobbie*, Portland, OR: For the Love of Dogs Books, 2005.

Stevens, E. W., *The Watseka Wonder*, Chicago: Religio-Philosophical Publishing House, 1878.

Stevenson II, Adlai E., palestra proferida na Universidade de Wisconsin, Madison, Wisconsin, 8 de outubro de 1952.

——. *Children Who Remember Previous Lives: A Question of Reincarnation*, edição revista, Jefferson, NC: McFarland, 2001.

——. *Telepathic Impressions: A Review and Report of Thirty-five New Cases*, Charlottesville, VA: University of Virginia Press, 1970.

——. *Where Reincarnation and Biology Intersect*, Westport, CT: Praeger, 1997.

Michael Stoeber e Hugo Meynell (orgs.), *Critical Reflections on the Paranormal*, Albany, NY: SUNY Press, 1996.

Sturrock, Peter A., *A Tale of Two Sciences: Memoirs of a Dissident Scientist*, Palo Alto, CA: Exoscience, 2009.

Surowiecki, James, *The Wisdom of Crowds*, Nova York: Anchor, 2005.

Survey of Physicians' Views on Miracles, The Louis Finkelstein Institute for Religious and Social Studies of the Jewish Theological Seminary, Nova York, dezembro de 2004.

Sutherland, Cherie, "Psychic Phenomena Following Near-Death Experiences: An Australian Study", *Journal of Near-Death Experiences*, 1989, 8: 99.

Swanson, Claude, *The Synchronized Universe: The Science of the Paranormal*, Tucson, AZ: Poseidia Press, 2003.

Swarm Intelligence, Wikipedia, http://en.wikipedia.org/wiki/Swarm_intelligence, acesso em 3 de dezembro de 2010.

Swinburne, Algernon Charles, "The Higher Pantheism in a Nutshell", *Heptalogia*, reimpressão, Whitefish, MT: Kessinger Publishing, 2005.

Syfransky, Sy (org.), *Sunbeams: A Book of Quotations*, Berkeley, CA: North Atlantic, 1990.

Targ, Russell, *Do You See What I See?*, Charlottesville, VA: Hampton Roads, 2008.

——. *Limitless Mind: A Guide to Remote Viewing and Transformation of Consciousness*, Novato, CA: New World Library, 2004. [*Mente sem Limites: Como Desenvolver a Visão Remota e Aplicá-la na Cura a Distância e na Transformação da Consciência*, Editora Cultrix, São Paulo, 2010.]

——. *The Reality of ESP*, Wheaton, IL: Theosophical Publishing House, 2012. [*A Realidade da Percepção Extrassensorial: A Comprovação, por um Físico, de Nossas Capacidades Paranormais*, Editora Cultrix, São Paulo, 2014.]

——. "Remote Viewing at Stanford Research Institute in the 1970s: A Memoir", *Journal of Scientific Exploration*, 1996, 10(1): 77-88.

——. "Why I Am Absolutely Convinced of the Reality of Psychic Abilities and Why You Should Be Too", palestrante convidado, convenção anual da Parapsychological Association, Paris, França, 22 a 25 de julho de 2010, http://thescienceofreincarnation.com/pages/Russell-Targ-Parapsychological-PA-Talk-Intro.pdf, acesso em 28 de dezembro de 2011.

Targ, Russell e Jane Katra, *Miracles of Mind*, Novato, CA: New World Library, 1998.

Targ, Russell e Hal Puthoff, "Information Transmission under Conditions of Sensory Shielding", *Nature*, 1974, 252: 602-07.

——. *Mind-Reach. Scientists Look at Psychic Ability*, Nova York: Delacorte, 1977. Consulte também: Editorial, "Scanning the Issue", *Proceedings of the IEEE*, março de 1976, LXIV(3): 291.

Tart, Charles T., *The End of Materialism: How Evidence of the Paranormal Is Bringing Science and Spirit Together*, Oakland, CA: New Harbinger, 2009. [*O Fim do Materialismo: Como as Evidências Científicas dos Fenômenos Paranormais Estão Unindo Ciência e Espiritualidade*, Editora Cultrix, São Paulo, 2012.]

——. *Body Mind Spirit: Exploring the Parapsychology of Spirituality*, Charlottesville, VA: Hampton Roads, 1997.

Taylor, D. J., *Orwell: The Life*, Nova York: Henry Holt, 2003.

Teixeira, P. C. N., H. Rocha e J. A. C. Neto, "Johrei, a Japanese Healing Technique, Enhances the Growth of Sucrose Crystals", *Explore: The Journal of Science and Healing*, 2010, 6(5): 313-23.

"Telepathy", *Gale Encyclopedia of Occultism and Parapsychology*, material citado disponível em: answers.com, http://www.answers.com/topic/telepathy, acesso em 9 de janeiro de 2011.

"Telling the Bees", SacredTexts.com, www.sacred-texts.com/neu/eng/osc/osc69.htm, acesso em 9 de janeiro de 2011.

Thaheld, Fred H., "Biological Nonlocality and the Mind-Brain Interaction Problem: Comments on a New Empirical Approach", *BioSystems*, 2003, 70: 35-41.

——. "A Method to Explore the Possibility of Nonlocal Correlations Between Brain Electrical Activities of Two Spatially Separated Animal Subjects", *BioSystems*, 2004, 73: 205-16.

Thomas, Lewis, *The Lives of a Cell*, Nova York: Penguin, 1978.

——. "The Long Habit", *New England Journal of Medicine*, 1972, 286: 825-26.

——. *The Medusa and the Snail*, Nova York: Penguin, 1995.

Thompson, Andrea, "Mystery Flash Traced to Russian Space Junk", MSNBC.com, www.msnbc.msn.com/id/29958635/#.TukqtBxZ2jQ, acesso em 14 de dezembro de 2011.

Thomson, Ainsley, "Dolphins Saved Us from Shark, Lifeguards Say", European Cetacean Bywatch Campaign, 23 de novembro de 2004, www.eurocbc.org/dolphins_protect_lifeguards_from_shark_nz_23nov2004page1802.html, acesso em 15 de maio de 2011.

Thoreau, Henry David, *The Journal of Henry David Thoreau*, volume V, Nova York: Dover, 1962.

——. *Walden*, Nova York: Cosimo, Inc., 2009.

Tiller, William, "What are Subtle Energies?", *Journal of Scientific Exploration*, 1993, 7: 293-304.

Tillich, Paul, *The Courage to Be*, New Haven, CT: Yale University Press, 1952.

Trapman, A. H., *The Dog, Man's Best Friend*, Londres: Hutchinson & Co., 1929.

Treffert, Darold A., *Extraordinary People: Understanding Savant Syndrome*, Lincoln, NE: iUniverse, Inc., 2006.

Treffert, Darold A. e Daniel D. Christensen, "Inside the Mind of a Savant", Scientificamerican.com, www.scientificamerican.com/article.cfm?id=inside-the-mind-of-a-sava, 31 de maio de 2006, acesso em 4 de janeiro de 2011.

Treffert, Darold A. e Gregory L. Wallace, "Islands of Genius", *Scientific American*, Sciam.com, http://lcn.salk.edu/press/uncommon_genius.pdf, junho de 2002: 76-85, acesso em 4 de janeiro de 2011.

Trismegistus, Hermes, Walter Scott (org. e trad.), *Hermetica*, Boulder, CO: Hermes House, 1982.

Trotter, Wilfred, *Instincts of the Herd in Peace and War*, 4ª edição, Nova York: Macmillan, 1919.

Trousseau, Armand, Wikipedia, http://en.wikipedia.org/wiki/Armand_Trousseau, acesso em 20 de janeiro de 2012.

Troward, Thomas, *The Wisdom of Thomas Troward*, volume I, Radford, VA: Wilder Publications, 2008.

Trump, Donald, "The Time 100. Heroes and Pioneers: Wesley Autrey", 3 de maio de 2007, www.time.com/time/specials/2007/time100/article/0,28804,1595326_1615754_1615746,00.html, acesso em 8 de dezembro de 2011.

Tucker, Jim B., *Life Before Life: Children's Memories of Previous Lives*, Nova York: St. Martin's, 2005. [*Vida Antes da Vida: Uma Pesquisa Científica das Lembranças que as Crianças Têm de Vidas Passadas*, Editora Pensamento, São Paulo, 2008, fora de catálogo.]

Turner, Frederick, *Natural Religion*, New Brunswick, NJ: Transaction Publishers, 2006.

Twain, Mark, citado em Goodreads.com, www.goodreads.com/quotes/tag/cats, acesso em 24 de novembro de 2012.

———. Citado em Goodreads.com, www.goodreads.com/quotes/tag/dogs, acesso em 24 de novembro de 2012.

Tzu-Lao, Derek Lin (trad.), *Tao Te Ching*, Taosim.net, http://www.taoism.net/ttc/chapters/chap01.htm, acesso em 29 de março de 2013.

Underhill, Evelyn, *Mysticism*, Nova York: Dutton, 1961.

Utley, Robert M. e Wilcomb E. Washburn, *Indian Wars*, Nova York: Mariner Books/American Heritage Press, 2002.

Valletin, Antonina, E. W. Dickes (trad.), *Leonardo da Vinci: The Tragic Pursuit of Perfection*, Nova York: Viking, 1938.

Van de Castle, Robert L., *Our Dreaming Mind*, Nova York: Ballantine, 1994.

Van der Post, Sir Laurens, *Jung and the Story of Our Time*, Nova York: Vintage, 1977.

Van Lommel, Pim, *Consciousness Beyond Life: The Science of the Near-Death Experience*, reimpressão. Nova York: HarperOne, 2011.

——— et al., "Near-Death Experience in Survivors of Cardiac Arrest: A Prospective Study in the Netherlands", *The Lancet*, 2001, 358: 2.039-45.

Van Oss, Stefan, "Hunch Prompted Dutch Man to Cancel Flight on Air France 447", Seattlepi.com, 1º de junho de 2009, disponível em: http://blog.seattlepi.com/aerospace/archives/170003.asp, acesso em 6 de dezembro de 2011.

Vanderbilt, Gloria e Thelma Furness, *Double Exposure: A Twin Autobiography*, Londres: Frederick Muller, 1959.

Vedral, Vlatko, "Living in a Quantum World", *Scientific American*, 2011, 304(6): 38-43.

Vernon, Mark, blog Philosophy and Life, acesso em 14 de dezembro de 2011.

Vivekananda, "Spiritual Practices: Silence", www.spiritualityandpractice.com/practices/practices.php?id=28&g=1, acesso em 7 de janeiro de 2012.

Volk, Steve, *Fringe-ology: How I Tried to Explain Away the Unexplainable*, Nova York: HarperOne, 2011.

Voltaire, "La Princesse de Babylone", in *Romans et Contes*, Paris: Éditions Garnier Frères, 1960.

Von Franz, Marie-Louise, *Psyche and Matter*, Boston: Shambhala, 1992.

Wackerman J., C. Seiter, H. Keibel e H. Walach, "A Method to Explore the Possibility of Nonlocal Correlations Between Brain Electrical Activities of Two Spatially Separated Animal Subjects", *Neuroscience Letters*, 2003, 336: 60-4.

Wagner-Pacifici, R. e H. J. Bershady, "Portents or Confessions: Authoritative Readings of a Dream Text", *Symbolic Interaction*, 1990, 16: 129-43.

Walach, Harald e Rainer Schneider, Rainer Schneider e Ronald A. Chez (orgs.), *Generalized Entanglement From a Multidisciplinary Perspective*, anais de uma conferência em Freiberg, Alemanha, outubro de 2003, Washington, DC: Samueli Institute, 2003.

Wales, Jimmy, Wikipedia, http://en.wikipedia.org/wiki/Jimmy_Wales#cite_note-roblimo-47, acesso em 21 de novembro de 2011.

Walker, Alice, *Anything We Love Can Be Saved*, Nova York: Ballantine, 1998.

Warcollier, R., "Un Cas de Changement de Personnalité avec Xénoglossie", *La Métapsychique* 1940-1946, Paris, 1946.

Watson, James D., *The Double Helix*, Nova York: Touchstone, 2001.

Watson, John B., citado em David G. Myers, *Psychology*, Nova York: Macmillan, 2004.

Watson, Lyall, *The Nature of Things: The Secret Life of Inanimate Objects*, Rochester, VT: Destiny Books, 1990. [*A Natureza das Coisas: A Vida Secreta dos Objetos Inanimados*, Editora Cultrix, São Paulo, 1993, fora de catálogo.]

———. "Natural Harmony: The Biology of Being Appropriate", palestra proferida no The Isthmus Institute, Dallas, Texas, abril de 1989.

———. *Twins: An Investigation into the Strange Coincidences in the Lives of Separated Twins*, Londres: Sphere Books, 1984.

Watts, Alan, citado em Secondattention.com, www.secondattention.org/videos/alanwatts.aspx, acesso em 17 de julho de 2010.

Weber, Renée, *Dialogues with Scientists and Sages*, Nova York: Routledge and Kegan Paul, 1986. [*Diálogos com Cientistas e Sábios*, Editora Cultrix, São Paulo, 1989, fora de catálogo.]

The Week Staff, "Should Yoga Be an Olympic Sport?", http://theweek.com/article/index/225075/should-yoga-be-an-olympic-sport, acesso em 3 de março de 2012.

Weil, Andrew, *Spontaneous Healing*, Nova York: Knopf, 1995.

Weller, Edward, *Hubble: A Journey Through Space and Time*, Nova York: Abrams, 2010.

West, Rebecca, *A Train of Powder*, Chicago: Ivan R. Dee, 2000.

White, Frank, *The Overview Effect*, Reston, VA: American Institute of Aeronautics and Astronautics, 1998.

Whitehead, Alfred North, *Essays in Science and Philosophy*, Nova York: Philosophical Library, 1948.

Whitman, Walt, *The Complete Poems*, Nova York: Penguin Classics, 2004.

———. *Leaves of Grass*, Bartleby.com, Great Books Online, www.bartleby.com/142/86.html, acesso em 22 de novembro de 2011.

Whittier, John Greenleaf, "Telling the Bees", *The Complete Poetical Works of John Greenleaf Whittier*, Whitefish, MT: Kessinger Publishing, 2003.

Wigner, Eugene P., "Are We Machines?", *Journal of the American Philosophical Society*, 1969, 113(2): 95-101. Disponível em: Jstor.org, www.jstor.org/stable/985959, acesso em 2 de fevereiro de 2011.

Wilber, Ken, *A Brief History of Everything*, Boston: Shambhala, 1996.

———. *Eye to Eye: The Quest for the New Paradigm*, edição revista, Boston: Shambhala, 2001.

———. *Integral Spirituality: A Startling New Role for Religion in the Modern and Postmodern World*, Boston: Shambhala, 2007.

——— (org.), *Quantum Questions: The Mystical Writings of the World's Great Physicists*, Boston: Shambhala, 1984.

———. *Sex, Ecology, Spirituality: The Spirit of Evolution*, 2ª edição, Boston: Shambhala, 2001.

———. *The Spectrum of Consciousness*, Wheaton, IL: Theosophical Publishing House, 1977. [*O Espectro da Consciência*, Editora Cultrix, São Paulo, 1990, fora de catálogo.]

Wilson, Colin, *The Occult*, Londres: Watkins Publishing, 2004.

Wilson, Woodrow, citado em Goodreads.com, www.goodreads.com/quotes/tag/dogs, acesso em 23 de novembro de 2012.

Winkler, Marilyn, comunicação pessoal ao autor, 14 de maio de 2009, usado com permissão.

Winter, Dylan, Starlings at Otmoor, www.youtube.com/watch?v=XH-groCeKbE, acesso em 4 de dezembro de 2011.

Wiseman, Richard e Marilyn Schlitz, "Experimenter Effects and the Remote Detection of Staring", *Journal of Parapsychology*, 1997, 61: 197-208.

Wiseman, Richard, M. Smith e J. Milton, "Can Animals Detect When Their Owners Are Returning Home? An Experimental Test of the 'Psychic Pet' Phenomenon", *British Journal of Psychology*, 1998, 89(3): 453-62.

Wittgenstein, Ludwig, Proposições 6.4311 e 6.4312, *Tractatus Logico-Philosophicus*, Seattle, WA: CreateSpace, 2011: 93.

———. *Tractatus Logico-Philosophicus*, Londres: Routledge and Kegan Paul, 1961.

Wölfli, Adolf, recitado e musicado, Fundação Adolf Wölfli, www.adolfwoelfli.ch/index.php?c=e&level=17&sublevel=0, acesso em 24 de março de 2011.

Woodley, Sherrida, *Quick Fall of Light*, Spokane, WA: Gray Dog Press, 2010.

Wright, Lawrence, "Double Mystery", *The New Yorker*, 7 de agosto de 1996: 45-62.

———. *Twins*, Nova York: Wiley, 1997.

Yu, Beongcheon, *The Great Circle: American Writers and the Orient*, Detroit, MI: Wayne State University Press, 1983.